北京商务年鉴

（2019）

北京市商务局　编

图书在版编目（CIP）数据

北京商务年鉴．2019 / 北京市商务局编．-- 北京 ：
中国商务出版社，2019.11
ISBN 978-7-5103-3086-5

Ⅰ．①北… Ⅱ．①北… Ⅲ．①商务－北京－2019－年
鉴 Ⅳ．①F727.1-54

中国版本图书馆 CIP 数据核字（2019）第 216830 号

北京商务年鉴（2019）

BEIJING SHANGWU NIANJIAN (2019)

北京市商务局 编

出　　版：中国商务出版社
地　　址：北京市东城区安定门外大街东后巷 28 号　　**邮　编**：100710
责任部门：商务事业部（010-64255862　cctpswb@163.com）
责任编辑：刘文捷
直销客服：010-64255862
传　　真：010-64255862
总 发 行：中国商务出版社发行部（010-64208388　64515150）
网购零售：中国商务出版社淘宝店（010-64286917）
网　　址：http://www.cctpress.com
网　　店：https://shop162373850.taobao.com
邮　　箱：cctp@cctpress.com
排　　版：德州华朔广告有限公司
印　　刷：北京建宏印刷有限公司
开　　本：889 毫米 × 1194 毫米　1/16
印　　张：33.25　　**字　数**：745 千字
版　　次：2019 年 11 月第 1 版　　**印　次**：2019 年 11 月第 1 次印刷
书　　号：ISBN 978-7-5103-3086-5
定　　价：150.00 元

Editor's Notes

Ⅰ. *Beijing Commercial Yearbook* (2019) (hereinafter abbreviated as the *Yearbook*), compiled by the editorial committee of the *Yearbook* of Beijing Municipal Bureau of Commerce, is the only authoritative and comprehensive yearbook in the commercial field in Beijing. The predecessor of the *Yearbook* is *Beijing Commercial Review* started publication in 2003. In 2004, the book was divided into two volume—Foreign Economy & Trade Volume and Domestic Trade Volume. In 2005, the two volumes were combined together as one book with the name *Beijing Commercial Yearbook*, which changed from a periodical for restricted circulation into a publicly published one.

Ⅱ. The *Yearbook* gives a comprehensive and systematic record of the basic situation and achievements in the commercial field in Beijing. "2019" in the cover means the *Yearbook* is published in 2019. The *Yearbook* mainly includes the achievements of work and related data from January 1 to December 31, 2018, and involves the commercial work arrangement of Beijing in 2019 in some important documents.

Ⅲ. The contents of the *Yearbook* come from various authorities of Commerce and other departments like the Customs and Beijing Tianzhu Free Trade Zone. With rich material, wide coverage and accurate data, the *Yearbook* is a valuable document.

Ⅳ. The *Yearbook* can not only provide reference for the leaders of government authorities to make decision but also provide the related materials of laws, regulations, policies and data for domestic and overseas personnel in the commercial field as well as other fields.

Ⅴ. We are deeply appreciative of the great support from the authorities providing articles, and the enthusiastic encouragement of the related personnel since the publication of the *Yearbook*. We hope we would be concerned and supported continuously in the future.

Editorial Committee of *Beijing Commercial Yearbook*

Aug. 2019

《北京商务年鉴（2019）》编辑委员会

《北京商务年鉴（2019）》编辑部

编 辑 说 明

一、《北京商务年鉴（2019）》（以下简称《年鉴》）由北京市商务局《年鉴》编辑委员会编纂，是本市商务领域唯一的权威性、综合性年鉴。该书的前身——《北京商务概览》创刊于2003年，2004年分为外经贸卷和内贸卷。2005年将两卷合一，更名为《北京商务年鉴》，并由内部刊印改为公开出版发行。

二、《年鉴》全面、系统地记述了上年北京市商务领域的基本情况和取得的成就。封面年号“2019”表示本期《年鉴》于2019年出版，主要包括2018年1月1日至12月31日期间的工作成果、相关数据，并在重要文献中涉及2019年全市商务工作安排。

三、《年鉴》的内容由商务部门各单位和海关、天竺综保区等单位提供，内容广泛，资料详实，数据准确，逐年出版，具有宝贵的文献保存价值。

四、《年鉴》不仅能为政府机关领导决策提供参考依据，也可为国内外商务领域和其他各界人士提供相关的法规、政策和数据资料。

五、创刊以来，《年鉴》承蒙供稿单位的大力支持，受到有关人士的欢迎和鼓励，在此谨致谢意，并希望继续得到各界人士的关心和支持。

《北京商务年鉴》编辑委员会

二〇一九年八月

目　录

第一部分　重要文献

第二部分　法规、文件选编

第三部分　主要业务

第四部分　海　关

第五部分　开发区、综保区、行政区商务

第六部分　统计资料

第七部分 大 事 记

第八部分 附 录

CONTENTS

Part Ⅰ Important Documents

Part Ⅱ Collection of Laws, Regulations and Documents

Part Ⅲ Main Work

Part Ⅳ Customs

Part Ⅴ Commercial Affairs of Development Areas, Free Trade Zone and Districts

Part Ⅵ Statistical Data and Material

Part Ⅶ Major Events

Part Ⅷ Appendix

第一部分

重　要　文　献

附录一
论文要旨

王红副市长在2019年全市商务工作会议上的讲话

（2019年1月24日，根据录音整理）

同志们：

今天，我们在这里召开2019年全市商务工作会议，在总结2018年工作的基础上，部署2019年全市商务工作。刚才立刚同志把全市的商务工作进行了总结和部署，这些工作我都同意，请大家认真抓好落实，加强交流沟通。在这里我再讲四点意见。

一、2018年全市商务工作迈上新台阶

过去一年，在市委、市政府的坚强领导下，全市商务系统深入贯彻党的十九大精神，认真落实党中央国务院、市委市政府的各项决策部署，加强党对商务工作的领导，强化商务发展战略规划，圆满完成了商务各项指标和任务，为全市经济社会发展作出了重要贡献。

（一）商务各项主要指标运行平稳

2018年，全市商务运行保持了稳中有进、稳中向好的态势，消费对本市经济发展的基础性作用持续强化，“稳外贸”成效凸显，“稳外资”稳健有序，较好地完成了全年目标。2018年是改革开放40周年，回望改革开放40年商务工作走过的路，有以下特征。

从市场消费看，北京市社会消费品零售总额从1978年的44.2亿元增长至2018年近1.2万亿元，增长超过260倍。2018年市场总消费额达到了2.54万亿元，同比增长7.4%，其中服务消费连续保持了两位数的增长，在总消费中占比达到53.8%，北京服务消费主导的特征得到进一步巩固。

从对外贸易看，改革开放以来，货物贸易规模不断扩大，从1983年统计以来的306亿美元增加到2018年的4124亿美元，增长超过13倍。2018年全市实现货物贸易进出口总额2.7万亿元，同比增长23.9%；其中，出口4878.5亿元，规模创出新高；进出口、出口和进口增速均大幅高于全国平均水平。“双自主”企业出口占比达到22.1%，较2010年末提高16.1个百分点。服务贸易实现快速增长，自2003年统计以来年均增幅15%左右。按人民币计，服务贸易进出口额达到10628.9亿元，占全国比重20.3%，保持了全国第二位的排名。这些数据都充分说明了北京对外贸易规模的扩大和结构的优化。

从双向投资看，1987年全市实际利用外资不到1亿美元，2015年超过100亿美元。2018年实际利用外资167.4亿美元，剔除不可比因素同比增长39.8%，利用外资好于预期。同时，北京企业“走出去”的步伐越来越快。2004年对外投资额仅1.57亿美元。2018年对外投资70亿美元，同比增长15%。其中在“一带一路”沿线25个国家直接投资额2.8亿美元，同比增长45%。北京的“引进来”和“走出去”发展稳健有序。

（二）圆满完成国家和市委市政府交办的重大任务

2018年，全市商务工作坚持高站位、高标准，立足落实“四个中心”战略定位，不断提高“四个服务”水平，全力抓好各项重点工作，保质保量完成国家和市里交办的各项重大任务。

一是以服务业扩大开放试点为引领，大力促进北京的开放发展。2018年是国务院批复北京服务业扩大开放综合试点的收官之年，也是新一轮试点的谋篇布局之年。目前，首轮226项试点任务已经高质量完成，形成了外商投资企业登记备案“单一窗口、单一表格”受理等68项全国首创或效果最优的开放创新举措，服务业扩大开放试点经验已经纳入了国务院支持自贸试验区深化改革创新的若干措施当中。总的来说，第一轮服务业扩大开放取得了非常好的成果。

二是以提升跨境贸易便利度为重点，持续优化北京的营商环境。在跨境贸易便利化方面，市商务局、北京海关与天津有关部门一起做了大量工作，也取得了相当满意的结果。据世界银行最新发布的全球营商环境报告显示，我国营商环境较上年大幅提升32位，位列全球第46名，这是世界银行营商环境报告发布以来中国取得的最好名次。其中，跨境贸易排名由第97位提升到第65位，同样提升了32位。北京作为中国两个样本城市之一，在跨境贸易领域的改革取得了突破性进展，跨境贸易指标得分比上年度提高了13.85分。在全国营商环境22个试评价城市中，北京排名第一。跨境贸易也是国家营商环境试评价的重要指标，在试评价中作出了重要贡献。

三是以办好老百姓家门口的便民网点为抓手，不断提升北京的民生品质。在改善提高民生品质方面，全市商务系统在多个领域持续发力，取得了可喜的成绩。一方面，坚定有序抓疏解，全年疏解提升市场和物流中心204个。另一方面，积极有效补短板，通过编制生活性服务业设施规划，把规划细化到每个街道（乡镇）、社区（村），分业态、分社区提出补建提升措施，全年共建设提升蔬菜零售等7类基本便民商业网点1529个，便民商业服务功能城市社区覆盖率达92%以上。疏解提升和网点建设这两项工作，均超额完成了年初制定的任务目标，让广大市民有了更多、更直接的获得感。

去年这些工作成绩的取得，与大家的努力拼搏是分不开的。商务工作具有“点多、面广、战线长”的特点。在同志们的努力下，北京的商务工作开展得有声有色，商务各领域、各行业无论是量的提升还是质的飞跃，都取得了显著的成绩。面对各种困难和挑战，商务各条战线和协同配合的有关单位共同不畏艰难、不辱使命，很好地履行了我们的职责，圆满完成了国家和市委市政府交给的各项工作任务。在此，我代表市政府向大家表示诚挚的慰问和崇高的敬意！

二、积极作为，不断推动首都商务高质量发展

当前商务工作正处于重要的战略机遇期，大家要勇于担当、主动作为、开拓创新、共同努力，圆满完成2019年各项工作任务。在去年全市机构改革中，市商务委调整更名为市商务局，同时对商务局的职能进行了调整，增加了工作任务，职责条理更清晰，任务分工更精准。我们要立足职能定位，找准方向，主动作为，面向商务各领域、各行业精准分类施策，持续推动商务实现高质量发展。区级的机构改革今年一季度也要完成，机构改革的各项职能要和市里相匹配，要更好发挥商务系统的优势，做好商务工作。

（一）抓好业务基本面

抓好首都商务的业务基本面，就要咬紧指标。对于我们今年制定的各项大指标、小指标，一定要有“咬定青山不放松”的韧劲，还要逐步实现“从稳到优”“从重规模到重结构”的转变。2019年工作目标任务艰巨，需要市区两级政府共同发力。重点指标要层层分解任务，压实责任。大家要按此既定目标，坚持稳中求进的总基调，把各项工作做得更实、更细、更优，确保每一项指标任务顺利完成。

（二）抓实各项重点工作

抓实首都商务的重点工作，先要有首善意识，在全国范围内要有率先示范、立标杆、树旗帜的勇气。要落实“巩固、增强、提升、畅通”八字方针，努力做到六个“稳”，特别是稳外贸和稳外资，这两项工作是商务系统义不容辞的责任，也是全国商务工作会议明确的要求，要抓好贯彻落实。

一是在扩开放方面，首要的是推进服务业扩大开放综合试点工作，这是新时代北京市抓开放抓改革的一项引领性工作。第一，要强化综合试点在全国扩大开放中的引领地位，进一步擦亮服务业扩大开放的“北京品牌”，为新时代国家改革开放贡献“北京经验”。第二，要有前瞻性，积极借鉴各兄弟省区市改革开放的众家之长，做好政策储备，提高北京市改革开放政策措施的含金量。第三，要紧紧围绕首都城市战略定位和中央对北京的开放要求，扎实推进新一轮试点任务，开放力度向自贸试验区看齐，甚至要率先一步。

二是在扩内需方面，消费已经成为北京经济增长的第一拉动力。要积极培育首都消费市场，适应消费升级的新趋势，牢牢把握消费的变化，通过扩大有效供给和品质提升，不断激发居民消费的潜力。各有关部门要形成促消费的合力，出实招、出硬招，为市民提供更多的优质产品和服务。要针对不同的消费群体，供应保障一个都不能少，既要抓住高品质的家电、智能家居用品等商品消费，又要抓住教育、育幼、养老、医疗、文化、旅游等服务消费，还要抓住个性化的定制消费，比如“单人经济”消费、“她经济”女性消费、“童经济”儿童消费、“银发经济”老人消费，等等。要激活市场活力，让市场发挥资源配置的作用，更好地满足市民需要。要持续推进消费便利化，把北京的消费市场潜力释放出来。同时，还要支持企业采用新技术、新模式，持续推动传统商业的转型升级，以更好地适应消费的新需求新趋势。

三是在稳外贸方面，今年全国的目标是稳中提质。面对复杂严峻的外贸形势，我们要把扩大进出口的工作放到更加重要的位置，尤其是扩大出口。既要狠抓已经出台的政策措施落到实处、见到实效，也要抓紧研究新的稳外贸举措，在提质增效上下工夫。既要稳住传统市场，又要积极开拓新兴市场，特别是“一带一路”沿线国家。要引导企业积极应对新形势新变化。要加快跨境电商等新业态新模式发展，进一步扩大进出口的规模。在推动服务贸易方面，要抓紧推进服务贸易创新发展试点工作，着力推动金融、科技、信息、文化创意、商务服务等领域服务贸易发展，积极推动具有首都特点的开放便利举措落地。要高标准、高水平办好2019年京交会，突出地区特色、时代特征。

四是在稳外资方面，要抓住利用外资的重点领域、重要区域、重大项目，抓住京津冀协同发展、筹办世园会、冬奥会等重大机遇，保持利用外资稳定增长。结合北京城市战略定位和产业特点，做好外资项目储备，完善外资企业全周期管理服务，积极推动外资项目的增资和新项目落地。要稳定外资企业利润再投资，加强重点企业走访，切实解决好外商反映的具体问题，下大力气做好服务。

五是在改善民生品质方面，要始终坚持以人民为中心的发展思想，继续有序推进疏整促工作，实施好“十百千 +N”生活性服务业提升工程。着力推进生活性服务业规范化、连锁化、便利化、品牌化、特色化、智能化发展，进一步促进便利店（便民店）的发展。坚持疏解整治和优化提升一体谋划、统筹实施，坚持“稳”字当头，把握节奏，稳妥有序推进区域性专业市场和物流中心的疏解。重点是加快推进对城市运行和民生保障发挥重要作用、按照城市功能定位需要保留的市场和物流中心的升级改造。

其他一些方面的重点工作，立刚同志已经作了非常好的部署，我不再赘述。各级各部门要压实责任，抓好落实。

三、主动担当，大力优化营商环境

优化营商环境是习近平总书记对北京提出的要求，我们要认真贯彻落实全市进一步优化营商环境三年行动计划，切实做好商务领域营商环境的优化。

（一）营造更加便利的贸易环境

贸易环境方面，今年的重点是推进跨境贸易便利化和口岸压时降费这两项工作。在跨境贸易便利化上，目前北京—天津港口基础设施与上海和先进国家或地区相比，还有较大差距。去年已经建立了京津联合联动工作机制，今年要采取切实有效的措施进行巩固和完善，出台更多具有突破性的改革举措。国家口岸办提出今年在保持跨境贸易排名65位的基础上，力争达到60位。我们要在完成国家确定的目标基础上，按照市政府提出的更高目标的要求去完成任务。在口岸压时降费上，目前也还存在一些问题：北京空港口岸提前报关比例偏低、空港操作流程烦琐、收费项目较多、口岸收费主体结构复杂等。我们要一个个梳理问题，一个个解决问题。今年，在压时方面，要充分发挥商务、海关双牵头机制作用，推动提前报关，推广应用“单一窗口”，多措并举来压缩整体的通关时间。在降费方面，财政、商务（口岸）共同牵头，加强统筹调度，按照公示口岸收费目录清单、清理乱收费、归并规范收费项目的步骤，切实推动口岸降费取得实效。

（二）营造更加开放的投资环境

投资环境方面，要以服务业扩大开放为抓手，营造更加开放的投资环境。要进一步完善各区营商环境评价指标体系，继续开展好评估工作，通过评价来激励和优化相关工作。要全面落实准入前国民待遇加负面清单（2018版）的管理制度，进一步精简审批流程。要完善外商投资企业的投诉机制，全力服务好在京外资企业。

（三）营造国际一流的商业环境

要以高质量发展为引领，营造国际一流的商业环境，包括高水平谋划建设国际消费枢纽城市，不断提高商业服务业的服务质量、促进商圈提质增效，推进物流业降本增效，推动扩大生活性服务业企业“一区一照”登记范围，加强商务领域信用体系的建设等。特别是国际消费枢纽城市建设，一定要抓好落实，比如，建设王府井高品质步行街，东城区要给国家和北京市民交出一份满意的答卷。

（四）认真当好企业的“服务管家”

根据市委市政府的有关部署，坚持各级领导干部走访企业制度，积极推进对企业常态化的“服务管家”机制运行。要把“服务包”制度做扎实，既要把普惠性的政策服务包做好，也要把个性化定制做好，激发商务领域各类市场主体的活力。

四、扛起责任，圆满完成重大活动保障任务

做好首都商务工作，必须始终牢记“看北京首先要从政治上看”的要求，把讲政治摆在首要位置。商务战线的同志们要切实扛起政治责任，高水平完成首都各项重大活动的服务保障任务，落实好“四个服务”的职责。

今年，全市工作的重中之重是新中国成立

70 周年庆祝活动，这是我们工作的主线。做好国庆活动的服务保障，是首都职责所在，也是首都发展的强大动力。市里要求以此为统领，服务好第二届“一带一路”国际合作高峰论坛、世界园艺博览会、亚洲文明对话大会等一系列重大活动。

在重大活动的商务服务保障上，我们已经建立了“1+6”工作机制，这项机制很好，下一步继续巩固深化，认真做好食品原材料供应、商务安全生产保障、流通秩序和服务质量保障等各个方面的工作。今年，我们还要抓好春节、国庆等重要节假日的市场供应保障，抓好近期非洲猪瘟防控的相关工作，稳定好市场供应，服务好老百姓的“菜篮子”。

同志们，当前我们正面临着重要战略机遇期，2019 年任务繁重，责任重大。我们要动员一切力量，真抓实干，务求实效。最后，我再提四点希望和要求：

一是坚持结果导向。评价工作的成效，关键是看最后的结果。结果好，所有的过程就是经验；结果不好，所有的过程都是教训。稳外贸、稳外资、扩消费是今年商务最基本的工作，有关指标也会分解到各区、各相关部门，大家要紧紧围绕既定的目标狠抓落实，重在成效。

二是重视发展的质量和结构。外贸、外资和内贸工作在坚持稳中求进工作总基调的同时，要采取改革的办法、运用市场化法治化的手段，着力提升质量、改善结构，夯实商务发展的基础。

三是各区要积极主动发挥作用。市商务局要加强统筹，各区也要积极主动作为，发挥好主观能动性，把市里的决策和各区的实际结合起来，创造性地开展工作。我们在工作中也要注意收集、整理各区的经验，好的经验要进行复制推广。

四是相关部门要大力支持商务工作。各相关部门再接再厉，从自身职责出发，大力支持商务工作，继续在深化改革开放、财政、通关、市场监管等领域对商务工作给予支持，形成促进商务发展的强大合力。

同志们，让我们在市委、市政府的坚强领导下，勇于担当，锐意进取，踏实苦干，全力完成 2019 年商务领域各项工作，为加快建设国际一流的和谐宜居之都努力奋斗，以优异的成绩迎接新中国成立 70 周年！

谢谢大家！

以改革开放为动力　全面推动北京商务高质量发展

——北京市商务局党组书记、局长闫立刚在2019年全市商务工作会议上的报告

（2019年1月24日）

同志们：

今天召开全市商务工作会议，主要任务是：贯彻市委十二届七次全会和全国商务工作会议精神，落实市十五届人大二次会议批准的《政府工作报告》，总结2018年全市商务工作，部署2019年重点任务。

一、2018年商务工作迈上新台阶

2018年是全面贯彻党的十九大精神的开局之年，是改革开放40周年。面对错综复杂的国内外形势，在市委、市政府的坚强领导下，全市商务系统坚持以习近平新时代中国特色社会主义思想为指导，深入贯彻党的十九大精神，深入贯彻习近平总书记对北京重要讲话精神，坚持稳中求进工作总基调，贯彻新发展理念，落实高质量发展要求，以供给侧结构性改革为主线，扩大开放，服务民生，全市商务运行稳中向好，主要指标保持全国领先，圆满完成了各项任务。

消费升级特征明显。全年实现总消费额2.54万亿元，增长7.4%。其中，社会消费品零售总额1.17万亿元，规模再创新高；服务消费额超过1.3万亿元，增长11.8%，在总消费中占53.8%，对总消费增长的贡献率为82.6%，成为消费增长的“主引擎”。

对外贸易高速增长。全年实现货物贸易进出口额2.7万亿元，增长23.9%，高于全国14.2个百分点，增速列进出口大省第一；其中，出口4878.5亿元，增长23%。全年服务贸易进出口额突破1万亿元，增长10%左右，稳居全国第二位。货物贸易出口和服务贸易均创历史新高。

双向投资结构优化。全年实际利用外资167.4亿美元，剔除不可比因素增长近40%，占全国12.4%；其中，服务业扩大开放重点领域实际利用外资占全市61.3%。全年对外直接投资额70亿美元，增长15%；其中，“一带一路”沿线投资势头强劲，增长45%。

全市重点任务全面完成。建设提升基本便民商业网点1529个，提前完成民生实事任务。疏解提升市场和物流中心204个，完成全年目标。服务业扩大开放综合试点形成68项全国首创或效果最优的创新举措，为开放型经济发展探索积累了经验。

对全市经济发展贡献突出。商务领域各行业地方财税贡献在全市的占比超过1/4。外贸企业、外资企业和总部企业的地方财税收入增速比全市增速6.5%分别高出3、1.4和2.2个百分点。

过去一年，我们主要抓了以下三方面工作：

（一）以扩大开放促深化改革，市场活力持续激发释放

一是服务业扩大开放向纵深推进。第一轮试点圆满收官，226项试点任务高质量完成。发布实施扩大对外开放提高利用外资水平的意见，外资企业“全周期”管理等一批试点经验在全国复制推广。放宽外商投资建设工程设计企业

外籍技术人员的比例要求等开放措施被国务院向自贸试验区推广。一批与高质量发展要求相适应的服务业新主体、新业态加速涌现，全国首家外资控股证券公司在京落地，全市首家外商独资娱乐场所、外资控股人才中介机构开始运营，三大信用评级机构、英国最大征信机构等一批具有国际影响力的金融及服务机构落户北京。

二是开放发展质量持续提升。与首都功能定位相契合的重点行业外资快速发展，科技服务业和信息软件业实际利用外资占全市四成。面向全球的北京国际经贸合作平台建设持续推进，境外服务中心总数达 31 家，遍布五大洲 24 个国家和地区。服务进出口额占外贸总额的比重高于全国平均水平 10 个百分点以上。第五届中国（北京）国际服务贸易交易会成功举办，意向签约额达 1025.6 亿美元。我市获批国家服务贸易创新发展试点，服务外包示范城市综合评价列全国首位。一般贸易出口占全市出口 75%，较上年末提高约 15 个百分点。“双自主”企业货物出口占全市出口 22%，较上年末提高超过 1 个百分点。优质进口商品更加丰富，进口额全国排名提高至第 2 位，首届中国国际进口博览会签约额达 175 亿美元。北京大兴国际机场口岸非现场设施项目扎实推进，口岸制度体系进一步完善。首都国际机场成为全国首个年旅客吞吐量过亿人次的机场。北京 144 小时过境免签人数同比增幅超三成。

三是营商环境更加优化。制定实施商务领域优化营商环境的行动计划，建立商务领域企业“服务管家”机制，开展到民营企业大走访活动。政务服务事项精简 54%，非涉密政务服务事项全部实现网上可办。在优化贸易环境上，对标世界银行标准，京津两市联合推出三批 54 条政策措施，被国务院、世界银行作为典型案例进行推广；深入推进口岸提效降费工作，整体通关时间压缩 40%；推广国际贸易“单一窗口”，进出口主要业务申报覆盖率达到 100%。在优化投资环境上，深入实施外资企业设立“一窗受理”，企业减少 45% 重复填报事项；修订完善各区营商环境评价指标体系，并组织开展评价。在优化诚信兴商环境上，加强商务领域信用体系建设，强化商务执法和举报投诉处理，完成行政处罚 955 个；处理举报投诉 478 件，办结率 99% 以上。

（二）把创新作为第一动力，新动能不断增强壮大

一是总消费促进体系初步建成。落实国家消费升级部署，在全国率先建立总消费促进工作机制，形成“1+X”促消费政策框架。制订五年行动计划，增强北京在全球市场中的消费资源配置能力和消费趋势引领能力，高水平谋划建设国际消费枢纽城市。全市部门协同、市区联动，推动商品消费提档升级、服务消费提质扩容，挖掘培育新的消费增长点，多措并举促进总消费增长。

二是内贸流通创新转型不断提速。统筹推进内外贸融合发展，发挥北京获批成为全国跨境电子商务综合试验区的政策优势，加快推进跨境电子商务国际枢纽城市建设。制定《北京物流专项规划》和《北京市物流业提升三年行动计划》，大力推进流通领域现代供应链体系建设，成为全国供应链创新与应用试点城市。进一步促进连锁经营发展，试点连锁品牌企业“一区一照”登记。制定《关于推动北京老字号传承发展的意见》，发布北京便民生活服务地图和北京老字号消费地图 VR 版。

三是商务发展新动能加快积聚。支持创新型总部企业在京发展，全市 3961 家总部企业中，创新型企业占比近七成。全市跨国公司总部达

到178家。首次发布北京总部经济发展指数。总部企业人均利润是全市规模以上企业的2.3倍。推出北京商务服务自主品牌100强。升级改造8个商务服务业公共服务平台。商务服务业收入利润率近50%，名列服务业各行业前茅。

（三）从提高民生品质发力，便民措施更多惠及群众

一是规划政策引领作用进一步增强。落实北京城市总体规划，编制商业服务业设施空间布局规划，发布街区商业生态配置标准，指导各区编制完成生活性服务业设施规划，把设施规划细化到每个街道（乡镇）、社区。发挥政策引导支持作用，在固定资产投资补助、利用腾退地下空间、居住配套商业服务设施等方面制定系列政策文件。

二是补短板增便利步伐继续加快。坚持疏解整治促提升，印发《关于进一步提升生活性服务业品质的工作方案》，全市基本便民商业服务功能城市社区覆盖率达92%以上。回龙观天通苑地区建设提升网点63个，居民生活便利度明显提高。落实“菜篮子”市长负责制，实现“平均每个社区两个蔬菜零售网点”的目标。推进簋街“深夜食堂”建设，满足消费者夜间消费需求。印发《关于进一步促进便利店发展的若干措施》，提出19条创新举措，切实解决便利店发展痛点问题。以模式和业态创新发展弥补中心城区实体空间不足，推动线上线下融合发展，累计建成83家“大而全”的社区商业便民服务综合体、200余家“小而精”的社区商业“e中心”。提升居民消费品质的创新举措被商务部向全国推广。

三是服务保障能力更加提升。圆满完成全国“两会”、中非合作论坛北京峰会、市“两会”等重大活动服务保障工作，有序推进2022年北京冬奥会和冬残奥会餐饮等服务保障工作，形成常态化服务保障机制。成立工作专班，对蔬菜等农副产品市场供应进行调控。稳妥应对非洲猪瘟疫情影响，组织调配猪肉货源，增加市场供给，保障供应稳定。完善肉菜流通追溯体系，全市猪肉和蔬菜追溯节点数分别达到2128和3088个。开展商务领域扶贫协作和区域商务合作，利用京交会平台举办农产品拍卖活动，促进协作地区特色产品进京销售。认真落实行业安全生产和流通秩序监管责任，依法妥善应对“邻家”等连锁便利店关店等事件。

2018年，我们还以十项行动计划为支撑，搭建北京商务改革发展的“四梁八柱”。在谋划长远发展方面，推出《北京国际消费枢纽城市建设行动计划（2018年—2022年）》《北京创新对外投资合作方式三年行动计划》《北京创新型总部经济优化提升三年行动计划》；在改革创新方面，推出《中国（北京）跨境电子商务综合试验区实施方案》《北京市服务贸易创新发展试点工作实施方案》；在服务民生方面，推出《关于进一步规范和促进家政服务业发展的工作方案》《北京市提高乡村流通现代化水平行动计划》《北京市商务领域扶贫协作行动计划（2018—2020年）》；在营商环境方面，推出《商务领域企业“服务管家”运行办法》《优化开放型经济营商环境行动计划》《关于推进北京市物流业降本增效的实施意见》。商务改革发展政策体系进一步丰富完善。

我们始终坚持以党的政治建设为统领，压紧压实全面从严治党主体责任；不断加强党风廉政建设，扎实开展党员干部思想教育；深入开展“双报到”工作，抓好基层党组织规范化建设，推动习近平新时代中国特色社会主义思想在北京商务系统落地生根；积极稳妥推进机构改革，优化职能配置；坚持依法行政，办理人大代表建议24件、政协委员提案59件，工

作效能和履职能力进一步提升。

回顾2018年，商务系统主动服务全市大局，勇于担当作为，努力克服经济下行压力，成功应对一系列风险挑战，保持商务各项指标平稳运行，提高发展质量效益，增进人民群众福祉，既保持了“稳”也实现了“进”，在贯彻党的十九大精神的开局之年、纪念改革开放40周年之际，向市委市政府、向全市人民交上了满意答卷。

过去一年的工作让我们深刻认识到：做好北京商务工作，必须坚持党对商务工作的全面领导，始终牢记“看北京首先从政治上看”的要求，立足“四个中心”战略定位，不断提高“四个服务”水平；必须坚持以人民为中心，民有所呼、我有所应，不断实现人民对美好生活的向往；必须坚持高站位高标准，以高质量发展要求为全市经济社会发展作出商务贡献；必须坚持高举新时代改革开放旗帜，紧紧抓住服务业扩大开放综合试点重大机遇，在更高起点、更高层次、更高目标上深入推动各项工作改革创新；必须坚持担当有为，以饱满的工作热情扑下身子，沉到一线，狠抓落实，全心全意为人民服务，尽职尽责助企业发展。

同志们，成绩的取得是在市委、市政府的坚强领导下，各区各相关部门共同努力、全市商务战线全体干部职工拼搏奉献的结果。在此，我谨代表北京市商务局，向参与和支持商务事业发展的同志们表示衷心的感谢！

二、准确把握商务发展的新形势

中央经济工作会议作出了我国仍处于并将长期处于重要战略机遇期的重大判断，要求我们要善于化危为机，深化改革开放。我们要深刻领会中央经济工作会议精神，既要充分认识当前商务发展面临的挑战，也要注重把握有利条件，坚定做好商务工作的信心。

当前经济运行稳中有变、变中有忧，商务工作面临诸多挑战。外部环境更趋复杂严峻，世界经济不确定不稳定因素增多；国内经济面临下行压力，扩消费稳增长的困难增多；北京作为减量发展和高质量发展的城市，对商务发展方式转变和结构调整提出更高要求；商务发展面临着更深层次的不平衡不充分问题，中高端消费需求与商品、服务供给的矛盾仍然突出，消费环境有待持续优化，保障和改善民生仍需加力，扩大开放的深度和广度还需不断拓展，行业运行中一些风险隐患有所暴露。

机遇与挑战并存，支撑商务发展持续向好的有利条件依然很多。从国家层面看，以习近平同志为核心的党中央的坚强领导，为我们战胜各种风险挑战提供了根本保证；我国经济健康发展的基本面和长期稳中向好的总体势头没有改变；国家密集出台系列稳外贸、稳外资、扩消费措施，为商务发展创造了良好的政策环境。从北京自身看，京津冀协同发展、一核两翼、疏解整治为商务高质量发展、提高生活性服务业品质提供了更大的发展空间；营商环境改革成效显著，大大增强了对外吸引力，市场主体活力进一步激发；重大活动有较强带动效应，世界目光聚焦中国首都，有利于进一步提高北京开放发展水平。从商务领域看，改革开放40年，北京商务事业实现了全方位推进、跨越式发展、历史性变革，奠定了改革发展的坚实基础，也极大地增强了我们迎接挑战、抵御风险的信心和能力；北京作为国家首都和特大型城市，国际吸引力强、需求空间大、消费领域广、供应保障机制完善，具有巨大的市场优势；在服务业扩大开放、服务贸易创新发展、优化营商环境等方面改革创新、先行先试，对外开放程度进一步提升；北京拥有53家世界500强企业、52家全国外贸500强企业、14家全国连锁百强企业、698个规模以上电子商务交易平台，分列世界城市或全国各省市首位，市场主体竞争力强。

面向未来，我们要牢牢把握重要战略机遇期，保持战略定力，抓住有利条件，防范化解风险，勇于担当，积极作为，奋力开创全市商务新局面。

三、坚持高质量发展做好2019年商务工作

2019年是新中国成立70周年，是全面建成小康社会关键之年，做好商务工作意义重大。

全市商务工作的总体要求是：坚持以习近平新时代中国特色社会主义思想为指导，深入贯彻习近平总书记对北京重要讲话精神，遵循“五个坚持”“六稳”的要求，认真贯彻“巩固、增强、提升、畅通”八字方针，坚决落实市委、市政府工作部署，围绕中华人民共和国成立70周年庆祝活动这条工作主线，牢牢把握加强“四个中心”功能建设和提高“四个服务”水平的要求，继续按照便民、创新、开放、提质、安全的发展思路，持续推进十项行动计划，进一步增强消费动力，提升开放水平，改善民生品质，聚焦创新发展，优化营商环境，全面推动北京商务高质量发展。

全市商务发展主要预期目标是：总消费增长7.5%左右，服务消费占总消费的比重达到55%左右。货物贸易规模不减，“双自主”企业出口占比提高1个百分点。服务贸易增长5%以上，对外贸易结构不断优化。实际利用外资保持平稳。对外投资健康稳定有序发展。

为实现上述目标，重点从以下五个方面着力：

（一）在更加提质上着力，不断增强消费对经济发展的基础性作用

围绕消费者多样化、个性化、发展型的消费需求，从供给端精准发力，制定“1+X”系列政策，为群众提供更多优质商品和服务，满足不同群体的便利化消费需求，做到“一个都不能少”，大力推进国际消费枢纽城市建设。

一是丰富基础消费。研究推出全市繁荣夜间经济促消费政策，支持24小时便利店建设，鼓励重点街区及商场、超市、便利店、餐厅等适当延长夜间营业时间；推进“深夜食堂”建设，在西城、朝阳、海淀、丰台、石景山、通州和“回天地区”各打造一条“深夜食堂”特色餐饮街区，点亮夜间消费。落实《关于进一步促进便民早餐网点发展的若干措施》，持续推进便利、安全的早餐网点建设；实施提高乡村流通现代化水平行动计划，健全完善以乡村商业综合体、连锁便利店、电子商务和物流配送为重点的现代化商业流通体系，拉动城乡消费。遴选推荐一批国家级电子商务示范企业，培育电子商务与快递物流协同发展示范企业、示范园区，制定实施新版网络零售鼓励政策，促进网上消费。

二是拓展中高端消费。培育一批品牌企业，做优一批“老字号”企业，制定促进全球新品进京首发、开设首店或旗舰店的政策措施，积极推动环球主题公园及周边商业配套项目建设，扩大品牌消费。全面推进中国（北京）跨境电子商务综合试验区建设，支持海外仓、保税仓等跨境电商仓储设施建设，新建10家以上跨境电商示范体验店，扩大中高端消费品进口，引导境外消费回流。研究制定促进智能消费等新型消费的政策，推进消费换代升级。实施新一轮节能减排促消费政策，新增家用电磁炉、电风扇和电饭锅等节能商品品类，推广新能源货车2000台左右，创建一批“绿色商场”示范店，大力发展绿色消费。

三是统筹服务消费。落实《北京市扩大内需建立完善总消费政策促进体系工作方案》，建

立促进服务消费增长政策体系，形成促进总消费的考核督导机制。推动制定鼓励旅游、文化、体育、教育、养老、健康、信息消费等一系列促进服务消费的政策措施。鼓励社会力量提供多层次多样化医疗、养老、教育培训服务；支持博物馆、图书馆、文化馆、剧院、实体书店等文化设施建设；加强分级诊疗制度建设；推进全域旅游示范区创建工作，提升民宿、“农家乐”品质和服务能力；打造“书香北京”“走进博物馆”“一刻钟健身圈”等服务消费品牌，丰富重点行业优质服务供给。

四是提升供给质量。实施《北京市商业服务业设施空间布局规划》，建立广域级、区域级、地区级、社区级四级商业中心布局体系，培育街区商业生态系统，优化空间布局。实施全市重点商圈改造升级计划，启动公主坟、回龙观天通苑 2 个商圈改造提升；建设王府井、前门大栅栏 2 条高品位步行街；鼓励企业采用新技术新模式，制订传统商业结构调整转型升级行动计划。谋划建设集多种消费方式、多重消费体验为一体的国际一流购物小镇；落实物流业提升行动计划，深化供应链创新与应用试点，培育 20 家左右现代供应链试点企业；发挥会展经济的带动效应和新品发现功能，吸引国际国内知名会展在京举办，拓展供给方式。推动完善旅游、文化、体育、教育、养老等重点服务领域标准规范，擦亮“北京服务”品牌。

（二）在更加开放上着力，进一步提升开放型经济发展水平

紧抓新一轮服务业扩大开放综合试点重大机遇，坚定不移稳外贸、稳外资，打造更高质量、更高层次、更高水平的开放型经济，为全市经济发展注入新动力，为优化营商环境创造新经验，为国家深化改革开放做出北京贡献。

一是推动更高水平开放。加紧组织实施新一轮试点工作方案，对标国际先进经贸规则，着力打造“负面清单 + 正向激励”“产业开放 + 园区开放”模式，做好开放措施所涉及的法规规章调整，开放力度向自贸区看齐。协调推动在金融、电信、教育、医疗、旅游、专业技术服务、文化娱乐等领域开放措施尽快落地。争取取消外商设立投资性公司有关投资企业数量限制。在聘请外籍律师担任法律顾问、外商投资工程设计企业、外商捐资非营利性养老机构等放宽准入限制方面先行先试，力争取得新突破。完善试点示范布局，推动形成首都国际机场临空经济区和北京大兴国际机场临空经济区两大开放引擎，加强城市副中心政策集成，打造服务业深层次开放先导区。研究制定集成式支持政策包，促进服务业扩大开放综合试点与全国科技创新中心建设、文化中心建设联动发展，力争形成更多可视化成果。

二是加大稳外贸力度。与重点外贸企业建立“一对一”联系对接机制，当好企业的“服务管家”，稳定外贸主体在京发展信心。研究制定稳外贸政策，引导企业出口市场多元化。制定扩大进口措施，进一步优化贸易结构。巩固培育一批外贸转型升级基地，打造外贸出口产业平台。试点推动二手车出口。推动外贸综合服务平台增强资源整合能力。完善“政保贷”融资服务平台功能，推动外经贸担保服务平台拓展出口退税额质押贷款业务，为外贸中小企业提供多元化融资服务。组织更多更优企业参加第二届进口博览会。制定促进天竺综保区功能升级实施方案，做好大兴国际机场综合保税区申报设立相关工作。

三是创新发展服务贸易。落实《北京市服务贸易创新发展试点工作实施方案》，重点扩大金融、科技、信息、文化创意、商务服务等现代服务业领域服务出口。探索服务贸易负面清

单管理模式。制定《北京市服务出口重点领域指导目录》。建立服务贸易风险预警机制，适时发布重点服务贸易领域风险预警报告。支持服务贸易示范基地建设，打造一批具有较强国际竞争力的服务品牌。全力办好2019年京交会，扩大展会规模，创新举办方式，优化运作机制，打造引领全球的一流服务贸易展会和深化共建“一带一路”的合作平台，促进北京服务业和服务贸易高质量发展。

四是积极有效稳外资。全面落实准入前国民待遇加负面清单管理制度。建立负面清单代码体系，实行嵌入式登记管理，创新负面清单管理制度下的外资服务模式。加强项目跟踪管理，建立外资分行业、分领域的重大项目清单制度，发掘潜在项目；强化项目到资管理，对重点增资和新设外资项目逐一跟进服务，促进合同外资向实际外资转化。在高精尖重点行业和“三城一区”等重点区域挖掘重点项目，引导外资参与城市副中心公共服务和基础设施等建设。加强与国际咨询机构、外国商协会的合作，建立定期信息沟通和政策发布机制，定期举办“双向投资论坛国别日”活动，发布外商投资年度报告。

五是健康有序促进对外投资合作。制定境外经贸合作区建设指导意见，推动建设一批境外经贸合作区。支持文化、商务服务、高新技术等北京优势产业走出去。引导本市企业开拓拉美、欧洲、“一带一路”沿线国家和地区等区域投资市场。建立保险服务平台和工程承包风险保函平台，降低企业对外投资风险和融资成本。制定境外服务中心考核评估及资金支持办法，新建10个以上境外服务中心。携手香港组织两地30家企业“拼船出海”，共同开拓东盟市场。

（三）在更加宜居上着力，持续改善提高民生品质

贯彻落实市委、市政府提高生活性服务业品质的要求，打造生活性服务业首善之区。紧扣“七有”要求和“五性”特点，着力解决群众最忧最盼最急的问题，让群众有更多、更直接、更实在的获得感、幸福感、安全感。

一是大力发展便民商业网点。实施“十百千+N”生活性服务业提升工程，重点打造10条特色示范街区，培育100家连锁品牌企业，新建提升1000个生活性服务业网点，支持创建一批（N）标准化生活性服务业门店，基本便民商业服务功能在城市社区覆盖率达到95%左右。制定实施《北京市便民店建设提升三年行动计划》，指导各区落实生活性服务业设施规划，不断完善蔬菜零售、便利店、早餐、家政等便民服务体系。对便民店配置不足的街区，因地制宜制定补齐方案，突出抓好中心城区、城市副中心、“回天地区”及网点空白社区等区域的便民网点建设。推动品牌连锁企业贴近民生，进社区、学校、医院、公园和科技园区。

二是营造便民商业发展良好环境。挖掘空间资源，推动市属区属国企发挥示范带头作用，对已改变便民商业用途的空间资源尽快恢复用途；积极利用地下空间资源优先发展便民商业；鼓励支持各区恢复完善商业网点办公室，统筹地区商业资源；试点在公交、地铁场站建设一批便民生活服务设施；在空间资源不足的社区引入厢式便利店、智能货柜等智能流通设施。优化发展环境，推动扩大生活性服务业企业“一区一照”登记范围；发挥生活性服务业发展基金引导作用，积极吸引社会资本，加大便民商业设施投入。保障稳定运行，研究建立基本便民商业网点经营场所租金监测和稳控机制；加强连锁便利店风险防控和应急处置。疏解提升并举，全年疏解提升市场50个、物流中

心16个。

三是提高便民商业现代化水平。研究制定加快发展全行业连锁经营的意见，规模以上连锁企业达到270家左右，连锁化率达到33%左右。研究制定推动实体零售创新转型实施方案。鼓励社区商业零售网点搭载餐饮制售、小物维修、快递收发、家政洗染等多样化便民服务。鼓励社区商业便民服务综合体和“互联网+生活性服务业”等新模式、新业态发展，打造一批具有社交功能属性的示范性社区综合体。依托“农超对接”，探索建立“农商互联”联合采购公共服务平台。

四是健全服务保障体系。加强市场监测，巩固产销合作，做好政府储备，保障粮食、猪肉、蔬菜等生活必需品市场供应稳定。支持引导企业或第三方机构建设肉菜流通追溯系统，对接全市重要产品追溯统一平台。落实商务领域扶贫协作行动计划，深入开展消费扶贫，支持建立协作地区特色产品直采直供模式，实施家政扶贫计划，开展电商精准扶贫。

（四）在更加创新上着力，积极推动商务高精尖产业发展

落实首都城市战略定位，聚焦高质量发展要求，推进商务服务业发展，培育壮大创新型总部经济，提升会展经济发展水平，为构建高精尖经济结构提供优质服务和有力支持。

一是推动商务服务业高端化、国际化、品牌化、集群化发展。组织实施商务服务业高质量发展行动计划，探索支持高端商务服务业创新试点，引导技术、模式、业态和管理创新。打造智慧化商务服务平台，以智慧主题商务楼宇和园区为载体，为商务服务业企业搭建数字化、智能化公共服务平台，引导带动高端专业要素集聚。支持海外高端商务服务中心建设，引入专业化运营团队，加快构建全球化商务服务网络。举办北京商务服务业高端国际发展论坛，发布年度商务服务业品牌百强榜单，打响“北京商务服务”品牌。

二是优化提升创新型总部经济。研究制定促进高端企业创新和开放发展的政策措施，重点支持外资、民营类高端企业在京实现高质量发展。鼓励创新型总部企业扩大在京投资，向“三城一区”、城市副中心和非中心城区转移或设立高端功能机构。建立创新型总部种子企业发现培育机制，支持行业协会联手国际权威机构遴选发布中国创新型总部北京百强榜单，研究发布高端企业高质量创新发展评价指数。完善“来京投资企业及高级管理人员”认定标准，吸引知名企业和专业服务机构来京发展。制作世界500强企业在京投资分布地图，引导跨国公司来京设立地区总部。

三是促进会展业健康发展。深入落实《关于促进北京展览业创新发展的实施意见》，加强会展业发展战略、规划、政策、标准等制订和实施。优化会展设施空间布局，推动新国展二、三期开工建设，协调推动大兴新机场会展中心建设项目尽快落地。制定行业引导政策，加强品牌化、国际化建设，培育会展旗舰企业和首都品牌。

（五）在更加亲商上着力，深入推进营商环境优化

贯彻市委、市政府优化营商环境的决策部署，完善商务领域优化营商环境统筹协调机制，着力推进对企业常态化的“服务管家”机制运行，做好世界银行营商环境新一轮评价工作，在优化商务营商环境上努力保持全国前列。

一是进一步提高跨境贸易便利化水平。巩固完善京津联动工作机制，继续推出一批跨境贸易便利化创新举措。持续推进北京口岸提效降费工作，推广“提前申报”模式，扩大国际

贸易“单一窗口”应用，优化口岸操作流程，多措并举压缩整体通关时间；规范口岸收费目录清单公示，督促引导合理收费，降低进出口环节合规成本。力争世界银行跨境贸易便利化评价排名再有较大提升。

二是增强投资环境软实力。拓展服务业外籍人才出入境管理改革政策至全市范围，研究推动外籍人才工作许可便利化改革，提升从业便利度。制定新的北京市外商投资企业投诉工作办法，保护外商投资企业及其投资者的合法权益。不断深化政务服务“一网、一门、一次”改革，为企业办事提供更好服务。持续开展各区营商环境第三方评估工作，强化评价结果应用，发挥评估倒逼作用，推动营商环境持续优化。

三是提升商业服务业质量水平。实施商业服务业服务质量提升行动计划，制定商品经营服务规范和评价体系，分业态开展示范企业评选，建立重点行业重点领域优质服务企业名录库。组织开展第九届全市商业服务业技能大赛，培训商业服务业一线员工3万名左右。在商务领域探索构建以信用为核心、大数据为支撑的新型监管机制，制定进一步推进商务领域诚信建设的政策措施，制定实施内贸流通、家政服务、电子商务等领域严重违法失信联合惩戒的意见，开展“诚信兴商”“优质服务月”系列宣传活动，营造良好的商务诚信环境。

2019年大事多、喜事多，对商务工作提出了更高要求。我们要扛起政治责任，紧紧围绕服务党和国家工作大局推动各项工作。巩固深化商务服务保障“1+6”工作机制，以最坚决的态度、最周密的筹划和最高的标准，全力以赴做好新中国成立70周年庆祝活动、第二届“一带一路”国际合作高峰论坛、2019年北京世界园艺博览会、亚洲文明对话大会等商务服务保障工作；扎实推进2022年冬奥会和冬残奥会餐饮原材料供应企业遴选、特许商品经营、物流通关、商业服务环境优化质量提升等服务保障工作。指导企业落实安全生产主体责任，健全安全生产管理新体系。

我们要继续坚持把党的政治建设摆在首位，推动全面从严治党向纵深发展，增强责任担当意识，进一步推进主体责任落实。坚持把纪律挺在前面，下大力气抓好基层党组织建设、党员干部思想教育和党风廉政建设，持之以恒强化作风建设。全面提升工作本领，不断加强对中央、市委市政府重大会议精神和有关商务工作重要论述的学习，更加深入细致开展调研，增强对经济形势发展变化的敏感性和预见性，提高工作的针对性和有效性。坚持当好企业的“服务管家”，做好为企业送“服务包”工作。持续强化队伍建设，拓宽干部培养途径，关心关爱干部职工，激励干事创业的精气神，锻造忠诚干净担当的高素质商务队伍。

同志们，新时代商务工作责任重大、任务艰巨、使命光荣。2019年，让我们在市委、市政府的坚强领导下，坚定信心，保持定力，主动担当，奋发有为，改革开放再出发，为建设国际一流的和谐宜居之都作出新的贡献，以商务高质量发展的优异成绩庆祝新中国成立70周年！

第二部分

法规、文件选编

2018年国家制定修订的部分法律、法规目录

序　号	名　称	发布日期	文　号
1	中华人民共和国宪法（2018修正）	2018年3月11日	全国人民代表大会公告第1号
2	中华人民共和国监察法	2018年3月20日	主席令第3号
3	中华人民共和国人民陪审员法	2018年4月27日	主席令第4号
4	中华人民共和国英雄烈士保护法	2018年4月27日	主席令第5号
5	中华人民共和国国境卫生检疫法（2018修正）	2018年4月27日	主席令第6号
6	中华人民共和国反恐怖主义法（2018修正）	2018年4月27日	主席令第6号
7	中华人民共和国精神卫生法（2018修正）	2018年4月27日	主席令第6号
8	中华人民共和国国防教育法（2018修正）	2018年4月27日	主席令第6号
9	中华人民共和国国家情报法（2018修正）	2018年4月27日	主席令第6号
10	中华人民共和国电子商务法	2018年8月31日	主席令第7号
11	中华人民共和国土壤污染防治法	2018年8月31日	主席令第8号
12	中华人民共和国个人所得税法（2018修正）	2018年8月31日	主席令第9号
13	中华人民共和国刑事诉讼法（2018修订）	2018年10月26日	主席令第10号
14	中华人民共和国人民法院组织法（2018修订）	2018年10月26日	主席令第11号
15	中华人民共和国人民检察院组织法（2018修订）	2018年10月26日	主席令第12号
16	中华人民共和国国际刑事司法协助法	2018年10月26日	主席令第13号
17	中华人民共和国消防救援衔条例	2018年10月26日	主席令第14号
18	中华人民共和国公司法（2018修订）	2018年10月26日	主席令第15号
19	中华人民共和国妇女权益保障法（2018修订）	2018年10月26日	主席令第16号
20	中华人民共和国残疾人保障法（2018修订）	2018年10月26日	主席令第16号
21	中华人民共和国防沙治沙法（2018修订）	2018年10月26日	主席令第16号
22	中华人民共和国野生动物保护法（2018修订）	2018年10月26日	主席令第16号
23	中华人民共和国农产品质量安全法（2018修订）	2018年10月26日	主席令第16号
24	中华人民共和国循环经济促进法（2018修订）	2018年10月26日	主席令第16号
25	中华人民共和国农业机械化促进法（2018修订）	2018年10月26日	主席令第16号
26	中华人民共和国计量法（2018修订）	2018年10月26日	主席令第16号
27	中华人民共和国节约能源法（2018修订）	2018年10月26日	主席令第16号
28	中华人民共和国环境保护税法（2018修订）	2018年10月26日	主席令第16号
29	中华人民共和国船舶吨税法（2018修订）	2018年10月26日	主席令第16号
30	中华人民共和国公共图书馆法（2018修订）	2018年10月26日	主席令第16号

（续）

序 号	名 称	发布日期	文 号
31	中华人民共和国旅游法（2018 修订）	2018 年 10 月 26 日	主席令第 16 号
32	中华人民共和国大气污染防治法（2018 修订）	2018 年 10 月 26 日	主席令第 16 号
33	中华人民共和国广告法（2018 修订）	2018 年 10 月 26 日	主席令第 16 号
34	中华人民共和国农村土地承包法（2018 修正）	2018 年 12 月 29 日	主席令第 17 号
35	中华人民共和国耕地占用税法	2018 年 12 月 29 日	主席令第 18 号
36	中华人民共和国车辆购置税法	2018 年 12 月 29 日	主席令第 19 号
37	中华人民共和国公务员法（2018 修订）	2018 年 12 月 29 日	主席令第 20 号
38	中华人民共和国城市居民委员会组织法（2018 修正）	2018 年 12 月 29 日	主席令第 21 号
39	中华人民共和国村民委员会组织法（2018 修正）	2018 年 12 月 29 日	主席令第 21 号
40	中华人民共和国产品质量法（2018 修正）	2018 年 12 月 29 日	主席令第 22 号
41	中华人民共和国食品安全法（2018 修正）	2018 年 12 月 29 日	主席令第 22 号
42	中华人民共和国预算法（2018 修正）	2018 年 12 月 29 日	主席令第 22 号
43	中华人民共和国义务教育法（2018 修正）	2018 年 12 月 29 日	主席令第 22 号
44	中华人民共和国进出口商品检验法（2018 第二次修正）	2018 年 12 月 29 日	主席令第 22 号
45	中华人民共和国港口法（2018 修正）	2018 年 12 月 29 日	主席令第 23 号
46	中华人民共和国电力法（2018 修正）	2018 年 12 月 29 日	主席令第 23 号
47	中华人民共和国企业所得税法（2018 修正）	2018 年 12 月 29 日	主席令第 23 号
48	中华人民共和国高等教育法（2018 修正）	2018 年 12 月 29 日	主席令第 23 号
49	中华人民共和国环境噪声污染防治法（2018 修正）	2018 年 12 月 29 日	主席令第 24 号
50	中华人民共和国民用航空法（2018 修正）	2018 年 12 月 29 日	主席令第 24 号
51	中华人民共和国环境影响评价法（2018 修正）	2018 年 12 月 29 日	主席令第 24 号
52	中华人民共和国职业病防治法（2018 修正）	2018 年 12 月 29 日	主席令第 24 号
53	中华人民共和国劳动法（2018 修正）	2018 年 12 月 29 日	主席令第 24 号
54	中华人民共和国民办教育促进法（2018 修正）	2018 年 12 月 29 日	主席令第 24 号
55	中华人民共和国老年人权益保障法（2018 修正）	2018 年 12 月 29 日	主席令第 24 号
56	中华人民共和国社会保险法（2018 修正）	2018 年 12 月 29 日	主席令第 25 号
57	快递暂行条例	2018 年 3 月 2 日	国务院令第 697 号
58	中华人民共和国森林法实施条例（2018 修正）	2018 年 3 月 19 日	国务院令第 698 号
59	病原微生物实验室生物安全管理条例（2018 修正）	2018 年 3 月 19 日	国务院令第 698 号
60	中华人民共和国知识产权海关保护条例（2018 修正）	2018 年 3 月 19 日	国务院令第 698 号
61	城市房地产开发经营管理条例（2018 修正）	2018 年 3 月 19 日	国务院令第 698 号
62	水库大坝安全管理条例（2018 修正）	2018 年 3 月 19 日	国务院令第 698 号
63	防治海洋工程建设项目污染损害海洋环境管理条例（2018 修正）	2018 年 3 月 19 日	国务院令第 698 号

（续）

序　号	名　　称	发布日期	文　号
64	中华人民共和国人民币管理条例（2018 修正）	2018 年 3 月 19 日	国务院令第 698 号
65	消耗臭氧层物质管理条例（2018 修正）	2018 年 3 月 19 日	国务院令第 698 号
66	土地调查条例（2018 修正）	2018 年 3 月 19 日	国务院令第 698 号
67	防治船舶污染海洋环境管理条例（2018 修正）	2018 年 3 月 19 日	国务院令第 698 号
68	中华人民共和国防治海岸工程建设项目污染损害海洋环境管理条例（2018 修正）	2018 年 3 月 19 日	国务院令第 698 号
69	中华人民共和国海关事务担保条例（2018 修正）	2018 年 3 月 19 日	国务院令第 698 号
70	中华人民共和国计量法实施细则（2018 修正）	2018 年 3 月 19 日	国务院令第 698 号
71	物业管理条例（2018 修正）	2018 年 3 月 19 日	国务院令第 698 号
72	城市供水条例（2018 修正）	2018 年 3 月 19 日	国务院令第 698 号
73	中华人民共和国河道管理条例（2018 修正）	2018 年 3 月 19 日	国务院令第 698 号
74	中华人民共和国招标投标法实施条例（2018 修正）	2018 年 3 月 19 日	国务院令第 698 号
75	中华人民共和国濒危野生动植物进出口管理条例（2018 修正）	2018 年 3 月 19 日	国务院令第 698 号
76	行政区划管理条例	2018 年 10 月 10 日	国务院令第 704 号
77	专利代理条例	2018 年 11 月 6 日	国务院令第 706 号
78	中华人民共和国消防救援衔标志式样和佩带办法	2018 年 11 月 6 日	国务院令第 705 号

（饶丽丽）

2018年商务部规章、部分公告目录

序 号	名 称	文 号
1	商务部关于废止和修改部分规章的决定 2018-02-22	商务部令2018年第1号
2	反倾销和反补贴调查听证会规则 2018-04-04	商务部令2018年第2号
3	反倾销问卷调查规则 2018-04-04	商务部令2018年第3号
4	倾销及倾销幅度期间复审规则 2018-04-04	商务部令2018年第4号
5	商务部规范性文件制定和管理办法 2018-04-13	商务部令2018年第5号
6	外商投资准入特别管理措施（负面清单）（2018年版） 2018-06-28	发展改革委、商务部令2018年第18号
7	关于修改《外商投资企业设立及变更备案管理暂行办法》的决定 2018-06-29	商务部令2018年第6号
8	自由贸易试验区外商投资准入特别管理措施（负面清单）（2018年版） 2018-06-30	发展改革委、商务部令2018年第19号
9	商务部关于修改部分规章的决定 2018-11-09	商务部令2018年第7号
10	商务部行政处罚实施办法 2018-12-12	商务部令2018年第8号
11	公布在广东省恢复施行自动进口许可法律规定有关事项 2018-01-19	商务部、海关总署、质检总局公告2018年第1号
12	关于对原产于欧盟的进口马铃薯淀粉所适用反倾销措施进行期终复审立案的公告 2018-02-05	商务部公告2018年第2号
13	关于对原产于美国和欧盟的进口乙二醇和二甘醇的单丁醚所适用反倾销措施进行期终复审立案的公告 2018-01-27	商务部公告2018年第3号
14	关于执行联合国安理会2397号决议的公告 2018-01-05	商务部、海关总署公告2018年第4号
15	关于终止对原产于美国的进口白羽肉鸡产品征收反倾销税和反补贴税的公告 2018-02-27	商务部公告2018年第5号
16	关于对原产于日本、印度的进口邻二氯苯进行反倾销立案调查的公告 2018-01-23	商务部公告2018年第6号
17	关于原产于印度的进口间苯氧基苯甲醛反倾销调查的初步裁定 2018-02-07	商务部公告2018年第8号
18	2018年农产品进口关税配额再分配公告 2018-08-09	国家发展改革委、商务部2018年第9号
19	关于对原产于新加坡、泰国以及日本三菱丽阳株式会社、日本旭化成化学株式会社和日本住友化学株式会社的进口甲基丙烯酸甲酯倾销及倾销幅度期中复审裁定的公告 2018-02-27	商务部公告2018年第9号
20	关于泰国聚甲醛有限公司变更英文名称的公告 2018-02-06	商务部公告2018年第10号
21	关于原产于日本、韩国和欧盟的进口取向电工钢反倾销案株式会社POSCO价格承诺的公告 2018-06-05	商务部公告2018年第11号
22	关于对原产于美国的进口高粱进行反倾销立案调查的公告 2018-02-04	商务部公告2018年第12号

（续）

序　号	名　　称	文　号
23	关于对原产于美国的进口高粱进行反补贴立案调查的公告 2018-02-04	商务部公告 2018 年第 13 号
24	关于对原产于韩国、台湾地区和美国的进口苯乙烯反倾销调查初步裁定的公告 2018-02-12	商务部公告 2018 年第 14 号
25	关于废止部分规范性文件的公告 2018-02-09	商务部公告 2018 年第 15 号
26	关于解除汉高香港与天德化工组建合营企业经营者集中限制性条件的公告 2018-02-01	商务部公告 2018 年第 16 号
27	关于对原产于印度的进口邻氯对硝基苯胺反补贴调查最终裁定的公告 2018-02-12	商务部公告 2018 年第 18 号
28	关于对原产于印度的进口邻氯对硝基苯胺反倾销调查最终裁定的公告 2018-02-12	商务部公告 2018 年第 19 号
29	关于间苯二酚反倾销期终复审立案的公告 2018-03-22	商务部公告 2018 年第 20 号
30	关于解除联发科技股份有限公司吸收合并开曼晨星半导体公司经营者集中限制性条件的公告 2018-02-09	商务部公告 2018 年第 21 号
31	2017—2018 年度国家文化出口重点企业和重点项目目录 2018-02-12	商务部、中央宣传部、财政部、文化部、新闻出版广电总局公告 2018 年第 22 号
32	关于对原产于泰国的进口双酚 A 反倾销调查最终裁定的公告 2018-02-28	商务部公告 2018 年第 23 号
33	关于对原产于印度和台湾地区的进口壬基酚反倾销措施进行期终复审调查的立案公告 2018-03-28	商务部公告 2018 年第 24 号
34	发布浙江自贸试验区企业申请原油非国营贸易进口资格条件和程序 2018-02-26	商务部公告 2018 年第 25 号
35	关于终止原产于欧盟的甲苯二异氰酸酯（型号为 TDI80/20）反倾销措施的公告 2018-03-12	商务部公告 2018 年第 26 号
36	关于原产于韩国、日本和南非的进口甲基异丁基（甲）酮反倾销调查最终裁定的公告 2018-03-19	商务部公告 2018 年第 27 号
37	关于对原产于日本的进口电解电容器纸反倾销措施进行期终复审调查的立案公告 2018-04-17	商务部公告 2018 年第 28 号
38	关于对原产于欧盟、美国和日本的进口相纸反倾销措施期终复审裁定的公告 2018-03-22	商务部公告 2018 年第 29 号
39	关于 2018 年下半年部分反倾销、反补贴措施即将到期的公告 2018-03-15	商务部公告 2018 年第 30 号
40	关于附加限制性条件批准拜耳股份公司收购孟山都公司股权案经营者集中反垄断审查决定的公告 2018-03-13	商务部公告 2018 年第 31 号
41	关于调整原产于美国及部分欧盟公司的进口乙二醇和二甘醇的单丁醚所适用的反倾销税率的公告 2018-04-04	商务部公告 2018 年第 32 号
42	关于对原产于美国、欧盟、韩国、日本和泰国的进口苯酚进行反倾销立案调查的公告 2018-03-26	商务部公告 2018 年第 33 号
43	关于对原产于美国的部分进口商品加征关税的公告 2018-04-04	商务部公告 2018 年第 34 号
44	关于调整部分汽车产品自动进口许可实施机关的公告 2018-03-30	商务部、海关总署公告 2018 年第 35 号

（续）

序号	名称	文号
45	关于原产于美国、加拿大和巴西的进口浆粕反倾销措施再调查裁定的公告 2018-04-20	商务部公告 2018 年第 37 号
46	关于对原产于美国的进口高粱反倾销调查初步裁定的公告 2018-04-17	商务部公告 2018 年第 38 号
47	关于对原产于美国、欧盟和新加坡的进口卤化丁基橡胶反倾销调查初步裁定的公告 2018-04-19	商务部公告 2018 年第 39 号
48	关于原产于美国、欧盟和新加坡的进口卤化丁基橡胶反倾销调查最终裁定的公告 2018-08-10	商务部公告 2018 年第 40 号
49	商务部公告 2018 年第 41 号 2018-05-14	商务部公告 2018 年第 41 号
50	关于原产于印度的进口间苯氧基苯甲醛反倾销调查最终裁定的公告 2018-05-31	商务部公告 2018 年第 42 号
51	关于原产于韩国、中国台湾地区和美国的进口苯乙烯反倾销调查最终裁定的公告 2018-06-22	商务部公告 2018 年第 43 号
52	关于终止对原产于美国的进口高粱反倾销反补贴调查的公告 2018-05-18	商务部公告 2018 年第 44 号
53	关于终止对原产于印度的进口磺胺甲噁唑的反倾销措施的公告 2018-06-08	商务部公告 2018 年第 45 号
54	关于原产于巴西的进口白羽肉鸡反倾销调查初步裁定的公告 2018-06-08	商务部公告 2018 年第 46 号
55	关于艾德凡斯树脂和化学品责任有限公司继承霍尼韦尔树脂和化学品责任有限公司在锦纶 6 切片反倾销措施和己内酰胺反倾销措施中所适用税率的公告 2018-06-08	商务部公告 2018 年第 47 号
56	关于对原产于欧盟的进口甲苯胺反倾销措施进行期终复审调查的立案公告 2018-06-27	商务部公告 2018 年第 48 号
57	关于对原产于美国和日本的进口氢碘酸反倾销调查初步裁定的公告 2018-06-16	商务部公告 2018 年第 49 号
58	关于原产于美国、沙特阿拉伯、马来西亚和泰国的进口乙醇胺反倾销调查初步裁定的公告 2018-06-16	商务部公告 2018 年第 50 号
59	公布国家文化出口基地名单 2018-06-12	商务部、中央宣传部、文化和旅游部、广播电视总局公告 2018 年第 51 号
60	关于对原产于美国和欧盟的进口相关高温承压用合金钢无缝钢管反倾销措施发起期间复审调查的立案公告 2018-06-16	商务部公告 2018 年第 52 号
61	关于对原产于美国的进口非色散位移单模光纤倾销及倾销幅度期间复审裁定的公告 2018-07-10	商务部公告 2018 年第 53 号
62	商务部关于建立中央储备冻牛羊肉承储企业备选名录库的公告 2018-06-15	商务部公告 2018 年第 54 号
63	商务部公告 2018 年第 55 号 2018-07-26	商务部公告 2018 年第 55 号
64	商务部批准《商品交易市场建设与经营管理术语》等 11 项国内贸易行业标准的公告 2018-06-27	商务部公告 2018 年第 56 号
65	关于对原产于日本、美国的光纤预制棒反倾销措施期终复审裁定的公告 2018-07-10	商务部公告 2018 年第 57 号
66	关于取消不适用食糖保障措施国家（地区）名单的公告 2018-07-16	商务部公告 2018 年第 58 号
67	关于《黄豆酱》等 212 项国内贸易行业标准调整标准主管部门的公告 2018-07-12	商务部、工业和信息化部公告 2018 年第 59 号

（续）

序 号	名 称	文 号
68	关于对原产于日本、韩国、新加坡和台湾地区的进口双酚 A 反倾销措施进行期终复审调查的立案公告 2018-08-29	商务部公告 2018 年第 60 号
69	关于对原产于韩国和日本的进口丁腈橡胶反倾销调查初步裁定的公告 2018-07-16	商务部公告 2018 年第 61 号
70	关于对原产于欧盟、日本、韩国和印度尼西亚的进口不锈钢钢坯和不锈钢热轧板／卷进行反倾销立案调查的公告	商务部公告 2018 年第 62 号
71	关于巴西白羽肉鸡反倾销案的延期公告 2018-08-17	商务部公告 2018 年第 65 号
72	关于对原产于台湾地区、马来西亚和美国的进口正丁醇反倾销调查初步裁定的公告 2018-09-03	商务部公告 2018 年第 67 号
73	关于对原产于美国、韩国、日本和台湾地区的进口聚氯乙烯反倾销措施进行期终复审调查的立案公告 2018-09-28	商务部公告 2018 年第 68 号
74	关于对原产于日本和印度的进口邻二氯苯反倾销调查初步裁定的公告 2018-10-08	商务部公告 2018 年第 70 号
75	公布《2019 年度铁合金出口许可申报条件和申报程序》 2018-09-29	商务部公告 2018 年第 71 号
76	2019 年原油非国营贸易进口允许量总量、申请条件和申请程序 2018-09-29	商务部公告 2018 年第 72 号
77	2019 年化肥进口关税配额总量、分配原则及相关程序 2018-09-29	商务部公告 2018 年第 73 号
78	关于对原产于韩国的进口腈纶倾销及倾销幅度期间复审的裁定 2018-11-06	商务部公告 2018 年第 74 号
79	关于对原产于印度和日本的进口吡啶反倾销措施进行期终复审调查的立案公告 2018-11-20	商务部公告 2018 年第 75 号
80	关于对原产于日本和台湾地区的进口立式加工中心进行反倾销立案调查的公告 2018-10-16	商务部公告 2018 年第 76 号
81	关于 2019 年上半年部分反倾销、反补贴措施即将到期的公告 2018-10-09	商务部公告 2018 年第 77 号
82	2019 年食糖进口关税配额申请和分配细则 2018-09-30	商务部公告 2018 年第 78 号
83	2019 年羊毛、毛条进口关税配额管理实施细则 2018-09-30	商务部公告 2018 年第 79 号
84	关于对原产于美国和日本的进口氢碘酸反倾销调查最终裁定的公告 2018-10-15	商务部公告 2018 年第 80 号
85	关于对原产于美国、沙特阿拉伯、马来西亚和泰国的进口乙醇胺反倾销调查最终裁定的公告 2018-10-29	商务部公告 2018 年第 81 号
86	公布货物进口许可证件申领和通关无纸化作业有关事项 2018-10-12	商务部、海关总署公告 2018 年第 82 号
87	关于调整麻黄草出口管理政策的公告 2018-10-18	商务部、公安部、生态环境部 海关总署、国家药品监督管理局公告 2018 年第 83 号
88	关于对原产于韩国和日本的进口丁腈橡胶反倾销调查最终裁定的公告 2018-11-08	商务部公告 2018 年第 84 号
89	关于终止对原产于欧盟的进口太阳能级多晶硅的反倾销措施和反补贴措施的公告 2018-10-31	商务部公告 2018 年第 86 号
90	公布 2019 年货物出口配额管理有关事项 2018-10-30	商务部公告 2018 年第 87 号
91	关于药料用人工种植麻黄草出口配额申请等事项的公告 2018-11-08	商务部公告 2018 年第 88 号
92	关于对原产于澳大利亚的进口大麦进行反倾销立案调查的公告 2018-11-19	商务部公告 2018 年第 89 号

（续）

序 号	名 称	文 号
93	关于对原产于印度的进口 7- 苯乙酰氨基 -3- 氯甲基 -4- 头孢烷酸对甲氧基苄酯进行反倾销立案调查的公告 2018-11-26	商务部公告 2018 年第 90 号
94	关于对原产于印度的进口 7- 苯乙酰氨基 -3- 氯甲基 -4- 头孢烷酸对甲氧基苄酯进行反补贴立案调查的公告 2018-11-26	商务部公告 2018 年第 91 号
95	关于 2019 年度甘草及甘草制品出口配额招标的公告 2018-12-07	商务部公告 2018 年第 93 号
96	关于 2019 年蔺草及其制品出口配额招标的公告 2018-12-11	商务部公告 2018 年第 94 号
97	公布货物自动进口许可措施调整有关事项 2018-12-10	商务部、海关总署公告 2018 年第 95 号
98	商务部关于建立中央储备冻猪肉承储企业备选名录库的公告 2018-12-14	商务部公告 2018 年第 96 号
99	公布 2019 年度符合铁合金出口许可条件的企业名单 2018-12-20	商务部公告 2018 年第 98 号
100	关于对原产于澳大利亚的进口大麦进行反补贴立案调查的公告 2018-12-21	商务部公告 2018 年第 99 号
101	关于对原产于台湾地区、马来西亚和美国的进口正丁醇反倾销调查最终裁定的公告 2018-12-10	商务部公告 2018 年第 100 号
102	公布 2019 年自动进口许可管理货物目录 2018-12-10	商务部、海关总署公告 2018 年第 101 号
103	关于公布 2019 年度符合申请汽车、摩托车、非公路用两轮摩托车及全地形车出口许可证条件企业名单的公告 2018-12-28	商务部、工业和信息化部、海关总署、市场监管总局公告 2018 年第 102 号
104	2019 年新西兰羊毛和毛条、澳大利亚羊毛进口国别关税配额管理实施细则 2018-12-29	商务部、海关总署公告 2018 年第 103 号
105	关于《服务外包产业重点发展领域指导目录（2018 年版）》的公告 2018-12-29	商务部、财政部、海关总署公告 2018 年第 105 号
106	公布禁止进口的旧机电产品目录调整有关事项 2018-12-29	商务部、海关总署公告 2018 年第 106 号
107	公布 2019 年进口许可证管理货物目录 2018-12-29	商务部、海关总署公告 2018 年第 107 号
108	公布 2019 年出口许可证管理货物目录 2018-12-29	商务部、海关总署公告 2018 年第 108 号
109	关于取消《加工贸易企业经营状况及生产能力证明》的公告 2018-12-29	商务部、海关总署公告 2018 年第 109 号
110	公布 2019 年货物进口许可证发证目录 2018-12-29	商务部公告 2018 年第 110 号
111	公布 2019 年货物出口许可证发证目录 2018-12-29	商务部公告 2018 年第 111 号

（饶丽丽）

2018年其他有关部门规章目录

序　号	名　　称	发布日期	文　号
1	企业投资项目事中事后监管办法	2018年1月4日	国家发展和改革委员会令第14号
2	财政部关于印发《政府采购代理机构管理暂行办法》的通知	2018年1月4日	财库〔2018〕2号
3	国家知识产权局关于印发《知识产权重点支持产业目录（2018年本）》的通知	2018年1月17日	国知发协函字〔2018〕9号
4	再制造产品目录（第七批）	2018年1月22日	工业和信息化部公告2018年第3号
5	绿色数据中心先进适用技术产品目录（第二批）	2018年1月25日	工业和信息化部公告2018年第5号
6	工业和信息化部关于印发《首台（套）重大技术装备推广应用指导目录（2017年版）》的通告	2018年1月26日	工信部装函〔2018〕47号
7	关于发布《中华人民共和国海关暂时进出境货物管理办法》格式文书及有关报关单填制规范的公告	2018年1月30日	海关总署公告2018年第12号
8	国家发展改革委关于发布《境外投资敏感行业目录（2018年版）》的通知	2018年1月31日	发改外资〔2018〕251号
9	关于《出入境检验检疫机构实施检验检疫的进出境商品目录（2018年）》调整的公告	2018年1月31日	国家质量监督检验检疫总局、海关总署公告2018年第21号
10	科技部、发展改革委、财政部关于印发《国家科技重大专项（民口）验收管理办法》的通知	2018年2月1日	国科发专〔2018〕37号
11	财政部关于印发《政府会计制度——行政事业单位会计科目和报表》与《行政单位会计制度》《事业单位会计制度》有关衔接问题处理规定的通知	2018年2月1日	财会〔2018〕3号
12	财政部关于印发《国有金融企业集中采购管理暂行规定》的通知	2018年2月5日	财金〔2018〕9号
13	国家发展改革委关于发布企业境外投资管理办法配套格式文本（2018年版）的通知	2018年2月9日	发改外资〔2018〕252号
14	科技部、财政部关于印发《关于鼓励香港特别行政区、澳门特别行政区高等院校和科研机构参与中央财政科技计划（专项、基金等）组织实施的若干规定（试行）》的通知	2018年2月9日	国科发资〔2018〕43号
15	工商总局关于调整工商登记前置审批事项目录的通知	2018年2月11日	工商企注字〔2018〕24号
16	国家工商行政管理总局关于调整工商登记前置审批事项目录的通知	2018年2月11日	工商企注字〔2018〕24号
17	关于联合发布《知识产权认证管理办法》的公告	2018年2月11日	国家认证认可监督管理委员会公告2018年第5号

（续）

序　号	名　　称	发布日期	文　号
18	工业和信息化部办公厅关于组织开展重大技术装备进口税收政策有关目录修订意见征集工作的通知	2018年2月13日	工信厅装函〔2018〕62号
19	科技部、财政部关于印发《国家科技资源共享服务平台管理办法》的通知	2018年2月13日	国科发基〔2018〕48号
20	重点用能单位节能管理办法（2018修订）	2018年2月22日	国家发展和改革委员会、科学技术部、中国人民银行、国务院国有资产监督管理委员会、国家质量监督检验检疫总局、国家统计局、中国证券监督管理委员会令第15号
21	财政部、中国人民银行关于印发《2018—2020年储蓄国债发行额度管理办法》的通知	2018年2月22日	财库〔2018〕24号
22	食品药品监管总局办公厅关于实施《医疗器械网络销售监督管理办法》有关事项的通知	2018年2月24日	食药监办械监〔2018〕31号
23	中国开发区审核公告目录（2018年版）	2018年2月26日	国家发展和改革委员会、科学技术部、国土资源部、住房和城乡建设部、商务部、海关总署公告2018年第4号
24	国家发展改革委关于印发《长江经济带绿色发展专项中央预算内投资管理暂行办法》的通知	2018年2月28日	发改基础规〔2018〕360号
25	上市公司创业投资基金股东减持股份的特别规定	2018年3月1日	中国证券监督管理委员会公告〔2018〕4号
26	财政部、住房城乡建设部关于印发《试点发行地方政府棚户区改造专项债券管理办法》的通知	2018年3月1日	财预〔2018〕28号
27	中华人民共和国海关企业信用管理办法	2018年3月3日	海关总署令第237号
28	中国证券监督管理委员会行政许可实施程序规定（2018修订）	2018年3月8日	中国证券监督管理委员会令第138号
29	中国证券监督管理委员会关于修改《中国证券监督管理委员会行政许可实施程序规定》的决定（2018）	2018年3月8日	中国证券监督管理委员会令第138号
30	财政部关于印发《预算稳定调节基金管理暂行办法》的通知	2018年3月20日	财预〔2018〕35号
31	必须招标的工程项目规定	2018年3月27日	国家发展和改革委员会令第16号
32	证券期货市场诚信监督管理办法	2018年3月28日	中国证券监督管理委员会令第139号
33	财政部、商务部、文化和旅游部等关于印发口岸进境免税店管理暂行办法补充规定的通知	2018年3月29日	财关税〔2018〕4号
34	国家市场监督管理总局关于印发《全国重点工业产品质量监督目录（2018年版）》的通知	2018年4月1日	国市监质监函〔2018〕3号

（续）

序　号	名　　称	发布日期	文　号
35	财政部、国家市场监督管理总局关于印发《关于推动有限责任会计师事务所转制为合伙制会计师事务所的暂行规定》的通知	2018年4月3日	财会〔2018〕5号
36	国家市场监督管理总局关于发布绿色产品评价标准清单及认证目录（第一批）的公告	2018年4月12日	国家市场监督管理总局公告2018年第2号
37	关于《中华人民共和国海关企业信用管理办法》及相关配套制度实施有关事项的公告	2018年4月27日	海关总署公告2018年第32号
38	进出口商品抽查检验管理办法（2018修正）	2018年4月28日	中华人民共和国海关总署令第238号
39	关于公布《中华人民共和国海关企业信用管理办法》所涉及法律文书格式文本的公告	2018年4月28日	海关总署公告2018年第33号
40	进出口商品免验办法（2018修正）	2018年4月28日	中华人民共和国海关总署令第238号
41	进出口商品复验办法（2018修正）	2018年4月28日	中华人民共和国海关总署令第238号
42	工业和信息化部办公厅、国防科工局综合司关于推荐《民参军技术与产品推荐目录（2018年度）》信息的通知	2018年5月2日	工信厅联军民函〔2018〕165号
43	交通运输部、国家发展改革委关于修改《港口岸线使用审批管理办法》的决定（2018）	2018年5月3日	交通运输部令2018年第5号
44	农业产业化国家重点龙头企业认定和运行监测管理办法（2018修订）	2018年5月10日	农经发〔2018〕1号
45	农业农村部、国家发展改革委、财政部等关于印发《农业产业化国家重点龙头企业认定和运行监测管理办法》的通知（2018修改）	2018年5月10日	农经发〔2018〕1号
46	财政部关于印发《地方财政预算执行支出进度考核办法》的通知	2018年5月11日	财预〔2018〕69号
47	文化和旅游部、工业和信息化部关于发布第一批国家传统工艺振兴目录的通知	2018年5月15日	文旅非遗发〔2018〕12号
48	上市公司国有股权监督管理办法	2018年5月16日	国资委、财政部、证监会令第36号
49	进出口商品复验办法（2018第二次修正）	2018年5月29日	海关总署第240号令
50	进出口商品免验办法（2018第二次修正）	2018年5月29日	海关总署第240号令
51	进口汽车检验管理办法（2018第二次修正）	2018年5月29日	海关总署第240号令
52	中华人民共和国海关对过境货物监管办法（2018修正）	2018年5月29日	海关总署第240号令
53	进口旧机电产品检验监督管理办法（2018第二次修正）	2018年5月29日	海关总署第240号令
54	中华人民共和国海关加工贸易货物监管办法（2018修正）	2018年5月29日	海关总署第240号令
55	国家发展改革委关于印发《必须招标的基础设施和公用事业项目范围规定》的通知	2018年6月6日	发改法规规〔2018〕843号

（续）

序 号	名 称	发布日期	文 号
56	中国证券监督管理委员会关于修改《首次公开发行股票并上市管理办法》的决定（2018）	2018年6月6日	中国证券监督管理委员会令第141号
57	中国证券监督管理委员会关于修改《首次公开发行股票并在创业板上市管理办法》的决定（2018）	2018年6月6日	中国证券监督管理委员会令第142号
58	国防科工局综合司、知识产权局办公室关于印发国防科技工业知识产权转化目录（第四批）的通知	2018年6月20日	局综技〔2018〕57号
59	科技部、国家发展改革委、国防科工局等关于印发《促进国家重点实验室与国防科技重点实验室、军工和军队重大试验设施与国家重大科技基础设施的资源共享管理办法》的通知	2018年6月22日	国科发基〔2018〕63号
60	财政部关于印发《中央对地方重点生态功能区转移支付办法》的通知（2018）	2018年6月25日	财预〔2018〕86号
61	关于公布《中华人民共和国海关保税核查办法》所涉及法律文书格式文本的公告	2018年6月26日	海关总署公告2018年第68号
62	关于公布《中华人民共和国海关对外国驻中国使馆和使馆人员进出境物品监管办法》所涉及法律文书格式文本的公告	2018年6月26日	海关总署公告2018年第72号
63	国家发展改革委、财政部关于印发《行政事业性收费标准管理办法》的通知（2018修订）	2018年6月29日	发改价格规〔2018〕988号
64	工业和信息化部办公厅关于印发《工业和信息化部“双随机一公开”监管实施办法》的通知	2018年7月2日	工信厅政〔2018〕45号
65	财政部关于印发测绘事业单位执行《政府会计制度——行政事业单位会计科目和报表》的衔接规定的通知	2018年7月22日	财会〔2018〕16号
66	财政部关于印发地质勘查事业单位执行《政府会计制度——行政事业单位会计科目和报表》的衔接规定的通知	2018年7月22日	财会〔2018〕17号
67	工业和信息化部、民政部、国家卫生健康委员会关于公布《智慧健康养老产品及服务推广目录（2018年版）》的通告	2018年7月31日	工信部联电子函〔2018〕269号
68	财政部、国家税务总局、应急管理部关于印发《安全生产专用设备企业所得税优惠目录（2018年版）》的通知	2018年8月1日	财税〔2018〕84号
69	关于调整发布《中华人民共和国海关关于转关货物监管办法》等6部规章法律文书格式文本的公告	2018年8月14日	海关总署公告2018年第103号
70	财政部、税务总局、应急管理部关于印发《安全生产专用设备企业所得税优惠目录（2018年版）》的通知	2018年8月15日	财税〔2018〕84号
71	外商投资期货公司管理办法	2018年8月24日	中国证券监督管理委员会令第149号
72	机电产品进口管理办法（2018修正）	2018年8月28日	商务部令2018年第7号
73	财政部关于印发《工业企业结构调整专项奖补资金管理办法》的通知（2018修订）	2018年8月30日	财建〔2018〕462号
74	中国人民银行、财政部公告（2018）第16号——全国银行间债券市场境外机构债券发行管理暂行办法	2018年9月8日	中国人民银行、财政部公告〔2018〕第16号

（续）

序　号	名　　称	发布日期	文　号
75	国家发展改革委决定废止的文件目录	2018年9月10日	国家发展和改革委员会公告2018年第11号
76	关于执行《中华人民共和国海关统计工作管理规定》有关问题的公告	2018年9月30日	海关总署公告2018年第125号
77	关于印发《国家农村产业融合发展示范园认定管理办法（试行）》的通知	2018年10月11日	发改农经规〔2018〕1484号
78	国家发展改革委、农业农村部、工业和信息化部等关于印发《国家农村产业融合发展示范园认定管理办法（试行）》的通知	2018年10月11日	发改农经规〔2018〕1484号
79	证券期货经营机构私募资产管理计划运作管理规定	2018年10月22日	中国证券监督管理委员会公告〔2018〕31号
80	证券期货经营机构私募资产管理业务管理办法	2018年10月22日	中国证券监督管理委员会令第151号
81	“能效之星”产品目录（2018）	2018年10月24日	中华人民共和国工业和信息化部公告2018年第56号
82	国家工业节能技术装备推荐目录（2018）	2018年10月24日	工业和信息化部公告2018年第55号
83	财政部、教育部关于印发《中央高校捐赠配比专项资金管理办法》的通知	2018年11月2日	财科教〔2018〕129号
84	财政部、国家知识产权局关于印发《知识产权相关会计信息披露规定》的通知	2018年11月5日	财会〔2018〕30号
85	关于免征车辆购置税的新能源汽车车型目录（第二十一批）、撤销《免征车辆购置税的新能源汽车车型目录》的车型名单的公告	2018年11月5日	中华人民共和国工业和信息化部、国家税务总局公告2018年第58号
86	工业和信息化部关于印发《国家工业遗产管理暂行办法》的通知	2018年11月5日	工信部产业〔2018〕232号
87	国家发展改革委关于印发投资咨询评估管理办法的通知（2018修订）	2018年11月5日	发改投资规〔2018〕1604号
88	民用爆炸物品生产许可实施办法（2018修订）	2018年11月9日	工业和信息化部令第49号
89	决定废止《电工进网作业许可证管理办法》	2018年11月11日	中华人民共和国国家发展和改革委员会令第20号
90	财政部、文化和旅游部关于《国家非物质文化遗产保护专项资金管理办法》的补充通知	2018年11月12日	财文〔2018〕135号
91	财政部关于《中央补助地方公共文化服务体系建设专项资金管理暂行办法》的补充通知	2018年11月12日	财文〔2018〕134号
92	关于印发《煤矿安全改造专项管理办法》的通知	2018年11月13日	发改能源〔2018〕1659号
93	财政部关于印发《代理记账行业协会管理办法》的通知	2018年11月13日	财会〔2018〕32号
94	财政部、发展改革委、工业和信息化部、海关总署、税务总局、能源局关于调整重大技术装备进口税收政策有关目录的通知	2018年11月14日	财关税〔2018〕42号

（续）

序号	名称	发布日期	文号
95	财政部、国家发展和改革委员会、工业和信息化部、海关总署、税务总局、能源局关于调整重大技术装备进口税收政策有关目录的通知	2018年11月14日	财关税〔2018〕42号
96	工业和信息化部办公厅、国防科工局综合司关于印发《军用技术转民用推广目录（2018年度）》的通知	2018年11月15日	工信厅联军民〔2018〕82号
97	工业和信息化部办公厅、国防科工局综合司关于印发《军用技术转民用推广目录（2018年度）》的通知	2018年11月15日	工信厅联军民〔2018〕82号
98	财政部关于修订《彩票发行销售管理办法》的通知	2018年11月23日	财综〔2018〕67号
99	享受车船税减免优惠的节约能源、使用新能源汽车车型目录（第五批）	2018年11月26日	工业和信息化部、国家税务总局2018年第62号
100	享受车船税减免优惠的节约能源、使用新能源汽车车型目录（第五批）	2018年11月26日	工业和信息化部、国家税务总局公告2018年第62号
101	中华人民共和国工业和信息化部、国家税务总局关于发布《享受车船税减免优惠的节约能源使用新能源汽车车型目录（第五批）》的公告	2018年11月26日	工业和信息化部公告2018年第62号
102	道路机动车辆生产企业及产品准入管理办法	2018年11月27日	工业和信息化部令第50号
103	关于实施《中华人民共和国海关企业信用管理办法》有关事项的公告	2018年11月27日	海关总署公告2018年第178号
104	市场监管总局、认监委关于进一步落实强制性产品认证目录及实施方式改革的公告	2018年12月3日	中国国家认证认可监督管理委员会公告2018年第29号
105	公布2019年自动进口许可管理货物目录	2018年12月10日	公告2018年第101号
106	市场监管总局关于印发《电子营业执照管理办法（试行）》的通知	2018年12月17日	国市监注〔2018〕249号
107	证券基金经营机构信息技术管理办法	2018年12月19日	证监会令第152号
108	中华人民共和国工业和信息化部《产业发展与转移指导目录（2018年本）》公告	2018年12月20日	工业和信息化部公告2018年第66号
109	关于印发《地方政府债务信息公开办法（试行）》的通知	2018年12月20日	财预〔2018〕209号
110	市场监督管理行政处罚程序暂行规定	2018年12月21日	国家市场监督管理总局令第2号
111	市场监督管理行政处罚听证暂行办法	2018年12月21日	国家市场监督管理总局令第3号
112	公布2019年进口许可证管理货物目录	2018年12月26日	商务部、海关总署公告2018年第107号
113	公布禁止进口的旧机电产品目录调整有关事项	2018年12月26日	商务部、海关总署公告2018年第106号
114	商务部、海关总署公布2019年出口许可证管理货物目录	2018年12月26日	商务部、海关总署公告2018年第108号

（续）

序　号	名　　称	发布日期	文　号
115	工业和信息化部关于印发《重点新材料首批次应用示范指导目录（2018年版）》的通告	2018年12月26日	工信部原〔2018〕262号
116	两用物项和技术进出口许可证管理目录	2018年12月28日	商务部、海关总署公告2018年第104号
117	商务部、财政部、海关总署关于《服务外包产业重点发展领域指导目录（2018年版）》的公告	2018年12月29日	商务部、财政部、海关总署公告2018年第105号
118	商务部、财政部、海关总署关于《服务外包产业重点发展领域指导目录（2019年版）》的公告	2018年12月30日	商务部、财政部、海关总署公告2018年第106号

（饶丽丽）

2018年国务院、商务部等有关部委和北京市相关文件目录（部分）

序 号	名 称	发布日期	文 号
1	国务院办公厅关于推进电子商务与快递物流协同发展的意见	2018年1月2日	国办发〔2018〕1号
2	国务院办公厅关于印发国务院2018年立法工作计划的通知	2018年3月2日	国办发〔2018〕14号
3	国务院办公厅关于促进全域旅游发展的指导意见	2018年3月9日	国办发〔2018〕15号
4	国务院办公厅关于印发《知识产权对外转让有关工作办法（试行）》的通知	2018年3月29日	国办发〔2018〕19号
5	国务院办公厅关于印发2018年政务公开工作要点的通知	2018年4月8日	国办发〔2018〕23号
6	国务院办公厅关于调整首届中国国际进口博览会筹备委员会组成人员的通知	2018年4月14日	国办发〔2018〕25号
7	国务院办公厅关于促进“互联网＋医疗健康”发展的意见	2018年4月25日	国办发〔2018〕26号
8	国务院办公厅关于开展涉及产权保护的规章、规范性文件清理工作的通知	2018年5月5日	国办发〔2018〕29号
9	国务院办公厅关于加强行政规范性文件制定和监督管理工作的通知	2018年5月16日	国办发〔2018〕37号
10	国务院关于同意深化服务贸易创新发展试点的批复	2018年6月1日	国函〔2018〕79号
11	国务院办公厅关于调整国务院促进中小企业发展工作领导小组的通知	2018年6月12日	国办发〔2018〕46号
12	国务院办公厅转发商务部等部门关于扩大进口促进对外贸易平衡发展意见的通知	2018年7月2日	国办发〔2018〕53号
13	国务院办公厅关于调整国务院反垄断委员会组成人员的通知	2018年7月11日	国办发〔2018〕51号
14	国务院办公厅关于成立国务院推进政府职能转变和“放管服”改革协调小组的通知	2018年7月19日	国办发〔2018〕65号
15	国务院办公厅关于部分地方优化营商环境典型做法的通报	2018年7月24日	国办函〔2018〕46号
16	国务院关于同意在北京等22个城市设立跨境电子商务综合试验区的批复	2018年7月24日	国函〔2018〕93号
17	国务院关于加快推进全国一体化在线政务服务平台建设的指导意见	2018年7月25日	国发〔2018〕27号
18	国务院关于取消一批行政许可等事项的决定	2018年7月28日	国发〔2018〕28号
19	国务院办公厅关于调整国务院农民工工作领导小组组成人员的通知	2018年7月31日	国办发〔2018〕76号
20	国务院办公厅关于印发全国深化“放管服”改革转变政府职能电视电话会议重点任务分工方案的通知	2018年8月5日	国办发〔2018〕79号
21	国务院关于推动创新创业高质量发展打造“双创”升级版的意见	2018年9月18日	国发〔2018〕32号
22	国务院办公厅关于印发完善促进消费体制机制实施方案（2018—2020年）的通知	2018年9月24日	国办发〔2018〕93号
23	国务院关于在全国推开“证照分离”改革的通知	2018年9月27日	国发〔2018〕35号

（续）

序　号	名　　称	发布日期	文　号
24	国务院办公厅关于调整全国政务公开领导小组组成人员的通知	2018年10月4日	国办发〔2018〕98号
25	国务院关于印发优化口岸营商环境促进跨境贸易便利化工作方案的通知	2018年10月13日	国发〔2018〕37号
26	国务院办公厅关于调整全国打击侵犯知识产权和制售假冒伪劣商品工作领导小组组成人员的通知	2018年10月21日	国办发〔2018〕103号
27	国务院办公厅关于印发《政府网站集约化试点工作方案》的通知	2018年10月27日	国办函〔2018〕71号
28	国务院办公厅关于聚焦企业关切进一步推动优化营商环境政策落实的通知	2018年10月29日	国办发〔2018〕104号
29	国务院办公厅关于全面推行行政规范性文件合法性审核机制的指导意见	2018年12月4日	国办发〔2018〕115号
30	国务院办公厅关于全面推行行政执法公示制度执法全过程记录制度重大执法决定法制审核制度的指导意见	2018年12月5日	国办发〔2018〕118号
31	国务院办公厅关于对真抓实干成效明显地方进一步加大激励支持力度的通知	2018年12月6日	国办发〔2018〕117号
32	国务院办公厅关于推进政务新媒体健康有序发展的意见	2018年12月7日	国办发〔2018〕123号
33	国务院办公厅关于加快发展体育竞赛表演产业的指导意见	2018年12月11日	国办发〔2018〕121号
34	国务院办公厅关于印发文化体制改革中经营性文化事业单位转制为企业和进一步支持文化企业发展两个规定的通知	2018年12月18日	国办发〔2018〕124号
35	国务院办公厅关于推广第二批支持创新相关改革举措的通知	2018年12月23日	国办发〔2018〕126号
36	国务院办公厅关于抓好赋予科研机构和人员更大自主权有关文件贯彻落实工作的通知	2018年12月26日	国办发〔2018〕127号
37	国务院办公厅关于印发“无废城市”建设试点工作方案的通知	2018年12月29日	国办发〔2018〕128号
38	国务院办公厅关于深入开展消费扶贫助力打赢脱贫攻坚战的指导意见	2018年12月30日	国办发〔2018〕129号
39	商务部关于下达2018年港澳地区粮食制粉出口配额的通知	2018年1月2日	商贸函〔2017〕963号
40	商务部关于印发《2018年度甘草及其制品出口配额第一次招标中标企业名单及其中标额度表》的通知	2018年1月3日	商贸批〔2018〕11号
41	商务部对外贸易司关于受理汕头市楷洽化工有限公司固态棕榈硬脂进口备案登记的通知	2018年1月3日	商贸农函〔2018〕3号
42	商务部、财政部、人民银行、银监会关于印发《关于大型出口信贷及出口信用保险项目的报批程序（修订稿）》的通知	2018年1月5日	商贸发〔2018〕15号
43	商务部流通发展司关于报送零售业创新转型有关工作情况的通知	2018年1月8日	商流通司函〔2018〕5号
44	商务部关于印发《2018年蔺草及其制品出口配额第一次招标中标企业名单及其额度表》的通知	2018年1月15日	商贸批〔2018〕32号
45	商务部、人民银行、国资委等关于印发《对外投资备案（核准）报告暂行办法》的通知	2018年1月18日	商合发〔2018〕24号
46	商务部等八部门关于内蒙古等地区开展汽车平行进口试点有关问题的复函	2018年1月30日	商建函〔2018〕48号

（续）

序 号	名 称	发布日期	文 号
47	关于请有关企业做好欧盟化学品注册有关工作的通知	2018年2月1日	商救济垒函〔2018〕2号
48	商务部办公厅关于做好春节和“两会”期间商贸领域安全生产工作的紧急通知	2018年2月13日	商办流通函〔2018〕73号
49	商务部办公厅、工商总局办公厅关于实行外商投资企业商务备案与工商登记“单一窗口、单一表格”受理有关工作的通知	2018年2月28日	商办资函〔2018〕87号
50	商务部外贸发展事务局关于邀请组织参加2018年中国食品（巴西）品牌展的函	2018年3月5日	商贸促局函〔2018〕65号
51	商务部市场运行和消费促进司关于开展2018年度原油成品油经营企业年度定期检查工作的通知	2018年3月5日	商市运函〔2018〕68号
52	商务部外贸发展事务局关于邀请组织参加2018年科隆国际游戏展中国文化贸易展区的函	2018年3月6日	商贸促局函〔2018〕66号
53	商务部外贸发展事务局关于邀请组织参加2018年中国医疗健康（印尼）品牌展的函	2018年3月6日	商贸促局函〔2018〕70号
54	商务部外贸发展事务局关于邀请组织参加2018年中国汽车零部件（泰国）品牌展的函	2018年3月6日	商贸促局函〔2018〕63号
55	商务部外贸发展事务局关于邀请组织参加2018年中国医药原料（美国）品牌展的函	2018年3月6日	商贸促局函〔2018〕71号
56	商务部办公厅关于报送落实内贸流通体制改革有关工作情况的通知	2018年3月6日	商办流通函〔2018〕91号
57	商务部流通发展司关于开展商业街（步行街）现状调查摸底工作的通知	2018年3月6日	商流通司函〔2018〕18号
58	关于印发《关于对家政服务领域相关失信责任主体实施联合惩戒的合作备忘录》的通知	2018年3月7日	发改财金〔2018〕277号
59	商务部、财政部、税务总局等关于开展2018年外商投资企业年度投资经营信息联合报告的通知	2018年3月12日	商资函〔2018〕92号
60	商务部外贸发展事务局关于邀请组织参加2018年（泰国）中国品牌商品展的函	2018年3月13日	商贸促局函〔2018〕90号
61	商务部外贸发展事务局关于邀请组织参加2018年（非洲）中国商品和装备制造展的函	2018年3月14日	商贸促局函〔2018〕88号
62	商务部外贸发展事务局关于邀请组织参加2018年（缅甸）中国品牌商品展的函	2018年3月14日	商贸促局函〔2018〕89号
63	商务部等9部门关于印发《中国服务外包示范城市动态调整暂行办法》的通知	2018年3月15日	商服贸函〔2018〕102号
64	商务部办公厅关于做好电子商务统计工作的通知	2018年3月16日	商办电函〔2018〕100号
65	商务部外贸发展事务局关于邀请组织参加2018年中国汽车零部件（伊朗）品牌展的函	2018年3月21日	商贸促局函〔2018〕108号
66	生态环境部、商务部、科学技术部关于批准西安高新技术产业开发区等3家园区为国家生态工业示范园区的通知	2018年3月23日	环科技〔2018〕11号
67	商务部办公厅、中华全国供销合作总社办公厅关于深化战略合作推进农村流通现代化的通知	2018年3月23日	商办建函〔2018〕107号

（续）

序　号	名　　称	发布日期	文　号
68	生态环境部办公厅、商务部办公厅、科技部办公厅关于开展2018年度国家生态工业示范园区复查评估的通知	2018年3月26日	环办科技函〔2018〕50号
69	财政部办公厅、中宣部办公厅、商务部办公厅关于申报2018年度文化产业发展专项资金（重大项目方面）转移支付项目的通知	2018年3月27日	财办文〔2018〕13号
70	财政部办公厅、中宣部办公厅、商务部办公厅关于申报2018年度文化产业发展专项资金（重大项目方面）转移支付项目的通知	2018年3月27日	财办文〔2018〕13号
71	财政部、商务部、文化和旅游部等关于印发口岸进境免税店管理暂行办法补充规定的通知	2018年3月29日	财关税〔2018〕4号
72	商务部办公厅关于开展国家电子商务示范基地和2017—2018年度电子商务示范企业综合评价工作的通知	2018年4月2日	商办电函〔2018〕116号
73	国家发展改革委、财政部、商务部等关于引导对外投融资基金健康发展的意见	2018年4月10日	发改外资〔2018〕553号
74	商务部等8部门关于开展供应链创新与应用试点的通知	2018年4月10日	商建函〔2018〕142号
75	商务部规范性文件制定和管理办法	2018年4月13日	商务部令2018年第5号
76	商务部关于加快城乡便民消费服务中心建设的指导意见	2018年4月19日	商服贸函〔2018〕157号
77	商务部关于加快城乡便民消费服务中心建设的指导意见	2018年4月19日	商服贸函〔2018〕157号
78	商务部办公厅关于做好2018年绿色循环消费有关工作的通知	2018年4月20日	商办流通函〔2018〕137号
79	商务部办公厅关于做好2018年绿色循环消费有关工作的通知	2018年4月20日	商办流通函〔2018〕137号
80	商务部办公厅关于做好“五一”节日期间和汛期商贸领域安全生产工作的通知	2018年4月27日	商办流通函〔2018〕151号
81	商务部办公厅关于融资租赁公司、商业保理公司和典当行管理职责调整有关事宜的通知	2018年5月8日	商办流通函〔2018〕165号
82	农业产业化国家重点龙头企业认定和运行监测管理办法（2018修订）	2018年5月10日	农经发〔2018〕1号
83	财政部办公厅、商务部办公厅、国务院扶贫办综合司关于开展2018年电子商务进农村综合示范工作的通知	2018年5月11日	财办建〔2018〕102号
84	关于组织开展中国扶贫改革40周年等征文活动的通知	2018年5月11日	商财综函〔2018〕452号
85	国家发展改革委办公厅、人力资源社会保障部办公厅、商务部办公厅关于报送家政服务业发展典型案例的通知	2018年5月11日	发改办社会〔2018〕642号
86	商务部市场秩序司关于报送行业追溯体系建设情况的通知	2018年5月11日	商秩司函〔2018〕302号
87	财政部、税务总局、商务部等关于将服务贸易创新发展试点地区技术先进型服务企业所得税政策推广至全国实施的通知	2018年5月19日	财税〔2018〕44号
88	商务部等9部门关于推动绿色餐饮发展的若干意见	2018年5月21日	商服贸发〔2018〕177号

（续）

序 号	名 称	发布日期	文 号
89	工业和信息化部办公厅、商务部办公厅、海关总署办公厅、市场监管总局办公厅关于做好平行进口汽车燃料消耗量与新能源汽车积分数据报送工作的通知	2018 年 5 月 22 日	工信厅联装函〔2018〕184 号
90	体育总局办公厅、商务部办公厅、国家卫生健康委办公厅等关于表皮生长因子和鼠神经生长因子不纳入《2018 年兴奋剂目录公告》管理范围的通知	2018 年 6 月 13 日	体科字〔2018〕46 号
91	商务部关于印发《2018 年度甘草及其制品出口配额第二次招标中标企业名单及其中标额度表》的通知	2018 年 6 月 26 日	商贸批〔2018〕461 号
92	商务部关于印发《2018 年度甘草及其制品出口配额第二次招标中标企业名单及其中标额度表》的通知	2018 年 6 月 26 日	商贸批〔2018〕461 号
93	商务部办公厅关于推动高品位步行街建设的通知	2018 年 7 月 9 日	商办流通函〔2018〕230 号
94	商务部办公厅关于推动高品位步行街建设的通知	2018 年 7 月 9 日	商办流通函〔2018〕230 号
95	商务部等 9 部门关于进一步规范对钢铁企业支持措施的函	2018 年 8 月 8 日	商安管函〔2018〕485 号
96	商务部办公厅关于做好国内企业在境外投资开办企业（金融企业除外）核准初审取消后相关工作的通知	2018 年 8 月 14 日	商办合函〔2018〕286 号
97	商务部办公厅关于印发《商务部“双随机、一公开”实施细则（试行）》的通知	2018 年 8 月 16 日	商办秩函〔2018〕295 号
98	商务部办公厅关于开展 2018 年石油流通企业安全生产管理专项检查的通知	2018 年 9 月 19 日	商办运函〔2018〕348 号
99	财政部、税务总局、商务部、海关总署关于跨境电子商务综合试验区零售出口货物税收政策的通知	2018 年 9 月 28 日	财税〔2018〕103 号
100	关于跨境电子商务综合试验区零售出口货物税收政策的通知	2018 年 9 月 28 日	财税〔2018〕103 号
101	财政部、税务总局、国家发展改革委、商务部关于扩大境外投资者以分配利润直接投资暂不征收预提所得税政策适用范围的通知	2018 年 9 月 29 日	财税〔2018〕102 号
102	商务部办公厅关于印发《高品位步行街评价指标（试行）》的通知	2018 年 10 月 7 日	商办流通函〔2018〕371 号
103	商务部办公厅关于请报送推进内贸流通体制改革工作有关情况的通知	2018 年 10 月 9 日	商办流通函〔2018〕359 号
104	国家发展改革委办公厅、商务部办公厅关于做好 2018/2019 年度北方大城市冬春蔬菜储备工作的通知	2018 年 10 月 11 日	发改办经贸〔2018〕1243 号
105	关于印发《国家农村产业融合发展示范园认定管理办法（试行）》的通知	2018 年 10 月 11 日	发改农经规〔2018〕
106	财政部办公厅、中共中央宣传部办公厅、商务部办公厅关于申报 2019 年度文化产业发展专项资金（重大项目方面）的通知	2018 年 10 月 12 日	财办文〔2018〕56 号
107	商务部等 8 部门关于公布全国供应链创新与应用试点城市和试点企业名单的通知	2018 年 10 月 16 日	商建函〔2018〕654 号

（续）

序　号	名　　称	发布日期	文　号
108	工业和信息化部、科技部、商务部、市场监管总局关于印发《原材料工业质量提升三年行动方案（2018—2020年）》的通知	2018年10月16日	工信部联科〔2018〕198号
109	商务部办公厅、公安部办公厅、交通运输部办公厅等关于印发《城乡配送绩效评价指标体系》的通知	2018年11月7日	商办流通函〔2018〕389号
110	印发《关于对政府采购领域严重违法失信主体开展联合惩戒的合作备忘录》的通知	2018年11月20日	发改财金〔2018〕1614号
111	印发《关于对社会保险领域严重失信企业及其有关人员实施联合惩戒的合作备忘录》的通知	2018年11月22日	发改财金〔2018〕1704号
112	关于举办“海外基建项目投资与资产并购财务分析及模型建立”专题培训班的通知	2018年11月26日	商务部·商咨协字〔2018〕043号
113	商务部、发展和改革委员会、财政部、海关总署、税务总局、市场监管总局关于完善跨境电子商务零售进口监管有关工作的通知	2018年11月28日	商财发〔2018〕486号
114	商务部、发展改革委、财政部、海关总署、税务总局、市场监管总局关于完善跨境电子商务零售进口监管有关工作的通知	2018年11月28日	商财发〔2018〕486号
115	工业和信息化部、国家发展和改革委员会、公安部、财政部、自然资源部、生态环境部、商务部、应急管理部、国务院国有资产监督管理委员会、海关总署、国家税务总局、国家市场监督管理总局关于持续加强稀土行业秩序整顿的通知	2018年12月10日	工信部联原〔2018〕265号
116	农业农村部、国家发展改革委、财政部、商务部、中国人民银行、国家税务总局、中国证券监督管理委员会、中华全国供销合作总社关于递补148家企业为农业产业化国家重点龙头企业的通知	2018年12月11日	农产发〔2018〕5号
117	商务部关于印发《商务部行政执法人员资格管理办法》的通知	2018年12月12日	商法规发〔2018〕504号
118	商务部关于下达2019年部分农产品出口配额的通知	2018年12月14日	商贸函〔2018〕766号
119	印发《关于对统计领域严重失信企业及其有关人员开展联合惩戒的合作备忘录（修订版）》的通知	2018年12月17日	发改财金〔2018〕1862号
120	国家发展改革委商务部关于印发《市场准入负面清单（2018年版）》的通知	2018年12月21日	发改经体〔2018〕1892号
121	国家发展改革委、商务部关于印发《市场准入负面清单（2018年版）》的通知	2018年12月21日	发改经体〔2018〕1892号
122	国家发展改革委、商务部关于印发《市场准入负面清单（2018年版）》的通知	2018年12月21日	发改经体〔2018〕1892号
123	农业农村部、发展改革委、科技部、工业和信息化部、财政部、商务部、卫生健康委、市场监管总局、银保监会关于进一步促进奶业振兴的若干意见	2018年12月24日	农牧发〔2018〕18号
124	人力资源社会保障部、财政部、商务部、国务院国资委、共青团中央、全国工商联关于实施三年百万青年见习计划的通知	2018年12月25日	人社部函〔2018〕186号
125	关于印发《企业境外经营合规管理指引》的通知	2018年12月26日	发改外资〔2018〕1916号
126	商务部关于开展步行街改造提升试点工作的通知	2018年12月29日	商流通函〔2018〕785号
127	关于印发《柴油货车污染治理攻坚战行动计划》的通知	2018年12月30日	环大气〔2018〕179号

（续）

序　号	名　称	发布日期	文　号
128	北京市人民政府办公厅关于印发《北京市加快供给侧结构性改革扩大旅游消费行动计划（2018—2020年）》的通知	2018年1月22日	京政办发〔2018〕3号
129	北京市人民政府关于印发《北京市人民政府工作规则》的通知（2018）	2018年2月10日	京政发〔2018〕5号
130	北京市人民政府关于印发2018年市政府工作报告重点工作分工方案的通知	2018年2月10日	京政发〔2018〕1号
131	北京市人民政府关于宣布失效一批市政府文件的决定（2018）	2018年2月27日	京政发〔2018〕7号
132	北京市人民政府办公厅关于印发《老旧小区综合整治工作方案（2018—2020年）》的通知	2018年3月4日	京政办发〔2018〕6号
133	北京市人民政府办公厅关于印发2018年全市经济社会发展指标及任务分工的通知	2018年3月5日	京政办发〔2018〕5号
134	北京市人民政府关于扩大对外开放提高利用外资水平的意见	2018年3月15日	京政发〔2018〕12号
135	北京市人民政府关于印发《北京市政府核准的投资项目目录（2018年本）》的通知	2018年3月21日	京政发〔2018〕13号
136	北京市人民政府办公厅印发《关于进一步提升生活性服务业品质的工作方案》的通知	2018年3月24日	京政办发〔2018〕10号
137	北京市人民政府办公厅关于印发《北京市推进“证照分离”改革试点工作方案》的通知	2018年3月26日	京政办发〔2018〕11号
138	北京市人民政府办公厅关于印发《北京市2018年政务公开工作要点》的通知	2018年5月11日	京政办发〔2018〕19号
139	北京市人民政府办公厅关于进一步支持企业上市发展的意见	2018年5月19日	京政办发〔2018〕21号
140	北京市人民政府办公厅关于印发《北京市投资项目在线审批监管平台运行管理实施办法》的通知	2018年6月8日	京政办发〔2018〕23号
141	北京市人民政府关于国税地税机构改革涉及市政府规章、市政府及其部门规范性文件执行问题的通知	2018年6月15日	京政发〔2018〕17号
142	北京市人民政府办公厅关于印发《北京市推进政务服务“一网通办”工作实施方案》的通知	2018年7月5日	京政办发〔2018〕26号
143	北京市人民政府办公厅印发《关于支持实体书店发展的实施意见》的通知	2018年7月6日	京政办发〔2018〕27号
144	北京市人民政府办公厅关于印发《优化提升回龙观天通苑地区公共服务和基础设施三年行动计划（2018—2020年）》的通知	2018年7月29日	京政办发〔2018〕28号
145	北京市人民政府办公厅关于印发《市政府2018年立法工作计划》的通知	2018年8月22日	京政办发〔2018〕33号
146	北京市人民政府办公厅关于印发市发展改革委等部门制定的《北京市新增产业的禁止和限制目录（2018年版）》的通知	2018年9月6日	京政办发〔2018〕35号
147	北京市人民政府关于市政府机构改革涉及市政府规章规定的行政机关职责调整问题的决定	2018年11月5日	京政发〔2018〕25号

（续）

序　号	名　　称	发布日期	文　号
148	北京市人民政府办公厅印发《关于推动北京老字号传承发展的意见》的通知	2018 年 12 月 3 日	京政办发〔2018〕44 号
149	北京市人民政府关于印发《中国（北京）跨境电子商务综合试验区实施方案》的通知	2018 年 12 月 18 日	京政办发〔2018〕48 号
150	北京市人民政府办公厅关于印发《中国（北京）跨境电子商务综合试验区实施方案》的通知	2018 年 12 月 18 日	京政办发〔2018〕48 号
151	北京市人民政府关于做好当前和今后一个时期促进就业工作的实施意见	2018 年 12 月 20 日	京政发〔2018〕30 号
152	北京市人民政府关于改革国有企业工资决定机制的实施意见	2018 年 12 月 21 日	京政发〔2018〕31 号
153	北京市人民政府办公厅关于印发《北京市服务贸易创新发展试点工作实施方案》的通知	2018 年 12 月 29 日	京政办发〔2018〕51 号

（饶丽丽）

2018年北京市商务委员会行政规范性文件目录

序号	名称	发布日期	文号
1	北京市商务委员会 北京海关 北京出入境检验检疫局 北京市国家税务局 国家外汇管理局北京外汇管理部关于印发《总部企业通关便利化工作措施》的通知	2017年7月31日	京商务总部字〔2017〕5号
2	北京市商务委员会等12个部门关于印发《关于进一步促进和规范家政服务业发展的实施意见》的通知	2017年12月1日	京商务交字〔2017〕245号
3	北京市商务委员会 北京市财政局 北京市工商行政管理局 北京市食品药品监督管理局关于印发《进一步优化连锁便利店发展环境的工作方案》的通知	2017年12月8日	京商务流通字〔2017〕15号
4	北京市商务委员会等9部门关于印发《关于进一步促进展览业创新发展的实施意见》的通知	2017年12月29日	京商务贸发字〔2017〕37号
5	北京市商务委员会 北京市财政局关于印发《北京市商业流通发展资金管理暂行办法》的通知	2018年1月2日	京商务财务字〔2017〕47号
6	北京市商务委员会（北京市人民政府口岸办公室） 天津市人民政府口岸服务办公室 北京海关 天津海关 北京出入境检验检疫局 天津出入境检验检疫局关于进一步优化营商环境提升京津跨境贸易便利化若干措施的公告	2018年3月18日	2018年联合公告第1号
7	北京市商务委员会 北京市知识产权局 北京市工商行政管理局 北京市版权局关于印发《进一步做好总部企业知识产权工作 促进总部经济创新发展的若干措施》的通知	2018年4月9日	京商务总部字〔2018〕4号
8	北京市商务委员会关于申报2018年度第一批商务发展项目的通知	2018年4月11日	京商务财务字〔2018〕9号
9	北京市商务委员会（北京市人民政府口岸办公室） 天津市人民政府口岸服务办公室 北京海关 天津海关 北京出入境检验检疫局 天津出入境检验检疫局关于大力优化营商环境提升京津跨境贸易便利化若干措施的公告	2018年4月12日	2018年联合公告第2号
10	北京市商务委员会 北京市民防局 北京市住房和城乡建设委员会 北京市公安局消防局 北京市规划和国土资源管理委员会 北京市发展和改革委员会 北京市工商行政管理局关于印发《利用地下空间补充完善便民商业服务设施的指导意见》的通知	2018年5月2日	京商务规字〔2018〕5号
11	北京市商务委员会 北京市规划和国土资源管理委员会 北京市住房和城乡建设委员会 北京市发展和改革委员会 北京市工商行政管理局关于印发《居住配套商业服务设施规划建设使用管理办法（试行）》的通知	2018年5月2日	京商务规字〔2018〕6号
12	北京市商务委员会关于申报2018年度第一批商务发展项目的补充通知	2018年5月10日	京商务交字〔2018〕69号

（续）

序号	名称	发布日期	文号
13	北京市商务委员会 北京市文化局 北京市国有文化资产监督管理办公室 北京市新闻出版广电局 北京市文物局 北京海关 北京外汇管理部 北京市顺义区人民政府 北京天竺综合保税区管理委员会关于印发《深化服务业开放改革 促进北京天竺综合保税区文化贸易发展的支持措施》的通知	2018年5月22日	京商务函字〔2018〕492号
14	北京市商务委员会关于2018年度北京市服务外包市级资金申报工作通知	2018年5月24日	京商务服贸字〔2018〕17号
15	北京市商务委员会 北京市财政局 北京市人力资源和社会保障局 北京市国有资产监督管理委员会 北京市质量技术监督局 北京市食品药品监督管理局关于印发《关于推动老字号餐饮技艺传承、保持原汁原味工作方案》的通知	2018年6月14日	京商务流通字〔2018〕12号
16	北京市商务委员会关于开展2018外经贸发展专项资金（进口贴息事项）申报工作的通知	2018年7月25日	京商务外运字〔2018〕16号
17	北京市商务委员会 北京市财政局关于印发《北京市外经贸发展资金管理实施细则》（修订稿）的通知	2018年9月12日	京商务财务字〔2018〕23号
18	北京市商务委员会 北京市财政局关于印发《北京市外经贸发展资金支持北京市外贸企业提升国际化经营能力实施方案》的通知	2018年9月12日	京商务财务字〔2018〕24号
19	京市商务委员会 北京市财政局关于印发《北京市外经贸发展资金支持北京市跨境电子商务发展实施方案》的通知	2018年9月12日	京商务财务字〔2018〕25号
20	北京市商务委员会 北京市财政局关于印发《北京市外经贸发展资金促进北京市服务外包发展实施方案》的通知	2018年9月12日	京商务财务字〔2018〕26号
21	北京市商务委员会 北京市财政局关于印发《北京市外经贸发展资金支持试点地区及示范城市服务贸易创新发展实施方案》的通知	2018年9月12日	京商务财务字〔2018〕27号
22	北京市商务委员会 北京市财政局关于印发《北京市外经贸发展资金支持北京市服务贸易境外拓展实施方案》的通知	2018年9月12日	京商务财务字〔2018〕28号
23	北京市商务委员会 北京市财政局关于印发《北京市外经贸发展资金支持北京市对外投资合作实施方案》的通知	2018年9月12日	京商务财务字〔2018〕29号
24	北京市商务委员会 北京市财政局关于印发《北京市外经贸发展资金支持北京市企业高风险国别投资项目海外投资保险统保平台实施方案》的通知	2018年9月12日	京商务财务字〔2018〕30号
25	北京市商务委员会 北京市住房和城乡建设委员会 北京市规划和国土资源管理委员会关于北京市居住配套商业服务设施改变使用性质及转让工作办理规定的通知	2018年9月17日	京商务规字〔2018〕26号
26	北京市商务委员会关于申报2018年度第二批商务发展项目（社区蔬菜直通车）的通知	2018年9月30日	京商务规字〔2018〕29号
27	北京市商务委员会 北京市发展和改革委员会 北京市财政局 北京市城市管理委员会 北京市工商行政管理局 北京市食品药品监督管理局 北京市公安局消防局关于印发《关于进一步促进便利店发展的若干措施》的通知	2018年10月10日	京商务流通字〔2018〕25号

（续）

序号	名称	发布日期	文号
28	北京市商务委员会 北京市规划和国土资源管理委员会关于印发《实施北京市街区商业生态配置指标的指导意见》的通知	2018年10月11日	京商务规字〔2018〕31号
29	北京市商务委员会关于做好2018年北京市对外投资合作专项资金项目申报工作的通知	2018年10月23日	京商务经字〔2018〕22号
30	北京市商务委员会关于对2018年度跨境电子商务项目申报指南有关内容进行修订的补充通知	2018年10月23日	京商务电商字〔2018〕12号
31	北京市商务委员会关于2018年度服务贸易及服务外包专项资金申报工作的通知	2018年10月23日	京商务函字〔2018〕1084号
32	北京市商务委员会 北京市发展和改革委员会 北京市人力资源和社会保障局 北京市财政局 北京市经济和信息化委员会 北京市工商行政管理局 北京市妇女联合会关于印发《关于进一步规范和促进家政服务业发展的工作方案》的通知	2018年10月29日	京商务交字〔2018〕135号
33	北京市商务委员会 北京市发展和改革委员会 北京市规划和国土委员会等9部门《关于推进北京市物流业降本增效的实施意见》	2018年11月1日	京商务物流字〔2018〕15号

（饶丽丽）

北京市商务委员会等5部门关于印发《总部企业通关便利化工作措施》的通知

京商务总部字〔2017〕5号

各区商务委，北京海关各隶属海关、办事处，出入境检验检疫局各分支机构，各区（地区）国家税务局及直属分局，中关村中心支局：

现将《总部企业通关便利化工作措施》印发给你们，请认真贯彻执行。

特此通知。

北京市商务委员会
北京海关
北京出入境检验检疫局
北京市国家税务局
国家外汇管理局北京外汇管理部
2017年7月31日

总部企业通关便利化工作措施

为营造稳定公平透明的营商环境，服务与首都城市战略定位相匹配的总部经济，提升总部企业全球资源配置能力和控制力，促进总部企业国际化发展，支持总部企业优化京津冀产业链，进一步提升总部企业通关便利，增强总部企业辐射力和影响力，制定以下工作措施：

第一条【确定重点总部企业】　商务部门会同海关、检验检疫、国税、外汇管理等部门确定重点总部企业名单，纳入最优级服务类别，对重点总部企业在通关监管、检验检疫、出口退税、收付汇等方面提供便利，并在服务重点总部企业时加强部门协作。（市商务委、北京海关、北京出入境检验检疫局、北京国税局、北京外汇管理部）

第二条【通关一体化】　落实全国通关一体化改革措施，面向重点总部企业，优化税收征管方式，扩大汇总征税企业应用规模，探索实施属地纳税人管理制度，为高信用重点总部企业提供纳税服务。（北京海关）

为重点总部企业打造通关一体化管理机制，运用信息化、风险分析等手段，实现检验检疫申报数据、查验监管数据、检验检测数据和签证放行数据等业务信息的互通互认，缩短货物在口岸的停留时间。（北京出入境检验检疫局）

第三条【分类及信用管理】　为重点总部企业提供行政辅导、风险提示等便利措施；推行菜单式服务，重点总部企业根据需求自行选择，在报检资质、检验监管、行政审批、信用管理、便利通关等方面开展定制式政策服务。（北京出入境检验检疫局）

落实我国海关与其他国家或地区海关的AEO（经认证的经营者）互认安排，引导重点总部企业及其所属公司申请成为AEO高级认证企业；设立企业协调员，协助重点总部企业及其所属的子公司办理海关注册登记业务。（北京海关）

第四条【支持新兴产业】　将出境加工管理

引入集成电路设计企业保税监管，完善集成电路全产业链管理；完善中关村生命科学联合创新服务中心建设，构建“随到随检、随检随放、分批出库，集中报关”的关检联合监管制度，实现生物材料进出口审批、通关、报检、查验的一站式服务。（北京海关）

创新中关村进境特殊物品、动植物生物材料检疫监管模式，优化风险评估等检验检疫流程；对涉及生物医药材料的重点总部企业及研发样品，实行“优化审批、强化监管”的检验检疫新模式。（北京出入境检验检疫局）

第五条【保税监管】 用足用好海关特殊监管区政策，支持重点总部企业在海关特殊监管区内建立国际化物流采购分拨中心；支持建设航空器材共享平台，依托公共保税仓库推进国际航材共享保税支援项目推广。（北京海关）

第六条【创新监管模式】 支持重点总部企业建设全球采购中心，在风险可控的基础上试行总部所在地集中检验模式；面向重点总部企业，在进口食品、化妆品检验检疫以及免办3C等方面开展检验监管创新试点（北京出入境检验检疫局负责）。支持重点总部企业建设全球研发中心，为研发试验样品进出境提供便利。（北京海关）

第七条【知识产权保护】 支持重点总部企业“自主品牌、自主知识产权”产品出口，加大对重点总部企业的知识产权保护力度，将具有出口知识产权优势的重点总部企业纳入“阳光培塑”计划；健全海关与企业的合作机制，开展互联网领域侵权假冒专项治理。（北京海关、北京出入境检验检疫局）

第八条【人员物品通关便利】 对重点总部企业外籍高管、外籍高层次人才、海外归国人才通过北京口岸进出境的自用生活物品（车辆除外），一站式办理审批和征免税验放手续。（北京海关、北京出入境检验检疫局）

第九条【无纸化通关】 在全面实行报关单证电子化的基础上，进一步推动随附单证电子化等配套改革。（北京海关）

实现申报无纸化、转单无纸化和检测报告无纸化。上线全国检验检疫无纸化系统，推进无纸化窗口建设，制定申报单证简化清单，实体窗口和网上申报相结合，实现传统窗口升级，为重点总部企业提供全程无纸化便捷通关服务。（北京出入境检验检疫局）

第十条【支持区域协作】 支持总部企业服务雄安新区发展，为总部企业开展京津冀区域协作提供通关便利。（市商务委、北京海关、北京出入境检验检疫局、北京国税局、北京外汇管理部）

第十一条【政企沟通】 面向重点总部企业宣讲税收优惠政策。对高级认证企业，优先选择作为预裁定适用对象，做好通关前期准备。（北京海关）

第十二条【信息支持】 面向重点总部企业及时通报最新技术性贸易措施信息，加强重大技术性贸易措施的跟踪、预警、研究和评议，指导重点总部企业降低贸易风险，应对国际贸易壁垒。（北京出入境检验检疫局、市商务委）

北京市商务委员会等12个部门关于印发《关于进一步促进和规范家政服务业发展的实施意见》的通知

京商务交字〔2017〕245号

各区政府，各有关部门：

为贯彻落实国家发展改革委、人力社保部、商务部等17个部门联合印发的《关于印发〈家政服务提质扩容行动方案（2017年）〉的通知》（发改社会〔2017〕1293号）有关精神，进一步促进和规范我市家政服务业发展，经市政府同意，现将《关于进一步促进和规范家政服务业发展的实施意见》印发你们，请遵照执行。

特此通知。

北京市商务委员会
北京市发展和改革委员会
北京市人力资源和社会保障局
北京市民政局
北京市财政局
北京市工商行政管理局
北京市公安局
北京市国家税务局
北京市卫生和计划生育委员会
北京市妇女联合会
北京市总工会
中国保险监督管理委员会北京监管局
2017年12月1日

关于进一步促进和规范家政服务业发展的实施意见

根据《国务院办公厅关于发展家庭服务业的指导意见》（国办发〔2010〕43号）、《家庭服务业管理暂行办法》（商务部令2012年第11号）、国家发展改革委、人力社保部、商务部等17个部门联合印发的《关于印发〈家政服务提质扩容行动方案（2017年）〉的通知》（发改社会〔2017〕1293号）和《北京市提高生活性服务业品质行动计划》（京政发〔2015〕40号）等文件精神，结合本市实际，就进一步促进和规范本市家政服务业发展提出如下实施意见。

一、指导思想

认真学习贯彻党的十九大精神，坚持以习近平新时代中国特色社会主义思想为指导，以习近平总书记两次视察北京重要讲话精神为根本遵循，认真落实市委、市政府的决策部署要求，牢固树立创新、协调、绿色、开放、共享的发展理念，遵循政府引导、市场运作、政策扶持、规范发展的原则，坚持问题导向，充分发挥市场在资源配置中的决定性作用，支持家政服务行业模式创新，完善政策扶持体系，加强事中事后部门协同监管，推进本市家政服务业规范化、连锁化、便利化、品牌化、职业化发展，更好地满足人民群众对家政服务的品质需求。

二、建设目标

大力推进本市家政服务业供给侧结构性改革，以“行业创新发展、企业诚信自律、人员素质提升、服务管理规范”为建设重点，补齐家政服务供给短板，优化家政服务供给结构，创新家政服务行业发展模式，完善政策支持体系，逐步形成权责一致、分工明确、运行高效的行业监督管理体系，建立岗前有培训、服务有合同、质量有标准、监管有平台、工作有保险、维权有渠道、纠纷有调处、权益有保障的诚信管理体系和服务保障体系，加快构建与国际一流的和谐宜居之都相适应的北京家政服务体系。

三、主要任务

（一）鼓励家政服务业模式创新

1. 推进家政服务新业态。一是鼓励家政服务企业开发、开放自有服务平台，允许相关企业共用平台技术，整合各企业资源。二是鼓励各类平台引入家政服务版块，以020等多种方式进行家政服务交易，使家政服务的供给渠道更直接、更广泛、更透明。三是鼓励各类市场主体发展共享家政服务平台，充分利用计时型家政服务从业人员的闲时资源，匹配从业人员与消费者的供需要求，实现单一从业人员为多个消费者提供家政服务的功能。（市商务委、市经济信息化委分工负责）

2. 鼓励示范创新发展。鼓励和支持家政服务企业通过多种方式整合服务资源，扩大服务规模。合理布局，统筹开展家政服务示范站建设，力争用三年的时间，在全市创建10家大型示范性家政服务企业、100家中小型规范化家政服务企业和100个家政服务示范站。鼓励规范化、连锁化、品牌化家政服务企业与社区对接。（市商务委、市人力社保局、市发展改革委、市民政局、市社会办、市财政局分工负责）

3. 探索依法引进外籍家政服务人员。贯彻落实公安部支持北京创新发展20项出入境政策措施中“已获得在华永久居留资格或持有工作类居留许可的外籍高层次人才、创新创业人才和港澳高层次人才，提供个人担保和雇佣合同，可以为其聘雇的外籍家政服务人员申请相应期限的私人事务类居留许可（加注‘家政服务’）”的条款，优化服务流程，公布服务标准，做好引进外籍家政服务人员的各项服务工作。（市公安局出入境管理局、市人力社保局、市科委、市商务委分工负责）

（二）进一步完善家政服务政策支持体系

4. 支持家政服务品牌建设。定期发布包括家政服务企业在内的《北京生活性服务业品牌连锁企业资源库》。对品牌连锁家政服务企业，在满足工商登记注册场所要求的前提下，经市提高生活性服务业品质部门联席会议办公室函告市工商局，工商部门应予以正常办理企业的登记注册手续。（市商务委、市工商局分工负责）

5. 支持培育一批“规范化、连锁化、品牌化”家政服务企业。充分利用现有政策，支持家政服务连锁企业、相关社会团体开展规范化、连锁化、便利化、品牌化、职业化建设项目，重点支持连锁网点建设、软件开发、网站建设及其配套设备设施改造、购置等内容；支持连锁家政服务企业开展拓展服务能力项目，重点支持输入输出基地的装修改造、设备购置、信息化建设等内容。对符合条件的连锁家政服务企业固定资产投资给予支持。（市商务委、市财政局、市人力社保局、市发展改革委分工负责）

6. 从业人员根据需要进行岗前健康体检。从业人员根据工作性质和内容以及所服务家庭的需求进行岗前健康体检。从事健康体检的医疗机构应提供规范的服务，明示收费标准，体检报告参照医疗机构门诊病历管理的相关规定

处理。（市商务委、市卫生计生委分工负责）

7. 鼓励支持开展岗位技能素质提升工程。鼓励本市家政服务企业开展岗位技能培训，提高从业人员的整体素质和技能水平。开展以赛代训提升岗位技能活动。把家政服务列为“春潮行动”实施重点。组织实施好“巾帼家政服务”专项培训工程。推动有条件的职业院校（含技工院校）开设家政相关专业，大力开展订单式培训和在职培训。落实各项培训补贴政策。（市商务委、市人力社保局、市民政局、市教委、市财政局、市妇联分工负责）

8. 积极落实、研究相关优惠政策。落实家政服务企业由员工制家政服务员提供的家政服务免征增值税的政策。积极鼓励家政服务企业实行员工制管理。（市国税局、市人力社保局、市商务委、市财政局分工负责）

9. 鼓励开展春节家政服务市场保供活动。春节期间，鼓励和支持本市一批“规范化、连锁化、品牌化”家政服务企业采取多种措施，吸引京外家政服务员进京服务，鼓励在京家政服务员错峰返乡、留守在服务岗位，缓解春节期间北京家政服务市场供应紧张状况，有效保障春节家政服务市场供应。（市商务委、市民政局、市财政局分工负责）

10. 鼓励搭建从业人员输入输出对接平台。进一步加强与来京家政服务从业人员主要来源地政府部门的联系，建立合作机制。将家政扶贫作为精准扶贫的抓手，着力予以推进。鼓励和支持家政服务企业与外埠输出基地合作办学，开展订单式技能培训，提高家政服务从业人员职业素质和技能水平。（市商务委、市人力社保局、市总工会、市妇联、市财政局分工负责）

11. 支持从业人员投保商业保险。鼓励家政服务企业为从业人员投保家政服务员职业责任保险、人身意外伤害保险和重大疾病险等商业保险。（北京保监局、市商务委分工负责）

（三）建立健全家政服务行业监督管理体系

12. 加大法律法规及标准规范的宣贯力度。大力开展法律、法规、规章的宣传和贯彻，加强对现行有效的家政服务行业相关标准、规范的宣传贯彻工作力度，使管理部门—行业协会—服务企业—从业人员对法律、法规、规章、标准、规范能够做到知晓、理解、遵守、执行，切实维护各方权益。积极推行家政服务企业实施公开的产品和服务标准。鼓励企业实行更高水平的服务标准和行为规范，推动家政服务业向高标准、高质量、高水平发展。（市商务委、市人力社保局、市工商局、市民政局、市质监局、市新闻出版广电局、市总工会、团市委、市妇联、市社会办、各区相关部门分工负责）

13. 加强监督执法。开展家政服务市场清理整顿，严厉打击侵害消费者和从业人员合法权益的行为。建立健全违法违规行为预警防控机制，完善多部门综合治理联动机制。家政服务企业的设立应遵守《北京市新增产业的禁止和限制目录》及相关规定，必须取得工商行政管理部门颁发的营业执照，并在经营场所醒目位置悬挂有关证照；经营涉及中介服务的，应取得人社部门核发的人力资源服务许可证（介绍家政服务人员）。（市商务委、市工商局、市人力社保局、市民政局分工负责）

14. 实现家政服务从业人员全程可追溯。家政服务企业聘用从业人员时，应建立从业人员档案及信息数据库；建设全市家政服务查询系统，记录从业人员基本信息及从业经历信息。试点推行家政服务员上门服务卡制度，实现家政服务全程可追溯。（市商务委、市人力社保局、市民政局、市公安局分工负责）

15. 严格规范家政服务企业行为。鼓励家政服务企业使用家政服务合同示范文本，依法与员工制从业人员建立劳动关系，签订劳动合同，缴纳社会保险，按时足额支付劳动报酬。建立健全企业管理制度、服务规程和规章制度，规范企业（单位）经营管理和用工行为。（市人力社保局、市商务委、市工商局、市民政局分工负责）

（四）建立家政服务诚信服务体系

16. 开展诚信教育活动和企业文化建设。大力开展家政服务企业诚信经营教育、家政服务从业人员职业道德教育。加强家政服务企业单用途商业预付卡业务活动管理。探索建立家政服务企业、从业人员信用记录，发布家政服务信用“红黑榜”，并纳入市公共信用信息服务平台。推进开展信用联合奖惩，对严重失信家政服务企业依法依规采取行政性约束或惩戒措施。（市商务委、市人力社保局、市工商局、市经济信息化委、市民政局、人行营业管理部分工负责）

17. 完善行业自律机制。鼓励和支持本市家政服务行业实施“一业多会”，充分发挥各行业协会在监管、服务、协调、维权、规范和指导等方面的积极作用。引导行业协会和企业加强与基层人民调解组织合作，开展家政服务矛盾纠纷调解。积极开展家政服务企业星级评定工作。（市人力社保局、市民政局、市商务委、市妇联、市总工会分工负责）

18. 依法建立工会、妇联和共青团组织。充分发挥工会、妇联和共青团组织作用，推动在家政服务行业和企业建立工会组织，依法开展工资集体协商。进一步扩大妇联、共青团组织对家政服务从业人员的组织覆盖，做好家政服务从业人员权益维护工作。（市总工会、市妇联、团市委分工负责）

四、保障措施

（一）进一步建立健全工作机制

进一步加强沟通协调和信息共享，有效推动行业发展。各单位要按各自分工，承担促进和规范本市家政服务业发展的相关职责，协调解决家政服务业发展中的突出问题，推动各项工作的落实。（各相关部门分工负责）

（二）加强统计监测

进一步加强家政服务业统计调查工作，完善统计调查方法和指标体系，健全统计调查制度，为政府相关决策提供服务。（市统计局、国家统计局北京调查总队、市商务委、市人力社保局、市民政局分工负责）

（三）搭建家政服务行业监管服务平台

对北京家政服务网进行升级改造，建立以大数据、云平台、移动终端为基础的全市家政服务业监管服务平台，为全市家政服务业数据汇集和信息共享、从业人员追溯、家政服务企业信用、统计分析等提供技术支撑。（市商务委、市经济信息化委、市人力社保局、市民政局、市工商局、市统计局、市公安局分工负责）

北京市商务委员会等 4 部门关于印发《进一步优化连锁便利店发展环境的工作方案》的通知

京商务流通字〔2017〕15 号

各区人民政府、市政府各有关部门：

《进一步优化连锁便利店发展环境的工作方案》已经市政府同意，现印发给你们，请结合实际认真贯彻执行。

特此通知。

北京市商务委员会
北京市财政局
北京市工商行政管理局
北京市食品药品监督管理局
2017 年 12 月 8 日

进一步优化连锁便利店发展环境的工作方案

便利店是以满足日常便利性消费需求为主要目的的零售业态，具有商品品类精细、品牌丰富、购物便利快捷等特点，是重要的便民服务业态之一。近年来，我市便利店业态连锁化、规范化、品牌化、服务多样化发展趋势明显，在改善民生、扩大消费、提高居民生活品质等方面发挥着越来越重要的作用，但也存在着店铺选址难、运营成本高、行政许可周期较长、搭载服务种类有限等问题。为落实市委、市政府工作部署，优化连锁便利店发展环境，提高生活性服务业品质，加快和谐宜居之都建设，制定如下工作方案：

一、指导思想和工作原则

全面贯彻党的十九大精神，以习近平新时代中国特色社会主义思想为指导，深入学习贯彻习近平总书记两次视察北京重要讲话和对北京工作中的一系列重要指示精神，牢牢把握首都城市战略定位，按照疏解整治促提升专项行动要求和《北京市提高生活性服务业品质行动计划》，坚持促进与规范并重，将优化环境与依法管理相结合，进一步满足人民群众日益增长的美好生活需要，为建设国际一流和谐宜居之都提供有力支撑。

二、总体目标

通过实施本方案，本市连锁便利店营商环境得到明显改善，连锁便利店的总体数量和覆盖率进一步扩大。到 2020 年，连锁便利店数量达到 3000 家左右，其中中心城区达到 2000 家以上，实现中心城区社区全覆盖，24 小时便利店占比达到 50% 以上，空间布局趋于合理，服务种类更加丰富，服务品质和水平进一步提升，让老百姓生活消费更便利、更舒心、更放心。

三、主要任务

1. 拓展发展空间。各区政府、市有关部门严格落实《北京市居住公共服务设施配置指标》及其实施意见中明确的基本便民商业配置指标，确保配套商业设施与住宅建设同步规划设计、同步建设、同步验收和交付使用。研究制定《居住配套商业服务设施规划建设使用管理办法》，保障连锁便利店基本便民商业服务设施配置。统筹利用疏解腾退空间，优先布局连锁便利店等生活性服务业网点。（市商务委）

2. 加大资金支持力度。支持连锁便利店企业新开店铺、新建或改造加工配送中心；引导连锁便利店应用物联网、大数据等技术，开发和升级管理信息系统，提升供应链和销售端协同能力；引导连锁便利店线上线下融合发展，提供更多便民服务。市区两级政府协同，对搭载早餐或蔬菜零售等部分便民服务的连锁便利店，在租金上给予财政补助。（市商务委、市财政局）

3. 实行“一区一照”登记。市商务委根据连锁便利店的业态标准和经营服务规范，结合本市连锁便利店业态发展的实际情况，提出试点企业名录。市工商局对进入试点企业名录的连锁便利店企业实行“一区一照”登记，试点企业在本市同一行政区内选择一个“总店”作为本区的管理机构，新开门店办理工商登记注册时，只要经营场所符合本市住所登记的相关规定，并提交合法有效的经营场所证明文件，可不再办理单店工商营业执照，将经营场所记载于“总店”营业执照。食药监部门依据工商部门颁发的“一区一照”营业执照为各分店办理食品经营许可。企业应将“总店”的营业执照副本原件及分店的食品经营许可证置于该经营场所醒目位置。对试点企业实行动态管理，试点企业名录每季度更新一次。试点企业应签署诚信经营承诺书，加强内部管理，履行相关法律责任和义务。对检查发现问题的企业，约谈并责令其整改或取消其试点资格。（市商务委、市工商局、市食药监局）

4. 缩短食品经营许可办理时长。在全市开通食品经营许可快速通道，连锁便利店企业仅申请预包装食品销售、特殊食品销售（保健食品、特殊医学用途配方食品）等经营项目，以及食品经营许可变更、延续、补办等不改变经营场所、设备设施和布局的，可不进行现场核查。如必须进行现场核查的，压缩现场检查时间，办理总时限由20个工作日缩短至12个工作日。（市食药监局）

5. 简化食品经营许可现场审查流程。连锁便利店企业由总部向市食药监管局申请，集中提交“布局流程图”予以统一审核，市局审核通过的移交各区分局。各区分局在现场检查、日常监管时，仅审核其现场条件是否与布局流程图一致，提升行政许可效率和服务水平。（市食药监局）

6. 创新搭载服务许可监管模式。对于连锁便利店新增的洗衣代收、代收代缴水电费等符合开办要求的便民服务项目，工商部门依法予以支持。连锁便利店出售取得《食品生产许可证》的饮品，或以取得《食品生产许可证》的食品为原材料，由自动化设备完成制作、销售等后续工序的饮品，按散装食品销售的经营项目进行许可，无须标注为自制饮品制售项目。允许便利店内设立简易就餐区。加强食品经营日常监管工作，明确相关促进便利店健康发展的措施，强化鼓励支持，提升管理服务水平。（市工商局、市食药监局）

7. 强化基层业务培训。强化业务培训，加大对基层部门受理业务的指导力度，确保全市各区在“一区一照”登记、食品经营许可工作中标准一致、程序一致。针对连锁便利店企业申请食品经营许可开通便民热线，专门受理政策咨询、督办许可相关行政行为。（市工商局、市食药监局）

8. 从严把控商品质量。加强便利店所售商品质量监督管理，依法查处商品质量违法行为，督促经营者履行商品质量义务，保护消费者合法权益。落实“双随机、一公开”制度，建立随机抽查事项清单和“双随机”抽查机制，积极引导便利店做好年报信息公示，探索建立跨部门联合检查机制。（市工商局）

9. 加强信用管理。采取守信激励和失信惩戒措施，促使市场主体强化主体责任，在安全生产、质量管理、营销宣传、售后服务、信息公示等各方面切实履行法定义务，对失信企业开展联合惩戒。引导连锁便利店企业主动接受社会监督，充分发挥行业协会等社会组织的作用，开展行业规范宣贯，倡导行业自律。（市商务委、市工商局、市食药监局）

10. 落实企业主体责任。引导连锁便利店企业加强内部管理，积极落实食品安全等主体责任。总部应对各门店实行统一配送，对各门店的经营行为进行统一管理，按照要求进行巡查和自检，各门店应保留总部的配送记录、巡查记录等资料备查。（市商务委、市食药监局）

四、工作要求

1. 明确实施范围。本方案所提的连锁便利店企业，是指实行“统一品牌、统一标准、统一管理、统一采购、统一配送”的运营管理模式，在本市行政区域内已有5个或以上直营门店的连锁便利店。进入“一区一照”登记的试点企业，应在本市行政区域内已有10个或以上直营门店。

2. 部门协同推动。建立促进连锁便利店发展的部门协调机制，统筹推进各项工作任务。市商务、市工商、市食药监、市财政及各区要按照职责，做好顶层设计，分工负责，研究破解难题，从机制层面推进连锁便利店营商环境的改善。

3. 加强宣传引导。通过多种途径、采取多种方式宣传连锁便利店等便民服务的发展情况，宣传典型经验和做法，让更多的消费者知晓便利店等便民服务设施位置和服务内容，营造良好氛围和舆论监督环境。

北京市商务委员会等9部门关于印发《关于进一步促进展览业创新发展的实施意见》的通知

京商务贸发字〔2017〕37号

各区人民政府，市政府各委、办、局，各市属机构：

《关于进一步促进展览业创新发展的实施意见》已经市政府同意，现印发给你们，请结合实际认真贯彻执行。

特此通知。

北京市商务委员会

北京市发展和改革委员会

北京市公安局

北京市财政局

北京市规划和国土资源管理委员会

北京市旅游发展委员会

北京市统计局

北京市知识产权局

中国国际贸易促进委员会北京市分会

2017年12月29日

关于进一步促进展览业创新发展的实施意见

展览业是服务北京“四个中心”建设的重要载体之一，已经成为构建现代市场体系和开放型经济体系的重要平台，具有服务经济、绿色经济、总部经济的产业特点，对社会和经济发展起到了引领、聚集、辐射的作用。同时，我市展览业存在空间结构布局不合理，服务保障能力、国际化水平有待进一步提高等问题。为进一步促进本市展览业创新发展，构建与首都城市战略定位相适应的展览业发展新格局，根据《国务院关于进一步促进展览业改革发展的若干意见》（国发〔2015〕15号），现结合实际，提出以下意见：

一、总体思路

（一）指导思想。认真贯彻党的十九大精神，坚持以习近平新时代中国特色社会主义思想为指导，全面贯彻习近平总书记两次视察北京重要讲话和对北京工作的一系列重要指示精神，按照《北京城市总体规划（2016—2035年)》要求，围绕“四个中心”建设和首都城市战略定位，深入推进实施京津冀协同发展战略，重点服务国家政务活动和重大国事活动，强化保障能力、服务能力和承载能力建设，推动展览业创新发展、转型升级，促进展览业品牌化、专业化、国际化、信息化发展，推动构建“高精尖”经济结构，更好地服务于北京“四个中心”建设和本市国民经济与社会发展。

（二）基本原则

坚持服从服务于“四个中心”建设。适应重大国事活动常态化需要，优化空间布局，高标准完善国家政务活动和重大国事活动设施；

服务全球影响力的科技创新中心和中国特色社会主义文化之都建设，健全服务保障的长效机制，提高展览业服务“四个中心”建设的保障能力；形成为“四个中心”建设服务的良好环境。

坚持国际化发展方向。搭建国际交流合作平台，完善国际合作机制，畅通国际合作渠道，营造国际合作环境，统筹国际国内两种资源、两个市场，深化对外交流与合作，提高北京展览业的国际影响力，促进展览业国际化发展。

坚持市场导向。充分发挥市场在资源配置中的决定性作用，激发市场活力，拓展展览业市场空间。建立公开公平、有序竞争的市场规则，发挥政府政策的引导促进作用，推动展览业市场化发展。

坚持区域协同发展。深入推进实施京津冀协同发展战略，建立展览业协同发展机制，实现资源共享、信息互通，契合以首都为核心的世界级城市群建设，打造环渤海、辐射华北乃至全国的会展中心城市。

（三）发展目标

到2020年，基本建成结构优化、布局合理、功能完善、机制健全、服务优良的服务于“四个中心”建设的展览业发展体系。

——展览设施完善布局合理。重点抓好国家政务和重大国事活动设施的完善和建设，国家政务活动服务保障能力显著提升；建成以科技创新、文化创意、服务贸易展览为主的国际交往功能区，服务“四个中心”建设的能力进一步增强。

——国际化水平明显提升。培育发展一批符合首都城市战略定位的自主品牌展会、与首都产业相匹配的特色展会，国际交流合作密切，展览业国际化水平和影响力明显提升。举办国际展览数量达到200个，打造出1~2个具有国际竞争力的展览集团，力争引进3~5个具有全球影响力的品牌展会。

——发展环境进一步优化。展览业管理机制健全，公共服务平台体系完善，加快制定展览业标准，便利化水平进一步提高。金融保险服务、知识产权保护、人才培养等市场化服务体系完善。

到2035年，展览设施布局优良，运营服务体系完善，举办国际展览数量达到250个，展览业的品牌化、专业化、国际化、信息化和国际影响力、综合竞争力达到世界先进水平。

二、重点任务

（一）优化空间布局

1. 打造国家政务和重大国事活动的承载区。按照“全球视野、国际标准、中国特色、大国气派、科技引领”的目标，高标准推进国家会议中心二期建设，适应服务于国家政务和重大国事活动常态化需要，完善会展设施，打造新时期首都建设的精品力作；着眼“一带一路”国家战略推进，举办重大国际展览需要，提升展览功能，形成设施完善、功能完备、机制健全、保障有力的会展服务体系，建设成为国家“一带一路”倡议的落地平台和首都“国际交往中心”的重要节点。

2. 完善国际高端政治经济会展的功能区。适应大国主场外交的需要，抓好雁栖湖国际会都资源整合和改造提升，全面提升雁栖湖国际会都的服务保障能力，服务和保障好国家的政治交往。提升国际会展中心功能，认真总结“一带一路”国际合作高峰论坛服务保障的实践经验，整理服务流程，形成一支具有国际一流水准的服务保障队伍，把雁栖湖国际会都建设成为国际高端政治经济会展区和科技文化展示区。

3. 培育国际商务会展活动的聚集区。立足科技中心、文化中心、国际交往中心建设需要，积极推动中国国际展览中心（天竺新馆）扩建项目，扩容展览面积，加强配套服务设施建设，强化信息技术利用，提升服务国际会展能力，健全服务保障机制，承接北京会议会展功能转移，引导品牌展会集聚，打造符合首都功能定位的会展活动聚集区。

4. 规划建设国际交流合作的示范区。按照北京新机场临空经济区功能战略定位，契合京津冀区域产业布局，在北京新机场临空经济区，建设集商务、办公及配套设施于一体的综合性会展服务设施，展示我国外交形象，展示京津冀协同发展成果，推广国家航空科技创新技术，培育南中轴首都商务新区国际交流服务功能，打造国际交往中心的窗口和京津冀产业协同发展交流合作的示范区。

（二）强化品牌建设

1. 提升现有展会水平。适应我国从展览业大国走向展览业强国，展览项目并购成为“新常态”的趋势，调整优化展览业结构，形成以京交会为龙头，以科博会、文博会及各类专业性展会为支撑的服务业领域会展格局。全面提升已形成的行业品牌展会水平，重点支持在京举办的覆盖亚洲乃至全球性专业知名展会。

2. 支持优势产业展会。聚焦北京服务业扩大开放六大重点领域，大力支持发展互联网和信息服务、金融服务、健康医疗服务等服务类的展会。充分发挥北京的文化资源优势，进一步办好北京国际电影节、北京国际图书节、北京国际图书博览会、北京国际设计周、世界魔术大会等文化类展会，依托各类博物馆、美术馆、图书馆、展示馆、科技馆等场馆优质资源，坚持服务全国、面向世界，展示我国悠久的历史和文化，提升国家文化软实力和国际影响力，推动北京文化中心建设。

3. 发展新兴产业展会。聚焦中关村科学城、怀柔科学城、未来科学城、创新型产业集群和“中国制造 2025”创新引领示范区建设，强化“一带一路”高峰论坛成果转化，鼓励整合行业资源，积极创办电子信息、生物医药、新能源、新材料、智能制造、航空航天、新能源汽车、轨道交通等“高精尖”产业展会；提升世界机器人大会、中国国际软件博览会、中国（北京）跨国技术转移大会等新兴产业和高技术产业展会的品牌影响力和国际化程度，着力推进科技创新中心建设。

4. 培育特色产业展会。大力发展以北京特色产业为依托的品牌展会，塑造特色品牌，进一步提高北京国际时尚节、北京国际旅游博览会、北京国际商务及会奖旅游展览会等国际化水平。结合自然资源禀赋及产业基础，继续办好种子大会、北京农业嘉年华、大兴西瓜节等都市型现代农业展览，促进生态涵养区引入优势、特色展会资源，推动生态涵养区建设和区域经济绿色发展。

5. 筹办重大国际会展。精心筹办 2022 年冬奥会（冬残奥会）、2019 年中国北京世界园艺博览会、2020 年世界休闲大会等大型国际活动，着力办好 2019 年世界集邮展、联合国教科文卫组织创意城市网络峰会。积极申办国际组织年会和会展活动，提升北京会展业的品牌形象和国际影响力。

（三）培育市场主体

1. 壮大龙头企业。鼓励支持大型骨干展览企业通过收购、兼并、控股、参股、联合等形式组建国际展览集团。重点培育竞争力强、覆盖面广、示范引领作用大的龙头企业，提升组展办展和组织国际活动的能力水平，提高国际竞争力。

2. 健全展览产业链。以展览企业为龙头，完善交通、物流、通信、金融、法律、翻译、旅游、餐饮、住宿、策划、广告、印刷、设计、安装、租赁、现场服务等支撑服务体系，加强产业链上下游企业信息沟通、业务融合，提升展览业综合服务效率，提高协同发展能力。

3. 推进市场化进程。充分发挥市场在资源配置中的决定性作用，更好地发挥政府作用。规范和减少政府直接办展，逐步加大政府向社会购买服务的力度，支持举办符合首都城市功能定位、具有市场需求的展会；着力培育市场主体，加强专业化分工，提升展馆和办展企业的市场化水平。

（四）创新发展模式

1. 推动展览业与关联产业融合发展。发挥展览业整合市场经济资源平台作用，进一步推进展览业与战略性新兴产业、服务业扩大开放六大重点领域以及北京特色产业的深度融合发展，推动产业优化升级。

2. 推进“互联网＋展览”创新发展。支持场馆积极应用移动互联网、物联网、云计算等信息技术，提高场馆的科技含量与信息化水平，大力发展智慧展览。推动展览企业建立网络展会交易平台，实现实体展览与虚拟展览、线上线下交易之间的互补。推进展览场馆和展览企业信息共享，促进企业互动、场馆联动，实现创新发展。

3. 促进展览业绿色发展。积极倡导节能、环保、绿色办展，支持在场馆设施、展会组织、展示设计、展台搭建及展会服务等环节创新应用节能环保、可重复利用的展览材料和产品，实现展览业绿色可持续发展。

4. 引导展览业错位发展。中心区要聚焦“四个中心”功能建设，凸显北京历史文化的整体价值，突出抓好展览业转型升级，鼓励支持展览场馆、展览主办单位等市场主体积极疏解非首都功能展会，重点推进中小型文化科技类、服务贸易类展会品牌化、专业化、精品化发展。顺义区、大兴区、怀柔区要承接会展功能转移，打造符合首都功能定位的会展活动聚集区。生态涵养区及其他各区依托区域优势，发展新型产业、特色产业、都市型现代农业展览，打造各具特色、差异化、国际化发展的展览业格局。

5. 推动展览业区域协同发展。认真贯彻落实《京津冀协同发展规划纲要》，建立健全京津冀展览业协同发展机制，创新京津冀协同发展模式，整合京津冀展览业资源，推动京津冀展览资源信息共享，探索京津冀特色展会联展、巡展，引导京津冀展览资源有序流动，深化京津冀展览业的合作，共同打造具有国际影响力的品牌展会，构建区域协同发展的共同体，促进京津冀展览业协同发展。

（五）提高国际化水平

1. 深化国际交流合作。加强与国际组织、友好城市、国际商协会沟通，搭建交流合作平台，完善国际合作机制，扩大国际组织认证认可的展览机构和展会数量；重点加强与“一带一路”沿线国家的多双边、区域经贸合作；加大北京展览业国际宣传推广力度，提升北京展览业的国际影响力。

2. 支持展会“走出去”。聚焦热点市场，积极培育境外展览项目，鼓励展览主体走向国际市场，自主举办境外展会，提高自有品牌展会影响力；支持展览主体与国际知名展览企业合作，共同举办境外展会，提升展览业国际化竞争力。

3. 支持展会“引进来”。按照首都功能定位，支持国内展览主体整合资源，积极申办国际性大型品牌展会活动，吸引全球知名品牌展会在京落户，加强与国外展览主体合作，在京共同举办国际性展会，促进展览业国际化发展。

（六）优化发展环境

1. 搭建公共服务平台。建立展览业公共服务平台，逐步完善展览业信息数据库，定期发布北京市引导支持品牌展会名录，提供展览信息发布、宣传推介、业务咨询、人才培训等服务，实现政府、协会、企业信息共享和良性互动。

2. 发挥中介组织作用。健全中介服务体系，积极促进规范运作的专业化行业组织发展。支持行业组织开展展览业发展规律和趋势研究，充分发挥贸易促进机构、商协会等经贸组织的功能与作用，提供经济信息、市场预测、技术指导、法律咨询、人员培训等服务，提高行业自律水平。

3. 完善行业诚信体系。引导企业依法经营、诚信办展、规范服务。发挥行业组织作用，提高行业自律水平。建立展览业信用档案和违法违规单位信息披露制度，实现部门间监管信息共享、公开透明，褒扬诚信，惩戒失信。鼓励社会公众参与监督。

4. 加强知识产权保护。支持和引导市场主体开发利用展览会名称、标志、商誉等无形资产，提升展会知识产权运用和保护水平。严厉打击侵权、假冒等违法行为，完善重点参展产品的追溯制度，建立参展商专利违法行为查处的协作机制及参展商违法行为线上线下追究制度，落实企业承诺制度和主体责任。

三、保障措施

（一）建立健全工作机制

建立由市商务委牵头，市发展改革委、市教委、市科委、市经济信息化委、市公安局、市财政局、市人力社保局、市城市管理委、市交通委、市农委、市旅游委、市文化局、市政府外办、市国税局、市工商局、北京海关、北京出入境检验检疫局、市新闻出版广电局、市统计局、市知识产权局、中国贸促会北京分会等部门和单位共同参与的联席会议制度，统筹协调，分工协作。加强展览业发展战略、规划、政策、标准的制定和实施，建立服务保障机制，畅通政企沟通渠道，健全公共服务体系。联席会议办公室设在市商务委。

（二）完善管理制度

出台本市展览业管理办法，逐步建立事中事后监管、知识产权保护、纠纷解决等机制；制定展馆管理、展会服务、节能环保、安全运营、认证认可等地方性标准，逐步完善与国际接轨的展览业标准体系；提升行业管理水平，规范展览业健康有序发展。

（三）加强财税政策支持

发挥财政资金的引导作用，支持公共服务平台建设，优化展览业发展环境；支持展览业品牌化建设，培育、引进符合产业发展方向的品牌展会；加强展览业国际宣传推介，鼓励展览机构到境外办展参展，支持搭建海外整体展示平台，提升北京展览业国际影响力。落实小微企业增值税优惠政策，对符合《国务院关于推进文化创意和设计服务与相关产业融合发展的若干意见》（国发〔2014〕10号）税收政策范围的创意和设计费用，执行税前加计扣除政策，促进展览企业及相关配套服务企业健康发展。

（四）改善金融保险服务

鼓励商业银行、保险、信托等金融机构，按照风险可控、商业可持续原则，创新适合展览业的金融产品和信贷模式，探索展会知识产权质押等多种方式融资，进一步拓宽展览主体和参展企业的融资通道。完善融资性担保体系，加大担保机构对展览业企业的融资担保支持力度，鼓励保险机构推出适合展览行业的保险险种。

（五）提高便利化水平

精简行政审批事项，优化监管和服务流程，

提高服务效率。严格执行《北京市大型群众性活动安全管理条例》，加强展馆公共安全硬件设施建设，树立“平安展会”理念，提高展览活动承办者等参与各方的安全意识；明确展会活动安全备案时间、程序及材料等，规范安保标准及要求。进一步优化展品出入境监管方式，提高展品通关效率。引导、培育展览业重点企业成为海关高信用企业，适用海关通关便利措施。依法规范未获得检验检疫准入展品的管理。

（六）健全行业统计制度

进一步完善展览业统计监测制度，建立重点展览场馆和展览服务企业名录库，健全以展览业经营状况为主要内容的统计指标体系，综合运用统计调查、行业监管、行政记录等多种方式获取数据，按年度发布相关数据和行业发展报告。

（七）加强人才体系建设

坚持自我培养与引进人才相结合，创新人才培养机制。鼓励中介机构、行业协会与相关院校和培训机构加强展览业研究，联合培养、培训展览专门人才。通过与国际知名展会合作，吸引国外高端展会人才参与国内展会的转型升级。

北京市商务委员会　北京市财政局关于印发《北京市商业流通发展资金管理暂行办法》的通知

京商务财务字〔2017〕47号

各有关单位：

按照创新、协调、绿色、开放、共享的发展理念，促进商业流通产业提质增效，加快规范化、连锁化、便利化、品牌化、特色化发展进程，充分发挥财政资金的引导、示范、带动作用，提高资金使用效益，促进全市商务经济可持续发展。现将《北京市商业流通发展资金管理暂行办法》印发给你们，请遵照执行。

北京市商务委员会

北京市财政局

2017年12月28日

（联系人：市商务委财务处　宋欣，联系电话：87211637；市财政局经建一处　翟起旺，联系电话：88543849）

北京市商业流通发展资金管理暂行办法

第一章　总　则

第一条　按照创新、协调、绿色、开放、共享的发展理念，促进商业流通产业提质增效，加快规范化、连锁化、便利化、品牌化、特色化发展进程，充分发挥财政资金的引导、示范、带动作用，提高资金使用效益，依据《中华人民共和国预算法》《中华人民共和国政府采购法》《北京市促进中小企业发展条例》《中央对地方专项转移支付管理办法》等相关规定，制定本办法。

第二条　北京市商业流通发展资金（以下简称“商发资金”）是指由中央和地方安排的用于支持我市商业流通领域发展的财政性扶持资金，资金来源包括：市财政预算安排的用于支持商业流通领域发展、中小商贸企业发展的资金和商业流通领域中央财政转移支付的资金。

第三条　商发资金的使用，应符合我市经济发展规划和市政府确定的产业及区域发展政策，确保资金的规范和高效使用。

第四条　商发资金纳入市商务委年度部门预算管理，并按照《北京市市级项目支出预算管理办法》相关规定执行。

第五条　商发资金管理遵循公开、择优、规范、实效原则，统筹使用，资金分配和使用情况向社会公开，接受有关部门和社会监督。

第二章　工作职责

第六条　市商务委主要职责：

（一）会同市财政局研究确定商发资金相关支出政策，制定项目绩效指标，编制资金年度预算；

（二）根据行业发展规划和重点工作任务，研究制定具体的项目申报指南或者其他管理细则；

（三）负责组织项目申报，进行项目审核，组织项目评审；

（四）负责项目的组织实施及资金拨付，并对资金支持的项目进行跟踪问效和监督检查。

第七条　市财政局主要职责：

（一）会同市商务委研究确定商发资金相关支出政策；

（二）根据市政府确定的我市商业流通领域的重点工作，统筹各种资金来源予以支持，并根据市人大批准的本级预算，办理资金批复下达手续；

（三）按照预算管理相关规定，对商发资金使用进行监督检查及绩效评价。

第三章　资金支持方向

第八条　商发资金主要用于创新现代流通方式，推动流通产业结构调整，推进供给侧结构性改革，提升生活性服务业品质，促进城乡市场发展，扩大国内消费，改善商贸流通企业外部环境，支持中小商贸企业发展等，支持方向包括以下几方面：

（一）搭建公共服务平台，改善企业营商环境。

（二）促进便民商业发展，建设民生服务体系。

（三）发展现代流通方式，建立现代服务体系。

（四）商务领域便民及公共服务设施建设、升级改造。

（五）促进行业节能减排，绿色发展。

（六）发展特色商业，促进特色产业集聚。

（七）搭建融资担保平台，改善中小商贸企业融资环境。

（八）规范市场环境，保障市场运行及监测。

（九）优化发展环境，加强行业宣传，编制行业规划及开展相关研究、评估。

（十）市政府及中央部门确定的相关领域及重点项目。

（十一）市商务委会同相关业务主管部门确定的其他相关项目。

第九条　商发资金主要用于上述支持范围的项目建设支出，不得用于征地拆迁、人员基本经费、车辆运维等支出。

第十条　根据市政府确定的重点工作和行业发展规划、年度工作任务，市商务委制定商发资金年度项目征集通知或项目申报指南，通过市商务委官方网站进行发布。

第四章　资金支持方式及标准

第十一条　商发资金的支持方式主要是财政补助、贷款贴息、担保、以奖代补、政府投资入股或资本金注入及其他经市政府确定或批准的方式。同一项目原则上只采用一种支持方式。

第十二条　资金支持标准：

对于企业发展类项目支持额度原则上不超过项目核定实际投资总额的50%，支持金额不超过500万元。

贷款贴息项目，根据银行实际放贷额度及银行同期贷款基准利率确定，每个项目贴息期限原则上不超过3年。

市政府及中央部门确定的重点项目、公共服务类项目，可不受上述规定限制。

第十三条　商发资金管理工作中发生的费用可在商发资金中列支，每年不超过当年商发资金总额的2%。费用包括：项目申报组织、项目评审及跟踪管理等费用支出。

第五章 项目申报要求

第十四条 申报主体应在北京地区注册且具有独立法人资格，从事商贸流通业经营、服务、管理的企业、机构、经济组织等单位。项目单位对项目申报材料的准确性和真实性负责。

第十五条 同一申报主体同一内容的项目不得同时向多个管理部门重复申报。

第十六条 有下列情形的不予支持：

（一）列入《北京市新增产业的禁止和限制目录》禁止类和限制类范围的；

（二）纳入全市联合惩戒“黑名单”的；

（三）纳入北京市商务领域不良信用记录名单，应受到“不予支持”信用惩戒的；

（四）项目已获得中央财政资金支持或其他市级财政资金支持的；

（五）经审议其他不予支持的。

第六章 项目及资金管理

第十七条 项目管理

（一）根据业务工作需要，市商务委定期发布项目征集通知或申报指南。

（二）根据项目申报及执行情况，项目实行滚动管理。

第十八条 项目审核

（一）项目审核。按照隶属关系，由各区商务委、市属国有企业集团、总部企业负责对申报项目进行初审；通过初审后上报市商务委进行复审。

（二）项目评审。对于符合要求的项目将通知项目单位进一步准备详细资料，并在规定期限内提交至评审机构进行项目评审。

第十九条 项目公示

对拟支持的企业发展类项目（涉密及不宜公示事项除外），市商务委将在官方网站上予以公示，公示期为7天。

第二十条 资金拨付

经审议通过的项目，市商务委按照相关规定办理资金拨付手续。

第二十一条 项目单位收到财政资金后，应当按照国家财务、会计制度的有关规定进行账务处理，严格按照规定使用资金。

第七章 监督检查

第二十二条 获得资金支持的项目单位应主动接受监督、检查和审计，并及时汇报工作进展情况。

第二十三条 本办法在执行过程中如资金支持对象或申请单位受到《社会信用体系建设规划纲要》及相关备忘录的联合惩戒，暂停或取消资金支持或申请资格。

第二十四条 对于截留、挪用、骗取财政资金等违法行为，依照《财政违法行为处罚处分条例》（国务院令第427号）等有关规定进行处理处罚。构成犯罪的，依法移交司法机关追究其刑事责任。

第八章 附 则

第二十五条 本办法由市商务委和市财政局按照职责分工负责解释。

第二十六条 本办法自颁布之日起三十日后执行。《北京市商业流通发展专项资金管理暂行办法》（京财经一〔2011〕1320号）同时废止。

北京市商务委员会等6部门关于进一步优化营商环境提升京津跨境贸易便利化若干措施的公告

2018年联合公告第1号

为贯彻落实党中央、国务院优化营商环境的决策部署，加快提升京津口岸跨境贸易便利化水平，结合实际，制定了具体措施，现公告如下：

一、海运集装箱港口作业实行信息电子化流转

1. 完善码头“网上营业厅”系统，实现预约集港、提箱计划申报、缴费、综合查询等服务功能网上24小时受理。

2. 推广应用“港口一站通”平台，在天津港集团范围内全面实行集装箱“装箱单”“设备交接单”及“场站收据”无纸化。

3. 调整海关综合业务现场岗位设置，逐步将业务分散处置改为集中处置。

4. 关检取消纸质海运提单/提货单验核环节，实行海运提单、装箱清单（载货清单）信息电子化流转，实施检验检疫电子放行。

二、优化报关报检和查验

5. 推广海运提前报关模式，船代公司可在船舶抵达口岸2日前传输舱单数据，实现单证手续与货物运输的同步进行。

6. 企业可预约查验单位在非工作时间和节假日办理查验手续。

三、便利单证办理

7. 由京津商务主管部门签发的自动进口许可证、出口许可证，自收到内容正确、形式完备的相关材料后，1个工作日内完成审批。

8. 简化CCC免办工作流程，企业免予办理强制性产品认证的申请、受理、审核以及后续监管业务，实现全程电子化操作。

9. 全面简化出口原产地证办理流程，进一步压缩签证审核时长，原产地证书审核限时2小时办结。逐步推广检验检疫电子签章和自助打印功能，推动实现全程网上办理。

10. 暂时进出境货物因特殊情况需要延长期限的，ATA单证册持证人、收发货人应当向有关海关办理延期手续，海关予以快速办理。

四、推广无纸化

11. 进一步规范操作流程，持续优化单据提交方式，报检单证可采用企业自存、一次性备案、电子化上传、证书联网核查等方式进行“无纸化”提交，大幅降低企业单证准备时间。

五、推广应用国际贸易“单一窗口”

12. 在国际贸易“单一窗口”实现“机电产品进口许可证”申报功能。

13. 口岸通关时效评估系统在天津国际贸易“单一窗口”正式上线运行，采集货物通关各环节主要时间节点信息，及时评估口岸通关效率。

六、建立和公布费用清单，进一步完善和规范口岸收费

14. 口岸所在地价格主管部门会同有关部门下大力系统整治，清理规范不合理收费行为，开展出清治乱行动，减少收费项目，降低收费标准，提高服务效率，大幅降低综合成本，力争港口综合费用水平在全国具有明显竞争力，服务好京津冀协同发展。

15. 在京津两地口岸现场、收费大厅和国际贸易“单一窗口”公布口岸收费目录清单，主要包括收费项目、服务内容、收费标准，明确清单以外一律不得收费。

七、建立港口查询服务和通关意见反馈机制

16. 完成天津物流信息网和天津港电子商务网两网融合，实现港口物流信息“一站式”查询。

17. 发挥海关 12360 热线、检验检疫 12365 和天津检验检疫 65661890 热线、天津航运 25601000 服务热线及投诉咨询窗口作用，建立专家坐席处理问题机制，设立通关难题解决接待日，在“单一窗口”设立通关问题留言解答和通关政策解读专栏，征集处理进出口企业通关问题。

本公告自发布之日起施行。

北京市商务委员会（北京市政府口岸办）
天津市人民政府口岸服务办公室
中华人民共和国北京海关
中华人民共和国天津海关
中华人民共和国北京出入境检验检疫局
中华人民共和国天津出入境检验检疫局
2018 年 3 月 14 日

附件

Announcement of Concrete Measures to Further Improve the Business Environment to Better Facilitate Trading across the Beijing-Tianjin

For the purpose of implementing and fulfilling decisions and deployments made by the Party Center Committee and State Council to optimize the environment for doing business, seventeen concrete measures have been enacted to speed up the facilitation of cross border trade between Tianjin and Beijing with the following announcements:

I To apply electronic circulation for handling sea container information at port of Tianjin

1. Improve the On-line Business Hall system to realize 24 hours of online service related to container gate-in reservations, application for container pick up, charges-payments, comprehensive searching, etc.

2. Promote the application of the One-Stop Pass Platform to fully implement paperless service of Container Packing List, Equipment Exchanging List as well as Dock Receipt (D/R) at Port of Tianjin.

3. Adjust spot lay-out of Customs operations to gradually convert scattered implementation to integrated settlement.

4. Eliminate verifying procedure of written Bill of Lading (B/L) and Delivery Order (D/O) by applying electronic circulation of information of Sea B/L, List of Package (Cargo List), implementing electronic clearance of inspection and quarantine.

II To optimize customs clearance, inspection and verification

5. Promote in-advance customs clearance in sea transportation, permitting shipping agency to transmit container manifest to authority 2 days prior to the arrival of container ship and achieve simultaneity between documentation operation and shipment transportation.

6. Permit enterprises to order personal to examine inspection procedures during non-work hours and on public holidays.

III Facilitate documentation

7. Automatic Import License, Exporting License under administration of Beijing Municipal Commission of Commerce, completing approval procedures within a day after delivering correct formalizing materials by enterprises.

8. Simplify exemption procedures at the China Compulsory Certification (CCC) by applying electronic operations during the whole process, including application, acceptance, examination as well as post-supervision for eligible enterprises.

9. Streamline application procedures for Exporting Certificate of Origin (ECO), further squeezing examination time of issuing a ECO to within 2 hours.Step by step promote electronic seal of inspection and quarantine and self-service

printing to realize comprehensive on-line service.

10. Provide quick customs processing-service for temporary exporting/importing shipments needing an extension under special circumstances in the means of dealing with the process of ATA holders, as well as consignor or consignee.

IV Promotion of paperless service

11. Further standardize operating procedures and reduce preparation time through use of self-archiving, electronic uploading, certificate network verification, etc.to achieve submission of paperless documentation.

V Promote Single Window service

12. Realize the function of applying Mechanical and Electric Merchandise Import License at the single window for international trade.

13. Realize on-line operation of the System of Assessment on Time-Efficiency of Port Clearance at the single window for international trade at Port of Tianjin.Collect time-data relating to key procedures of shipment clearance at sea port to assess port clearance efficiency at Port of Tianjin.

VI Post list of charges to further improve and regulate port charges

14. Local price authority combining with relevant authorities to intensify law enforcement to remove unreasonable port charges following complaints by enterprises.Penalize illegal charges to safeguard benefits and legal rights of enterprises and lower payment burden.

15. Post the List of Port Charges at Port Operating Sits, Port Charging Halls, as well as the single window for international trade, including charges for classification, items, standards, etc.in Tianjin and Beijing respectively and with a clear identification of no charges to be collected outside the scope of list.

VII Establish port service search system as well as port clearance feedback system

16. Accomplish the integration of Tianjin Logistics Information Net and Tianjin Port E-government Net, achieving one-stop searches of logistics information at Port of Tianjin.

17. Give full play to service hot lines such as 12360 for Customs, 12365 for Inspection and Quarantine, 65661890 for Tianjin Inspection and Quarantine, 25601000 for Tianjin Sea Transportation Service, as well as complaint and consultation windows.Set up a mechanism for resolving questions via expert phone service, plus establish means to deal with difficult problems related to port clearance, create Q&A and policy illustrations at the single window for international trade, and solicit port clearance questions by importing/exporting enterprises.

Enforcement since the date of announcement.

北京市商务委员会等4部门关于印发《进一步做好总部企业知识产权工作　促进总部经济创新发展的若干措施》的通知

京商务总部字〔2018〕4号

各区商务委、知识产权局、工商分局、文委，有关总部企业：

现将《进一步做好总部企业知识产权工作　促进总部经济创新发展的若干措施》印发给你们，请认真贯彻执行。

特此通知。

北京市商务委员会
北京市知识产权局
北京市工商局
北京市版权局
2018年3月30日

（联系人：总部经济发展处 张莉；联系电话：87211786）

关于进一步做好总部企业知识产权工作促进总部经济创新发展的若干措施

为服务北京“四个中心”功能建设，支持培育与首都战略定位相匹配的总部企业知识产权创造、保护和运用，促进总部企业创新发展，优化完善总部企业营商环境，加快构建高精尖经济结构，支撑全国科技创新中心建设和知识产权首善之区建设，制定本工作措施。

一、深化总部企业知识产权战略实施

指导总部企业积极参与国家知识产权示范企业、优势企业及北京市知识产权示范单位培育，推动总部企业制定实施创新驱动导向的知识产权战略，加强以专利、商标、版权为核心的知识产权统筹规划、集中管理和战略运用，引领首都知识产权事业发展。（市知识产权局、市工商局、市版权局、市商务委）

二、提升总部企业高质量知识产权创造

支持总部企业在京设立知识产权中心并开展实体化运营。鼓励总部企业依托知识产权中心建设高价值专利培育中心，支持总部企业对接国家专利审查资源，培育形成一批高价值专利。提升总部企业商标品牌意识。鼓励总部企业自愿进行版权登记，打造版权精品。（市知识产权局、市工商局、市版权局、市商务委）

三、促进总部企业知识产权转化运用

支持总部企业围绕高精尖产业构建知识产权联盟，促进产学研协同创新和知识产权协同运用。支持总部企业海内外并购核心知识产权资产，构筑知识产权国际竞争优势。支持总部企业积极参与北京市知识产权运营试点示范单

位培育，支持总部企业对接国家知识产权运营公共服务平台，促进总部企业知识产权运营。（市知识产权局、市商务委）

四、加强总部企业知识产权保护

发挥中国（北京）知识产权保护中心和中国（中关村）知识产权保护中心作用，面向总部企业开展知识产权保护个性化服务，促进总部企业专利快速获权、确权和维权。加强总部企业商标专用权、专利权保护，积极查处、严厉打击商标、专利侵权假冒违法行为。加强总部企业版权保护体系建设，为总部企业创新发展提供良好的营商环境。（市知识产权局、市工商局、市版权局、市商务委）

五、推进总部企业知识产权区域协同发展

鼓励总部企业整合创新知识产权资源，建立跨区域产学研协同创新和知识产权协同运用机制。支持总部企业对接华北知识产权运营平台，促进总部企业知识产权京津冀协同发展。（市知识产权局、市商务委）

六、推动总部企业知识产权国际化发展

支持总部企业参与知识产权对外交流，引导总部企业在“一带一路”沿线国家开展知识产权布局。建立专利预警机制，加强总部企业国内外重大知识产权维权援助，提升总部企业涉外知识产权抗风险能力，服务总部企业“走出去”。（市知识产权局、市工商局、市版权局、市商务委）

七、建立总部企业知识产权推进机制

建立总部企业知识产权工作推进协调机制和重大知识产权事项会商机制，指导总部企业应对知识产权重大风险与纠纷。加强区域知识产权保护合作，建立健全京津冀知识产权行政执法协作机制。建立总部企业知识产权监测机制和工作数据共享机制。（市知识产权局、市工商局、市版权局、市商务委）

八、强化总部企业知识产权政策支持

落实本市支持与提升与首都城市战略定位相匹配的总部经济发展水平的相关政策措施，整合政策资源，大力支持创新型总部企业发展。（市商务委、市知识产权局、市工商局、市版权局）

九、加强总部企业知识产权人才支撑

支持总部企业设立知识产权教育基地，集中开展知识产权专业人才培养、培训，建立知识产权专业人才职业发展规划。推进总部企业知识产权专业人才职称体系建设。（市知识产权局、市商务委）

十、培育总部企业知识产权文化

鼓励总部企业形成鼓励创新和知识产权文化，支持总部企业讲好知识产权故事，加强典型知识产权案例、事迹和工作宣传。（市知识产权局、市商务委、市工商局、市版权局）

北京市商务委员会关于申报2018年度第一批商务发展项目的通知

京商务财务字〔2018〕9号

各区商务委、市属国有企业集团、总部企业、有关单位：

为推进流通领域供给侧结构性改革，提高生活性服务业品质，转方式、稳增长，促进内外贸高质量发展。根据《北京市财政局 北京市商务委员会关于印发〈北京市商业流通发展资金管理暂行办法〉的通知》（京商务财务字〔2017〕47号）、《北京市财政局 北京市商务委员会关于印发〈北京市外经贸发展专项资金管理实施细则〉的通知》（京财企〔2015〕2277号）和《北京市商务委员会 北京市财政局关于支持本市外贸企业提升国际化经营能力的通知》（京商务外运〔2017〕22号），现将申报2018年度第一批商务发展项目的有关事项通知如下：

一、支持方向和重点

资金主要支持18个方向，重点支持商务发展领域内促进生活性服务业品质提升，推动商业便民利民发展的项目；符合首都城市战略定位的促消费、稳增长等公共服务平台建设和典型示范类项目。对符合标准和要求的项目采取项目补助、政府购买服务、以奖代补等形式给予支持。

二、申报条件

（一）在北京地区注册且具有独立法人资格，从事商贸流通业经营、服务、管理的企业、机构、经济组织等单位；

（二）项目申报单位经营状况良好，财务管理制度健全；

（三）申报项目能够按计划实施；

（四）项目未获得其他部门资金支持。

三、申报材料要求

（一）项目申报书；

（二）项目已发生费用明细表；

（三）项目申报单位承诺书；

（四）2018年商务发展项目申报情况表；

（五）项目单位法人证明文件复印件（营业执照、组织机构代码证书、法定代表人身份证明等）；

（六）项目单位近两年财务报表（资产负债表、损益表、现金流量表）；

（七）升级改造类项目需提供改造前后的对比资料；

（八）其他与项目相关的证明材料。

除上述材料外，各申报指南中有其他材料要求的还应一并提供。项目申请材料一式两份，应按顺序装订成册，并加盖单位公章。项目申报材料不予退回。

四、申报流程

（一）项目申报。自通知发布之日起，项目申报单位根据隶属关系将申报材料报区级商务委、市属国有企业集团或总部企业。

（二）项目审核。按照隶属关系，由各区商务委、市属国有企业集团和总部企业对申报项目进行初审；通过初审的项目汇总后报市商务委进行复审。

五、申报时限

除有明确时间要求的支持方向外，凡符合项目申报条件的企业可全年申报。市商务委将根据申报项目内容择优予以支持。为提高项目申报、审核效率，各区商务委、市属国有企业集团和总部企业第一批项目请于2018年4月30日前汇总上报。

六、工作要求

（一）各项目申报单位应确保申报材料真实、准确、完整，保证项目各项建设手续合规、按时间进度推进。

（二）对于伪造、提供虚假材料的项目申报单位，按《北京市商务领域不良信用记录名单管理办法（试行）》规定进行处理。

（三）获得专项资金支持的项目申报单位应积极配合相关监督检查、审计等工作。

（四）各初审单位应积极组织指导项目申报，按照规定程序严格审核把关。对已支持项目的后续指导和跟踪监管，确保项目实施效果，充分发挥财政资金使用效益。

（五）项目单位收到财政资金后，应按照《企业会计准则第16号——政府补助》相关规定进行账务办理，相关法规另有规定的从其规定。

七、其他事项

（一）2018年支持北京市外贸企业提升国际化经营能力项目的具体申报方式及要求详见附件15。

（二）具体支持内容及咨询电话：详见附件1~18。

（三）市商务委对本通知负责解释。

特此通知。

附件：1. 2018年新建和规范提升基本便民商业网点项目申报指南

2. 推进连锁经营发展项目申报指南

3. 生活性服务业、特殊流通行业服务平台及典型示范项目申报指南

4. 农产品批发市场建设项目申报指南

5. 特色商业街项目申报指南

6. 老字号传承发展项目申报指南

7. 建设中华传统技艺技能大师建设大师工作室项目申报指南

8. “互联网+流通”创新示范项目申报指南

9. 促进现代物流发展项目申报指南

10. 商务服务业主题商务示范楼宇和集聚区公共服务平台升级改造项目申报指南

11. 商业流通发展领域节能降耗项目申报指南

12. 促进汽车流通行业规范化发展项目申报指南

13. 支持跨境电子商务发展项目申报指南

14. 支持跨境电子商务直购体验店建设项目申报指南

15. 2018年支持北京市外贸企业提升国际化经营能力项目申报指南

16. 支持“深夜食堂”特色餐饮发展项目申报指南

17. 支持市内免税店及进口商品直营店发展项目申报指南

18. 支持商业服务业企业开展商务服务业厕所革命项目申报指南

北京市商务委员会

2018年4月11日

（联系人：财务处 宋欣；联系电话：87211637）

附件 1

2018 年新建和规范提升基本便民商业网点项目申报指南

一、支持方向

对符合相关标准规范的新建和规范提升的蔬菜零售（含社区菜市场、社区菜店、生鲜超市）、便民早餐（含早餐固定门店、经营早餐的西点烘焙店、早餐智能配送柜、社区连锁品牌早餐配送点等）、便利店、社区超市、末端配送（快递）、社区商业E中心、家政服务、洗染、理发、居民维修、摄影等连锁化便民商业设施及网点给予支持。

二、支持内容

（一）新建基本便民商业网点

对 2018 年 1 月 1 日以来新建直营网点的连续 12 个月房租、店面装修及硬软件设备购置等支出给予支持（摄影网点只支持店面装修及硬软件设备购置等支出）。

（二）规范提升基本便民商业网点

对 2018 年 1 月 1 日以来规范提升直营网点的店面装修、硬软件设备购置等支出给予支持。

三、支持条件

申报主体为在本市行政区域内注册、具有独立法人资格的企业，证照齐全，商业经营信誉良好；

除社区菜市场外，申报主体原则上为连锁经营企业，实行“统一标识、统一经营、统一价格、统一核算、统一配送、统一质量”，且在本市行政区域内开设 5 家以上的直营门店或网点（含当年新建网点数量），其中新建项目网点证照在 2018 年 1 月 1 日以后颁发；

新建和规范提升基本便民商业网点应符合本市生活性服务业行业标准规范。

四、支持方式

采取评审后补助形式（符合相关条件可预拨付部分资金的项目除外，最终拨付资金额度以清算数额资金为准）。

五、支持标准

（一）新建基本便民商业网点资金补助

对符合支持条件的项目，根据新建基本便民商业网点所在区域、行业（业态）按不同标准给予租金补助。其中最高租金限价为东西城区 6 元/平方米/日，朝海丰石城区及通州副中心 155 平方公里以内区域 4.5 元/平方米/日，其他区域 2.5 元/平方米/日。根据行业（业态）划分，蔬菜零售、便民早餐、便利店和社区超市按照不超过最高租金限价的 50% 给予租金补助；末端配送（快递）、社区商业 E 中心、家政服务、洗染、理发和居民维修按照不超过最高租金限价的 40% 给予租金补助；其他生活性服务业按照不超过最高租金限价的 30% 给予租金补助。除租金外其他投资原则上按照不超过实际审定投资额 50% 的标准给予资金补助（具体标准详见附表 1）。

（二）规范提升基本便民商业网点资金补助

对符合支持条件的项目，原则上按照不超过实际审定投资额 30% 的标准给予资金补助（具体标准详见附表 2）。

六、申报材料要求

除2018年度第一批商务发展项目统一要求提交的申报材料外，新建基本便民商业网点还需提交2018年度房屋租赁合同、租金银行转账凭证及发票。

七、联系方式

（一）申报新建和规范提升蔬菜零售网点项目，联系人：规划建设处 张钦霖，联系电话：87211875。

（二）申报新建和规范提升便民早餐网点项目，联系人：消费促进处 李志鹏，联系电话：87211690。

（三）申报新建便利店、社区超市项目，联系人：流通发展处 耿英贞，联系电话：87211820。

（四）申报新建末端配送（快递）网点、社区E中心项目，联系人：电子商务处 杨华，联系电话：87211503。

（五）申报新建和规范提升家政服务、洗染、理发、摄影网点项目和新建居民维修网点项目，联系人：服务交易处 王璇，联系电话：87211840。

附表1：2018年新建基本便民商业网点项目标准

序号	类别	支持面积	支持标准	负责处室
1	蔬菜零售网点	网点租赁面积不低于30平方米，且单个网点支持面积不超过1000平方米。	①补助金额不超过网点年租金的50%及除租金外其他实际投资的50%之和（需经第三方评审机构审定）。 ②东西城区：单个网点补助金额不超过150万元，其中租金补助不超过100万元。 ③朝海丰石城区及通州副中心155平方公里以内区域：单个网点补助金额不超过120万元，其中租金补助不超过80万元。 ④其他区域：单个网点补助金额不超过100万元，其中租金补助不超过45万元。 ⑤区级财政资金支持的项目，可同时申报市商务委资金补助，市区两级合计补助资金不超过单个项目实际投资的70%。	规划建设处
2	便民早餐网点	网点租赁面积不低于60平方米，且单个网点支持面积不高于1000平方米（早餐智能配送柜、社区连锁品牌早餐配送点无面积要求）。	①补助金额不超过网点年租金的50%及除租金外其他实际投资的50%之和（需经第三方评审机构审定）。 ②东西城区：单个网点补助金额不超过150万元，其中租金补助不超过100万元。 ③朝海丰石城区及通州副中心155平方公里以内区域：单个网点补助金额不超过120万元，其中租金补助不超过80万元。 ④其他区域：单个网点补助金额不超过80万元，其中租金补助不超过60万元。	消费促进处
3	便利店网点	网点租赁面积不低于30平方米，且单个网点支持面积不超过300平方米。	①补助金额不超过网点年租金的50%及除租金外其他实际投资的50%之和（需经第三方评审机构审定）。 ②东西城区：单个网点补助金额不超过50万元，其中租金补助不超过16万元。 ③朝海丰石城区及通州副中心155平方公里以内区域：单个网点补助金额不超过40万元，其中租金补助不超过12万元。 ④其他区域：单个网点补助金额不超过30万元，其中租金补助不超过6万元。	流通发展处

（续）

序号	类别	支持面积	支持标准	负责处室
4	社区超市网点	网点租赁面积不低于500平方米，且单个网点支持面积不超过2000平方米。	①补助金额不超过网点年租金的50%及除租金外其他实际投资的50%之和（需经第三方评审机构审定）。 ②东西城区：单个网点补助金额不超过150万元，其中租金补助不超过50万元。 ③朝海丰石城区及通州副中心155平方公里以内区域：单个网点补助金额不超过120万元，其中租金补助不超过40万元。 ④其他区域：单个网点补助金额不超过100万元，其中租金补助不超过20万元。	流通发展处
5	末端配送（快递）网点	网点租赁面积不低于50平方米，且单个网点支持面积不超过300平方米。	①补助金额不超过网点年租金的40%及除租金外其他实际投资的50%之和（需经第三方评审机构审定）。 ②东西城区：单个网点补助金额不超过16万元，其中租金补助不超过11万元。 ③朝海丰石城区及通州副中心155平方公里以内区域：单个网点补助金额不超过13万元，其中租金补助不超过8万元。 ④其他区域：单个网点补助金额不超过10万元，其中租金补助不超过5万元。	电子商务处
6	社区E中心网点	网点租赁面积不低于100平方米，且单个网点支持面积不超过500平方米。	①补助金额不超过网点年租金的40%及除租金外其他实际投资的50%之和（需经第三方评审机构审定）。 ②东西城区：单个网点补助金额不超过40万元，其中租金补助不超过18万元。 ③朝海丰石城区及通州副中心155平方公里以内区域：单个网点补助金额不超过36万元，其中租金补助不超过14万元。 ④其他区域：单个网点补助金额不超过30万元，其中租金补助不超过8万元。	电子商务处
7	家政服务网点	网点租赁面积不低于50平方米，且单个网点支持面积不超过500平方米。	①补助金额不超过网点年租金的40%及除租金外其他实际投资的50%之和（需经第三方评审机构审定）。 ②东西城区：单个网点补助金额不超过25万元，其中租金补助不超过15万元。 ③朝海丰石城区及通州副中心155平方公里以内区域：单个网点补助金额不超过20万元，其中租金补助不超过10万元。 ④其他区域：单个网点补助金额不超过15万元，其中租金补助不超过5万元。	服务交易处
8	洗染门店、洗衣代收网点	网点租赁面积不低于15平方米，且单个网点支持面积不超过300平方米。	①补助金额不超过网点年租金的40%及除租金外其他实际投资的50%之和（需经第三方评审机构审定）。 ②东西城区：单个网点补助金额不超过28万元，其中租金补助不超过8万元。 ③朝海丰石城区及通州副中心155平方公里以内区域：单个网点补助金额不超过26万元，其中租金补助不超过6万元。 ④其他区域：单个网点补助金额不超过23万元，其中租金补助不超过3万元。	服务交易处

（续）

序号	类别	支持面积	支持标准	负责处室
9	理发网点	网点租赁面积不低于60平方米，且单个网点支持面积不超过400平方米。	①补助金额不超过网点年租金的40%及除租金外其他实际投资的50%之和（需经第三方评审机构审定）。 ②东西城区：单个网点补助金额不超过28万元，其中租金补助不超过13万元。 ③朝海丰石城区及通州副中心155平方公里以内区域：单个网点补助金额不超过25万元，其中租金补助不超过10万元。 ④其他区域：单个网点补助金额不超过20万元，其中租金补助不超过5万元。	服务交易处
10	居民维修网点	网点租赁面积不低于10平方米，且单个网点支持面积不超过400平方米。	①补助金额不超过网点年租金的40%及除租金外其他实际投资的50%之和（需经第三方评审机构审定）。 ②东西城区：单个网点补助金额不超过20万元，其中租金补助不超过10万元。 ③朝海丰石城区及通州副中心155平方公里以内区域：单个网点补助金额不超过18万元，其中租金补助不超过8万元。 ④其他区域：单个网点补助金额不超过14万元，其中租金补助不超过4万元。	服务交易处
11	摄影网点	网点租赁面积不低于100平方米（其中摄影室面积不低于20平方米）。	①补助金额不超过实际投资的50%（需经第三方评审机构审定）。 ②单个网点补助金额不超过20万元。	服务交易处

附表2：2018年规范提升基本便民商业网点项目标准

序号	类别	规范提升网点应达到的标准	支持标准	负责处室
1	蔬菜零售网点	在2018年1月1日以后有不低于5万元的升级改造投资。	①补助金额不超过实际投资（需经第三方评审机构审定）的30%。 ②规范提升单个网点补助金额不超30万元。	规划建设处
2	便民早餐网点	在2018年1月1日以后，有不低于2万元的升级改造投资，相关投资票据齐全有效。	①补助金额不超过实际投资（需经第三方评审机构审定）的30%。 ②早餐固定门店，每个门店支持标准不超过24万元。 ③经营早餐的西点烘焙店，每个门店支持标准不超过10万元。 ④早餐智能配送柜和社区连锁品牌早餐配送点，每个配送点支持标准不超过5万元。	消费促进处

序号	类别	规范提升网点应达到的标准	支持标准	负责处室
3	家政服务网点	① 有不少于 2 人的专职工作人员（总部专职工作人员不少于 5 人）。 ② 有与业务范围相适应的固定经营场所，租赁面积不少于 50 平方米。 ③ 申报主体在 2018 年 1 月 1 日以后直营门店合计有不低于 10 万元的升级改造投资。	① 补助金额不超过实际投资（需经第三方评审机构审定）的 30%。 ② 规范提升单店补助金额不超 6 万元。	服务交易处
4	洗染门店、洗衣代收网点	申报主体 2018 年 1 月 1 日以后直营门店合计有不低于 10 万元的升级改造投资。	① 补助金额不超过实际投资（需经第三方评审机构审定）的 30%。 ② 规范提升前店后厂单店补助金额不超 12 万元，洗衣代收单店补助金额不超 6 万元。	服务交易处
5	理发网点	① 证照齐全、有效，有卫生部门颁发的《卫生许可证》。 ② 租赁面积不小于 10 平方米。 ③ 申报主体在 2018 年 1 月 1 日以后直营门店合计有不低于 10 万元的升级改造投资。	① 补助金额不超过实际投资（需经第三方评审机构审定）的 30%。 ② 规范提升单店补助金额不超 9 万元。	服务交易处
6	摄影网点	① 网点租赁面积不低于 100 平方米（其中摄影室面积不低于 20 平方米）。 ② 申报主体 2018 年 1 月 1 日以后直营门店合计有不低于 10 万元的升级改造投资。	① 补助金额不超过实际投资（需经第三方评审机构审定）的 30%。 ② 规范提升单店补助金额不超 12 万元。	服务交易处

附件 2

推进连锁经营发展项目申报指南

一、支持方向和内容

（一）综合超市、专业专卖店企业

1. 新建直营门店：支持装修、软硬件设备购置等。

2. 新建或改造配送中心：支持装修、软硬件设备购置等。

3. 农超对接：支持服务于农产品直采直供的分拣加工设备购置，以及销售直采农产品门店的生鲜区域改造和设备购置等。

（二）餐饮企业

1. 新建直营门店：支持装修、软硬件配套设备购置等。

2. 阳光餐饮工程：支持透明厨房、视频厨房和网络厨房装修改造和软硬件配套设备购置等。

3. 绿色餐饮工程：支持升级改造高效油烟净化装置。

4. 新建或改造主食加工配送中心（中央厨房）：支持装修改造，购置冷储、加工及信息化设施设备等。

二、支持条件

1. 综合超市、专业专卖店企业应是在本市注册、具有独立法人资格和良好的品牌影响力的连锁企业，并在本市行政区域内至少拥有 5 家直营门店。申报新建或改造配送中心方向的企业，应在本市行政区域内至少拥有 10 家直营门店。

2. 餐饮企业应在本市注册，具有独立法人资格和一定的品牌影响力的连锁企业，同时在本市行政区域内至少拥有 5 家直营门店（含 2018 年新建门店；老字号餐饮企业对门店数量不作要求）。主食加工配送中心（中央厨房）一般应在北京注册并具有独立法人资格；或者符合京津冀协同发展方向，由北京企业在天津市或河北省注册并投资建设，主要为北京市场服务。

3. 新建直营门店项目的证照应为 2017 年 1 月 1 日以后颁发。

4. 申报农超对接方向的企业还应同时具备以下条件：

（1）果蔬生鲜商品年直采量不低于 2000 万元；

（2）能够提供 2018 年 1 月 1 日至 2018 年 4 月 30 日期间完整的生鲜农产品直采清单。

5. 申报项目应符合本市生活性服务业行业标准规范，包括但不仅限于《北京市连锁便利店行业规范（试行）》《北京市餐饮业经营规范（试行）》《固定早餐门店经营规范》《固定门店式餐饮网点建设规范》《主食加工配送中心建设规范》。

三、支持标准

支持资金原则上不超过项目审定实际投资的 50%，最高不超过 500 万元。其中，申报新建或改造主食加工配送中心（中央厨房）项目，最高不超过 300 万元；申报新建餐饮门店和开展阳光餐饮、绿色餐饮工程改造项目，最高不超过 40 万元。

（联系人：零售行业各方向：流通发展处 王翰阳，电话：8721891 ；餐饮行业各方向：消费促进处 李志鹏，电话：87211691）

附件 3

生活性服务业、特殊流通行业服务平台及典型示范项目申报指南

一、支持方向

支持家政、摄影、维修、沐浴、美容美发、洗染、典当、拍卖、旧货流通等行业的企业、机构、经济组织建设公共性、开放性的行业服务平台和开展具有典型示范带动作用的规范化建设项目，促进行业规范化、特色化发展；支持符合条件的企业、机构、经济组织开发建设面向全市的生活性服务业从业人员岗位技能提升的公共服务平台，建设具有典型示范带动作用的家政服务培训基地。

二、支持内容

（一）行业服务平台项目主要支持服务平台开发及其配套设备设施购置等内容。

（二）典型示范项目重点支持企业为实现规范化、连锁化等目标而进行的建设提升项目，支持软件开发、网站建设、装修改造及相关配套设备设施购置等内容。

（三）全市生活性服务业从业人员岗位技能提升公共服务平台主要支持服务平台开发及其配套设备设施购置等内容。

（四）具有典型示范带动作用的家政服务培训基地建设主要支持基地的装修改造、设备购置、信息化建设等内容。

三、支持条件

（一）除典当、拍卖、旧货流通企业外，家政、摄影、维修、沐浴、美容美发、洗染等行业的企业应至少在北京拥有 5 家以上直营门店或网点（在本市拥有至少一个占地面积 2500 平方米以上洗涤场所的洗染行业项目申报企业除外）。

（二）原则上申报生活性服务业从业人员岗位技能提升公共服务平台项目的主体应从事该领域相关工作，并可提供公共服务。

四、支持标准

支持资金不超过该项目审定实际投资的 50%，最多不超过 500 万元。

（联系人：服务交易处　王璇，联系电话：87211840）

附件 4

农产品批发市场建设项目申报指南

一、支持方向及内容

支持符合北京市农产品流通体系发展规划的农产品批发市场升级改造，支持标准化交易专区、集配中心、冷藏冷冻、电子结算、信息化、电子商务平台、检验检测、废弃物循环利用与处理、安全监控等设施建设。

二、支持条件

农产品批发市场升级改造项目由项目投资主体自主申报。申报主体需满足以下条件：

（一）农产品批发市场符合《北京市“十三五”时期农产品流通体系发展规划》，市场具有较好的社会效益和经济效益。

（二）农产品批发市场升级改造需符合《农产品批发市场管理技术规范》（GB/T 19575—2004）。

三、支持标准

（一）对 2017 年以来升级改造的农产品批发市场项目，补助资金不超过该项目审定实际投资 50%，最高不超过 500 万元。

（二）区级财政资金补助的项目，可以同时申报市商务委资金补助，市区两级合计补助资金不超过单个项目实际投资的 70%。

（联系人：规划建设处 张钦霖，联系电话：87211875；林英杰，联系电话：87211872）

附件 5

特色商业街项目申报指南

一、支持方向及内容

对符合首都功能定位的特色街规划设计、风貌景观整饬、街区功能完善、业态和经营结构调整等给予资金支持，重点支持以下方向：

（一）支持整体规划设计及相关专项设计。

（二）支持风貌景观升级改造。重点支持特色街外立面整饬、户外广告、牌匾字号、橱窗展示、绿化美化、城市家具、标识引导、小型景观等有利于街区形象提升的改造工程。

（三）支持街区功能完善。重点支持特色街整体照明工程、停车设施、无障碍设施、公共休闲区的建设与改造。

（四）支持街区管理信息系统建设改造。重点支持街区建设商户管理系统、安监系统、应急指挥系统、消费者会员系统建设改造等。

（五）节能环保专项工程改造。

二、支持条件

特色商业街升级改造项目由项目投资主体自主申报，需符合城市功能定位和城市规划，特色元素较为显著，经营商户较为稳定，特色街具有较好的业态结构、社会效益和经济效益。

三、申报材料要求

特色街申报主体，还需按要求提供以下材料：

（一）管理制度、历史沿革、文化传承等反映街区文化、经济、建筑特色的相关材料，入驻企业及商户名录等；

（二）街区经营情况（上一年度完成产值、利税、就业等主要经济指标情况）。

四、支持标准

支持金额不超过该项目审定实际投资的50%，最高不超过1500万元。

（联系人：规划建设处　丁颖，联系电话：87211873）

附件 6

老字号传承发展项目申报指南

一、支持方向及内容

（一）支持传统技艺传承，支持内容包括建设传承人工作室的装修改造、软硬件设备购置；

（二）支持博物馆、非遗展厅、体验式中心建设，鼓励老字号展示传统文化和现场体验式消费，支持内容包括装修改造、软硬件设备购置；

（三）支持新建或改造老字号门店，提升老字号企业活力，支持内容包括新建或改造门店的装修改造和软硬件设备购置；

（四）支持生产基地、配送中心建设，提高产品质量和工艺技术水平，保持老字号产品品质，支持内容包括生产基地、配送中心的装修改造和软硬件设备购置；

（五）支持工艺技术改造、新产品研发、产品包装改良和创新设计、企业整体形象设计等，支持内容包括购置技术改造和产品研发的生产线等相关设备，企业形象、产品包装的设计费用；

（六）鼓励和支持老字号企业进行商标、域名注册、地理标志认证等品牌建设，支持内容包括企业开展知识产权注册、保护等相关费用。

二、支持条件

老字号企业传承发展项目申报主体须为商务部认定的中华老字号企业或北京市老字号协会认定的北京市老字号企业。

三、支持标准

老字号企业传承发展项目的资金支持不超过项目实际审定投资的50%，最高不超过500万元。

（联系人：流通发展处 耿英贞，电话：87211820）

附件 7

建设中华传统技艺技能大师工作室项目申报指南

一、支持方向

支持新建或规范提升本市中华传统技艺技能大师工作室。

二、支持内容

与大师工作室（含工作场所）房屋装修、硬软件设备购置（主要包括与大师工作、教学相关的仪器设备、书籍、资料、软件和信息系统开发）等支出给予支持。

三、支持条件

申报主体应为经北京市商业服务业中华传统技艺高技能人才工作领导小组认定的中华传统技艺技能大师本人所在工作单位或聘任单位。

原则上每位大师只支持建设 1 个大师工作室。大师工作室须悬挂大师标识，并为大师本人工作和技艺传承工作服务。

四、支持标准

支持资金不超过该项目审定实际投资的 50%，且不超过 50 万元。

（联系人：服务交易处　安玉新，联系电话：87211834）

附件 8

“互联网+流通”创新示范项目申报指南

一、支持方向

（一）发展线上线下融合的智慧流通新模式

1. 支持“互联网+流通”服务平台建设，面向网络购物、服务消费等领域，提供电子商务营销、咨询、大数据分析等专业服务。

2. 支持电子商务与快递物流协同服务平台建设，为电子商务、快递物流等企业提供信息协同、智能分仓、配载优化等服务。鼓励快递物流企业、电子商务企业等建设布放智能自提柜或智能快件箱，推广应用智能投递设施，完善社区、商务楼宇、高等院校等末端配送（快递）节点布局。

3. 鼓励百货店、连锁超市等实体零售企业应用互联网、大数据等开展全渠道营销，发展线上线下融合的新模式。如自建或利用第三方平台开通网上商城、建设消费体验示范中心等。

4. 鼓励企业应用人脸识别、人工智能、机器人等新技术、新装备创新商业模式，发展智能商业新业态。如建设无人超市、无人便利店等。

5. 鼓励发展“互联网+生活性服务业”，支持蔬菜零售、便利店、早餐、家政、洗染、维修等生活性服务业领域线上服务平台建设。

（二）支持农村电子商务精准帮扶

支持电子商务平台、快递物流企业搭建农村电商精准帮扶平台，完善农村电子商务服务体系，提升农产品产销对接、在线交易、营销推广、物流配送等服务能力；支持连锁企业、邮政企业等应用“互联网+”建设村级便民服务网点，优化农村消费服务供给；支持涉农企业应用电子商务创新生产经营模式，带动农民专业合作社、专业大户等农业经营主体拓展线上销售渠道。

（三）推广电子发票应用

支持商贸流通企业自建平台或对接第三方电子发票综合服务平台，推广应用电子发票。

二、支持内容

对建设项目的线上系统平台研发、软硬件信息化设备购置，以及应用电子商务转型升级的线下服务网点配套装修改造、基础设施建设等相关费用给予支持。

三、支持条件

项目单位应符合我委 2018 年征集通知统一要求的申报条件，同时，申报推广智能投递设施、农村电子商务精准帮扶及电子发票应用项目的还需具备如下相应条件：

（一）企业投放使用智能自提柜或智能快件箱新增场所不少于 10 处。

（二）农村电商精准帮扶平台年度服务涉农企业（京津冀区域）的数量不少于 50 家。

（三）商贸流通企业应用电子发票年开具量不低于企业开具总量的 30%。

四、支持标准

（一）资金支持比例最高不超过项目审定实际投资的 50%，单个项目支持金额最高不超过 500 万元。

（二）智能自提柜或智能快件箱每格口支持标准不超过 150 元，资金支持比例最高不超过项目审定实际投资的 50%，单个项目支持金额最高不超过 500 万元。

（联系人：电子商务处 许凯，联系电话：87211821）

附件 9

促进现代物流发展项目申报指南

一、支持方向

符合首都功能定位，符合加强物流服务保障的能力和水平、加快城市物流的转型升级，推动首都城市物流便利化、高效化、集约化、规范化、国际化发展的现代物流项目。

二、支持内容

（一）支持冷链物流基础设施建设，冷链物流装备与技术升级，支持上下游高效衔接的全程冷链物流服务，鼓励冷链配送及模式多元化创新发展。

（二）支持城市运行保障物流、现代物流新模式等示范类建设项目，促进传统仓储企业转型升级，向配送运营中心和专业化、规模化第三方物流发展。鼓励仓储、配送一体化，推广共同配送、统一配送、集中配送等先进模式。

（三）支持供应链物流创新与发展示范应用，支持物流技术应用、物流信息化、智能化、标准化建设项目，进一步规范物流作业流程，提高企业运作效率，提高物流技术及设备应用水平。鼓励物流企业使用标准化托盘、周转筐，鼓励物流企业设施设备及信息化的标准化改造建设，逐步提升物流行业标准化水平。

三、申报要求

（一）申报的物流建设项目为已建设完成，并已投入使用。

（二）申报截止时间为 2018 年 6 月 30 日（以市商务委收到申报单位上报材料为准）。

四、项目建设标准

（一）项目建设应符合北京市“十三五”时期物流业发展规划。

（二）项目建设已取得环保等相关政府部门许可手续文件。

五、支持标准

支持资金不超过该项目审定实际投资的 50%，最多不超过 500 万元。

（联系人：物流发展处　张松原，联系电话：87211775）

附件 10

商务服务业主题商务示范楼宇和集聚区公共服务平台升级改造项目申报指南

一、支持方向及内容

商务发展资金支持商务楼宇（集聚区）公共服务平台升级改造和培育发展，优先支持以下方向：

（一）各类商务服务业企业办事机构相对集中、在全市或区域范围内具有示范性质的商务楼宇（集聚区）。

（二）整栋楼宇或同属一个业主（或经营单位、物业管理单位）的功能相近的连片楼宇，可按一个项目主体开展商务楼宇升级改造。

（三）重点支持商务服务业知识密集型企业集聚的楼宇（集聚区）进行商务楼宇（集聚区）升级改造。

二、支持条件

商务楼宇（集聚区）公共服务平台升级改造奖励由商务楼宇（集聚区）业主单位或经营单位、物业管理单位及商务服务业集聚区内独立运作的服务管理机构自主申报。

（一）商务楼宇需符合下列条件

1. 楼宇有明确的产权归属，业主为在本市注册、具有独立法人资格、独立核算的企业或单位。楼宇具有规划建设手续，且符合首都城市功能定位及当地经济社会发展的总体规划。

2. 楼宇具备一定的建筑规模和企业入驻规模。原则上综合性楼宇建筑面积不少于 20000 平方米，专业性楼宇建筑面积不少于 5000 平方米。驻楼企业数量 20 个以上，其中商务服务业企业数量占比在 25% 以上的楼宇为商务服务业综合主题楼宇；驻楼单位中同类别商务服务业企业数量占比在 50% 以上的楼宇为商务服务业专业主题楼宇。

3. 楼宇具备较鲜明的商务服务业聚集效应，商务服务业发展良好，上一年度楼宇在完成产值、利税、就业等主要经济指标方面成绩显著。

4. 楼宇运营管理机构建有科学规范的管理机制和运营机制，能有效开展楼宇的管理、运营、服务等各项工作。

5. 商务楼宇公共服务平台升级改造工作完成后，具备完善的基础设施和优良的发展环境，能为驻楼商务服务业企业提供保障和服务。需具备以下四大办公功能：一是适合的基本办公环境。提供适合驻楼单位层高、承重、开间面积等要求的办公条件。二是安全的办公环境。商务楼宇拥有良好的安保、消防和突发事件应急处置的基本服务功能，具有稳定的供配电系统。三是便捷的办公环境。包括提供便捷的交通服务；有便捷的停车系统；有方便快捷的楼内立体交通；提供顺畅的互联网和通信办公环境。四是舒适的办公环境。具有良好的空调系统和通风系统；具有及时到位的保洁、设施设备维修维护等服务。

（二）商务服务业集聚区需符合下列条件

1. 具有区及以上人民政府或相关行政管理部门批准设立集聚区（或产业园区）的文件。

2. 具有明确的四至范围。

3. 具有专门并能够独立运作的服务管理

机构。

4. 具有招引促进商务服务业企业集聚发展的相关政策。

5. 能够定期掌握集聚区（或产业园区）内产业及商务服务业发展情况。

6. 集聚区（或产业园区）内商务服务业企业数量在50家及以上。

7. 具有一定的资源配置功能和经济辐射带动能力。

8. 具有较好的营商环境、综合配套设施和公共服务能力。

9. 远郊区根据情况申报条件可适当放宽。

三、申报要求

（一）商务楼宇申报材料［按照《北京市商务委员会关于对本市商务服务业主题示范楼宇升级改造工作给予适当奖励的实施意见》（京商务商服字〔2014〕1号）规定执行］

1. 楼宇基本情况（建筑面积、楼宇出租率、入驻企业数、商务服务业企业所占比例、商务服务业主要行业企业所占比例、楼宇内主要特色行业等）；

2. 入驻企业名录；

3. 楼宇经营情况（上一年度完成产值、利税、就业等主要经济指标情况）；

4. 落实重点企业联系服务制度的具体措施和工作安排。

（二）商务服务业集聚区申报材料

1. 集聚区基本情况（建筑面积、集聚区内楼宇出租率、入驻企业数、商务服务业企业所占比例、主要特色行业企业所占比例等）；

2. 集聚区入驻企业名录；

3. 集聚区经营情况（上一年度完成产值、利税、就业等主要经济指标情况）；

4. 落实重点企业联系服务制度的具体措施和工作安排。

四、支持标准

支持资金不超过该项目审定实际投资的50%，最多不超过200万元。

（联系人：商务服务业处　许凤伟，联系电话：87211897）

附件 11

商业流通发展领域节能降耗项目申报指南

一、支持方向

（一）鼓励企业开展节能改造项目。支持企业开展动力、照明、供暖制冷、通风空调、冷冻冷藏、电梯、厨房设备等能耗设施设备的节能改造。

（二）鼓励企业合理利用新能源、分布式能源，提倡推广 LED、热泵、蓄冷蓄热、变频等新产品、新设备、新技术应用。

（三）鼓励企业采用信息化、自动化等先进技术和手段，提高设备能源利用效率，提高企业节能低碳管理水平。

（四）支持企业开展“绿色商场”创建活动。

二、项目合格标准

（一）节能改造项目的综合节能率不小于15%。

（二）新产品、新能源、新技术应用项目覆盖率达 80% 以上。

（三）能源管理项目主门店二级计量器具配备率达 95% 以上，实现在线监测率达 90% 以上。

（四）“绿色商场”项目符合行业标准（SB/T 11135—2015）相关要求。

三、支持标准

（一）支持资金不超过该项目审定实际投资的 50%，最多不超过 300 万元。

（二）单个“绿色商场”项目奖励资金不超过 15 万元。

（联系人：流通秩序处　孙景东，联系电话：87211659）

附件 12

促进汽车流通行业规范化发展项目申报指南

一、支持方向

支持报废汽车回收拆解企业提升拆解能力及信息化水平，促进报废汽车回收拆解企业规范化发展；支持二手车交易市场、二手车经营主体建立和完善二手车交易服务管理信息系统，促进二手车流通。

二、支持内容

（一）支持报废汽车回收拆解企业购置现代拆解设备、进行技术改造、提升信息化水平。

（二）支持二手车交易市场、二手车经营主体新建或提升二手车交易服务管理信息系统。

三、支持条件

（一）报废汽车回收拆解企业、二手车交易市场和二手车经营主体需在我市商务部门备案且项目建设相关手续合规。

（二）报废汽车回收拆解项目建设应符合《报废汽车回收拆解企业技术规范》要求。

（三）二手车交易服务管理信息系统项目应有利于增加交易透明度，方便客户交易，提高工作效率，促进二手车流通。

四、支持标准

支持资金不超过该项目审定实际投资的50%，且不超过200万元。

（联系人：服务交易处　曹民，联系电话：87211831）

附件 13

支持跨境电子商务发展项目申报指南

一、支持方向

（一）跨境电子商务企业。包括自建跨境电子商务平台的进出口企业、第三方跨境电子商务平台和利用第三方跨境电子商务平台开展进出口业务的企业。

（二）跨境电子商务服务企业。包括为跨境电子商务企业提供交易、支付、通关、仓储、物流等相关服务的企业。

二、支持条件

企业依法取得进出口业务相关资格或依法办理对外贸易经营者备案登记等相关资质。

三、支持内容与标准

（一）支持与北京跨境电子商务公共信息平台对接的信息系统建设、升级改造等项目，每个项目依据审定实际投资给予最高不超过100万元的一次性资金补助。

（二）支持用于跨境电子商务直邮进出口、网购保税进口等项目软硬件建设，包括安检机、查验设备、管理信息系统等，每个项目审定实际投资给予不超过50%的资金支持，最高不超过300万元。

（三）支持海外仓、保税仓等跨境电商仓储设施建设，包括货架（货柜）、专用推车（叉车）、管理信息系统等，每个项目依据审定实际投资给予不超过50%的资金支持，最高不超过400万元。

（联系人：电子商务处 宋志雷，联系电话：87211813）

附件 14

支持跨境电商体验店建设项目 申报指南

一、支持方向

支持企业在市内开设跨境电商体验店，采取线上下单、线下展示销售等方式，开展跨境电商业务。

二、支持条件

（一）体验店选址和建设严格按照国家安全规范和有关规定执行，经营场所房屋使用面积不少于 100 平方米。

（二）通过自建网站（网上商城、移动端 APP 等）或利用第三方平台开展网上销售等业务。

（三）单个体验店内现场展示商品的 SKU 数量不少于 1000 种；通过线上售卖的商品 SKU 数量不少于 2000 种。

（四）单个体验店年度销售额（含线上线下）不少于 500 万元（或月均不少于 40 万元）。

三、支持内容及标准

主要支持体验店展示柜、货架、收银系统、监控系统、安防系统等配套设施和网站平台等系统建设。单个项目依据实际审定投资额给予不超过 50% 的资金支持，最高不超过 500 万元。

（联系人：电子商务处　宋志雷，联系电话：87211813）

附件 15

2018 年支持北京市外贸企业提升国际化经营能力项目申报指南

一、支持对象和申报条件

外贸企业独立开展提升国际化经营能力的项目为企业项目；事业单位或社会团体（以下简称“项目组织单位”）组织外贸企业参加培训为团体项目。

申请企业项目的外贸企业应符合下列条件：

（一）中小外贸企业

1. 在北京市办理工商注册，依法取得进出口经营资格或依法办理对外贸易经营者备案登记的企业法人，上年度海关统计进出口额低于6500 万美元；

2. 近三年在外经贸业务管理、财务管理、税收管理、外汇管理、海关管理等方面无违法、违规记录；

3. 具有从事国际市场开拓的专业人员，对开拓国际市场有明确的工作安排和市场开拓计划；

4. 未拖欠应缴还的财政性资金。

（二）“双自主”企业

拥有自主品牌和自主知识产权的“双自主”企业除满足外贸企业条件外还应符合下列条件之一：

1. 同时拥有国内及出口市场（含港、澳、台地区，下同）注册商标；

2. 同时拥有国内及出口市场专利（包括发明专利、实用新型专利和外观设计专利）；

3. 国家相关部门认定的“中华老字号”企业。

（三）外贸综合服务企业

外贸综合服务企业是指具备对外贸易经营者资质，接受国内外客户委托，为客户提供报关报检、物流、退税、结算、融资、信用保险、保理、供应链管理等综合服务的企业。

支持对象为已纳入商务部外贸综合服务试点企业名单的北京市企业及北京市认定的外贸综合服务示范企业。

申请团体项目的项目组织单位应符合下列条件：

1. 在北京市注册，具有组织企业培训的资格；

2. 培训内容应以支持企业提升国际化经营能力为目的；

3. 未拖欠应缴还的财政性资金。

二、支持方向

（一）企业项目

支持方向包括：境外展览会；管理体系认证；产品认证；境外专利申请；商标注册；国际市场宣传推介；外贸软件云服务等信息化建设；境外广告；国际市场考察（境外参展人员费）；境外投（议）标；提高经营管理信息化水平；提高经营管理科学决策水平和改善融资服务。

（二）团体项目

支持方向为企业培训。

三、支持重点

（一）优先支持拥有自主品牌、自主知识产

权的“双自主”企业开拓国际市场的活动；

（二）优先支持企业境外参展、取得产品认证、境外商标注册及境外专利申请等活动；

（三）优先支持面向拉美、非洲、中东、东欧、东南亚和中亚等新兴国际市场的拓展。

四、支持内容及标准

对于符合支持内容且支出大于1万元（含1万元）的项目予以支持。

支持比例一般为支持内容所需金额的50%，拓展面向拉美、非洲、中东、东欧、东南亚和中亚等新兴国际市场的支持比例可提高到70%。

每个企业项目支持金额最高不超过30万元人民币，改善融资服务项目外贸综合服务企业最高不超过300万元、“双自主”企业最高不超过50万元。

每个企业当年累计获得市场开拓资金支持最多不超过100万元人民币（外贸综合服务企业及“双自主”企业除外）。

支持北京市外贸企业提升国际化经营能力支持内容及标准

单位：%，人民币元

序号	支持方向		最高支持比例	每个项目最高限额	备注
1	境外展览会	展位费	50或70	30000/每个展位（9平方米）；最多可申请10个展位	只支持展位费，不支持企业注册费和展位搭建费。
		大型展品回运费（金额列入境外展览会项目的其他费用）	50或70	100000	大型展品回运费只支持单位体积1立方米且重量1吨以上的展品回运费用。
2	管理体系认证	ISO 9000系列质量管理体系标准认证、ISO 14000系列环境管理体系标准认证、职业安全管理体系认证、卫生管理体系认证等管理体系认证	50	50000	①认证机构应经中国认证认可监督管理委员会批准（可通过www.cnab.org.cn进行查询）。②企业须在认证结束并取得相应认证证书的当年提交资金拨付申请。③只支持企业初次认证费，不支持咨询费、培训费。
3	产品认证	开发能力成熟度模型集成（CMMI）认证、开发能力成熟度模型（CMM）认证、人力资源成熟度模型（PCMM）认证、信息安全管理认证、IT服务管理认证、服务提供商环境安全性认证	50	300000	①支持根据产品进口国的有关法规或合同要求进行的产品认证（国内认证不支持）。②产品认证机构应具有产品认证资格。③产品认证须在认证结束并取得相应资质证书的年度申请资金支持。只支持认证费、认证过程中的检测费。
		其他产品认证	50	300000	

（续）

序号	支持方向		最高支持比例	每个项目最高限额	备 注
4	境外专利申请	发明专利	50 或 70	50000	① 专利申请项目是指中小企业通过巴黎公约或 PCT 专利合作条约（PATENT COOPERATION TREATY）成员国提出的专利申请。 ② 专利申请须在申请获得通过并取得专利证书的当年申请资金支持。 ③ 只支持注册费，不支持支付境内中介机构的代理费。不同类别的专利项目应分别申请。每个专利最多支持在 5 个国家的申请。
		实用新型专利	50 或 70	50000	
		外观设计专利	50 或 70	50000	
5	商标注册	境外商标注册	50 或 70	50000	每个企业每种产品在一个国别（地区）只支持一次商标注册费用，应在取得注册证书的当年申请资金支持。
6	国际市场宣传推介（“双自主”企业可申请）	宣传材料的翻译及制作	50	15000	① 宣传材料至少具有一种外国文字，不少于 2000 份。 ② 不支持产品外包装、说明书的制作费。
7	外贸软件云服务等信息化建设（“双自主”企业可申请）	创建中小企业网站	50	50000	① 信息化建设项目的实施，应有助于中小企业开拓国际市场。 ② 企业网站应具有较丰富的内容，至少有一种外国文字或语言。 ③ 企业网络营销活动是指企业在国内、国际有影响的互联网网站进行广告宣传、商品营销等活动。 ④ 企业信息管理系统是指开发外贸业务单证管理、客户供应商管理、产品管理等外贸业务流程一体化的信息化管理项目。 ⑤ 为企业提供信息化建设活动的服务商，应是依法注册、具有相应资质的法人企业。 ⑥ 创建企业网站和开发信息管理系统只支持一次性的建设开发费用，不支持后期维护、改版、升级等费用。
		企业网络营销活动	50	50000	
		企业信息管理系统	50	50000	
8	境外广告（“双自主”企业可申请）	境外广告	50 或 70	50000	① 境外广告只支持面向境外客户的报纸、杂志广告。 ② 报纸、杂志广告需在样品中注明广告位置及相应中文翻译。

（续）

序号	支持方向		最高支持比例	每个项目最高限额	备 注
9	国际市场考察（参展人员费）（“双自主”企业可申请）	交通费	50或70		①企业参加境外展览会支持出访国家(地区)为1个、支持人数不超过2人。出访一个国家（地区）支持的天数不超过6天。 ②交通费只支持国际航班的往返经济舱费用。生活补贴（包括住宿费和伙食费）按国家规定的访问国补助标准核算。
		生活补助	50或70		
10	境外投（议）标（“双自主”企业可申请）	标书购置费	50或70	30000	①只支持未中标企业开展的境外投（议）标活动。 ②境外投（议）标项目包括：成套设备和大型单机境外投（议）标、对外工程承包投（议）标和大宗商品采购投（议）标等。 ③标书购置费指企业从项目发标方直接购买标书所支出的费用；项目设计费指企业委托专门设计研究机构进行设计所支出的费用。 ④考察交通费与国际市场考察项目中的交通费核算方法相同。 ⑤境外投（议）标项目应在投（议）标工作结束的当年申请，同一个项目只能申请一次。
		项目设计费	50或70	50000	
		境外市场考察交通费	50或70		
11	提高经营管理信息化水平	系统改造费用	50	①外贸综合服务企业20万元； ②“双自主”企业10万元； ③中小外贸企业5万元。	支持外贸企业外贸软件（ERP）云服务平台与中国出口信用保险公司“信保通”系统实现电子数据交换，系统对接过程发生的系统改造费用。
12	提高经营管理科学决策水平	资信产品购买费用	50	①外贸综合服务企业30万元； ②“双自主”企业15万元； ③中小外贸企业10万元。	支持外贸企业购买获得财政部批准开展信用保险业务保险公司的海外企业标准资信报告、海外目标国家指定产品进口采购分析报告、海外采购商（供应商）名录报告、重点行业研究报告及重点国别风险分析报告所发生的费用。
13	改善融资服务	保单融资贷款贴息	50	①外贸综合服务企业300万元； ②“双自主”企业50万元； ③中小外贸企业20万元。	支持外贸企业利用出口信用保险保单质押项下的贸易融资，对于贷款利息给予一定比例支持（含政保贷项下贸易融资）。

（续）

<table>
<tr><th>序号</th><th colspan="2">支持方向</th><th>最高支持比例</th><th>每个项目最高限额</th><th>备注</th></tr>
<tr><td rowspan="2">14</td><td rowspan="2">企业培训（项目组织单位可申请）</td><td rowspan="2">培训会务费</td><td rowspan="2">50</td><td>40000（50~99家企业）</td><td rowspan="2">① 企业培训项目只支持为提高北京地区中小企业国际竞争力，在本市组织的免费培训，参加的中小企业不少于 50 家。
② 支持费用主要包括培训资料费、场地租赁费等，人均标准一般不超过 200 元，资料费不得超过会务费的 10%。</td></tr>
<tr><td>50000（100 家企业以上）</td></tr>
</table>

注：1.“双自主”企业须在“企业信息管理系统”（北京市商务委官网——外贸稳增长）上注册并取得资格。

2. 面向拉美、非洲、中东、东欧、东南亚和中亚等新兴国际市场的拓展活动最高支持比例为 70%。

3. 连续两年获得资金支持仍无进出口业绩者，今年暂停申报。

五、申报方式及要求

2018 年分两次申报。符合申报条件的单位登录外经贸发展专项资金网络管理系统 www.smeimdf.org 申请 2018 年已经实施完成的项目，无须提供书面材料。

第一次：2018 年 7 月申请 1—7 月实施完成的项目；

第二次：2018 年 12 月申请 8—12 月实施完成的项目。

申报过程中遇到问题请与北京市商务委员会外贸运行处联系。

（联系电话：外贸运行处 87211880 87211882 87211032）

附件 16

支持“深夜食堂”特色餐饮发展项目申报指南

一、支持方向和内容

（一）支持建设“深夜食堂”特色餐饮街区和特色商圈，打造“业态丰富、特色鲜明、消费便利、市场繁荣”的“深夜食堂”特色餐饮集聚区，为市民夜间餐饮消费提供便利，促进餐饮市场消费。主要支持“深夜食堂”特色餐饮街区和特色商圈的规划设计及形象提升工程等软硬件投入。

（二）鼓励品牌和连锁餐饮企业延时、错时或者24小时经营，打造“深夜食堂”特色餐厅，为市民提供消费便利。主要支持企业的装修改造和设施设备购置费用。

二、支持条件

（一）“深夜食堂”特色餐饮街区和特色商圈建设时间应在2018年1月1日以后，由项目投资主体自主申报，需符合城市功能定位和城市规划，特色元素较为显著，特色街和商圈具有较好的业态结构、社会效益和经济效益。

（二）“深夜食堂”特色餐厅建设时间应在2018年1月1日以后，申报主体应为品牌和连锁餐饮企业，符合《北京市餐饮业经营规范（试行）》。

（三）“深夜食堂”特色餐饮街区、特色商圈和特色餐厅一般应在每天晚上22:00至第二天凌晨2:00期间保持营业，提供餐饮服务。

三、支持标准

支持资金不超过该项目审定实际投资的50%，每个“深夜食堂”特色餐饮街区最高支持不超过500万元，每个“深夜食堂”特色商圈最高支持不超过300万元，每个“深夜食堂”特色餐厅最高支持不超过10万元。

（联系人：消费促进处 李志鹏，联系电话：87211690）

附件 17

支持市内免税店和进口商品直营店发展项目申报指南

一、支持方向及内容

鼓励建设市内免税店和进口商品直营店，引导境外消费回流，扩大市场消费。主要支持市内免税店和进口商品直营店的装修改造、设施设备和信息系统建设等费用。

市内免税店是指经国务院或其授权部门批准，由经营单位在指定地点设立符合海关监管要求的销售场所和存放免税品的监管仓库，向规定的对象销售免税品的企业。

进口商品直营店是指经相关部门批准设立，主要经营经海关批准进口境外商品的企业。

二、支持条件

1. 市内免税店的经营证照在 2017 年 1 月 1 日以后颁发，具备国务院或其授权部门批准的免税品经营资质。进口商品直营店的经营证照在 2018 年 1 月 1 日以后颁发。

2. 所销售的商品相关进口手续齐全，合法有效，其中进口商品直营店所经营的进口商品品种比例应不低于店内所有商品的 80%。

三、支持标准

支持资金不超过该项目审定实际投资的 50%，每个市内免税店和进口商品直营店最高不超过 500 万元。

（联系人：消费促进处　李志鹏，联系电话：87211690）

附件 18

支持商贸服务企业开展“厕所革命”项目申报指南

一、支持方向和内容

鼓励餐厅、商场、超市、购物中心、便利店、加油站及美容美发店等商贸服务企业开展“厕所革命”，提升商业经营场所公共卫生间的环境卫生水平，优化消费环境。主要支持商贸服务企业经营场所的公共卫生间装修改造和设施设备购置费用。

二、支持条件

（一）申报主体为品牌和连锁企业，项目建设时间在 2018 年 1 月 1 日以后。

（二）公共卫生间应符合《城市公共厕所设计标准》（CJJ 14—2016）、《公共建筑节能设计标准》（GB 50189—2015）等标准规范。

（三）公共卫生间应具备明确指示标识，鼓励向社会公众开放。

（四）公共卫生间应采用节水、节电、除臭等有利于节约资源、保护环境的技术和设备；适当增加女厕数量，优化女厕蹲位；有条件的可设置母婴、老年人、残疾人专用厕位或专用卫生间等无障碍设施，方便特殊人群使用。

（五）公共卫生间地面一般应防滑，室内具备照明、通风设备以及防蚊蝇、防老鼠等设施。

（六）公共卫生间的小便厕位可设置隔断板，大便厕位应设置隔断板和门，具备挂衣钩、手纸架、废纸容器等设施，门锁应能显示有（无）人上厕。

（七）公共卫生间一般应具备温度调节装置（空调或其他供暖供冷设备）、自动洗手设备、干手设备（烘手器或提供纸巾）、洗手液、面镜和除臭设备等设施。

（八）公共卫生间应悬挂或粘贴“禁止室内吸烟”等公益标识，有条件的可悬挂或粘贴艺术装饰画，并摆放相关艺术品、绿植和花卉，开放时间内播放背景音乐。

（九）有条件的企业可在公共卫生间内部增设 LED 显示屏，实时显示厕所使用情况，提供无线网络、路线查询、活动宣传等服务，延伸公共卫生间功能。

（十）公共卫生间应安排专职或兼职清洁人员加强维护管理，具有清洁工作记录簿并按要求登记，达到“四净、三无、两通、一明”：

1. 地面净、墙壁净、厕位净、周边净；

2. 无溢流、无蚊蝇，无异味；

3. 水通、电通；

4. 灯明。

（十一）符合国家和本市其他法律法规、规章制度和标准规范。

三、支持标准

支持资金不超过该项目审定实际投资的 50%，每个卫生间最高不超过 10 万元。

（联系人：消费促进处　李志鹏，联系电话：87211690）

北京市商务委员会等6部门关于大力优化营商环境提升京津跨境贸易便利化若干措施的公告

2018年联合公告第2号

为贯彻落实党中央、国务院优化营商环境的决策部署，持续提升京津跨境贸易便利化水平，围绕压时、降费、提效、透明，制定了第二批具体措施，现公告如下：

一、推进天津港口规范收费

1. 开展天津港口岸降费提效工作，全力降低口岸费用，全面优化业务流程。

2. 行业管理部门组织推动相关企业签署承诺书，鼓励企业自行公布收费目录、服务标准，规范自律企业行为，提升服务水平，建立良好市场竞争秩序。

二、推进天津港口作业“一站式”服务

3. 推进集装箱业务受理中心建设，实现业务“一站式”服务。制定全流程一站式服务清单，提供订舱、报关、报检、码头、堆场等环节“一站式”全程服务，在天津市区和滨海新区业务现场设立两个服务窗口，实现“一单到底、全程无忧”。

4. 在天津港推行跨境贸易便利化改革试点，确保车辆通过闸口时间不超过2分钟，提箱、落箱作业不超过30分钟，港口查验场确保6小时内将查验集装箱提箱到位，服务窗口办理业务不超过10分钟。

三、进一步减少单证办理环节

5. 自2018年4月1日起，将原来由国家商务部和地方商务主管部门两级审批的10种汽车零部件产品自动进口许可证调整为由地方商务部门一次审批，审批时限压缩至1个工作日。

四、推进通关作业改革

6. 优化货物报检、报关作业流程，把通关单电子数据联网核查从电子审单环节后移至报关单放行环节，将报检、报关“串联”作业调整为“并联”作业。

7. 扩大自主申报、自行缴费适用范围，优惠贸易协定项下进口报关单均可适用“自报自缴”模式。

五、优化海关、检验检疫服务

8. 海关实行当日申报报关单“日清”机制。现场海关对于具备放行条件的报关单，当日处理完毕；对于当日派单查验的进出口货物，当日完成查验操作。

9. 海关推行优先查验。因进出口货物收发货人备货集港装船时间紧迫，海关可以优先安排查验。对适合非侵入式查验的天津港海运集装箱货物，优先进行机检查验，提高机检查验比例至60%以上。

10. 实行转关及分流查验24小时预约即核即转。

11. 以目的地为北京的进口汽车零部件产品为试点，天津出入境检验检疫作业设立北京进口货物专报检务窗口，京津两地实行“审单放行”2小时办结工作机制，即“审单放行”货物自受理企业申报至按企业要求出具入境检验检疫证明，流程时长不超过2个小时。

12. 推行免予CCC认证证明京津两地联网核销，企业在北京办理完免予CCC认证证明后，在天津口岸报检时只需提交CCC免办证明号，无须提交纸质免办证明。

六、深化国际贸易“单一窗口”建设

13. 丰富国际贸易“单一窗口”标准版特色功能，提升货物申报、舱单申报和运输工具申报应用率。

14. 中国（北京）国际贸易“单一窗口”实现“非机电产品自动进口许可证”申报功能，新增“出口信用保险”功能，减少企业重复录入并通过“一站式”服务提高企业投保效率。

七、推进中介服务规范化

15. 制定京津国际货运代理服务规范，明确货代企业资质、服务和行业组织指导等相关要求。发挥国际货运代理相关行业组织作用，推动制定货代企业信用等级管理、代理服务收费目录和指导价，加强行业自律，推进行业诚信体系建设。

八、畅通进出口货物运输绿色通道

16. 协调北京市相关管理部门为保障本市生产生活需求的外埠号牌国Ⅲ排放标准柴油载货汽车申请进京确认、办理进京通行证件提供便利。加强对绿色车队、旧车更新等鼓励政策的宣传，引导企业最大限度地发挥好现有政策的作用。

本公告自发布之日起施行。

北京市商务委员会（北京市政府口岸办）
天津市人民政府口岸服务办公室
中华人民共和国北京海关
中华人民共和国天津海关
中华人民共和国北京出入境检验检疫局
中华人民共和国天津出入境检验检疫局
2018年4月12日

北京市商务委员会等7部门关于印发《利用地下空间补充完善便民商业服务设施的指导意见》的通知

京商务规字〔2018〕5号

各区政府，各有关单位：

按照本市《关于进一步提升生活性服务业品质的工作方案》要求，市商务委、市民防局等部门共同研究制定了《关于利用地下空间补充完善便民商业服务设施的指导意见》，现印发给你们，请认真贯彻执行。

特此通知。

北京市商务委员会
北京市民防局
北京市住房和城乡建设委员会
北京市公安局消防局
北京市规划和国土资源管理委员会
北京市发展和改革委员会
北京市工商行政管理局
2018年4月19日

关于利用地下空间补充完善便民商业服务设施的指导意见

为深入落实市委、市政府关于使用疏解腾退空间着力完善便民商业服务设施的要求，加快补齐便民商业服务设施短板，提升生活性服务业品质，现就本市利用地下空间补充完善便民商业服务设施提出以下指导意见。本意见所称地下空间是指现状建成的普通地下室、人防工程。

一、总体思路

按照属地落实、确保安全、规范发展、政策支持的原则，对于城市建成区内地上设施无法满足当地社区居民需求的，以一事一议的方式，经区政府同意后，可使用地下空间补充完善便民商业服务设施。

二、主要任务

（一）准确掌握可利用地下空间情况

各区应对地下空间使用情况进行调查摸底，由房屋行政管理部门、民防管理部门牵头建立可供利用的地下空间资源工作台账，明确位置、规模、产权、建筑结构、规划用途、联系人等，做到底数清、情况明。

（二）明确便民商业服务设施配置标准

落实市商务委等七部门联合印发的《关于“疏解整治促提升”工作中完善便民商业设施若干问题的指导意见》（京商务规字〔2017〕7号）及农业部等13个部委《关于印发〈“菜篮子”市长负责制考核办法实施细则〉的通知》（农市发〔2017〕1号）要求，配齐蔬菜零售、便利店（超市）、末端配送、便民维修、家政等基本便民商业服务设施，其中每个行政社区蔬菜零售网点数量应不少于2个。

（三）找准便民商业服务网点空白

各区应统筹疏解整治和品质提升工作，由

商务部门牵头加快编制生活性服务业设施网点规划，对现有便民商业服务网点、拟关闭撤除网点、需增配建设的网点进行调查摸底，广泛征求街道、社区、居民意见需求，找准便民商业服务网点空白，将规划要求具体落实到街区上，明确需补充的商业业态。

（四）积极支持网点建设

1. 搭建供需对接平台。各区应指定牵头部门负责统筹协调利用地下空间补充完善便民商业服务设施工作，牵头部门应向社会公布可供利用的地下空间资源信息并及时更新，采取多种方式将地下空间向商业企业进行宣传推介，组织企业对地下空间进行实地考察，搭建资源对接平台，做好供需衔接。

2. 办理相关手续。企业利用地下空间建设开办便民商业服务网点，由产权单位向区牵头部门提出申请。牵头部门核实相关情况后，提出初步意见报请区政府审议。相关部门按区政府审议意见为企业办理运营手续。

3. 支持规范发展。各区推进地下空间开展便民服务工作中应按照《北京市提高生活性服务业品质行动计划》，优先支持规范化、连锁化、便利化、品牌化、特色化商业服务企业发展，以规范化的制度，确保运营安全。

4. 加强资金支持。对符合条件的地下空间便民商业服务设施项目，给予市政府固定资产投资或市商业流通发展资金支持。

经区政府同意，利用人防工程设施设立便民商业服务网点，可以减免人防工程使用管理费用。

各区可根据实际情况，研究制定有利于企业利用地下空间提供便民商业服务的针对性政策措施。

（五）加强设施使用管理

1. 明确责任主体。利用地下空间提供便民商业服务，应当符合《北京市人民防空工程和普通地下室安全使用管理办法》和《北京市人民防空工程和普通地下室安全使用管理规范》的相关规定，由运营企业承担地下空间的改造及安全使用责任。

2. 加强利用普通地下室备案工作。利用普通地下室提供便民商业服务的，运营企业应积极联系普通地下室产权人及时按照相关规定向普通地下室所在区建设（房屋）行政主管部门办理备案。

3. 强化安全监管。利用地下空间开展商业经营场所的设置、日常管理应符合消防法律法规及消防技术标准后，方可投入使用。进行结构改造的须提交房屋安全鉴定机构出具的房屋结构安全鉴定报告，履行相应的房屋结构改造手续。

4. 严格执行相关规定。地下空间改造建设商业设施需符合《北京市新增产业的禁止和产业目录》规定，参照商业设施标准规范进行管理，符合消防、食药、安监、质监等部门关于商业设施使用的相关标准。

5. 加强后续监管。各区政府要强化对地下空间开办商业的日常巡查，确保运营方不改变便民商业服务的经营范围，确保服务群众功能不变。

三、保障措施

（一）建立健全工作领导机制

各区政府应建立利用地下空间补充完善便民商业服务设施的领导机制，明确商务、民防、住建、消防、规划国土、工商、发展改革等部门职责分工，加强工作协同，充分利用好地下空间，补充完善便民商业服务网点。

市商务、民防、住建、消防、规划国土、工商、发展改革等部门建立沟通协调机制，定期沟通相关情况，研究解决有关问题，指导支持各区加快推进工作。

（二）统筹谋划推进工作

各区应将地下空间利用与环境整治和生活性服务业品质提升工作有机地结合在一起，建立数据更新资源共享机制，加强民防、住建、商务、规划国土等部门之间的信息对接和数据共享，加强腾退空间监管，及时更新维护台账数据，依据网点规划及居民需求整体谋划推进空间利用，避免资源闲置。

各区应将地下空间台账、网点空白信息、工作进展等情况定期反馈市商务委，形成全市台账数据，由市商务委在全市范围内公布推介。

（三）典型引导加强交流

各区应加快推进地下空间补充完善便民商业服务设施工作，可先行选取部分街道社区进行工作试点，通过典型引导，及时总结经验，加强工作交流，以点带面，推动工作取得实效。

北京市商务委员会等5部门关于印发《居住配套商业服务设施规划建设使用管理办法（试行）》的通知

京商务规字〔2018〕6号

各区政府，各有关单位：

按照本市《关于进一步提升生活性服务业品质的工作方案》要求，市商务委、市规划国土委、住房城乡建设委、发展改革委和市工商局共同研究制定了《居住配套商业服务设施规划建设使用管理办法（试行）》，现印发给你们，请认真贯彻执行。

特此通知。

北京市商务委员会
北京市规划和国土资源管理委员会
北京市住房和城乡建设委员会
北京市发展和改革委员会
北京市工商行政管理局
2018年4月19日

居住配套商业服务设施规划建设使用管理办法（试行）

第一条　为加强本市居住配套商业服务设施管理，确保按标准规划设计、与住宅同步建设及交付使用，满足居民日常生活需求，根据《北京城市总体规划（2016—2035年）》《北京市人民政府关于印发〈北京市居住公共服务设施配置指标〉和〈北京市居住公共服务设施配置指标实施意见〉的通知》（京政发〔2015〕7号）、《北京市蔬菜零售网点建设管理办法》（北京市人民政府令第249号）等有关规定，制定本办法。

第二条　本办法所称商业服务设施是指依据《北京市居住公共服务设施配置指标》为居住项目配套建设的商业服务设施，包括蔬菜零售网点（菜市场、生鲜超市、社区菜店等）、综合超市、便利店、早餐（餐饮）店、理发店、家政服务点、洗衣店、药店、末端配送点等设施。

本办法适用于本市行政区域内所有居住项目配套商业服务设施的规划、建设、使用及管理。

第三条　规划国土部门负责按照本市居住公共服务设施配置指标配置商业服务设施；负责按规定进行居住配套商业服务设施登记手续。

住房城乡建设部门负责确保居住配套商业服务设施与住宅建设同步实施、同步验收、同步交付使用；负责对居住配套商业服务设施销售管理。

商务部门负责制定居住配套商业服务设施的建设和验收标准；对居住配套商业服务设施使用性质变更、转让提出意见；建立居住配套商业服务设施档案，为设施投入运营提供帮助、指导和服务。

各区人民政府负责在编制控制性详细规划和制定实施计划过程中，统筹考虑居住配套商业现状、缺口和新建补建需求，区商务委参与居住配套商业服务设施规划设计、建设、验收、日常运营监管的全过程。

发展改革、工商、食品药品监管、环保、消防、财政、国资等部门按照各自职责做好居住配套商业服务设施规划、建设及相关管理工作。

第四条 居住配套商业服务设施总体规模按600~700平方米／千人建筑面积配置。其中：

菜市场配置标准为建筑面积50平方米／千人。小型社区菜市场建筑面积500~1000平方米，中小型社区菜市场建筑面积1000~1500平方米，大型社区菜市场建筑面积2000~2500平方米。

生鲜超市、社区菜店、综合超市、便利店、早餐（餐饮）店、理发店、家政服务点、洗衣店、便民维修、药店、末端配送点等居住配套商业服务设施配置标准为建筑面积535~625平方米／千人。

小型商服（便利店）配置标准为建筑面积10~20平方米／千人。

第五条 居住配套商业服务设施一般应在交通便利，居民出行便捷的地段沿街、集中设置，可与其他独立占地的公共服务配套设施合建。设施布局遵循以15分钟步行距离为服务半径的原则，其中蔬菜零售网点、便利店、早餐店等基本商业服务设施布局宜遵循5~10分钟步行距离为服务半径的原则。

鼓励建设均衡完善的便民服务网络，设置集蔬菜零售网点、综合超市、便利店、早餐（餐饮）店、理发店、家政服务点、洗衣店、药店、末端配送点等多种生活服务业功能于一体的社区商业便民服务综合体。

第六条 开发建设单位应在居住项目修建性详细规划方案（建设工程设计方案）中明确配建的商业服务设施的位置、功能、建筑规模等内容。

第七条 各区商务委应参与编制控制性详细规划并审查项目修建性详细规划方案（建设工程设计方案），根据配置标准，结合项目及周边商业服务需求，对居住配套商业服务设施经营内容、业态结构提出意见。

第八条 规划国土部门应在建设工程规划许可证附图上注明配建商业服务设施的位置、建筑规模和规划用途，规划用途为菜市场的应具体注明；居住配套商业服务设施产权持有人应主动公开在建和建成的居住配套商业服务设施的性质、规模、布局和监管主体等信息，接受社会监督。

第九条 居住配套商业服务设施应在住宅规模完成80%前完成建设，并同步验收、同步交付使用。未按照时序建设商业服务设施的，规划国土部门对竣工的住宅建设工程不予规划核验，并对该建设项目其他建设工程暂缓核发规划许可；住房城乡建设部门不予办理竣工验收备案手续，暂停商品房合同网上签约。

第十条 居住项目建设工程竣工备案后，开发建设单位应于一个月内将居住配套商业服务设施的位置、建筑面积、规划用途等书面告知属地区商务委。

第十一条 居住配套商业服务设施原则上由建设单位投资建设，按照“谁投资建设谁所有”的原则确定产权归属，土地上市交易、划拨或协议出让条件中另有约定的除外。规划国土部门在办理居住配套商业服务设施《不动产权证书》时，应注明居住配套商业服务设施的坐落、面积和用途。

第十二条　在居住项目物业管理区域内已交付业主的专有部分达到建筑物总面积 80% 以上时，居住配套商业服务设施产权人应将设施投入运营；有特殊原因不能投入运营的，应向区商务委报告并说明情况，推迟投入运营时间不应超过 1 年。

居住项目所在地街道办事处、乡镇人民政府应将其掌握的有关居住小区物业管理区域内已交付业主的专有部分达到建筑物总面积 80% 的情况通报所在地区商务委。

第十三条　居住配套商业服务设施只作现售。居住配套商业服务设施改变使用性质或转让前，须经所在区政府和市商务委批准。未经同意，建设单位不得改变使用性质或转让。

第十四条　居住配套商业服务设施应按规划用途开展经营并符合《北京市新增产业的禁止和限制目录》要求，任何单位和个人不得擅自拆除、迁移、改建居住配套商业服务设施。运营方不按规划用途开展经营的，工商行政管理部门不予注册登记。工商行政管理部门与商务部门就居住配套商业设施经营主体相关登记注册信息建立沟通共享机制。

第十五条　各区政府应加强对居住配套商业服务设施规划建设和使用管理的组织领导，建立完善工作机制，明确任务分工，加强协调配合，切实把居住配套商业设施建设管理的各项工作落到实处。

第十六条　已建成居住区商业服务设施建设使用管理参照本办法执行。对于蔬菜零售、早餐、超市（便利店）等基本便民商业服务设施不能满足居民需求的，各区根据需要，应采取以下措施：

（一）恢复挪作他用的原配套商业服务设施。由区政府负责，对现使用性质与规划用途不符的居住配套商业服务设施，责令产权单位限期恢复其规划用途。

（二）发挥国有企业示范作用。由国资部门负责，推动国有企业将其拥有产权或使用权的居住配套商业服务设施优先用于基本便民商业服务。

（三）引导经营企业提供基本便民商业服务。由商务、发改、财政部门负责，研究制定资金支持政策，引导拥有商业服务设施的产权单位、经营商户提供基本便民商业服务。

（四）改造闲置公共配套设施。由区政府负责，提出改造闲置公共配套设施用于基本商业便民服务设施的意见，工商、食药等部门按区政府意见为企业办理相关证照手续。

（五）购买、租赁有关设施。由商务、发改、财政部门负责对购置、租赁基本便民商业服务设施给予资金支持。

第十七条　区政府或者政府部门享有产权或使用权的居住配套商业服务设施一般不得出售转让，并应通过招标等公平竞争的方式确定经营者。

第十八条　违反本办法相关规定的，由有关主管部门依据相关规定做出处理。

第十九条　各区政府应结合各自实际情况，按照本办法规定，建立相关工作机制，并制定配套实施细则。

第二十条　本办法自 2018 年 7 月 1 日起施行。

北京市商务委员会关于申报2018年度第一批商务发展项目的补充通知

京商务交字〔2018〕69号

各区商务委、市属国有企业集团、总部企业、有关单位：

为进一步扩大支持范围，现对《关于申报2018年度第一批商务发展项目的通知》（京商务财务字〔2018〕9号）附件1《2018年新建和规范提升基本便民商业网点项目申报指南》、附件2《推进连锁经营发展项目申报指南》、附件16《支持“深夜食堂”特色餐饮发展项目申报指南》和附件17《支持市内免税店和进口商品直营店发展项目申报指南》做如下修订：

1. 将附件1中符合条件的基本便民商业网点“2017年1月1日至12月31日期间发生的店面装修及硬软件设备购置等支出”纳入支持范围。

2. 将附件1中附表1的便利店网点支持标准第1款调整为“1. 对于同时搭载蔬菜零售、早餐服务和针头线脑等日用品的网点，补助金额不超过网点年租金的50%及除租金外其他实际投资的50%之和（需经第三方评审机构审定）；对于不满足同时搭载蔬菜零售、早餐服务和针头线脑等日用品的网点，补助金额不超过网点年租金的30%及除租金外其他实际投资的30%之和（需经第三方评审机构审定）。”

将附件1中附表2的升级改造投资起始时间调整为2017年1月1日以后。

3. 将附件2中的支持条件第3款调整为“对2017年1月1日以后新建或改造项目的装修、软硬件设备购置等支出给予支持。”

4. 将附件16中的支持条件第1款调整为“‘深夜食堂’特色餐饮街区和特色商圈项目由投资主体自主申报，需符合城市功能定位和城市规划，特色元素较为显著，具有较好的业态结构、社会效益和经济效益。对2018年1月1日以后的相关规划设计、装修改造、软硬件设备购置等支出给予支持。”

将附件16中的支持条件第2款调整为“‘深夜食堂’特色餐厅申报主体应为品牌和连锁餐饮企业，符合食品安全、环境保护等相关要求。对2018年1月1日以后的装修改造和软硬件设备购置支出给予支持。”

5. 将附件17中的支持条件第1款调整为“市内免税店和进口商品直营店的经营证照应在2018年1月1日以后颁发，其中市内免税店应具备国务院或其授权部门批准的免税品经营资质。”

将附件17中的支持标准段前增加“对市内免税店和进口商品直营店2017年1月1日以后的装修改造和硬软件设备购置等支出给予支持。”

6.《关于申报2018年度第一批商务发展项目的通知》（京商务财务字〔2018〕9号）与本补充通知的相关规定不一致处，以本补充通知为准。

修订后申报指南详见附件。

特此通知。

相关附件：

附件：1.2018年新建和规范提升基本便民商业网点项目申报指南（修订版）

2. 推进连锁经营发展项目申报指南（修订版）

3. 支持“深夜食堂”特色餐饮发展项目申报指南（修订版）

4. 支持市内免税店和进口商品直营店发展项目申报指南（修订版）

附件 1

2018 年新建和规范提升基本便民商业网点项目申报指南（修订版）

一、支持方向

对符合相关标准规范的新建和规范提升的蔬菜零售（含社区菜市场、社区菜店、生鲜超市）、便民早餐（含早餐固定门店、经营早餐的西点烘焙店、早餐智能配送柜、社区连锁品牌早餐配送点等）、便利店、社区超市、末端配送（快递）、社区商业E中心、家政服务、洗染、理发、居民维修、摄影等连锁化便民商业设施及网点给予支持。

二、支持内容

（一）新建基本便民商业网点

对新建直营网点 2017 年 1 月 1 日以后的店面装修及硬软件设备购置等支出给予支持；其中 2018 年 1 月 1 日以后取得营业执照的新建直营网点，增加对其连续 12 个月的房租支出给予支持（摄影网点只支持店面装修及硬软件设备购置等支出）。

（二）规范提升基本便民商业网点

对规范提升直营网点 2017 年 1 月 1 日以后的店面装修、硬软件设备购置等支出给予支持。

三、支持条件

（一）申报主体为在本市行政区域内注册、具有独立法人资格的企业，证照齐全，商业经营信誉良好；

（二）除社区菜市场外，申报主体原则上为连锁经营企业，实行“统一标识、统一经营、统一价格、统一核算、统一配送、统一质量”，且在本市行政区域内开设 5 家以上的直营门店或网点（含新建网点数量）；

（三）新建和规范提升基本便民商业网点应符合本市生活性服务业行业标准规范。

四、支持方式

采取评审后补助形式（符合相关条件可预拨付部分资金的项目除外，最终拨付资金额度以清算数额资金为准）。

五、支持标准

（一）新建基本便民商业网点资金补助

对符合支持条件的项目，根据新建基本便民商业网点所在区域、行业（业态）按不同标准给予租金补助。其中最高租金限价为东西城区 6 元／平方米／日，朝海丰石城区及通州副中心 155 平方公里以内区域 4.5 元／平方米／日，其他区域 2.5 元／平方米／日。根据行业（业态）划分，蔬菜零售、便民早餐、便利店和社区超市按照不超过最高租金限价的 50% 给予租金补助；末端配送（快递）、社区商业 E 中心、家政服务、洗染、理发和居民维修按照不超过最高租金限价的 40% 给予租金补助；其他生活性服务业按照不超过最高租金限价的 30% 给予租金补助。除租金外其他投资原则上按照不超过实际审定投资额 50% 的标准给予资金补助（具体标准详见附表 1）。

（二）规范提升基本便民商业网点资金补助

对符合支持条件的项目，原则上按照不超过实际审定投资额 30% 的标准给予资金补助（具体标准详见附表 2）。

六、申报材料要求

除2018年度第一批商务发展项目统一要求提交的申报材料外，新建基本便民商业网点还需提交房屋租赁合同、租金银行转账凭证及发票。

七、联系方式

（一）申报新建和规范提升蔬菜零售网点项目，联系人：规划建设处　张钦霖，联系电话：87211875。

（二）申报新建和规范提升便民早餐网点项目，联系人：消费促进处　李志鹏，联系电话：87211690。

（三）申报新建便利店、社区超市项目，联系人：流通发展处　耿英贞，联系电话：87211820。

（四）申报新建末端配送（快递）网点、社区E中心项目，联系人：电子商务处　杨华，联系电话：87211503。

（五）申报新建和规范提升家政服务、洗染、理发、摄影网点项目和新建居民维修网点项目，联系人：服务交易处　王璇，联系电话：87211840。

附表1：2018年新建基本便民商业网点项目标准

序号	类　别	支持面积	支持标准	负责处室
1	蔬菜零售网点	网点租赁面积不低于30平方米，且单个网点支持面积不超过1000平方米。	①补助金额不超过网点年租金的50%及除租金外其他实际投资的50%之和（需经第三方评审机构审定）。 ②东西城区：单个网点补助金额不超过150万元，其中租金补助不超过100万元。 ③朝海丰石城区及通州副中心155平方公里以内区域：单个网点补助金额不超过120万元，其中租金补助不超过80万元。 ④其他区域：单个网点补助金额不超过100万元，其中租金补助不超过45万元。 ⑤区级财政资金支持的项目，可同时申报市商务委资金补助，市区两级合计补助资金不超过单个项目实际投资的70%。	规划建设处
2	便民早餐网点	网点租赁面积不低于60平方米，且单个网点支持面积不高于1000平方米（早餐智能配送柜、社区连锁品牌早餐配送点无面积要求）。	①补助金额不超过网点年租金的50%及除租金外其他实际投资的50%之和（需经第三方评审机构审定）。 ②东西城区：单个网点补助金额不超过150万元，其中租金补助不超过100万元。 ③朝海丰石城区及通州副中心155平方公里以内区域：单个网点补助金额不超过120万元，其中租金补助不超过80万元。 ④其他区域：单个网点补助金额不超过80万元，其中租金补助不超过60万元。	消费促进处

（续）

序号	类 别	支持面积	支持标准	负责处室
3	便利店网点	网点租赁面积不低于30平方米，且单个网点支持面积不超过300平方米。	①对于同时搭载蔬菜零售、早餐服务和针头线脑等日用品的网点，补助金额不超过网点年租金的50%及除租金外其他实际投资的50%之和（需经第三方评审机构审定）；对于不满足同时搭载蔬菜零售、早餐服务和针头线脑等日用品的网点，补助金额不超过网点年租金的30%及除租金外其他实际投资的30%之和(需经第三方评审机构审定)。 ②东西城区：单个网点补助金额不超过50万元，其中租金补助不超过16万元。 ③朝海丰石城区及通州副中心155平方公里以内区域：单个网点补助金额不超过40万元，其中租金补助不超过12万元。 ④其他区域：单个网点补助金额不超过30万元，其中租金补助不超过6万元。	流通发展处
4	社区超市网点	网点租赁面积不低于500平方米，且单个网点支持面积不超过2000平方米。	①补助金额不超过网点年租金的50%及除租金外其他实际投资的50%之和（需经第三方评审机构审定）。 ②东西城区：单个网点补助金额不超过150万元，其中租金补助不超过50万元。 ③朝海丰石城区及通州副中心155平方公里以内区域：单个网点补助金额不超过120万元，其中租金补助不超过40万元。 ④其他区域：单个网点补助金额不超过100万元，其中租金补助不超过20万元。	流通发展处
5	末端配送（快递）网点	网点租赁面积不低于50平方米，且单个网点支持面积不超过300平方米。	①补助金额不超过网点年租金的40%及除租金外其他实际投资的50%之和（需经第三方评审机构审定）。 ②东西城区：单个网点补助金额不超过16万元，其中租金补助不超过11万元。 ③朝海丰石城区及通州副中心155平方公里以内区域：单个网点补助金额不超过13万元，其中租金补助不超过8万元。 ④其他区域：单个网点补助金额不超过10万元，其中租金补助不超过5万元。	电子商务处
6	社区E中心网点	网点租赁面积不低于100平方米，且单个网点支持面积不超过500平方米。	①补助金额不超过网点年租金的40%及除租金外其他实际投资的50%之和（需经第三方评审机构审定）。 ②东西城区：单个网点补助金额不超过40万元，其中租金补助不超过18万元。 ③朝海丰石城区及通州副中心155平方公里以内区域：单个网点补助金额不超过36万元，其中租金补助不超过14万元。 ④其他区域：单个网点补助金额不超过30万元，其中租金补助不超过8万元。	电子商务处
7	家政服务网点	网点租赁面积不低于50平方米，且单个网点支持面积不超过500平方米。	①补助金额不超过网点年租金的40%及除租金外其他实际投资的50%之和（需经第三方评审机构审定）。 ②东西城区：单个网点补助金额不超过25万元，其中租金补助不超过15万元。 ③朝海丰石城区及通州副中心155平方公里以内区域：单个网点补助金额不超过20万元，其中租金补助不超过10万元。 ④其他区域：单个网点补助金额不超过15万元，其中租金补助不超过5万元。	服务交易处

（续）

序号	类　别	支持面积	支持标准	负责处室
8	洗染门店、洗衣代收网点	网点租赁面积不低于 15 平方米，且单个网点支持面积不超过 300 平方米。	① 补助金额不超过网点年租金的 40% 及除租金外其他实际投资的 50% 之和（需经第三方评审机构审定）。 ② 东西城区：单个网点补助金额不超过 28 万元，其中租金补助不超过 8 万元。 ③ 朝海丰石城区及通州副中心 155 平方公里以内区域：单个网点补助金额不超过 26 万元，其中租金补助不超过 6 万元。 ④ 其他区域：单个网点补助金额不超过 23 万元，其中租金补助不超过 3 万元。	服务交易处
9	理发网点	网点租赁面积不低于 60 平方米，且单个网点支持面积不超过 400 平方米。	① 补助金额不超过网点年租金的 40% 及除租金外其他实际投资的 50% 之和（需经第三方评审机构审定）。 ② 东西城区：单个网点补助金额不超过 28 万元，其中租金补助不超过 13 万元。 ③ 朝海丰石城区及通州副中心 155 平方公里以内区域：单个网点补助金额不超过 25 万元，其中租金补助不超过 10 万元。 ④ 其他区域：单个网点补助金额不超过 20 万元，其中租金补助不超过 5 万元。	服务交易处
10	居民维修网点	网点租赁面积不低于 10 平方米，且单个网点支持面积不超过 400 平方米。	① 补助金额不超过网点年租金的 40% 及除租金外其他实际投资的 50% 之和（需经第三方评审机构审定）。 ② 东西城区：单个网点补助金额不超过 20 万元，其中租金补助不超过 10 万元。 ③ 朝海丰石城区及通州副中心 155 平方公里以内区域：单个网点补助金额不超过 18 万元，其中租金补助不超过 8 万元。 ④ 其他区域：单个网点补助金额不超过 14 万元，其中租金补助不超过 4 万元。	服务交易处
11	摄影网点	网点租赁面积不低于 100 平方米（其中摄影室面积不低于 20 平方）。	① 补助金额不超过实际投资的 50%（需经第三方评审机构审定）。 ② 单个网点补助金额不超过 20 万元。	服务交易处

附表2：2018年规范提升基本便民商业网点项目标准

序号	类别	规范提升网点应达到的标准	支持标准	负责处室
1	蔬菜零售网点	在2017年1月1日以后有不低于5万元的升级改造投资。	①补助金额不超过实际投资（需经第三方评审机构审定）的30%。 ②规范提升单个网点补助金额不超30万元。	规划建设处
2	便民早餐网点	在2017年1月1日以后，有不低于2万元的升级改造投资，相关投资票据齐全有效。	①补助金额不超过实际投资（需经第三方评审机构审定）的30%。 ②早餐固定门店，每个门店支持标准不超过24万元。 ③经营早餐的西点烘焙店，每个门店支持标准不超过10万元。 ④早餐智能配送柜和社区连锁品牌早餐配送点，每个配送点支持标准不超过5万元。	消费促进处
3	家政服务网点	①有不少于2人的专职工作人员（总部专职工作人员不少于5人）。 ②有与业务范围相适应的固定经营场所，租赁面积不少于50平方米。 ③申报主体在2017年1月1日以后直营门店合计有不低于10万元的升级改造投资。	①补助金额不超过实际投资（需经第三方评审机构审定）的30%。 ②规范提升单店补助金额不超6万元。	服务交易处
4	洗染门店、洗衣代收网点	申报主体2017年1月1日以后直营门店合计有不低于10万元的升级改造投资。	①补助金额不超过实际投资（需经第三方评审机构审定）的30%。 ②规范提升前店后厂单店补助金额不超12万元，洗衣代收单店补助金额不超6万元。	服务交易处
5	理发网点	①证照齐全、有效，有卫生部门颁发的《卫生许可证》。 ②租赁面积不小于10平方米。 ③申报主体在2017年1月1日以后直营门店合计有不低于10万元的升级改造投资。	①补助金额不超过实际投资（需经第三方评审机构审定）的30%。 ②规范提升单店补助金额不超9万元。	服务交易处
6	摄影网点	网点租赁面积不低于100平方米(其中摄影室面积不低于20平方米)。申报主体2017年1月1日以后直营门店合计有不低于10万元的升级改造投资。	①补助金额不超过实际投资（需经第三方评审机构审定）的30%。 ②规范提升单店补助金额不超12万元。	服务交易处

附件 2

推进连锁经营发展项目申报指南（修订版）

一、支持方向和内容

（一）综合超市、专业专卖店企业

1. 新建直营门店：支持装修、软硬件设备购置等。

2. 新建或改造配送中心：支持装修、软硬件设备购置等。

3. 农超对接：支持服务于农产品直采直供的分拣加工设备购置，以及销售直采农产品门店的生鲜区域改造和设备购置等。

（二）餐饮企业

1. 新建直营门店：支持装修、软硬件配套设备购置等。

2. 阳光餐饮工程：支持透明厨房、视频厨房和网络厨房装修改造和软硬件配套设备购置等。

3. 绿色餐饮工程：支持升级改造高效油烟净化装置。

4. 新建或改造主食加工配送中心（中央厨房）：支持装修改造，购置冷储、加工及信息化设施设备等。

二、支持条件

1. 综合超市、专业专卖店企业应为在本市注册，具有独立法人资格和良好的品牌影响力的连锁企业，并在本市行政区域内至少拥有 5 家直营门店。申报新建或改造配送中心方向的企业，应在本市行政区域内至少拥有 10 家直营门店。

2. 餐饮企业应在本市注册，具有独立法人资格和良好的品牌影响力的连锁企业，同时在本市行政区域内至少拥有 5 家直营门店（老字号餐饮企业对门店数量不作要求）。主食加工配送中心（中央厨房）一般应在北京注册并具有独立法人资格；或者符合京津冀协同发展方向，由北京企业在天津市或河北省注册并投资建设，主要为北京市场服务。

3. 对 2017 年 1 月 1 日以后新建或改造项目的装修、软硬件设备购置等支出给予支持。

4. 申报农超对接方向的企业还应同时具备以下条件：

（1）果蔬生鲜商品年直采量不低于 2000 万元；

（2）能够提供 2018 年 1 月 1 日至 2018 年 4 月 30 日期间完整的生鲜农产品直采清单。

5. 申报项目应符合本市生活性服务业行业标准规范，包括但不仅限于《北京市连锁便利店行业规范（试行）》《北京市餐饮业经营规范（试行）》《固定早餐门店经营规范》《固定门店式餐饮网点建设规范》《主食加工配送中心建设规范》。

三、支持标准

支持资金原则上不超过项目审定实际投资的 50%，最高不超过 500 万元。其中，申报新建或改造主食加工配送中心（中央厨房）项目，最高不超过 300 万元；申报新建餐饮门店和开展阳光餐饮、绿色餐饮工程改造项目，最高不超过 40 万元。

（联系人：零售行业各方向：流通发展处　王翰阳，电话：87211891；餐饮行业各方向：消费促进处　李志鹏，电话：87211691）

附件 3

支持"深夜食堂"特色餐饮发展项目申报指南（修订版）

一、支持方向

1. 支持建设"深夜食堂"特色餐饮街区和特色商圈，打造"业态丰富、特色鲜明、消费便利、市场繁荣"的"深夜食堂"特色餐饮集聚区，为市民夜间餐饮消费提供便利，促进餐饮市场消费。

2. 鼓励品牌和连锁餐饮企业延时、错时或者 24 小时经营，打造"深夜食堂"特色餐厅，为市民提供消费便利。

二、支持条件和内容

1. "深夜食堂"特色餐饮街区和特色商圈项目由投资主体自主申报，需符合城市功能定位和城市规划，特色元素较为显著，具有较好的业态结构、社会效益和经济效益。对 2018 年 1 月 1 日以后的相关规划设计、装修改造、软硬件设备购置等支出给予支持。

2. "深夜食堂"特色餐厅申报主体应为品牌和连锁餐饮企业，符合食品安全、环境保护等相关要求。对 2018 年 1 月 1 日以后的装修改造和软硬件设备购置支出给予支持。

3. "深夜食堂"特色餐饮街区、特色商圈和特色餐厅一般应在每天晚上 22:00 至第二天凌晨 2:00 期间保持营业，符合相关经营规范。

三、支持标准

支持资金不超过该项目审定实际投资的 50%，每个"深夜食堂"特色餐饮街区最高支持不超过 500 万元，每个"深夜食堂"特色商圈最高支持不超过 300 万元，每个"深夜食堂"特色餐厅最高支持不超过 10 万元。

（联系人：消费促进处 李志鹏，联系电话：87211690）

附件 4

支持市内免税店和进口商品直营店发展项目申报指南（修订版）

一、支持方向及内容

鼓励建设市内免税店和进口商品直营店，引导境外消费回流，扩大市场消费。主要支持市内免税店、进口商品直营店的装修改造和硬软件设备购置等支出。

市内免税店是指经国务院或其授权部门批准，由经营单位在指定地点设立符合海关监管要求的销售场所和存放免税品的监管仓库，向规定的对象销售免税品的企业。

进口商品直营店是指经相关部门批准设立，主要经营经海关批准进口境外商品的企业。

二、支持条件

1. 市内免税店和进口商品直营店的经营证照应在 2018 年 1 月 1 日以后颁发，其中市内免税店应具备国务院或其授权部门批准的免税品经营资质。

2. 所销售的商品相关进口手续齐全，合法有效，其中进口商品直营店所经营的进口商品品种比例应不低于店内所有商品的 80%。

三、支持标准

对市内免税店和进口商品直营店 2017 年 1 月 1 日以后的装修改造和硬软件设备购置等支出给予支持，支持资金不超过该项目审定实际投资的 50%，每个市内免税店和进口商品直营店最高不超过 500 万元。

（联系人：消费促进处　李志鹏，联系电话：87211690）

北京市商务委员会等9部门关于印发《深化服务业开放改革 促进北京天竺综合保税区文化贸易发展的支持措施》的通知

京商务函字〔2018〕492号

市有关单位、顺义区政府、天竺综保区管委会：

为深入贯彻落实党的十九大精神和习近平总书记视察北京重要讲话精神，充分发挥天竺综合保税区平台功能优势，更好服务全国文化中心建设，促进文化贸易规模提升，按照本市深化服务业扩大开放综合试点工作部署，北京市商务委员会、市文化局、市国有文化资产监督管理办公室、市新闻出版广电局、市文物局、北京海关、北京外汇管理部、顺义区政府、天竺综保区管委会共同制定了《深化服务业开放改革 促进北京天竺综合保税区文化贸易发展的支持措施》。现印发给你们，请认真贯彻执行。

特此通知。

北京市商务委员会
北京市文化局
北京市国有文化资产监督管理办公室
北京市新闻出版广电局
北京市文物局
中华人民共和国北京海关
国家外汇管理局北京外汇管理部
北京市顺义区人民政府
北京天竺综合保税区管理委员会
2018年5月22日

深化服务业开放改革 促进北京天竺综合保税区文化贸易发展的支持措施（试行）

为贯彻落实党的十九大报告关于“推动文化事业和文化产业发展”精神，按照北京市深化服务业扩大开放综合试点部署，充分发挥北京天竺综合保税区（以下简称“天竺综保区”）政策功能优势，提高本市文化贸易规模，促进海外文物回流，助力全国文化中心建设，特制定本支持措施。

第一条 凡是依托国家对外文化贸易基地政策功能优势，在天竺综保区依法注册和纳税的企业适用本措施。

第二条 市商务委充分发挥中央文化产业发展专项资金（文化服务出口奖励）、北京外经贸发展引导基金和担保服务平台作用，支持有资质企业开展文化艺术品进出口贸易、海外文物回流业务，引导文化、文物类企业在天竺综保区聚集发展。

第三条 北京海关积极支持天竺综保区内企业按照保税展示交易的方式将区内保税文化

艺术品或已完成文物进出境审核的海外文物凭保后运至区域外进行展示和销售，对于需在北京关区外进行巡展、拍卖的文化艺术品或海外文物，由天竺海关履行审核、备案及实货监管等职责。海关法律、法规规定必须由直属海关或海关总署批准的事项除外。

第四条　以保税展示交易方式出区进行展示、销售的文化艺术品或海外文物向主管海关申报时，企业可以按拍卖行和卖方签订合同的保留价或其他海关认可的价格作为申报价格依据并质押足额担保；销售或拍卖完成后需内销出区的，企业应以交易的实际成交价格作为申报价格依据向主管海关办理进口留购手续，海关保留对内销保税货物完税价格的后续审查权利。

第五条　北京海关积极支持天竺综保区内企业开展“银关保”“银关融”“关税履约保证保险”等企业增信税收担保模式，解决企业保函申请难题，降低企业资金成本。

第六条　北京海关建立入区企业风险评估和信用管理制度，对进境文化艺术品在出区前实施预申报，根据预申报提前进行检验，出区时快速审核验放。对反复多次进出国家对外文化贸易基地的保税租赁、展示、拍卖的文化艺术品，建立货物反复进出登记管理档案，在首次出区时，实施检验合格放行后，同批货物再次进出区时，只进行信息核查、直接放行、免予检验。

第七条　市文物局支持有资质的园区注册企业利用天竺综保区功能优势开展海外文物回流业务，将监管职能延伸到天竺综保区；市文物进出境鉴定所进驻综保区开展文物进出境审核工作，可根据管委会函告、海关备案清单、企业申请等安排专业人员到天竺综保区内开展审核工作。

第八条　国家外汇管理局北京外汇管理部支持企业依法合规开展文化艺术品进出口业务，在具有真实合法的交易基础、交易单证的真实性与外汇收支一致性的原则下，对以拍卖形式成交的业务，由银行按照展业原则进行真实性审核，办理相关收付汇业务。

第九条　市文化局支持天竺综保区利用保税功能和国家对外文化贸易基地政策叠加优势，大力发展文化娱乐服务，支持外商在国家对外文化贸易基地内投资设立独资演出经纪机构；允许外商在天竺综保区（网外）设立演出场所经营单位、娱乐场所经营单位，不设股权比例限制；支持外商在国家对外文化贸易基地设立游戏、游艺设备企业，其生产的游戏游艺设备应当符合国家相关规定；采取投资贸易便利化措施，优化文化艺术品进出口经营活动申报审批手续。

第十条　市新闻出版广电局支持企业在天竺综保区开展影视出版创作、后期制作、版权保护、动漫制作等业务，依托北京影视出版创作基金，对企业开展社会效益显著，思想性、艺术性、观赏性相统一的优秀新闻出版广播影视作品的创作生产予以项目资助。

第十一条　市文资办运用文化创意产业“投贷奖”政策，对注册在天竺综保区符合政策条件的文创实体企业、文创专业服务企业、文创平台企业等给予贴租贴息等相关支持。协调国家对外文化贸易基地经营机构，设立专门办公与审核场所，作为天竺综保区内文物进出境审核点，做好进驻天竺综保区文物进出境审核机构与人员的服务保障工作。

第十二条　天竺综保区管委会进一步加大对文物回流、文化艺术品贸易企业的服务力度，在企业注册、项目审批、沟通协调等方面开设绿色通道；按照市区有关政策推进属地税收贡献、货物贸易出口贡献、五类人才引进等相关鼓励支持政策落实。

第十三条 本办法自发布之日起施行。

北京市商务委员会关于2018年度北京市服务外包市级资金申报工作通知

京商务服贸字〔2018〕17号

各区、北京经济技术开发区商务主管部门、相关企业、协会：

根据《北京市财政局 北京市商务委员会关于印发〈北京市外经贸发展专项资金管理实施细则〉的通知》（京财企〔2015〕2277号）（以下简称实施细则）要求，现将2018年度北京市服务外包市级资金申报工作有关事宜通知如下：

一、资金支持的范围、标准及申报材料

（一）资金支持的范围和标准

2018年度北京市服务外包市级资金对2017年1月1日至2017年12月31日期间发生的服务外包业务予以支持，具体项目如下：

1. 服务外包境外设点项目；

2. 骨干服务外包企业租房、自建或购房补贴项目；

3. 服务外包企业离岸业务奖励项目；

4. 服务外包企业新录用人员、培训机构人才培训配套支持项目；

5. 服务外包实习实训基地实习生经济补贴项目；

6. 服务外包行业整体促进项目。

凡符合《实施细则》规定的在京服务外包企业、单位、培训机构、协会可申请上述项目的市级资金支持。申报项目的具体支持标准详见《实施细则》相关内容。对服务外包行业整体促进项目，将采用政府采购方式征集，具体要求以届时政府采购公告为准。

（二）申报材料

服务外包企业、培训机构除按照《实施细则》的要求提交相关材料外，还需补充提交以下资料：

1. 北京市服务外包市级资金申请承诺书（见附件1）。

2. 北京市服务外包市级资金项目申请表（见附件2）。

3. 离岸服务外包业务年度收入明细表（见附件3），明细表应与“服务外包及软件出口信息管理应用系统”中打印的每笔合同项下业务执行情况清单以及相关到账凭证复印件一一对应。

4. 骨干服务外包企业申请租房、自建房或购房补贴项目时，需提交经会计师事务所审计的对2017年度租房、自建房、购房面积的专项审计报告。专项审计报告需包含企业2017年度租房、自建房、购房面积明细；在报告结论中，申请租房补贴的应写明该企业2017年度折算全年租房面积和房租总金额，申请建房购房补贴的需写明自建或购房贷款2017年度实际支付利息总金额。

5. 服务外包企业申请新录用人员、培训机构人才培训配套支持项目时，请提供2017年度获得国家相应补助资金支持的在京就业人员名单汇总表（见附件4），以及相关人员当年申报期间在京社保或个税缴纳凭证，凭证应与名单汇总表一一对应。

6. 服务外包企业申请实习生经济补贴项目时，请提供服务外包实习实训基地实习学生名单汇总表（见附件5）。

以上申报材料需列明目录并按顺序装订，A4纸左侧胶装，标注页码，加盖骑缝章，以便于审核。

二、资金申报流程

（一）符合条件的申报企业及培训机构于2018年6月22日前将申报资料（经企业法人法定代表人签字和加盖公章后）一式两份，报送注册所在地商务主管部门。

（二）区（开发区）商务主管部门指派专人受理申报企业及培训机构的纸质材料及电子版，会同区（开发区）财政局进行审核后，将审核意见汇总材料（见附件6）（1份）及企业申报材料（1套），于2018年7月6日前报市商务委。

（三）市商务委会同市财政局对区商务主管部门上报的材料进行审定、核准并公示后，予以拨付资金。

三、工作要求

（一）申报企业、培训机构及协会要真实、准确、完整地提交申报材料，超过申报期限不予受理。申报材料的对应原件应完整存档，随时接受审核部门的必要核查。

（二）区（开发区）商务、财政主管部门应切实加强财政资金的审核监督管理。对申报企业、培训机构报送的资料要按档案管理的相关规定妥善保管，以备核查。

（三）严禁任何单位骗取、挪用或截留资金；不得虚报、瞒报、拒报、迟报，不得伪造、篡改有关数据信息。对违反规定的单位，将全额收回资金，取消其以后年度申请资格，并依法追究相关人员或单位的责任。

特此通知。

（联系人：服务贸易处 许鑫、于新成；联系电话：87211755、87211757）

相关附件：

附件：1. 北京市服务外包市级资金申请承诺书

2. 2018年度市级资金项目申请表

3. 服务外包企业年度离岸服务外包收入明细表

4. 2017年度获得国家人才补助资金支持的在京就业人员名单汇总表

5. 服务外包实习实训基地实习学生名单汇总表

6. 区（开发区）汇总材料清单

附件 1

北京市服务外包市级资金申请承诺书

（2018 年度）

我单位（企业或培训机构名称）按照《北京市商务委员会关于做好 2018 年度北京市服务外包市级资金申报工作的通知》，申请以下项目资金支持，共计______万元：

1. 项目名称，申请资金支持金额________ 万元；

2. 项目名称，申请资金支持金额________ 万元；

并做出以下承诺：

一、已认真阅读和全面了解专项资金申报规定及资金使用管理办法，承诺严格符合申报条件和要求，并将严格按照专项资金管理办法组织项目的实施。

二、保证提供的所有申报文件和资料真实有效，并承担相应的法律责任。

三、接受有关部门及市商务部门、市财政部门指派的审计机构和评估机构的监督、评估。

四、如违反专项资金管理制度或有违法违纪行为，将承担一切责任，并在规定的时限内如数退还资金。

五、积极配合相关部门工作要求，按期提供企业相关信息和统计数据。

申请人：(法人签字并加盖公章)

申请日期：

说明：

1. 法人须手签字，盖名章无效；如授权签字需付授权委托书原件。

2. 本材料需盖骑缝章。

专项资金申报联系人及联系方式：

姓名：

电话：

传真：

手机：

E-mail：

附件 2-1

北京市服务外包企业境外设立分支机构或办事机构补助申请表

<table>
<tr><td>投资主体名称</td><td colspan="3"></td></tr>
<tr><td>联系人</td><td></td><td>联系电话</td><td></td></tr>
<tr><td>开户银行名称</td><td colspan="3"></td></tr>
<tr><td>银行账号</td><td colspan="3"></td></tr>
<tr><td>投资主体基本情况和境外企业或相关办事机构情况（可另附纸）</td><td colspan="3"></td></tr>
<tr><td colspan="4">我单位在________设立的________________，国内手续齐备，于________年____月取得境外注册文件，并有合法的境外企业房产证明或租房协议，外派人员已到位或已取得签证。现根据《北京市外经贸发展专项资金管理实施细则》有关规定，申请资助金________万元人民币。

兹声明以上申请内容无讹并承担法律责任。

投资主体负责人（签名）：　　　　　　　　年　月　日（公章）</td></tr>
</table>

附件 2-2

北京市骨干服务外包企业租房、购房和建房补贴申请表

<table>
<tr><td>企业名称</td><td colspan="3"></td></tr>
<tr><td>联系人</td><td></td><td>联系电话</td><td></td></tr>
<tr><td>开户银行名称</td><td colspan="3"></td></tr>
<tr><td>银行账号</td><td colspan="3"></td></tr>
<tr><td>企业基本情况
及近三年业务
情况介绍
（可另附纸）</td><td colspan="3"></td></tr>
<tr><td colspan="4">我单位________年度在京服务外包业务办公租房总建筑面积_________平方米，支付租金总额________万元（或我单位自________年____月购买或自建服务外包业务办公用房总建筑面积_________平方米，银行贷款________万元，年支付贷款利息总额________万元）。现根据《北京市外经贸发展专项资金管理实施细则》相关规定，申请资助________万元人民币。

兹声明以上申请内容无讹并承担法律责任。

投资主体负责人（签名）：　　　　年　月　日（公章）</td></tr>
</table>

附件 2-3

北京市服务外包企业离岸业务奖励申请表

<table>
<tr><td>企业名称</td><td colspan="3"></td></tr>
<tr><td>联系人</td><td></td><td>联系电话</td><td></td></tr>
<tr><td>开户银行名称</td><td colspan="3"></td></tr>
<tr><td>银行账号</td><td colspan="3"></td></tr>
<tr><td>企业基本情况
及近三年服务
外包业务开展
情况
（可另附纸）</td><td colspan="3"></td></tr>
<tr><td colspan="4">我单位________年度离岸（直接出口）服务外包业务收入________万美元，较上年度增长________万美元。现根据《北京市外经贸发展专项资金管理实施细则》相关规定，申请奖励________万元人民币。

兹声明以上申请内容无讹并承担法律责任。

投资主体负责人（签名）： 年 月 日（公章）</td></tr>
</table>

附件 2-4

北京市服务外包企业人才补助配套资金申请表

<table>
<tr><td>企业名称</td><td colspan="3"></td></tr>
<tr><td>联系人</td><td></td><td>联系电话</td><td></td></tr>
<tr><td>开户银行名称</td><td colspan="3"></td></tr>
<tr><td>银行账号</td><td colspan="3"></td></tr>
<tr><td>企业基本情况
及近三年服务
外包业务开展
情况
（可另附纸）</td><td colspan="3"></td></tr>
<tr><td colspan="4">我单位________服务外包从业人员（其中在京就业人员________名）获得________年度财政部商务部服务外包发展专项资金人才补助补贴________万元。现根据《北京市外经贸发展专项资金管理实施细则》相关规定，申请配套资金补助________万元人民币。

兹声明以上申请内容无讹并承担法律责任。

投资主体负责人（签名）：　　　　　　　　年　月　日（公章）</td></tr>
</table>

附件 2-5

北京市服务外包培训机构人才补助配套资金申请表

<table>
<tr><td>机构名称</td><td colspan="3"></td></tr>
<tr><td>联系人</td><td></td><td>联系电话</td><td></td></tr>
<tr><td>开户银行名称</td><td colspan="3"></td></tr>
<tr><td>银行账号</td><td colspan="3"></td></tr>
<tr><td>机构基本情况
及近三年开展
服务外包相关
培训情况
（可另附纸）</td><td colspan="3"></td></tr>
<tr><td colspan="4">经我机构培训后补助的________名人员（其中在京就业人员________名），获得________年度财政部商务部服务外包发展专项资金人才补贴________万元补助。现根据《北京市外经贸发展专项资金管理实施细则》相关规定，申请配套资金补助________万元人民币。

兹声明以上申请内容无讹并承担法律责任。

投资主体负责人（签名）：　　　　　　年　　月　　日（公章）</td></tr>
</table>

附件 2-6

北京市服务外包企业实习生经济补贴申请表

<table>
<tr><td>企业名称</td><td colspan="3"></td></tr>
<tr><td>联系人</td><td></td><td>联系电话</td><td></td></tr>
<tr><td>开户银行名称</td><td colspan="3"></td></tr>
<tr><td>银行账号</td><td colspan="3"></td></tr>
<tr><td>企业基本情况及近三年服务外包业务开展情况（可另附纸）</td><td colspan="3"></td></tr>
<tr><td colspan="4">我单位与____________签订《服务外包实习实训基地共建协议》并开展相关实习实训工作。______年我单位为在本单位实习的______名在京高校大专以上支付实习补助共计______万元。现根据《北京市外经贸发展专项资金管理实施细则》相关规定，申请配套资金补助______万元人民币。

兹声明以上申请内容无讹并承担法律责任。

投资主体负责人（签名）：　　　　　　　　年　月　日（公章）</td></tr>
</table>

附件3

20XX年XXXX公司离岸服务外包业务收入明细表

序号	合同号	合同名称	发包商	发包商国别	实际发包商	实际发包商国别	合同金额（万美元）	实际收入金额（万美元）
1								
2								
3								
4								
…								
…								
…								
…								
…								
…								
…								
离岸服务外包业务额合计								
外包企业声明	郑重声明： 1. 上述内容准确、真实、完整和有效； 2. 对应资料已完整存档，随时备查； 3. 承诺接受有关审核部门为审核本申请而进行的必要核查和相关法律责任。							
	法人签字 盖章							

附件 4

2017 年度获得国家人才补助资金支持的在京就业人员名单汇总表

序号	区县	企业或机构名称	人员姓名	证件号码	性别	学历	劳动合同开始时间	劳动合同结束时间	凭证类型（社保 / 个税）	备注

附件5

服务外包实习实训基地实习学生名单汇总表

公司名称（盖章）：

序号	实习生姓名	身份证号	所在高校	实习起止时间	实习月份数（月）	已发实习补贴月份数（月）

附件 6

XX 区（开发区）关于 2018 年度北京市服务外包市级资金申报工作审核意见表

根据北京市财政局 北京市商务委员会关于印发《北京市外经贸发展专项资金管理实施细则的通知》（京财企〔2015〕2277 号）文件要求，经审核，______区（开发区）共有______项目符合 2018 年度北京市服务外包市级资金申报条件，申报金额共计______万元（具体明细见附表）。

本单位已核对申报企业和机构相关上报材料，上报材料完整、真实、准确。以上内容如有不符，将承担相关责任。

区（开发区）商务主管部门盖章、负责人签字

区（开发区）财政主管部门盖章、负责人签字

北京市商务委员会等6部门关于印发《关于推动老字号餐饮技艺传承、保持原汁原味工作方案》的通知

京商务流通字〔2018〕12号

各区政府、各有关部门：

《关于推动老字号餐饮技艺传承、保持原汁原味工作方案》已经市政府同意，现印发给你们，请结合实际认真贯彻执行。

特此通知。

北京市商务委员会
北京市财政局
北京市人力资源和社会保障局
北京市国有资产监督管理委员会
北京市质量技术监督局
北京市食品药品监督管理局
2018年5月9日

关于推动老字号餐饮技艺传承、保持原汁原味工作方案

北京老字号餐饮历史悠久，是首都建设发展的重要见证者和参与者，承载着北京人的乡愁，凝聚着北京人民热爱首都、建设首都的家国情怀，是北京历史文化名城的“活化石”。近年来，北京老字号餐饮规模不断扩大，效益稳步提高，创新意识有所增强，但也存在重发展轻传承，技艺传承体系不完善，体制机制僵化，标准规范缺失，技艺人才流失等问题，导致菜品口味变化，质量不同程度下降。推动北京老字号餐饮技艺传承，是落实首都城市功能定位，建设全国文化中心的重要内容，也是提高城市生活品质，增强人民群众幸福感、获得感的重要举措。为进一步落实市委、市政府工作部署，切实推动老字号餐饮技艺传承，保持原汁原味，提出如下工作方案。

一、指导思想

全面贯彻党的十九大精神，以习近平新时代中国特色社会主义思想为指导，深入学习贯彻习近平总书记两次视察北京重要讲话特别是对北京老字号工作的重要指示，正确处理传承、创新与发展的关系，坚持以满足人民群众的需求为导向，以传承技艺为核心，以传承人队伍建设为主要手段，推动老字号餐饮技艺传承和弘扬，保持原汁原味，促进并全面提升老字号餐饮的经济价值、文化价值和社会价值。

二、工作原则

坚持政府支持、协会引导、企业实施、社会参与的原则。政府部门加大政策资金支持力度，行业协会搭建交流平台，老字号餐饮企业发挥主体作用，形成合力，实现工作重心从创新发展为主向传承特色和品质为主转变。坚持

精准发力，系统挖掘和梳理现有老字号餐饮技艺传承体系，针对技艺传承出现的问题，分批逐个施策，在措施的精细化、持续性、稳定度上下工夫，绵绵用力，久久为功。

三、总体目标

通过实施本方案，北京老字号餐饮传承谱系基本建立，招牌菜制作原汁原味得以延续，老字号餐饮传统技艺有序传承。通过为老字号餐饮技艺传承创造良好软硬件条件，技艺传承人的职业荣誉感和使命感显著增强，在恢复和保持老字号餐饮菜品原汁原味的基础上，打造“字号响、技艺精、管理新、服务优”的老字号餐饮品牌，为提升城市文化内涵和人民生活品质注入新的活力。

四、主要任务

（一）基本建立老字号餐饮传承谱系

1. 开展专项调查研究。组织开展老字号餐饮技艺传承专项调研，逐个深入调查老字号餐饮发展历程，梳理老字号餐饮传统名菜原属菜系、传承脉络，分析技艺传承中存在的历史和现实问题，列出问题清单。（市商务委）

2. 完善老字号餐饮档案。按照老字号名称、创始年代、创始人、原址老店、招牌菜、独门绝技、技艺传承人、传承脉络、发展现状等内容，分批完善数字化档案。出版一套《北京老字号新故事》丛书，讲述老字号餐饮传承人故事。（市商务委）

3. 建立技艺传承谱系。拍摄一部老字号餐饮技艺专题纪录片，通过文字、声音、影像资料整理，挖掘老字号餐饮传承人的精湛技艺及传承方式，建立传承谱系，指导企业逐步寻找、挖掘、恢复特色菜品，找回原汁原味。（市商务委）

（二）建立传承人培养体制机制

4. 加强老字号餐饮技艺传承人培养工作。充分发挥企业在职工培训工作中的主体作用，鼓励和支持企业通过岗位培训、脱产培训、技艺研修、技能竞赛等多种方式，开展岗位技能提升和带徒传技培训。鼓励和引导老字号餐饮企业充分发挥国家职业资格证书在技艺传承人培训、考核和工资分配中的作用，加快建立职工凭技能得到晋升、靠业绩贡献确定收入分配的激励机制。（市商务委、市国资委、市人力社保局）

5. 认定北京老字号餐饮厨艺大师。在整理现有荣誉称号序列的基础上，严格按照标准和程序，由行业主管部门指导，行业协会每年组织认定一批“北京老字号餐饮厨艺大师”（暂定名）。对于不履行义务的，经行业协会提出，主管部门确认后，取消荣誉称号。被认定的“北京老字号餐饮厨艺大师”作为餐饮领域专家人才纳入北京市商务系统专家人才库。积极组织老字号餐饮厨艺大师参加北京市政府技师特殊津贴人员评选，并享受相应待遇。（市商务委、市人力社保局）

6. 改革技艺传承人用工制度。深化国有老字号餐饮企业专业人才退休制度改革，对于经过认定的技艺传承人或厨艺大师，因工作需要单位继续留用的，单位履行备案手续后可以按规定继续缴纳养老保险费，并在留用结束后为其办理退休手续。支持企业根据工作需要，制定技艺传承人返聘政策，并为其开展工作创造相应条件。（市商务委、市国资委）

（三）鼓励技艺传承人收徒传艺

7. 创造技艺传承条件。继续实施商务大师工作室建设工程，重点支持老字号餐饮企业大师工作室升级改造，鼓励符合条件的老字号餐饮企业申报北京市首席技师工作室。（市商务委、市人力社保局、市国资委）

8. 鼓励技艺传承人收徒传艺。鼓励老字号餐饮企业恢复传统的拜师收徒仪式。建章立制，逐步改革现有的集体传承机制，确保技艺传承人在徒弟遴选方面的决定权。鼓励技艺传承人到烹饪学校带徒授课，让更多年轻人研习老字号餐饮传统技艺，实现老字号餐饮技艺始终“有人会、有人传、有人学、有人承”。（市商务委、市国资委）

（四）开展技艺传习活动

9. 开展技艺交流和菜品品鉴活动。聚焦保持原汁原味，搭建交流平台，定期组织技艺传承人现场授艺，切磋技艺，开展老字号餐饮“当家菜大比拼”“老食客点评团”等活动，探讨老菜品，找回老食客，品尝老味道。（市商务委）

10. 开展寻找原汁原味老字号系列活动。以网络直播等方式，通过老字号“达人”的探访，寻找散落在胡同街巷中的老字号餐饮招牌菜、名店，展现老字号餐饮独特技艺和原汁原味。（市商务委）

（五）推动规范化、标准化

11. 促进企业规范化发展。推进“阳光餐饮”工程建设，引导老字号创建“品质餐饮企业”，树立食品安全有保障、经营管理有特色的行业典范，实现全市餐饮业服务品质的全面提升。探索实行招牌菜品双轨制，破解现代规模化制作与传统手工技艺的矛盾。认定一批招牌菜示范门店，在行业内进行推广交流。（市商务委、市食药监局）

12. 建立行业规范。发挥行业协会和专家库作用，支持行业协会以老字号餐饮菜系为主体，建立京菜团体标准。（市商务委、市质监局）

（六）加强宣传推广

13. 弘扬老字号餐饮技艺文化。在纸媒创设专刊或专栏，介绍老字号餐饮技艺传承人和绝活绝技。在电视媒体开办“原汁原味北京老字号”专题节目，开展最受欢迎的老字号美食评选，集中推广老字号餐饮企业的精湛技艺和深厚文化。通过网络媒体、社交媒体，推动老字号餐饮文化的传播。（市商务委）

14. 发挥典型示范带动作用。注重信息报送和案例收集，适时树立一批在技艺传承中涌现出的典型企业和个人，给予相应的奖励。加大典型案例和事迹的宣传力度，抓好典型示范，带动老字号行业形成以传承为本的经营理念。（市商务委）

五、保障措施

（一）加强组织领导

建立北京老字号餐饮技艺传承的工作协调机制，统筹推进各项工作任务。由市政府一位副秘书长牵头，市商务委会同市财政局、市人力社保局、市国资委等部门做好顶层设计，分工负责，研究破解难题，从机制层面保障老字号餐饮技艺的传承有续。

（二）加大资金支持

统筹各个渠道财政资金，加大对老字号餐饮技艺传承发展的相关扶持力度，研究拓展在老字号餐饮技艺传承保护、贯标宣传、人员激励、基地建设、搭建平台、人才培养、活动推广等方面的支持方式，提升财政资金使用效益。

（三）营造社会氛围

充分调动全社会的积极性。注重发挥行业协会、中介组织、新闻媒体的作用，有针对性地引导对老字号餐饮技艺传承的正面宣传报道。积极引导广大市民对老字号餐饮技艺的关注，为北京老字号餐饮技艺传承创造良好的社会环境。

北京市商务委员会关于开展2018外经贸发展专项资金（进口贴息事项）申报工作的通知

京商务外运字〔2018〕16号

各有关单位：

根据《财政部、商务部关于印发〈外经贸发展专项资金管理办法〉的通知》（财企〔2014〕36号，以下简称《资金办法》）及《财政部 商务部关于2018年度外经贸发展专项资金重点工作的通知》（财行〔2018〕91号）的有关规定，为做好2018年度进口贴息项目申报工作，现将有关事项通知如下：

一、基本情况

进口贴息实行目录管理，本次进口贴息申报依据国家发展改革委、财政部、商务部发布的《鼓励进口技术和产品目录（2016年版）》。该目录包括鼓励引进的先进技术、鼓励进口的重要装备和鼓励发展的重点行业三部分内容。我委服务贸易处负责鼓励引进的先进技术部分，外贸运行处负责鼓励进口的重要装备和鼓励发展的重点行业部分。

二、企业申请条件

1．符合《资金办法》第十一条所规定的基本条件。

2. 以一般贸易方式、边境贸易方式进口列入国家发展改革委、财政部、商务部发布的《鼓励进口技术和产品目录（2016年版）》（以下简称《目录》）中的产品（不含旧品），或自非关联企业引进列入《目录》中的技术。

3. 进口产品的申请企业应当是旧版《进口货物报关单》上的收货单位或新版《进口货物报关单》上的消费使用单位；进口技术的申请企业应当是《技术进口合同登记证书》上的技术使用单位。

4. 进口产品应当在2017年7月1日至2018年6月30日期间完成进口报关（以海关结关日期为准）；进口技术应当在2017年7月1日至2018年6月30日期间执行合同，并取得银行出具的付汇凭证。

5. 技术进口合同中不含违反《中华人民共和国技术进出口管理条例》（国务院令第331号）规定的条款。

6. 进口《目录》中“鼓励发展的重点行业”项下的设备，未列入《国内投资项目不予免税的进口商品目录（2012年调整）》（财政部、国家发展改革委、海关总署、国家税务总局公告2012年第83号）。

7. 符合以上条件的进口产品及技术总额不低于100万美元。

三、申报材料

1. 企业法定代表人签字的申请文件（附件1），包括：企业基本情况、进口用途、预计可产生的效益、项目绩效目标（工作和目标完成情况）等。

2.《2018年进口贴息事项申报说明》（附件2）及电子数据。

3. 企业营业执照（复印件）。

4.《2018年进口贴息事项申请表》（附件3）

及电子数据。

5. 进口产品订货合同或技术进口合同（复印件）。

6. 进口产品的，需提供《中华人民共和国海关进口货物报关单》（复印件）。

7. 进口技术的，需提供《技术进口合同登记证书》《技术进口合同数据表》及银行出具的注明技术进口合同号的付汇凭证（复印件），技术使用单位与付汇单位不一致的，需提供双方的代理合同。技术进口额是指通过转让、许可、委托开发、合作开发、技术咨询等方式自非关联企业引进《目录》内技术所支付的技术费金额（不含设备、培训、调试、差旅等费用，不含以年度销售额、利润等为基数按比例支付的技术引进费）。付汇凭证上请注明技术引进合同号、技术名称和符合贴息条件的付汇金额。

8. 进口“鼓励发展的重点行业”项下的设备，需提供《国家鼓励发展的内外资项目确认书》（含进口设备清单，复印件）、《进出口货物征免税证明》（复印件）及《进口货物报关单》（复印件）。如因关税为零无法获得免税证明，可不提交免税证明，但应在申请报告中说明有关情况；属于《目录》第三部分“鼓励发展的重点行业”中“国家级工程（技术）研究中心、国家工程实验室、国家认定的企业技术中心、重点实验室、高新技术创业服务中心、新产品开发设计中心、科研中试基地、实验基地建设”的，申报时不需提交《国家鼓励发展的内外资项目确认书》，但需提交科技部、发展改革委等部门关于国家级研究中心的认定文件。

9. 重要装备有技术参数要求的，需提供列明商品技术参数的进口合同或产品说明书等相关证明材料。

10. 引进技术的应说明是否从关联企业引进，企业更名的应说明相关情况并附证明材料。

以上材料均需加盖企业公章。

四、工作进度和申报时间

1. 2018 年 7 月 25 日至 7 月 31 日提交书面材料（一式一份）。

2. 2018 年 8 月 3 日核对原件，同时提交装订好的纸质材料（带页码）一式三份及电子数据（以 U 盘方式报送）。

五、递交材料地点

申报材料交至北京市商务委员会一层 103 会议室，地址：北京市丰台区横道沟西街 2 号院 6 号楼。

特此通知。

（联系人：服务贸易处 郑勇，联系电话：87211747，电子邮箱：zhengy@bjcoc.gov.cn；外贸运行处 钟源，罗铮；联系电话：87211032，87211810；电子邮箱：bjjinkoutiexi@163.com）

相关附件：

附件：1. 申请文件（模板）

2. 2018 年进口贴息事项申报说明

3. 2018 年进口贴息事项申请表

附件 1

申请文件（模板）

一、企业基本情况

企业简介及所属行业、职工人数、技术人员占比、年纳税额、产品名称、上一年及当年进出口情况、是否被市商务委认定为双自主企业（即拥有自主品牌和自主知识产权）；近五年有无严重违法违规行为；有无拖欠应交还的财政性资金等情况。

二、项目基本情况

1. 项目实施情况，包括但不限于项目批复、备案情况，资金来源、采购方式、进度等情况。引进技术的应说明是否从关联企业引进。企业更名的应说明相关情况并附证明材料。

2. 进口产品主要用途，包括但不限于自用、销售、研发、填补国内空白、消化吸收再创新及其他。

三、项目绩效情况

1. 项目实施预计可产生的效益，包括社会效益和经济效益（务必结合项目本身实际情况进行量化的分析，便于后期考核）。

2. 项目实施的主要效果，包括但不限于：支持企业引进消化吸收再创新、促进产业结构优化升级、优化进口产品结构、提高企业国际竞争力扩大出口、促进节能减排等方面，需使用具体数据和案例进行详细说明。

附件 2

2018 年进口贴息事项申报说明

申请企业名称			
法定代表人姓名		企业注册地	省　　市
企业性质			
通信地址		邮政编码	

申请人郑重声明如下：

1. 申请人共上报申报文件资料　　页；
2. 申请人依法注册，具有独立法人资格，并合法经营；
3. 申请人申报的所有文件、单证和资料是准确、真实、完整和有效的；
4. 申请人申报的所有复印件均与原件核对，完全一致；
5. 申请人承诺接受有关主管部门为审核本申请而进行的必要核查。

申请企业法定代表人或授权人：（签名）

申请企业盖章：

日期：　　　年　　　月　　　日

开户银行账户账号		开户银行账户户名	
开户银行名称		开户行地址	
企业联系人		联系电话	
电子邮件		移动电话	
联系传真			

说明：1. 申请企业法定代表人或授权人签名栏必须手签，使用名章无效；

2. 若由授权人签署，需提交由法定代表人手签并加盖公司印章的授权书原件；

3. 银行账户信息必须为公司账户，用于拨付贴息资金，务必正确填写；

4. 企业性质：国有、集体、民营、三资、研究院所、高校、其他。

附件 3

2018 年进口贴息事项申请表

申请企业：

<table>
<tr><th>序号</th><th>海关报关单号
（技术进口填合同号）</th><th>商品税号
（技术进口不填）</th><th>商品名称 / 技术名称</th><th>商品技术参数
（技术进口不填）</th><th>实际进口额
（美元）</th><th>原产地</th><th>商品 / 技术在目录中的序号</th></tr>
<tr><td></td><td></td><td></td><td></td><td></td><td></td><td></td><td></td></tr>
<tr><td></td><td></td><td></td><td></td><td></td><td></td><td></td><td></td></tr>
<tr><td></td><td></td><td></td><td></td><td></td><td></td><td></td><td></td></tr>
<tr><td></td><td></td><td></td><td></td><td></td><td></td><td></td><td></td></tr>
<tr><td></td><td></td><td></td><td></td><td></td><td></td><td></td><td></td></tr>
<tr><td>总计</td><td></td><td></td><td></td><td></td><td></td><td></td><td></td></tr>
<tr><td colspan="4">中央部门（机构），省、自治区、直辖市、计划单列市商务厅（委、局）意见：

（盖章）

年　　月　　日</td><td colspan="4">省、自治区、直辖市、计划单列市财政厅（局）意见：

（盖章）

年　　月　　日</td></tr>
<tr><td colspan="8">填表要求：
1. 本表应按海关报关单列明的项目逐项填报，不得将相同商品合计填报。申报进口产品的，应在“海关报关单号”栏中准确填写 18 位海关报关单号。
2. 对进口产品有技术参数要求的，应在本表“商品技术参数”栏内，填写该产品对应的实际参数，并注明参数在所附材料中的页码。
3.《进口货物报关单》或《付汇凭证》以非美元作为计价币种的，应将进口额折算成美元。折算率按照国家外汇管理局 2018 年 6 月底公布的《各种货币对美元折算率表》（国家外汇管理局网址：http://www.safe.gov.cn ）计算。</td></tr>
</table>

企业联系人：　　　　　　　　　　　　联系电话：

北京市商务委员会　北京市财政局关于印发《北京市外经贸发展资金管理实施细则》（修订稿）的通知

京商务财务字〔2018〕23号

各有关单位：

为了加强和规范北京市外经贸发展资金管理，完善外经贸促进政策，构建开放型经济新体制，培育国际经济合作竞争新优势，提高资金使用效益，依据《财政部、商务部外经贸发展专项资金管理办法》（财企〔2014〕36号），市商务委和市财政局结合北京市实际情况，联合制定了《北京市外经贸发展资金管理实施细则》（修订稿），现将该细则印发给你们，请遵照执行。

特此通知。

北京市商务委员会

北京市财政局

2018年9月11日

（联系人：市商务委财务处　薛俊芳；联系电话：87211630；市财政局经济建设一处　查晓倩；联系电话：88549664）

北京市外经贸发展资金管理实施细则（修订稿）

第一章　总　则

第一条　为了加强和规范北京市外经贸发展资金管理，完善外经贸促进政策，构建开放型经济新体制，培育国际经济合作竞争新优势，提高资金使用效益，依据《财政部、商务部外经贸发展专项资金管理办法》（财企〔2014〕36号），结合北京市实际情况制定本实施细则。

第二条　北京市外经贸发展资金（以下简称“外经贸发展资金”）是指由中央财政和北京市政府安排的用于支持我市外经贸发展的财政性扶持资金，资金来源包括：中央财政预算下达我市的外经贸发展资金和市财政预算安排的外经贸发展资金。

第三条　外经贸发展资金的使用和管理应符合我市经济发展规划和市政府确定的产业及区域发展政策，应当遵循突出重点、科学论证、公平公正、规范有效的原则。

第四条　外经贸发展资金由市商务委、市财政局共同管理，分别履行下列管理职责：

（一）市商务委主要职责

1. 会同市财政局研究确定资金相关支出政策，制定项目绩效指标，提出资金年度预算建议；

2. 根据国家外经贸发展政策及本市外经贸重点工作，研究制定具体的项目申报指南或其他管理文件；

3. 负责组织项目申报和评审，提出资金支持方案及资金拨付，对项目实施情况进行跟踪问效和监督检查。

（二）市财政局主要职责

1. 会同市商务委研究确定外经贸发展资金相关支出政策；

2. 负责审核资金支持重点，编制年度外经贸发展资金预算，办理资金批复下达手续；

3. 按照预算管理相关规定，会同市商务委对外经贸发展资金的使用进行监督检查及绩效评价。

第二章　资金支持内容

第五条　外经贸发展资金主要用于优化外贸结构布局，培育外贸竞争新优势，发展外贸业态新模式；扩大对外投资合作；促进服务贸易发展；构建法制化、国际化的营商环境等，主要支持方向包括以下几方面：

（一）支持外贸稳增长、调结构

1. 支持外贸企业提升国际化经营能力。包括：国际性展会、境外专利申请、商标注册及资质认证，境外广告、宣传推介、外贸软件云服务等信息化建设、国际市场考察、境外投议标、信息管理、资信调查、保单融资和企业培训等。其中优先支持面向拉美、非洲、中东、东欧、东南亚、中亚等新兴市场的拓展及“双自主”和外贸综合服务企业开拓国际市场活动。推动金融机构、保险机构和股权投资机构等社会资金，加大对外贸中小企业的融资支持，提升服务质量和水平。

2. 支持跨境电子商务发展。包括：跨境电子商务综合试验区服务体系建设、跨境电子商务平台及相关信息系统、进出口通关服务设施、跨境电子商务仓储设施及跨境电子商务体验店等项目建设。

3. 支持外贸转型升级、优化外贸结构。促进外贸产品创新、品牌培育和宣传推介。加快国际营销服务体系建设，鼓励企业完善境外批发、零售、备件库、售后维修及呼叫中心等国际营销和售后服务网络。促进完善外贸信息调查公共服务体系，建立健全贸易风险预警机制，提高贸易摩擦应对公共服务能力，提升各类综合配套服务功能及贸易便利化水平，促进外贸创新发展，产品质量提升，培育竞争新优势。

4. 鼓励扩大先进设备和技术、关键零部件、国内紧缺的资源性产品进口。支持企业以一般贸易方式、边境贸易方式进口列入当年度国家发展改革委员会、财政部、商务部发布的《鼓励进口技术和产品目录》中的产品（不含旧品），或自非关联企业引进列入《鼓励进口技术和产品目录》中的技术。

5. 鼓励培育外贸新业态模式。鼓励提供外贸综合服务，开展新业态新模式公共宣传等，有效引导社会资源，合理配置公共资源，帮助企业有效利用新业态新模式开展对外贸易。

（二）推动服务贸易创新发展

1. 促进服务外包发展。鼓励我市服务外包企业承接国际服务外包业务，建立和完善培训体系，开拓国际市场，推动服务外包企业开展研发，设计和品牌建设，建立国际（离岸）接包中心和研发中心等。

2. 支持试点地区及示范城市服务贸易创新发展。一是提升公共服务能力。综合考虑我市服务贸易和服务外包产业发展需要，根据以前年度资金使用情况和示范城市年度综合评价结果，对完善和建设公共服务平台给予支持。资金用于公共服务平台所需设备购置、运营及维护，信息系统，信息安全及知识产权保护体系建设，为服务贸易企业提供共性技术支撑、云服务、检验检测、统计监测、信息共享、品牌建设推广、人才培养和引进、贸易促进、知识产权等公共服务；二是促进新兴服务出口。对企业开展的新兴服务出口取得的项目贷款（已享受政策性优惠利率贷款的除外），按照一定的贷款利率水平给予贴息支持；三是鼓励重点服务进口。对进口的服务列入《鼓励进口服务目录》的企业给予贴息支持。

3. 支持服务贸易境外拓展。重点支持北京市服务业扩大开放综合试点领域以及北京加快培育的金融、科技、信息、文化创意、商务服务等现代服务业领域企业开展服务进出口等内容。

4. 鼓励和支持我市服务贸易发展。支持我市服务贸易企业、商协会、相关培训机构等积极开展服务贸易相关研究和活动。支持开展技术贸易、文化贸易等业务；支持服务贸易统计体系建设；支持服务贸易相关研究、培训等工作。

（三）引导有序开展对外投资合作业务

1. 支持对外投资合作。

（1）境外投资，是指企业通过新设、并购等方式在境外设立非金融企业或取得既有非金融企业的所有权、控制权、经营管理权等权益的行为。

（2）对外承包工程，是指企业承包境外建设工程项目，包括咨询、勘察、设计、监理、建造、采购、施工、安装、调试、运营、管理等活动。

（3）对外劳务合作，是指企业组织劳务人员赴其他国家或地区为境外的企业或者机构工作的经营性活动。

2. 支持境外渔业合作。

企业通过签订合同（协议）、购买捕捞许可、开办企业、派出渔船等方式，在境外从事的渔业捕捞、养殖、加工、销售及相关产业的开发等方面的经营活动。

3. 支持境外经济贸易合作区建设。

支持通过商务部、财政部确认考核或年度考核的境外经济贸易合作区建设，以及支持通过市商务委、财务局确认考核或年度考核的市级境外经济贸易合作区建设。

4. 支持和建设企业“走出去”平台。

（1）支持建立企业“走出去”信息服务、引导平台及风险防控平台，帮助企业切实提高“走出去”及国际化经营能力。

（2）建立“高风险国家”投资项目“海外投资险统一投保平台”，降低企业投保成本，扩大保险覆盖面。

（3）按照《对外劳务合作管理条例》（中华人民共和国国务院令第620号）和《商务部 外交部 公安部 工商总局关于印送对外劳务合作服务平台建设试运行办法的函》（商合函〔2010〕484号）的规定，支持对外劳务合作公共服务平台建设，强化信息咨询、素质培训、权益保障、规范引导等服务功能，扩大服务辐射面。

5. 对受主管部门委托的本市地方企业（单位）组织的促进我市对外投资合作发展相关活动予以支持。

6. 支持建设省级境外企业和对外投资联络服务分平台。

7. 其他纳入国家有关重点投资合作规划项目。

（四）促进商业会展业发展

（五）搭建促进外经贸发展平台

1. 组织企业参加国际性、区域性、专业性展会，对北京展团场地租赁、公共布展、宣传推介、组织工作等费用予以支持。

2. 支持企业投保信用保险，防范经营风险；指导企业妥善应对贸易摩擦，保障市场运行及监测、维护产业安全。

3. 支持境外北京国际经贸发展服务中心发展，进一步提升境外服务北京企业、贸易促进机构、相关政府部门的品质，提高北京与有关国家地区的经贸发展水平。

4. 组织开展外经贸发展战略规划编制、课题研究、评估，加强行业宣传。

5. 促进企业走出去、开展行业咨询培训、搭建外经贸公共服务及担保平台，改善企业营商及融资环境。

（六）优化外经贸发展环境，对国家和北京市确定的重点外经贸发展领域予以支持

第三章　资金的使用方式及标准

第六条　外经贸发展资金的使用方式主要为财政补助、贷款贴息、以奖代补、政府投资入股或资本金注入及其他经中央部委、市级财政允许的支持方式。

第七条　对于中央采取项目法分配的资金按以下程序审核和下达：

市商务委会同市财政局将所属企业、单位报送的申请材料按照年度工作要求经初步审核后汇总上报商务部、财政部，由商务部会同财政部进行评审后，财政部将资金下达市财政局。市财政局收到财政部资金（或拨款文件）后，应及时将资金拨付市商务委，并由市商务委根据工作进度拨付至相关企业、单位。

第八条　对于中央采取因素法分配的资金以及市财政预算安排的外经贸发展资金按各支持方向实施方案规定的方式和标准使用。

第四章　申请审核及拨付

第九条　市商务委会同市财政局根据本细则规定、各支持方向实施方案，结合中央年度外经贸重点工作的通知及预算安排等，制定印发有关外经贸发展资金年度申报工作文件，明确年度资金支持重点、方向及有关具体要求，通过市商务委官方网站进行发布。外经贸发展资金规定使用范围内，将外经贸结转资金调整用于年度重点支持项目。

第十条　有下列情形的不予支持：

（1）申报企业被列入《北京市新增产业的禁止和限制目录》禁止类和限制类范围的；

（2）申报企业被纳入北京市商务领域不良信用记录名单应受到“不予支持”信用惩戒或全市联合惩戒“黑名单”的；

（3）项目已获得中央财政资金支持或其他市级财政资金支持的；

（4）申报企业近三年在外经贸业务管理、财务管理、税收管理、外汇管理、海关管理、统计管理等方面存在严重违法违规行为，拖欠应缴还财政性资金的；

（5）经审议其他不予支持的。

第十一条　项目申报审核程序：

（1）项目申报原则上按照属地管理，由区商务委、北京经济技术开发区商务管理部门初审后上报市商务委。公共平台类项目、市政府确定的年度重点项目由市商务委直接进行项目审核。

（2）经市商务委复审通过的项目，委托中介机构进行项目评审或资金审核。

（3）中央外经贸发展资金支持项目需录入“商务部外经贸发展专项资金管理系统”。

第十二条　资金拨付

对审核通过的支持企业发展类项目（涉密及不宜公示事项除外），市商务委在官方网站上予以公示，公示期为7天，公示期满无异议后按国库管理制度相关规定办理资金拨付手续。

第十三条　项目单位收到专项资金后，需按国家相关规定进行账务处理。

第十四条　市财政局、市商务委可根据资金管理工作需要，在外经贸发展资金中列支相关管理性支出，用于项目评审、监督检查等，

年度提取比例不超过市级外贸发展资金总额的 2%。

第五章　监督检查及绩效管理

第十五条　外经贸发展资金各类资金项目预算应有明确的绩效目标及考核指标，根据年度绩效目标的实现情况，确定下年度资金预算额度。

第十六条　外经贸发展资金项目管理按照《北京市商务委员会商务发展资金项目管理办法》的相关规定执行。市财政局、市商务委负责对发展资金的使用情况、项目执行情况进行监督和检查。检查可采取现场验收、委托中介机构进行项目评审等方式。各资金使用单位应自觉接受同级及上级财政、商务部门的监督检查，并接受同级及上级审计部门的审计检查。

第十七条　对于在专项审计与监督检查中存在严重问题的，被举报并经核查确实存在违规问题的，以及恶意提供虚假信息的项目单位，自发现之日起三年内不得申报北京市外经贸发展资金支持。

第十八条　任何单位不得以任何形式截留、挪用发展资金。对提供假发票、假证明文件、假资质文件等虚假材料的单位，经查属实的，根据《财政违法行为处罚处分条例》（国务院令第 427 号）予以处理。

第六章　附　则

第十九条　本细则由市商务委和市财政局按照职责分工负责解释。

第二十条　本细则自印发之日起施行。北京市财政局 北京市商务委员会关于印发《北京市外经贸发展专项资金管理实施细则》（京财企〔2015〕2277 号）、《北京市商务委员会 北京市财政局关于支持北京市外贸企业提升国际化经营能力的通知》（京商务外运字〔2017〕22 号）和《关于 2016 年度支持北京地区跨境电子商务发展的通知》（京商务电商字〔2016〕10 号）同时废止。

北京市商务委员会　北京市财政局关于印发《北京市外经贸发展资金支持北京市外贸企业提升国际化经营能力实施方案》的通知

京商务财务字〔2018〕24号

各有关单位：

根据《北京市商务委员会 北京市财政局关于印发〈北京市外经贸发展专项资金管理实施细则〉（修订稿）的通知》（京商务财务字〔2018〕23号），为支持我市外贸企业提升国际化经营能力，市商务委和市财政局结合北京市实际情况，联合制定了《北京市外经贸发展资金支持北京市外贸企业提升国际化经营能力实施方案》，现将该方案印发给你们，请遵照执行。

特此通知。

北京市商务委员会

北京市财政局

2018年9月11日

（联系人：市商务委财务处 薛俊芳；联系电话：87211630）

北京市外经贸发展资金支持北京市外贸企业提升国际化经营能力实施方案

根据《北京市商务委员会 北京市财政局关于印发〈北京市外经贸发展专项资金管理实施细则〉（修订稿）的通知》（京商务财务字〔2018〕23号），为支持我市外贸企业提升国际化经营能力，特制定以下实施方案：

一、支持对象和申报条件

外贸企业独立开展提升国际化经营能力的项目为企业项目；事业单位或社会团体（以下简称“项目组织单位”）组织外贸企业参加培训的项目为团体项目。

（一）申请企业项目的外贸企业应符合以下条件：

1. 在北京市办理工商注册，依法取得进出口经营资格或依法办理对外贸易经营者备案登记的企业法人；

2. 拥有从事国际市场开拓的专业人员，对开拓国际市场有明确的工作安排和市场开拓计划。

3. 企业分类：

（1）中小外贸企业

除满足第1、第2条规定的外贸企业条件外，上年度海关统计进出口额应低于6500万美元。

（2）“双自主”企业

除满足第1、第2条规定的外贸企业条件

外，还应符合下列条件之一：

拥有境内及出口市场（含港、澳、台地区，下同）注册商标；

拥有境内及出口市场专利（包括发明专利、实用新型专利和外观设计专利，下同）；

拥有出口市场注册商标及出口市场专利；

商标及专利持有者原则上应为申请支持资金的企业（以下简称“该企业”）。

以下情形视同该企业持有商标及专利：

一是持有者为全资控股该企业的境内母公司；

二是持有者为该企业全资控股的境内子公司；

三是持有者为该企业全资控股的境内子公司在境内独立投资设立的子公司。

获得商务部认定的“中华老字号”企业。

（3）外贸综合服务企业

外贸综合服务企业是指具备对外贸易经营者资质，接受国内外客户委托，为客户提供报关报检、物流、退税、结算、融资、信用保险、保理、供应链管理等综合服务的企业。

除满足第1、第2条规定的外贸企业条件外，还应当为已经纳入商务部外贸综合服务试点企业或北京市认定的外贸综合服务示范企业。

（二）申请团体项目的项目组织单位应符合下列条件：

1. 在北京市注册，具有培训资格；

2. 培训内容应以支持企业提升国际化经营能力为目的；

3. 未拖欠应缴还的财政性资金。

二、资金支持方向

（一）企业项目

支持方向包括：国际性展会、管理体系认证、产品认证、境外专利申请、商标注册、境外广告、国际市场宣传推介、外贸软件云服务等信息化建设、国际市场考察（国际性展会参展人员费）、境外投（议）标、提高经营管理信息化水平、提高经营管理科学决策水平和改善融资服务等13类项目。

各类企业可申报项目详见企业支持方向表。（附表1）

（二）团体项目

支持方向为企业培训。

三、支持重点

1. 优先支持拥有自主品牌、自主知识产权的“双自主”企业开拓国际市场的活动；

2. 优先支持企业参加国际性展会、取得产品认证、境外商标注册及境外专利申请等活动；

3. 优先支持面向拉美、非洲、中东、东欧、东南亚和中亚等新兴国际市场的拓展。

四、资金支持标准

1. 对于符合支持内容且支出金额大于1万元（含1万元）的项目予以支持（国际市场考察项目除外）；

2. 支持比例一般为支持内容所需金额的50%，拓展面向拉美、非洲、中东、东欧、东南亚和中亚等新兴国际市场的支持比例可提高到70%；

3. 每个企业项目支持金额最高不超过30万元（改善融资服务项目除外）；

4. 每个企业当年累计获得市场开拓资金支持最多不超过100万元（“双自主”企业及外贸综合服务企业除外）；

5. 连续五年获得支持资金的外贸企业（“双自主”企业及外贸综合服务企业除外），从第六年起不再享受此支持政策。

五、申请审批程序

申请审批程序包括资质注册申请、资质注册审核结果公示、项目计划申请、项目计划审核结果公示、资金拨付申请、资金拨付申请材料及原始票据与记账凭证审核、资金拨付审核结果公示和资金拨付8个环节。

（一）资质注册申请及审核结果公示

符合支持条件的各类企业和项目组织单位应在“外经贸发展专项资金网络管理系统”（http://www.smeimdf.org，以下简称“项目申报系统”）和北京市商务委员会门户网站首页商务专题，北京市外贸稳增长项下“外贸企业库”（外贸企业信息管理系统http://sww.beijing.gov.cn/zt/wmwzz/index.html）上提交单位资质注册申请。

1. 在项目申报系统注册后，工商注册地在大兴区（亦庄开发区）、延庆区、通州区、西城区的企业、外贸综合服务企业和项目组织单位的资质注册书面申请材料报到北京市商务委员会进行审核。工商注册地在东城区、海淀区、丰台区、石景山区、门头沟区、昌平区、房山区、平谷区、密云区、怀柔区、朝阳区及顺义区的企业，资质注册书面申请材料报到所属区商务委（以下简称“经授权的区商务委”）进行审核。市、区商务委审核后在申报系统上进行公示。

2. 在外贸企业信息管理系统注册后，各类企业需联系所属区商务委在管理系统上进行审核。审核通过的企业如需申请“双自主”企业资格，需将书面申请材料报送到北京市商务委员会。

（二）项目计划申请及审核结果公示

1. 企业资质审核通过的项目单位，按照北京市商务委员会通知要求，通过项目申报系统提交当前年度项目计划申请。

2. 北京市商务委员会在资金预算额度内，择优选择项目列入年度项目计划，列入年度计划的项目在项目申报系统公示，公示期为七天。

（三）资金拨付申请

列入年度计划的项目实施完成后，项目单位按照北京市商务委员会通知要求，通过项目申报系统提交资金拨付申请。

经授权的区商务委受理工商注册地在本行政区域内的企业提交的资金拨付书面申请材料。

北京市商务委员会受理工商注册地在大兴区（亦庄开发区）、延庆区、通州区、西城区的企业以及项目组织单位的资金拨付书面申请材料。

（四）资金拨付申请材料及原始票据与记账凭证审核

1. 经授权的区商务委对工商注册地在本行政区域内的企业提交的资金拨付书面申请材料进行完整性审核后报北京市商务委员会进行合规性和真实性审核；北京市商务委员会对工商注册地在大兴区（亦庄开发区）、延庆区、通州区、西城区的企业以及项目组织单位提交的资金拨付书面申请材料进行审核。

2. 资金拨付书面申请材料审核通过的项目单位按照北京市商务委员通知要求，参加第三方机构对企业申报项目材料所对应的原始票据与记账凭证的审核，审核结果由北京市商务委员会最终审定。

（五）资金拨付审核结果公示和资金拨付

通过原始票据与记账凭证审核的项目分别在项目申报系统及北京市商务委员会门户网站进行公示，公示期为七天。

公示期结束后，北京市商务委员会按照相关规定拨付资金。

附表1：企业项目支持方向表

（标注√为可申报项目）

	中小外贸企业	“双自主”企业 外贸综合服务企业
（一）国际性展会	√	√
（二）管理体系认证	√	√
（三）产品认证	√	√
（四）境外专利申请	√	√
（五）商标注册	√	√
（六）境外广告		√
（七）国际市场宣传推介		√
（八）外贸软件云服务等信息化建设		√
（九）国际市场考察（国际性展会参展人员费）		√
（十）境外投（议）标		√
（十一）提高经营管理信息化水平	√	√
（十二）提高经营管理科学决策水平	√	√
（十三）改善融资服务	√	√

附表2：支持北京市外贸企业提升国际化经营能力支持内容及标准

单位：%，人民币元

序号	支持方向及内容		最高支持比例	每个项目最高支持限额	备　注
1	国际性展会	展位费	50或70	30000/每个展位（9平方米），企业可申请多个展位，支持不超过30万元。	只支持展位费，不支持企业注册费和展位搭建费。
		其他费用（大型展品回运费）	50或70	100000	大型展品回运费只支持单个展品达到体积1立方米且重量1吨以上的大型展品回运费用。
2	管理体系认证	ISO 9000系列质量管理体系标准认证、ISO 14000系列环境管理体系标准认证、职业安全管理体系认证、卫生管理体系认证等管理体系认证	50	50000	①认证机构应经中国认证认可监督管理委员会批准。 ②企业须在认证结束并取得相应认证证书的当年提交资金拨付申请。 ③支持企业初次认证费及再认证，不支持年度审核费、咨询费、培训费。

（续）

序号	支持方向及内容		最高支持比例	每个项目最高支持限额	备　注
3	产品认证	开发能力成熟度模型集成（CMMI）认证、开发能力成熟度模型（CMM）认证、人力资源成熟度模型（PCMM）认证、信息安全管理认证、IT 服务管理认证、服务提供商环境安全性认证	50	300000	① 支持根据产品进口国的有关法规或合同要求进行的产品认证（国内认证不支持）。 ② 产品认证机构应具有产品认证资格。 ③ 产品认证须在认证结束并取得相应资质证书的年度申请资金支持。只支持认证费、认证过程中的检测费。
		其他产品认证	50	300000	
4	境外专利申请	发明专利	50 或 70	50000	① 专利申请项目是指中小企业通过巴黎公约或PCT专利合作条约（PATENT COOPERATION TREATY）成员国提出的专利申请。 ② 专利申请须在申请获得通过并取得专利证书的当年申请资金支持。 ③ 只支持注册费，不支持支付境内中介机构的代理费。不同类别的专利项目应分别申请。每个专利最多支持在 5 个国家的申请。
		实用新型专利	50 或 70	50000	
		外观设计专利	50 或 70	50000	
5	商标注册	境外商标注册	50 或 70	50000	每个企业每种产品在一个国别（地区）只支持一次商标注册费用，应在取得注册证书的当年申请资金支持。
6	国际市场宣传推介	宣传材料制作	50	15000	① 宣传材料和宣传视频至少具有一种外国文字或语音。 ② 宣传材料不少于 2000 份，宣传视频不少于 5 分钟。 ③ 不支持产品外包装的制作费。 ④ 宣传材料和宣传视频应分别申请。
		宣传视频制作		20000	
7	外贸软件云服务等信息化建设	创建中小企业网站	50	50000	① 信息化建设项目的实施，应有助于企业开拓国际市场。 ② 企业网站应具有较丰富的内容，至少有一种外国文字或语言。 ③ 企业网络营销活动是指企业在国内、国际有影响的互联网网站进行广告宣传、商品营销等活动。 ④ 企业信息管理系统是指开发外贸业务单证管理、客户供应商管理、产品管理等外贸业务流程一体化的信息化管理项目。 ⑤ 为企业提供信息化建设活动的服务商，应是依法注册、具有相应资质的法人企业。 ⑥ 创建企业网站和开发信息管理系统只支持一次性的建设开发费用，不支持后期维护、改版、升级等费用。 ⑦ 此项目依据评审结果给予资金支持，不超过政策规定最高限额。
		企业网络营销活动	50	50000	
		企业信息管理系统	50	50000	

（续）

<table>
<tr><th>序号</th><th colspan="2">支持方向及内容</th><th>最高支持比例</th><th>每个项目最高支持限额</th><th>备　注</th></tr>
<tr><td>8</td><td>境外广告</td><td>境外广告</td><td>50或70</td><td>50000</td><td>① 境外广告只支持面向境外客户的报纸、杂志广告。
② 报纸、杂志广告需在样品中注明广告位置及相应中文翻译。</td></tr>
<tr><td rowspan="2">9</td><td rowspan="2">国际市场考察（国际性展会参展人员费）</td><td>交通费</td><td>50或70</td><td rowspan="2"></td><td rowspan="2">① 企业参加境外展览会支持出访国家（地区）为1个、支持人数不超过2人。参展天数为会期加上布展和撤展各一天，总天数不超过6天。
② 交通费只支持国际航班的往返经济舱费用。生活补贴（包括住宿费和伙食费）按国家规定的访问国补助标准核算。</td></tr>
<tr><td>生活补助</td><td>50或70</td></tr>
<tr><td rowspan="3">10</td><td rowspan="3">境外投（议）标</td><td>标书购置费</td><td>50或70</td><td>30000</td><td rowspan="3">① 只支持未中标企业开展的境外投（议）标活动。
② 境外投（议）标项目包括：成套设备和大型单机境外投（议）标、对外工程承包投（议）标和大宗商品采购投（议）标等。
③ 标书购置费指企业从项目发标方直接购买标书所支出的费用；项目设计费指企业委托专门设计研究机构进行设计所支出的费用。
④ 考察交通费与国际市场考察项目中的交通费核算方法相同。
⑤ 境外投（议）标项目应在投（议）标工作结束的当年申请，同一个项目只能申请一次。</td></tr>
<tr><td>项目设计费</td><td>50或70</td><td>50000</td></tr>
<tr><td>境外市场考察交通费</td><td>50或70</td><td></td></tr>
<tr><td>11</td><td>提高经营管理信息化水平</td><td>系统对接改造费用</td><td>50</td><td>① 外贸综合服务企业20万元；
②“双自主”企业10万元；
③ 中小外贸企业5万元。</td><td>支持外贸企业外贸软件（ERP）云服务平台与中国出口信用保险公司“信保通”系统实现电子数据交换，系统对接过程发生的系统改造费用。</td></tr>
<tr><td>12</td><td>提高经营管理科学决策水平</td><td>资信产品购买费用</td><td>50</td><td>① 外贸综合服务企业30万元；
②“双自主”企业15万元；
③ 中小外贸企业10万元。</td><td>① 支持外贸企业购买获得财政部批准开展信用保险业务保险公司的海外企业标准资信报告、海外目标国家指定产品进口采购分析报告、海外采购商（供应商）名录报告、重点行业研究报告及重点国别风险分析报告所发生的费用。
② 此项目依据评审结果给予资金支持，不超过政策规定最高限额。</td></tr>
<tr><td>13</td><td>改善融资服务</td><td>融资贷款贴息</td><td>50</td><td>① 外贸综合服务企业500万元；
②“双自主”企业100万元；
③ 中小外贸企业20万元。</td><td>支持外贸企业利用出口信用保险保单质押项下的贸易融资，以及在外经贸担保服务平台和“政保贷”融资服务平台项下的融资。对于贷款利息给予一定比例支持。</td></tr>
</table>

（续）

序号	支持方向及内容		最高支持比例	每个项目最高支持限额	备　注
14	企业培训	培训会务费	50	22000（50~99家企业） 50000（100家企业以上）	① 企业培训项目只支持为提高北京地区中小企业国际竞争力，在本市组织的免费培训，参加的中小企业不少于50家。 ② 企业培训项目按照实际费用给予支持，主要包括培训资料费、场地租赁费等，人均标准一般不超过200元，资料费不得超过会务费的10%。 ③ 依据实际费用按比例给予支持，不超过政策规定最高限额。

北京市商务委员会　北京市财政局关于印发《北京市外经贸发展资金支持北京市跨境电子商务发展实施方案》的通知

京商务财务字〔2018〕25号

各有关单位：

根据《北京市商务委员会　北京市财政局关于印发〈北京市外经贸发展专项资金管理实施细则〉（修订稿）的通知》（京商务财务字〔2018〕23号），为支持我市跨境电子商务发展，市商务委和市财政局联合制定了《北京市外经贸发展资金支持北京市跨境电子商务发展实施方案》，现将该方案印发给你们，请遵照执行。

特此通知。

北京市商务委员会

北京市财政局

2018年9月11日

（联系人：市商务委财务处　薛俊芳；联系电话：87211630）

北京市外经贸发展资金支持北京市跨境电子商务发展实施方案

根据《北京市商务委员会　北京市财政局关于印发〈北京市外经贸发展专项资金管理实施细则〉（修订稿）的通知》（京商务财务字〔2018〕23号），为支持我市跨境电子商务发展，特制定以下实施方案：

一、支持跨境电子商务综合试验区服务体系建设

（一）支持对象

中国（北京）跨境电子商务综合试验区服务支撑体系建设。

（二）支持内容

建设完善线上综合服务平台、信息共享、智能物流、金融服务、电商诚信、统计监测、风险防控、市场开拓和营销等服务体系。

（三）有关要求

按照国务院统一要求，结合北京实际，发挥自身特色和优势，制定跨境电子商务服务体系建设具体方案，加强对现有公共资源的统筹利用及社会资源的协调引导，提高使用效率，避免重复建设。

二、支持跨境电子商务企业市场开拓综合服务项目

（一）支持对象

1. 跨境电子商务企业。包括自建跨境电子商务销售平台的进出口企业、利用第三方跨境电子商务平台开展进出口业务的企业和第三方跨境电子商务平台企业。

2. 跨境电子商务服务企业。包括为跨境电子商务企业提供交易、支付、通关、仓储、物流等相关服务的企业。

3. 在市内开设跨境电子商务体验店，采取线上下单、线下展示销售等方式，开展跨境电子商务销售的企业。

4. 具备一定实力，通过完善海外仓和海外运营中心等服务设施，以 B2B 方式为企业开拓市场提供综合配套服务的跨境电子商务企业。优先支持在“一带一路”沿线国家建设海外仓。

（二）支持方向及内容

1. 支持跨境电子商务平台及相关信息系统建设，包括软件系统开发及配套硬件设施建设等。

2. 支持用于跨境电子商务进出口通关服务的项目建设，包括安检设备、查验设备、机检线等设备购置和管理信息系统开发等。

3. 支持海外仓、保税仓、出口集货仓等跨境电子商务仓储设施建设，包括货架（货柜）、仓储搬运设备、分拣机等设备购置和管理信息系统开发等。

4. 支持新建跨境电子商务体验店连续 12 个月房租、店面装修、设备购置和线上销售平台建设等。

（三）支持方式及标准

1. 贷款贴息

对企业开展以上业务取得银行贷款给予贴息支持。其中：人民币贷款贴息率，按照不超过资金申报截至日前中国人民银行公布的最近一期人民币 1 年期贷款基准利率计算；外币贷款贴息率，按照不超过 3% 计算。上述贴息率均不超过项目实际贷款利率。

2. 资金补助

（1）对新建跨境电子商务体验店支持标准：

对体验店租金按照实际租赁面积进行补助，补助金额不超过体验店实际年租金的 30%。补助标准：东西城区 1.8 元 / 平方米 / 日、朝海丰石及通州副中心 155 平方公里以内区域 1.35 元 / 平方米 / 日、其他城区 0.75 元 / 平方米 / 日。单店年度租金支持金额不超过 200 万元。

对除租金外其他投资，按照不超过审定实际投资 50% 的标准给予资金支持。

（2）对其他项目支持标准：依据审定实际投资给予不超过 50% 的资金支持。

（3）单个项目最高支持额度不超过 500 万元。

（四）申报条件

1. 项目申报主体需在北京市注册，具有独立法人资格，《工商营业执照》等法律必备证照齐全有效。

2. 项目申报单位经营状况良好，财务管理制度健全。

3. 跨境电子商务体验店面积不少于 100 平方米，店内现场展示商品的 SKU 数量不少于 1000 种，通过线上售卖的商品 SKU 数量不少于 2000 种，单店年度销售额（含线上线下）不少于 500 万元（或月均不少于 40 万元）。

4. 投入运营的自建海外仓（海外仓储物流等综合服务设施）总面积不低于 5000 平方米，配套完善的仓储管理信息化系统和线上信息平台（如 ERP、WMS 系统等），服务企业数量不低于 100 家，对当地跨境电商 B2B 业务有较强带动作用。能够为企业开拓市场提供国际仓储和物流配送服务的同时，还能提供如下所列明 2 项以上内容的服务，包括：国际货运代理、通关服务、营销推广、金融保险服务对接、售后维修服务、退换货服务。

5. 项目已投资额不低于计划总投资额的 70%，申报项目能够按申报计划组织实施。

（五）申报材料

1. 项目申报书（含项目可行性报告）；

2. 项目已发生费用明细表；

3. 项目申报情况表；

4. 项目申报单位承诺书；

5. 项目单位法人证明文件复印件（营业

执照、组织机构代码证书、法定代表人身份证明等)；

6. 项目单位近两年财务报表（资产负债表、损益表、现金流量表)；

7. 申报跨境电子商务体验店租金的企业需提交年度房屋租赁合同、租金银行转账凭证及发票；

8. 其他与项目相关的证明材料。

项目申报材料一式两份，按顺序装订成册，并加盖单位公章。项目申报材料不予退回。

（六）申报流程

1. 项目申报单位在规定的时间内提交申报材料。其中市属国有企业向市属国有企业集团提交申报材料，其他申报单位向注册地区级商务委提交申报材料。

2. 市属国有企业集团和各区商务委对申报项目进行初审；通过初审的项目汇总后报市商务委进行复审。

3. 市商务委对企业申报的项目组织评审，确定年度支持项目和支持金额，按照有关规定报批和拨付支持资金。

北京市商务委员会 北京市财政局关于印发《北京市外经贸发展资金促进北京市服务外包发展实施方案》的通知

京商务财务字〔2018〕26号

各有关单位：

根据《北京市商务委员会 北京市财政局关于印发〈北京市外经贸发展专项资金管理实施细则〉（修订稿）的通知》（京商务财务字〔2018〕23号），为促进我市服务外包发展，市商务委和市财政局结合北京市实际情况，联合制定了《北京市外经贸发展资金促进北京市服务外包发展实施方案》，现将该方案印发给你们，请遵照执行。

特此通知。

北京市商务委员会

北京市财政局

2018年9月11日

（联系人：市商务委财务处 薛俊芳；联系电话：87211630）

北京市外经贸发展资金促进北京市服务外包发展实施方案

根据《北京市商务委员会 北京市财政局关于印发〈北京市外经贸发展专项资金管理实施细则〉（修订稿）的通知》（京商务财务字〔2018〕23号），为促进我市服务外包发展，特制定以下实施方案：

一、支持内容

支持在上一年度1月1日至12月31日期间发生的服务外包业务，主要包括：

（一）推动服务外包企业开展研发、设计和品牌建设，建立国际（离岸）接包中心和研发中心，取得国际资质通行的资质认证。

（二）积极开拓国际市场，支持服务外包企业境外建立分支机构，向“一带一路”市场推广中国技术和标准。

（三）支持发展云计算服务，鼓励服务外包企业向云端交付转型。

（四）鼓励服务外包企业、培训机构（含大专院校）建立和完善培训体系，开展国际服务外包人才实习实训，培养国际化复合型人才。

（五）鼓励服务外包企业加快发展国际服务外包业务。

（六）鼓励年度离岸外包业务执行额达到1000万美元（含）以上的服务外包企业做大做强。

（七）支持开展服务外包发展趋势、行业动态跟踪研究，促进服务外包业务整体发展。

二、申请条件

（一）在我市行政区域内依法登记注册、具有独立法人资格。

（二）企业、单位通过商务部业务系统统一

平台“服务外包信息管理应用”如实填报《服务外包统计报表制度》规定的报表。

（三）申请“支持内容”前4条支持方向的企业，以服务外包信息管理应用核准的执行额为依据，且上一年度服务外包执行额满足以下条件之一：

1. 服务外包执行额不低于50万美元，其中向境外最终客户提供服务外包执行额占比不低于50%。

2. 服务外包执行额不低于500万美元，其中向境外最终客户提供服务外包执行额占比不低于35%。

3. 服务外包执行额不低于1000万美元，其中向境外最终客户提供服务外包执行额占比不低于20%。

（四）申请“支持内容”第4条支持方向的培训机构，应具有符合条件的场地、设施、专业教材和师资力量。

（五）申请“支持内容”第5条支持方向的企业，上一年度离岸服务外包业务收入与前一年度同比增长不低于10%。

（六）申请“支持内容”第6条支持方向的企业，上一年度服务外包离岸执行额需达到1000万美元（含）以上，且较前一年度同比有增长。

（七）申请“支持内容”第7条支持方向的企业，符合《中华人民共和国政府采购法》《北京市财政局关于推进和完善服务项目政府采购有关问题的通知》（京财采购〔2014〕1152号）等有关法规要求。

（八）如在本办法执行之后，商务部、财政部出台服务外包新规定的，则以新规定为准。

三、支持方式

以下“（一）至（六）”项目为中央资金支持项目，最高支持额度以当年商务部、财政部通知要求为准；“（七）至（十一）”项目为市级资金支持项目。具体支持方式如下：建议斟酌是否（一）至（六）和（七）至（十一）分开说明更为明晰。

（一）国际资质认证项目

对服务外包企业取得的以下认证及认证的系列维护、升级给予支持，额度不超过认证费用支出的50%，每个企业支持项目不超过5个，每个项目补助不超过50万元。包括：软件能力成熟度模型认证（CMM）、软件能力成熟度模型集成认证[CMM（I）]、人力资本成熟度模型（PCMM）、信息安全管理认证（ISO27001/BS7799）、信息技术服务管理体系认证（ISO20000）、服务提供商环境安全性认证（SAS70）、国际实验动物饲养评估认证（AAALAC）、药物非临床研究质量管理规范（GLP）、信息技术基础架构库规范（ITIL）、客户服务提供商标准（COPC）、环球同业银行金融电讯协会认证（SWIFT）、国际质量管理体系标准（ISO9001）、业务连续性管理标准（ISO22301）、环境管理体系认证（ISO14001）、能源管理体系标准（ISO50001）、职业健康安全管理体系认证（OHSAS18001）、客户中心能力成熟度模型认证（CC-CMM）、支付卡行业数据安全标准（PCI DSS）等。

（二）新录用人员补助项目

对服务外包企业上年度新录用大学本科以上学历的员工（申报年度之前3年内毕业），在职满1年或申报审核期间在职的，按照每人不超过7000元的标准给予企业补助。

（三）培训机构培训后补助项目

对培训机构新培训从事服务外包业务、大学本科以上学历人员，通过服务外包业务专业知识和技能培训考核的，按照每人不超过500元的标准给予培训机构培训后补助。

（四）服务外包业务贴息项目

以上一年度实际发生的服务外包业务增量作为计算贴息的本金，按照不超过中国人民银行公布的上一年度最后一期1年期人民币贷款基准利率给予贴息支持。上一年度新注册的服务外包企业，当年实际发生的服务外包业务视同增量。

（五）创新研发项目

对上一年度通过自主研发取得的专利、注册商标、软件著作权等给予注册费实际支出额不超过50%的资金支持。其中，给予每个企业发明专利不超过20万元、国际专利不超过20万元、实用新型专利不超过5万元、外观设计专利不超过5万元、注册商标不超过5万元、软件著作权不超过5万元。

（六）在职人员专业资格认证项目

对在服务外包企业连续任职3年以上（含3年）员工进行在职能力培训，并取得以下认证的，给予不高于考试认证费用50%的补助，每个企业当年支持金额不超过100万元。包括：国家计算机技术与软件专业技术中、高级专业资格（水平）、项目管理专业人士资格（PMP）、网络高级工程师、网络安全专家、解决方案开发专家、执业药师等相关认证。

（七）境外设点项目

每个境外分支机构或办事机构支持30万元。采取分期拨付方式，首次申请拨付支持总额的50%，一年后上报运行情况报告，如经营正常拨付后续50%。原则上一家企业申请境外分支机构或办事机构累计不超过三个。一家企业在同一国别或地区申请境外分支机构或办事机构累计不超过两个。

（八）实习生经济补贴项目

与京内高校签订共建北京服务外包实习实训基地协议的服务外包企业可申请该项目。对在实习实训基地内实习的在京高校学生，实习期在3个月以上，且由企业提供生活或实习补助的，给予企业每人每月不超过500元的实习补贴，补贴期不超过6个月。

（九）北京服务外包行业整体促进项目

对促进我市服务外包业务整体发展的项目按照相关规定予以资金支持。

（十）办公用房租赁补贴项目

上一年度离岸外包业务额达到1500万美元（含）以上，且同比有增长的服务外包企业，可以申请该项目。办公用房租赁补贴面积按企业离岸业务年收入测算出的有效面积核定。有效面积测算基准为每人每年4万美元产值、每人办公用建筑面积10平方米［测算面积（平方米）=上一年度离岸外包业务额（万美元）÷4（万美元）×10平方米］。如测算面积大于企业在京实际办公用房租赁建筑面积，以在京实际办公用房租赁建筑面积为补贴面积。补贴标准为不超过20元/每平方米/月标准，且企业租房费用应大于享受补贴费用，每家企业年补贴金额不超过300万元。

（十一）离岸业务奖励项目

离岸外包业务执行额达到1000万美元（含）以上，且同比有增长的企业可以申请该项目。离岸外包业务额较上年增长超过300万美元的企业，奖励金额不超过50万元；增长超过500万美元的企业，奖励金额不超过100万元；增长超过1000万美元的企业，奖励金额不超过200万元。

四、申报材料要求

（一）基本材料

1. 由企业法定代表人签字的《承接国际服务外包业务资金补助申请报告》，内容包括：企业基本情况，开展服务外包业务情况，申请项目执行或完成情况，近三年无严重违法违规行为、无拖欠应缴还的财政性资金、同一项目未申请或享受其他财政资金等；

2. 企业法律地位证明文件复印件；

3. 经会计师事务所审计的上一年度财务会计报告复印件；

4. 上一年度服务外包业务专项审计报告原件；

5. 上一年度服务外包合同或协议的复印件；

6. 离岸服务外包业务年度收入明细表；

7. 结汇凭证及涉外收入申报单复印件（承接跨国公司的离岸服务外包业务，而由跨国公司境内机构代为支付的服务外包业务收入，须提供相关业务凭证复印件）；

8. 由企业法定代表人签字的《北京市服务外包业务专项资金申请承诺书》。

（二）项目申请材料

1. 申请国际资质认证项目时还需提供：

（1）北京市服务外包企业国际资质认证补助申请表；

（2）国际资质认证证书复印件；

（3）与相关国际认证评估顾问公司签订的合同协议复印件；

（4）缴纳认证费用凭证的复印件，包括认证费用发票和相对应的银行出具的支付凭证。

2. 申请新录用人员补助项目时还需提供：

（1）北京市服务外包企业新录用人员补助申请表；

（2）当年新录用人员若属于分公司，需提供分公司营业执照复印件；

（3）当年新录用人员身份证复印件、大学本科以上学历证明，以及签订1年以上的《劳动合同》的复印件；

（4）企业为新录用人员缴纳的社会保险证明或个税证明（时间由入职至申报当月）的复印件。

3. 申请培训机构培训后补助项目时还需提供：

（1）北京市服务外包培训机构培训后补助申请表；

（2）培训人员身份证（建议提出具体要求，如身份证复印件）复印件、大学以上学历证明；

（3）培训机构颁发被培训人员专业知识和技能培训考核合格证书，以及被培训人员缴费凭证的复印件。培训机构为学校的需提供《全国普通高等学校毕业生就业协议书》（协议三方为：培训学校、服务外包企业、毕业学生）复印件；其他培训机构需提供培训人员缴费证明、与在我市“服务外包业务管理和统计系统”中登记的服务外包企业签订1年以上的《劳动合同》的复印件（或培训人员为近三年在京大学毕业的，提供毕业证书复印件）。

4. 申请服务外包业务贴息项目时还需提供：

（1）北京市服务外包企业服务外包业务贴息申请表；

（2）企业上一年度和前一年度离岸外包业务执行情况清单及相关凭证（上一年度新注册的服务外包企业，只交上一年度离岸外包业务执行情况清单及相关凭证）。

5. 申请创新研发项目还需提供：

（1）北京市服务外包企业创新研发补助申请表；

（2）企业所获得的专利证书、商标注册证书、软件著作权证书复印件；

（3）专利、商标、软件著作权等申请过程中的注册费用凭证复印件。

6. 申请在职人员专业资格认证项目时还需提供：

（1）北京市服务外包企业在职人员专业资格认证补助申请表；

（2）申请人员身份证复印件，在企业连续

任职满3年以上的任职证明（包括个人简历、任职情况等）、劳动合同，企业为申请人员在任职期间连续缴纳社会保险满3年（含3年）以上的证明复印件；

（3）参加相关专业资格考试的准考证、通过考试获得的证书复印件；

（4）企业报销报名考试费用相关凭证或企业银行付款凭证复印件。

7. 申请境外设点项目时还需提供：

（1）北京市服务外包企业境外设点补助申请表；

（2）商务主管部门颁发的《企业境外投资证书》《企业境外机构证书》复印件；

（3）境外注册文件、境外企业房产证明或租房协议；

（4）外派人员护照、签证；

（5）境外设点专项审计报告（复印件、翻译件）；

（6）境外设点运行情况报告。

8. 申请实习生经济补贴项目时还需提供：

（1）北京市服务外包企业实习生经济补贴申请表；

（2）校企合作协议；

（3）企业和实习生的实习协议书；

（4）实习登记表；

（5）实习学生学历证明或在学证明；

（6）实习学生名单（含身份证号）；

（7）实习生津贴发放凭证。

9. 北京服务外包行业整体促进项目。

根据《中华人民共和国政府采购法》《北京市财政局关于推进和完善服务项目政府采购有关问题的通知》（京财采购〔2014〕1152号）等有关法规执行。

10. 申请办公用房租赁补贴项目时还需提供：

（1）北京市服务外包企业办公用房租赁补贴申请表；

（2）企业上一年度离岸服务外包业务执行情况清单及收入凭证；

（3）办公用房租赁协议、房租支付凭证及房屋产权证明；

（4）企业租赁办公用房情况的专项审计报告。

11. 申请离岸业务奖励项目时还需提供：

（1）北京市服务外包企业离岸业务奖励申请表；

（2）企业上一年度离岸外包业务执行情况清单及相关凭证。

五、申报流程

（一）申报单位按属地原则向所在区商务主管部门上报电子版和纸质版申请材料。

（二）区商务主管部门受理申请单位材料，形成审核记录并上报市商务委。

（三）市商务委受理各区商务主管部门上报材料，依托第三方专业评审构进行评审，确定支持企业名单及支持资金额度。

（四）市商务委按相关要求公示后及时进行拨付，并将企业申请材料汇总后存档备查。

北京市商务委员会　北京市财政局关于印发《北京市外经贸发展资金支持试点地区及示范城市服务贸易创新发展实施方案》的通知

京商务财务字〔2018〕27号

各有关单位：

根据《北京市商务委员会　北京市财政局关于印发〈北京市外经贸发展专项资金管理实施细则〉（修订稿）的通知》（京商务财务字〔2018〕23号），为支持我市试点地区及示范城市服务贸易创新发展，市商务委和市财政局结合北京市实际情况，联合制定了《北京市外经贸发展资金支持试点地区及示范城市服务贸易创新发展实施方案》，现将该方案印发给你们，请遵照执行。

特此通知。

北京市商务委员会

北京市财政局

2018年9月11日

（联系人：市商务委财务处　薛俊芳；联系电话：87211630）

北京市外经贸发展资金支持试点地区及示范城市服务贸易创新发展实施方案

根据《北京市商务委员会　北京市财政局关于印发〈北京市外经贸发展资金管理实施细则〉（修订稿）的通知》（京商务财务字〔2018〕23号），为支持我市试点地区及示范城市服务贸易创新发展，特制定以下实施方案：

一、提升公共服务能力

（一）支持对象

1. 服务贸易公共服务平台。

2. 服务外包公共服务平台。

（二）支持方式

综合考虑我市服务贸易和服务外包产业发展需要，对完善和建设公共服务平台给予支持。资金用于公共服务平台所需设备购置、运营及维护，信息系统，信息安全及知识产权保护体系建设，为服务贸易企业提供共性技术支撑、云服务、检验检测、统计监测、信息共享、品牌建设推广、人才培养和引进、贸易促进、知识产权等公共服务。

提升公共服务能力项目资金面向全市服务贸易（服务外包）平台项目。在建、新建项目支持资金不超过平台项目建设所需设备购置、软件购置（或委托开发）费用的50%，支持金额不超过200万元；已完成项目，支持资金不超过服务贸易（服务外包）平台项目建设所需设备购置、软件购置（或委托开发）费用的40%，支持金额不超过200万元；运营及维护项目费用，按照年度实际发生费用的50%给予支持，支持金额不超过50万元，原则上运营及维护费用支持年限不超过三年。

（三）申请条件

项目申报单位须符合以下条件：

1. 在京注册，具有独立的企业法人资格，且为公共服务平台项目的实际投资运营单位；

2. 服务的对象包括承接国际服务贸易（服务外包）业务的企业及培训机构；

3. 具有一定数量与业务相适应的专业人员、管理人员，具备满足公共服务平台运营必要的场地、设备等；

4. 公共服务平台建设和运营的所有相关工作符合国家有关法律法规的要求。

（四）申报材料

项目申报单位应提供如下材料：

1. 在建、新建公共服务平台项目

（1）《提升公共服务能力事项申报说明》（请见相关附件）（含电子版），《提升公共服务能力事项申请表》（请见相关附件）（含电子版）；

（2）项目申请报告及资金使用承诺书，由法人签字并加盖公章；

（3）项目可行性研究报告，包含项目设立背景和基本情况、国内外相关产业发展与市场情况说明、项目申报单位基本情况和已有工作基础、项目具体实施方案、预期达到的技术经济指标及效果、承担项目的可行性分析、项目进度安排与考核指标、经费预算和使用方案等。可行性研究报告需经法人签字、加盖公章，并将作为后续专家评审及项目验收的主要依据；

（4）项目申报单位法律地位证明文件（营业执照副本复印件、税务登记证复印件、组织机构代码证复印件）以及上年度审计报告（加盖公章）；

（5）公共服务平台设备购置、系统和软件购置（或委托开发）清单，已实施部分需提供付款凭证；

（6）与项目申报有关的其他材料。

2. 已完成的公共服务平台项目

（1）《提升公共服务能力事项申报说明》（请见相关附件）（含电子版），《提升公共服务能力事项申报表》（请见相关附件）（含电子版）；

（2）项目申请报告及资金使用承诺书，由法人签字并加盖公章；

（3）项目完成验收报告，公共服务平台项目目前运行情况与服务企业情况等；

（4）项目申报单位法律地位证明文件（营业执照副本复印件、税务登记证复印件、组织机构代码证复印件等）以及上年度审计报告（加盖公章）；

（5）完成项目的专项报告［含服务贸易（服务外包）平台设备购置、系统和软件购置（或委托开发）清单及付款凭证］；

（6）与项目申报有关的其他材料。

3. 平台运营维护项目

（1）《提升公共服务能力事项申报说明》（请见相关附件）（含电子版），《提升公共服务能力事项申请表》（请见相关附件）（含电子版）；

（2）项目申请报告及资金使用承诺书，由法人签字并加盖公章；

（3）项目运行情况报告，包含项目申报单位基本情况、项目基本情况及运营情况、运营和维护费用明细、申请资金补助的金额、项目上年度运营及维护费用支出审计报告等，项目运行情况报告需由法人签字并加盖公章；

（4）项目上年度运营及维护费用支出凭证复印件；

（5）项目申报单位法律地位证明文件（营业执照副本复印件、税务登记证复印件、组织机构代码证复印件等）以及上年度审计报告

（加盖公章）；

（6）与项目申报有关的其他材料。

（五）申报流程

1. 项目申报单位将申报材料（一式两份）在规定的时间内提交至市商务委。

2. 市商务委对申报材料进行审核，并将审核结果公示后拨付资金。市商务委和市财政局可视情况聘请中介机构开展专项审核工作。

3. 在建、新建项目，预拨补助金额的70%，项目完成并通过市商务委组织的验收后，拨付剩余资金；已建成公共服务平台项目、运营及维护费项目，根据审定的补助金额予以拨付。

二、促进新兴服务出口

（一）申请条件

1. 申请企业应当在京注册，具有独立法人资格、正常经营；

2. 认真执行《国际服务贸易统计监测制度》和《服务外包统计报表制度》，在商务部“服务贸易统计监测管理信息系统”或“服务外包信息管理应用”中如实登记；

3. 申请支持的项目贷款须用于促进新兴服务出口事项；

4. 出口的服务应列入商务部发布的《服务出口重点领域指导目录》（请见相关附件，运输及相关服务、旅游服务、建筑和工程服务、加工服务和政府服务除外）；

5. 申请企业应当在上年1月1日至12月31日期间实现不低于50万美元的服务出口，以银行出具的收汇凭证为准。

（二）支持方式

对企业上年度开展的新兴服务出口取得的项目贷款（已享受政策性优惠利率贷款的除外），按照不超过1%的利率水平给予贴息支持，每户企业贴息金额不超过500万元人民币。

（三）申报材料包括

1.《新兴服务出口事项申报说明》（请见相关附件）（含电子版），《新兴服务出口事项申报表》（请见相关附件）（含电子版）；

2. 企业营业执照（复印件）、服务出口合同（复印件）、贷款合同（复印件）。

以上材料均需加盖企业公章。

（四）申报流程

1. 申报单位按属地原则将申报材料（一式两份）在规定的时间内报送至所在区商务委，区商务委初审后上报市商务委。

2. 市商务委对申报材料进行审核，并将审核结果公示后报市财政局审核拨付资金。市商务委和市财政局可视情况聘请中介机构开展专项审核工作。

三、鼓励重点服务进口

（一）申请条件

1. 申请企业应当在京注册，具有独立法人资格、正常经营；

2. 进口的服务列入商务部、财政部、发展改革委发布的《鼓励进口服务目录》（请见相关附件）；

3. 进口服务应当在上年1月1日至12月31日期间执行合同，并取得银行出具的进口服务付汇凭证，且付汇金额不低于50万美元。

（二）支持方式

对申请企业在上年1月1日至12月31日期间取得付汇凭证的服务进口业务，以服务进口的付汇金额作为计算贴息的本金，按照不超过中国人民银行公布的上年最后一期1年期人民币贷款基准利率给予贴息支持。每户企业贴息金额不超过500万元人民币。

（三）申报材料

1. 企业法定代表人签字的申请文件，包括：企业基本情况、进口用途、预计可产生的效益等，企业更名的应说明相关情况并附证明材料；

2.《服务进口贴息事项申报说明》（请见相关附件）（含电子版），《服务进口贴息事项申报表》（请见相关附件）（含电子版）；

3. 企业营业执照（复印件）、进口服务合同（复印件）及付汇凭证（复印件）。

以上材料均需加盖企业公章。

（四）申报流程

1. 申报单位按属地原则将申报材料（一式两份）在规定的时间内报送至所在区商务委，区商务委初审后上报市商务委。

2. 市商务委对申报材料进行审核，并将审核结果公示后报送市财政局审核拨付资金。市商务委和市财政局可视情况聘请中介机构开展专项审核工作。

北京市商务委员会　北京市财政局关于印发《北京市外经贸发展资金支持北京市服务贸易境外拓展实施方案》的通知

京商务财务字〔2018〕28号

各有关单位：

根据《北京市商务委员会　北京市财政局关于印发〈北京市外经贸发展资金管理实施细则〉（修订稿）的通知》（京商务财务字〔2018〕23号），为促进我市服务贸易境外拓展，市商务委和市财政局结合北京市实际情况，联合制定了《北京市外经贸发展资金支持北京市服务贸易境外拓展实施方案》，现将该方案印发给你们，请遵照执行。

特此通知。

北京市商务委员会

北京市财政局

2018年9月11日

（联系人：市商务委财务处　薛俊芳；联系电话：87211630）

北京市外经贸发展资金支持北京市服务贸易境外拓展实施方案

根据《北京市商务委员会 北京市财政局关于印发〈北京市外经贸发展资金管理实施细则〉（修订稿）的通知》（京商务财务字〔2018〕23号），为促进我市服务贸易境外拓展，特制定以下实施方案：

一、支持范围

本方案支持内容以商务部2016年第58号公告提出的《服务出口重点领域指导目录》为基础，重点支持北京市服务业扩大开放综合试点的六个领域：科学技术服务领域、互联网和信息服务领域、文化教育服务领域、商务及旅游服务领域、健康医疗服务领域的服务贸易出口，以及北京加快培育的金融、科技、信息、文化创意、商务服务等现代服务业领域的相关服务贸易出口。

二、申请条件

1. 依法在北京登记注册，具有独立法人资格；

2. 按照有关规定已取得开展相关业务资格或已进行核准或备案；

3. 通过商务部业务系统统一平台中的“技术贸易管理信息应用”或“服务贸易统计监测管理业务应用”如实填报有关统计资料。

三、支持项目

（一）服务贸易出口贴息项目

1. 支持内容

对上述所列支持范围中的服务贸易出口给予贴息支持，优先支持其中的技术出口项目。技术出口，是指我国境内企业通过贸易、投资或经济技术合作方式向境外实施的专利权转让、专利申请权转让、专利实施许可、专有技术转让或许可等技术转移，以及技术转让或许可合同项下提供的技术服务。不包括《中国禁止出口限制出口技术目录》（商务部、科技部令2008年第12号）所列的出口技术。重点支持具有国际竞争力、成熟的产业化技术出口及技术服务出口。

2. 申报单位除满足基本条件外还应满足以下条件：

（1）技术出口业务应根据《中华人民共和国技术进出口管理条例》（中华人民共和国国务院令第331号），已在商务部“技术进出口信息管理系统”中登记上一年度实际出口额。其他服务贸易业务应已在商务部服务贸易系统中登记；

（2）相关业务应当在上一年1月1日至12月31日期间取得银行出具的收汇凭证，服务贸易出口额应达到50万美元（含）以上；

（3）其他按规定应满足的条件。

3. 支持标准和方式

对申报单位在上一年1月1日至12月31日期间取得收汇凭证的服务贸易出口业务，以审定的出口收汇金额作为计算贴息的本金，按照不超过中国人民银行公布的上一年度最后一期1年期人民币贷款基准利率给予贴息支持。对同一申报单位的贴息总额最高不超过800万元人民币。服务外包企业开展的技术出口适用于以上出口贴息政策。

4. 申报材料

（1）由法定代表人签字的项目申请报告，内容包括：申报单位基本情况、出口概要、本申报单位近三年无严重违法违规行为，是否拖欠政府性资金、同一项目是否已申请或享受其他财政资金等，以及申报说明；

（2）《服务贸易境外拓展资金项目申请表》电子数据；

（3）由法定代表人签字的《服务贸易境外拓展资金项目申请承诺书》；

（4）营业执照复印件；

（5）服务贸易出口合同复印件；

（6）银行出具的收汇凭证复印件（收汇凭证以非美元作为计价币种的，应将出口额换算成美元，折算率使用国家外汇管理局公布的上一年第12期《各种货币对美元折算率表》汇率；

（7）相关涉外收入申报单复印件；

（8）涉及专利权转让的单位需提供著录项目变更手续合格通知书复印件；

（9）经会计师事务所审计的上一年度财务会计报告复印件；

（10）技术出口项目还要提供《技术出口合同登记证书》和《技术出口合同数据表》及《技术出口数据变更记录表》复印件；

以上材料均须加盖申报单位公章。

（二）鼓励会计师事务所参与国际竞争项目

1. 支持对象

（1）会计师事务所应在北京市注册登记，并具有经北京市财政局行政许可的会计师事务所执业证书；

（2）会计师事务所近三年以来无严重违法违规行为。

2. 支持标准和方式

（1）鼓励会计师事务所在境外以自有品牌设立分支机构（含并购吸收所在国家和地区的会计师事务所成为其成员所）。上年度，每在境外自主设立一家分支机构（含并购吸收所在国家和地区的会计师事务所成为其成员所），实现品牌统一，正常开展业务，经申请审核，给予15万元奖励，每年每家会计师事务所奖励最高限额为100万元。

（2）鼓励会计师事务所以自有品牌参与权

威国际会计公司网络排名。上年度，会计师事务所在境外以自有品牌设立分支机构两家以上，并以自有品牌参与权威国际会计公司网络排名，分三档进行奖励：进入全球前30名，一次性给予30万元奖励；进入全球前20名，一次性给予40万元奖励；进入全球前10名，一次性给予50万元奖励。国际排名名次以会计师事务所上年度参与权威国际会计公司网络排名较为靠前的名次为准，符合条件的会计师事务所不重复享受奖励。

3. 申报材料

（1）由法定代表人签字的《服务贸易海外拓展资金项目申请表》，内容包括：企业基本情况、出口概要、本企业近三年无严重违法违规行为，是否拖欠政府性资金、同一项目是否已申请或享受其他财政资金等，以及申报说明；

（2）营业执照复印件；

（3）由法定代表人签字的《服务贸易海外拓展资金项目申请承诺书》；

（4）经会计师事务所审计的上一年度财务会计报告复印件；

（5）以自主品牌参与权威国际会计公司网络排名所获得较高名次的证明材料（中英文）；

（6）事务所自主品牌情况说明。

以上材料均须加盖企业公章。

四、申报流程

（一）申报单位按属地原则将申报材料（一式两份）在规定的时间内报送至所在区商务委，区商务委初审后上报市商务委。

（二）经市商务委复审通过的项目，委托中介机构进行项目评审或资金审核。对于会计师事务所参与国际竞争项目还需由北京市财政局进行复审，确定支持企业名单及支持资金额并按照相关程序予以资金拨付。

北京市商务委员会　北京市财政局关于印发《北京市外经贸发展资金支持北京市对外投资合作实施方案》的通知

京商务财务字〔2018〕29号

各有关单位：

根据《北京市商务委员会　北京市财政局关于印发〈北京市外经贸发展资金管理实施细则〉（修订稿）的通知》（京商务财务字〔2018〕23号），为支持我市对外投资合作，市商务委和市财政局结合北京市实际情况，联合制定了《北京市外经贸发展资金支持北京市对外投资合作实施方案》，现将该方案印发给你们，请遵照执行。

特此通知。

北京市商务委员会
北京市财政局
2018年9月11日

（联系人：市商务委财务处　薛俊芳；联系电话：87211630）

北京市外经贸发展资金支持北京市对外投资合作实施方案

根据《北京市商务委员会　北京市财政局关于印发〈北京市外经贸发展资金管理实施细则〉（修订稿）的通知》（京商务财务字〔2018〕23号），为支持我市对外投资合作，特制定以下实施方案：

一、申请的基本条件

（一）申请企业应具备的基本条件

1. 在我市依法注册，具有独立企业法人资格，已经取得市商务委或由市商务委报经商务部批准（核准或备案）开展对外投资合作业务的本市地方企业（对于境外渔业合作的企业根据国家有关规定在口岸城市或港口城市注册的，可不受注册地必须为我市的相关限制）；

2. 按照商务部、国家统计局《对外直接投资统计制度》《对外承包工程业务统计制度》和《对外劳务合作业务统计制度》的规定按时报送统计资料；

3. 当年未获得相同性质的其他同级专项资金的支持；

4. 其他按规定应满足的条件。

（二）申请项目应具备的基本条件

1. 经有关部门批准、登记或备案；

2. 在项目所在国（地区）依法注册、登记或备案，项目依法生效；

（1）境外投资，在“一带一路”沿线国家新设或并购企业；涉及装备制造和国际产能合作的；涉及境外主要矿产资源开发的；能够带动北京市企业技术转型升级，填补我市企业在技术方面的空白并购的；在境外设立研发中心、实验室及科技企业孵化器的；能够带动中华传统文化走出去，有利于传播优秀传统文化的境外投资的；在境外开展农业种植、畜禽养殖、奶业生产加工，农产品生产加工，参与海外农业技术示范项目和农业科技合作示范园区建设的等境外投资项目。

（2）对外承包工程，在基础设施、基础产业及有利于改善当地民生等领域开展的附加值高、影响力大，具有品牌和技术标准优势的工程项目，以及设计、咨询类等工程项目。

（3）对外劳务合作，按照《对外劳务合作管理条例》和《商务部 外交部 公安部 工商总局关于印送对外劳务合作服务平台建设试运行办法的函》（商合函〔2010〕484号）的规定，支持对外劳务合作公共服务平台建设，强化信息咨询、素质培训、权益保障、规范引导等服务功能，扩大服务辐射面；按规定开展对外劳务人员适应性培训的企业，支持重点：一是外派劳务人员户籍所在地为“京津冀”协同发展区域内或全国范围内“国家级贫困县”的，二是符合打造对外劳务合作“北京服务”品牌的高端劳务，如医护、厨师、航空、IT、施工项目管理等技术型劳务；按规定为劳务人员购买在国外工作期间人身意外伤害保险的企业。

（4）境外渔业合作，通过购买捕捞许可、派出渔船方式，在境外从事的渔业捕捞活动，渔业产品60%以上供应首都市场的。

（5）支持建设省级境外企业和对外投资联络服务分平台，我市企业为接入分平台支出的各项实际费用按照不超过50%比例予以补助。

3. 项目金额标准：

（1）境外投资：境外投资项目中方直接投资额不低于500万美元或等值货币；在“一带一路”沿线国家新设或并购企业，境内投资者拥有该境外企业50%（含）以上权益的境外投资，中方投资总额超过300万美元的；涉及装备制造和国际产能合作（钢铁企业、水泥企业，平板玻璃生产企业，火力发电厂、水力发电厂、核能发电厂、风力发电厂、太阳能光伏电站、汽车生产）的境外投资，中方占有该境外企业10%以上权益，中方投资总额超过300万美元的；涉及境外主要矿产资源开发（能源类矿产、金属矿产、非金属矿产）的境外投资，中方占有该境外企业10%以上权益，中方投资总额超过300万美元的；能够带动北京市企业技术转型升级，填补我市企业在技术方面的空白的并购项目，中方占有该境外企业50%以上权益，中方投资总额超过300万美元的；在境外设立研发中心、实验室及科技企业孵化器，中方占有该境外企业50%以上权益，中方投资总额超过100万美元的；能够带动“中华传统文化”走出去，有利于传播优秀传统文化的境外投资，中方投资总额超过50万美元的；在境外开展农业种植、畜禽养殖、奶业生产加工，农产品生产加工，参与海外农业技术示范项目和农业科技合作示范园区建设的境外投资，中方占有该境外企业50%以上权益，中方投资总额超过50万美元的。

（2）对外承包工程：对外承包工程项目合同额不低于500万美元或等值货币（设计、咨询类项目除外）。

（3）对外劳务合作：对按商务部、北京市规定开展对外劳务人员适应性培训和为劳务人员购买在国外工作期间人身意外伤害保险的企业，根据实际派出人数进行补助。

4. 项目适用时间：

（1）申请贷款贴息的项目，项目合同和贷款合同须为在申报年度内正在执行并按合同支付利息的；

（2）申请一次性直接补助的境外投资项目，新设（并购）境外企业须在申报年度内备案并设立；

（3）申请对外承包工程营业额直接补助的，项目须在申报年度内正在执行项目所发生的营业额；

（4）申请外派劳务人员直接补助的，项目须在申报年度内实际派出劳务人员；

（5）申请海外投资保险保费直接补助的，项目须为申报年度内执行的投保协议并支付保费的；

（6）申请资源回运保费的直接补助，其项目合同（协议）在申报年度内正在执行，并在此期间内运回权益内资源产品（以海关报关单为准）；

（7）申请对外承包工程项目投标、履约保函费用的直接补助，项目须为申报年度内正在执行的项目开具的保函并支付费用的。

5. 其他按规定应满足的条件。

二、支持方式和标准

（一）贷款贴息

申请贴息贷款为一年以上（含一年）中长期境内非政策性贷款，贷款可从境内银行取得，也可由我国企业在境外设立的控股企业从我国银行在境外的分支机构取得；特许经营类对外承包工程项目的贷款可由境外项目公司从境内银行取得，也可从我国银行在境外的分支机构取得；贷款用于对外投资合作项目的建设及运营；申报项目贷款额不超过《企业境外投资证书》备案的贷款额度和对外承包工程项目合同额，人民币贷款贴息率不超过中国人民银行公布执行的基准利率，实际利率低于基准利率的，不超过实际利率；外币贷款年贴息率不超过3%，实际利率低于3%的，不超过实际利率。

补助标准：用于支持对外投资合作项目的贷款贴息，不超过贷款实际支付利息的50%；每个项目可获得累计不超过3年的贷款贴息支持，每年度不超过1000万元人民币。

（二）境外投资的直接补助

我市企业申请境外投资项目直接补助的须是经市商务委或经市商务委报经商务部备案或核准取得《企业境外投资证书》，已在项目所在国（地区）依法注册，已履行完境内外全部手续。

补助标准：境外投资项目在申报年度内直接投资额超过500万美元的投资，给予额度不超过100万元人民币的一次性补助；如达不到上述标准要求，符合支持重点且在申报年度内累计中方直接投资完成中方投资额60%以上的，一般给予额度不超过50万元人民币的一次性直接补助。

（三）对外承包工程的直接补助

我市企业开展对外承包工程业务，申请营业额补助的应为申请企业直接中标项目，不含从其他对外承包工程企业获得的工程分包项目；项目合同总额大于500万美元（设计、咨询类项目除外）；以联营体形式承包工程的，企业承担项目情况按合同比例计算工程合同额。

补助标准：用于支持企业取得对外承包工程项目的补助，按照不超过项目申报期内已完成营业额的0.5%进行补助。用于支持企业对外承包工程项目投标、履约保函费用的补助，不超过实际支付费用的50%，一个项目当年补助额最高不超过100万元人民币。

（四）外派劳务人员的直接补助

对按商务部、北京市规定开展对外劳务人员适应性培训和为“一带一路”沿线国家输出劳务人员购买在国外工作期间人身意外伤害保险的企业进行直接补助；重点对外派劳务人员户籍所在地为“京津冀”协同发展区域内或全国范围内“国家级贫困县”的企业、符合打造对外劳务合作“北京服务”品牌高端劳务的企业进行直接补助（申报京津冀或国家级贫困县人员补助需提供所派出人员的“身份证复印件”，国家级贫困县以商务部提供的国家级贫困县名单为准）。

补助标准：培训补助每人不超过500元人民币；其中，对派出人员户籍所在地为“京津冀”协同发展区域内或全国范围内“国家级贫困县”的，每人补助不超过1000元人民币。为派出劳务人员购买在国外工作期间人身意外伤害保险的，按每人实际发生保费的50%，给予不超过500元人民币的补助。

（五）资源回运运保费的直接补助

我市企业开展境外能源资源开发，将其所获合作权益以内的产品运回国内，对从境外起运至国内口岸间的运保费给予补助。计算运保费的资源产品进口数量以海关统计数据为准。企业实施对外承包工程项目换回的，不超过与外方签署的开发投资合作协议合同总金额的资源产品运回国内，对从境外起运地至国内口岸间的运保费给予补助；享受补助的回运资源种类比照上述境外资源、能源开发合作项目执行。

补助标准：企业申报资源回运运保费支持金额不超过实际支付费用的50%，一个项目当年补助额最高不超过1000万元人民币。

（六）海外投资保险保费的直接补助

对企业开展对外投资合作业务投保海外投资保险的保费进行补助。

补助标准：给予不超过申请企业实际支付保险费用50%的补助，一个项目当年补助额最高不超过1000万元人民币。

（七）企业（单位）建设支持本市企业“走出去”的公共服务平台，具体支持方式标准以确认考核和年度考核标准为准。

（八）对受主管部门委托的企业（单位）为促进我市企业开展对外投资合作业务而组织的促进活动，按组织开展促进活动实际发生的费用进行补助。

三、申请审核和拨付

对外投资合作资金的申请详见当年申报通知，需提供以下基本材料：

（一）申请贷款贴息提供如下材料：

1. 北京市使用对外投资合作专项资金申请表；

2. 申请报告。包括项目基本情况、项目贷款、项目预期收益情况分析和发展前景等；

3. 申请企业营业执照复印件；

4. 企业持有的有效的《企业境外投资证书》《对外劳务合作经营资格证书》《对外承包工程项目投（议）标许可》或《对外承包工程项目备案表》等证书复印件；

5. 境外企业或机构注册文件复印件或合作项目合同副本；

6. 申报单位承诺书；

7. 与承贷金融机构签订的贷款合同及合同项下的借据及利息结算清单复印件；

8. 申请企业近两年的年度审计报告；

9. 要求报送的其他材料。

（二）申请直接补助提供如下材料：

企业除提供上述（一）款中1项至6项所列材料外，还需提供如下材料：

1. 以对外承包工程项目提出申请的，需提供项目有效中标的证明文件［中标通知书、正式签订的合同、使馆经商参处意见、对外承包工程项目投（议）标备案（核准）表等材料复印件］，申报期内完成营业额的情况说明材料，申请投标、履约保函费用补助的还需提供保函复印件及费用支付票据。

2. 以对外投资提出申请的，需外汇核准文件和资金汇出证明（在当地或第三国融资、企业内部从第三国调动资金等方式的，可不提供外汇核准文件和资金汇出证明，但须提供相关证明）、项目所在国有关机构的验资证明、以设备等实物投资的须提供海关报关单复印件等证明项目已经实施的材料；

3. 以在保险机构投保为由提出申请的，需提供投保保单和保费发票等材料；

4. 受主管部门委托的企业（单位）为促进我市企业开展对外投资合作业务，组织开展的促进工作为由提出申请的，需提供促进活动已经开展的证明材料（开展促进活动文件、机票、合同及发票等）；

5. 以对外劳务人员适应性培训提出申请的，需提供培训的相关证明材料及外派劳务人员的户籍证明材料；

6. 要求报送的其他材料。申报单位报送的材料凡与申请有关的外文资料，须同时报送中文译本，复印件须加盖单位公章，一式两份，按上述所列文件顺序列出申报文件目录并装订成册。

北京市商务委员会　北京市财政局关于印发《北京市外经贸发展资金支持北京市企业高风险国别投资项目海外投资保险统保平台实施方案》的通知

京商务财务字〔2018〕30号

各有关单位：

根据《北京市商务委员会　北京市财政局关于印发〈北京市外经贸发展资金管理实施细则〉（修订稿）的通知》（京商务财务字〔2018〕23号），为支持我市对外投资合作，市商务委和市财政局结合北京市实际情况，联合制定了《北京市外经贸发展资金支持北京市企业高风险国别投资项目海外投资保险统保平台实施方案》，现将该方案印发给你们，请遵照执行。

特此通知。

北京市商务委员会

北京市财政局

2018年9月11日

（联系人：市商务委财务处　薛俊芳；联系电话：87211630）

北京市外经贸发展资金支持北京市企业高风险国别投资项目海外投资保险统保平台实施方案

根据《北京市商务委员会　北京市财政局关于印发〈北京市外经贸发展资金管理实施细则〉（修订稿）的通知》（京商务财务字〔2018〕23号），为支持我市对外投资合作，特制定以下实施方案：

一、申请投保企业条件

（一）在本市依法登记注册，具有独立法人资格的企业（不含以金融股权投资为主营业务的企业）；

（二）依法开展对外投资合作业务，财务制度健全，近三年无违法违规行为，未拖欠应缴还的财政性资金。

二、申请投保项目条件

境外投资项目需同时满足以下条件：

（一）符合现行国家和北京市鼓励的境外投资方向；

（二）经国家有关部门批准或备案，取得企业境外投资证书和备案的海外投资项目；

（三）在项目所在国依法注册、登记或备案；

（四）投资方式为新设或并购；

（五）项目所在国为中国信保项目险国别分类表中C、D、E类国家；

（六）投资项目未享受过北京市其他海外投

资保险保费的扶持。

三、保险标的

保险标的为北京市企业在符合下列要求的海外投资项目中的股权投资部分（最终持有的所有者权益，具体金额通过保费扶持年度1月1日项目公司的资产负债表确定）：

（一）保费扶持年度的前三个年度内在北京市商务委备案；

（二）符合上述第二条要求；

（三）上述股权投资部分投资额不超过3亿美元。

四、承保风险（具体内容见保单条款）

（一）战争及政治暴乱；

（二）汇兑限制；

（三）征收。

五、财政资金补助标准

对纳入统保平台，且保险方案通过中国信保或相关政府部门审批的项目给予100%保费扶持。

六、资金安排

统保平台补助资金由外经贸发展专项资金列支，中国信保应在第一、二、三季度末向市商务委报告每季度审批通过的统保平台项目，并申请支付保费，保费在下季度第一个月支付到账；中国信保应在12月10日前向市商务委报告第四季度审批通过的统保平台项目，并申请支付保费，保费应在12月20日前支付到账。保费到账后中国信保向市商务委开具发票。

北京市商务委员会 北京市住房和城乡建设委员会 北京市规划和国土资源管理委员会关于北京市居住配套商业服务设施改变使用性质及转让工作办理规定的通知

京商务规字〔2018〕26号

各有关单位:

为加强本市居住配套商业服务设施管理,根据北京市人民政府《关于印发〈北京市居住公共服务设施配置指标〉和〈北京市居住公共服务设施配置指标实施意见〉的通知》(京政发〔2015〕7号)、市商务委等部门《关于印发〈居住配套商业服务设施规划建设使用管理办法(试行)〉的通知》(京商务规字〔2018〕6号)要求,现对居住配套商业服务设施改变使用性质和转让工作规定如下:

一、改变使用性质办理规定

根据《北京市人民政府关于印发〈北京市居住公共服务设施配置指标〉和〈北京市居住公共服务设施配置指标实施意见〉的通知》(京政发〔2015〕7号)相关规定,本市规划为居住配套商业服务设施原则上不得改变使用性质,如确需改变使用性质,须由开发建设单位(产权单位)报所在区商务委,由区商务委会同区有关部门研究同意,并经区人民政府批准后,由市商务委、市规划国土委和市住房城乡建设委召开联席会进行专题研究,未经联席会批准同意,不得改变使用性质。

二、转让办理规定

(一)设施种类

凡是房屋规划用途标注为"商业配套""其他商业服务"等,属于居住配套商业服务设施的房屋,转让前均需要到所在区商务委进行批准。

(二)转让流程

1. 新建配套设施转让流程

居住配套商业服务设施只作现售。开发建设单位销售居住配套商业服务设施前,需经房屋所在地区商务委进行现场查验。查验通过后,由区商务委出具"居住配套商业服务设施销售同意函"。开发建设单位凭同意函,到区住房行政管理和规划国土部门办理转移登记手续。

2. 存量配套设施转让流程

已销售的居住配套商业服务设施再次上市出售时,需在双方交易前,由产权方到所在区商务委办理相关手续后到区房屋管理和规划国土部门办理转移登记手续。

(三)买受人条件

居住配套商业服务设施买受人条件参照《关于进一步加强商业、办公类项目管理的公告》(京建发〔2017〕112号)有关规定执行。因继承(遗赠)、夫妻间房屋转移、夫妻离婚及人民法院、仲裁委员会生效的法律文书导致权属转移的情形除外。

特此通知。

北京市商务委员会
北京市住房和城乡建设委员会
北京市规划和国土资源管理委员会
2018年9月10日

北京市商务委员会关于申报 2018 年度第二批商务发展项目（社区蔬菜直通车）的通知

京商务规字〔2018〕29 号

各区商务委、有关单位：

为进一步满足社区居民购菜需求，充分发挥社区蔬菜直通车作用，根据北京市财政局、北京市商务委员会关于印发《北京市商业流通发展资金管理暂行办法》的通知（京商务财务字〔2017〕47 号），现将申报 2018 年度第二批商务发展项目（社区蔬菜直通车）的有关事项通知如下：

一、支持方向和方式

对符合社区蔬菜（肉类）直通车设置和管理规范的社区蔬菜直通车项目，采取评审后以奖代补的形式给予支持。

二、支持标准

2017 年以来在社区服务满一年的社区蔬菜直通车项目，按每个企业每社区 1 万元标准予以奖励；对 2018 年以来新购置的社区蔬菜直通车（含新增购置车辆及更新购置车辆，国Ⅴ标准），每辆奖励 5 万元。每个企业最高不超过 200 万元。

三、申报条件

（一）在北京地区注册且具有独立法人资格，从事商贸流通业经营、服务、管理的企业；

（二）项目申报单位经营状况良好，财务管理制度健全；

（三）申报项目能够按计划实施；

（四）项目未获得其他部门资金支持。

四、申报材料

（一）项目申报书；

（二）项目已发生费用明细表；

（三）项目单位法人证明文件复印件（营业执照、组织机构代码证书、法定代表人身份证明等）；

（四）项目单位近两年财务报表（资产负债表、损益表、现金流量表）；

（五）其他与项目相关材料：

1. 新购置车辆明细表；

2. 服务社区明细表及相应材料（与街道办事处或社区居委会签署的服务协议等）；

3. 项目申报单位承诺书。

项目申请材料一式两份，应按顺序装订成册，并加盖单位公章。项目申报材料不予退回。

五、申报流程

（一）项目申报。自通知发布之日起，项目申报单位根据隶属关系将申报材料报区级商务委。

（二）项目审核。按照隶属关系，由各区商务委对申报项目进行初审，通过初审的项目汇总后报市商务委进行复审。

六、申报时限

本通知发布之日起即可上报。

七、工作要求

（一）各项目申报单位应确保申报材料真实、准确、完整，保证项目手续合规、按时间进度推进。

（二）对于伪造、提供虚假材料的项目申报

单位，按北京市商务领域不良信用记录名单管理办法（试行）规定进行处理。

（三）获得专项资金支持的项目申报单位应积极配合相关监督检查、审计等工作。

（四）各初审单位应积极组织指导项目申报，按照规定程序严格审核把关。对已支持项目的后续指导和跟踪监管，确保项目实施效果，充分发挥财政资金使用效益。

（五）项目单位收到财政资金后，应按照企业会计准则第16号——政府补助相关规定进行账务办理，相关法规另有规定的从其规定。

市商务委对本通知负责解释。

特此通知。

（联系人：规划建设处 杨洋；联系电话：87211530）

相关附件：

附件：1. 项目申报表

2. 项目已发生费用明细表

3. 新购置车辆明细表

4. 项目申报单位承诺书

5. 2018年商务发展项目申报情况汇总表

附件 1

项目申报表

项目名称：	
项目单位：	
企业注册地：	
申报日期：	

附件 2

项目已发生费用明细表

填报单位：(公章)

序号	记账时间	会计凭证号	发票号码	费用名称	金额（元）
1					
2					
3					
4					
5					
6					
7					
8					
9					
10					
11					
12					
13					
14					
15					
16					
17					
18					
19					
20					
	合计				

注：项目已发生费用明细按时间先后顺序填写。

附件 3

社区蔬菜直通车企业新购置车辆明细表

企业名称： 负责人： 联系电话： 服务社区个数总计：

所属区： 填报人： 联系电话： 填表日期：

序号	所属车辆号牌	车辆购置发票号	新增/替换	服务社区情况				
				社区名称	进驻日期	每周时间	服务人数	辐射范围

附件 4

项目申报单位承诺书

北京市商务委员会：

我单位将严格按照《北京市商业流通发展资金管理暂行办法》及相关配套管理办法的有关规定组织实施____项目，保证向市商务委及有关部门提供的资料真实、有效，项目建设各项手续齐全、合规，项目建设资金落实到位，项目按计划实施，确保项目建设效果。

我单位承诺保证不出现任何项目建设违法违规行为，按照《社区蔬菜（肉类）直通车设置和管理规范》以及加强直通车管理的有关工作要求，建立严格的企业运营管理制度，加强对所属直通车的管理，所属直通车不擅自挪作他用。新购置的社区蔬菜直通车自获得支持资金之日起，至少提供社区蔬菜直通车服务一年以上。如出现提供服务不满一年的情况，我单位将主动退还相关支持资金。

如出现上述问题我单位将承担一切责任。

项目单位法人代表（签字）：__________

单位公章

年　月　日

附件 5

2018 年商务发展项目申报情况汇总表

填报单位：（盖章）　　单位 : 万元

序号	项目单位	项目名称	计划投资			企业性质	企业注册资金	项目已投资	项目进度		项目负责人	办公电话	手机	项目主要内容	项目主要支出预算
			总额	自筹资金	银行贷款				开工时间	完工时间					
总　计															

填报人：　　　　　　审核人：

备注 : 此表由项目申报单位填写，由区商务委、市属商业企业集团、总部企业汇总。

北京市商务委员会等7部门关于印发《关于进一步促进便利店发展的若干措施》的通知

京商务流通字〔2018〕25号

各区人民政府、市政府各有关部门：

《关于进一步促进便利店发展的若干措施》已经市政府同意，现印发给你们，请结合实际认真贯彻执行。

特此通知。

北京市商务委员会

北京市发展和改革委员会

北京市财政局

北京市城市管理委员会

北京市工商行政管理局

北京市食品药品监督管理局

北京市公安局消防局

2018年10月10日

关于进一步促进便利店发展的若干措施

便利店（便民店）是重要的民生服务业态，促进便利店（便民店）发展是提高生活性服务业品质、建设国际一流和谐宜居之都的必然要求。为落实市委、市政府决策部署，促进便利店（便民店）发展，进一步提高生活性服务业品质，制定如下措施：

一、拓展发展空间，优化网点布局

1. 进一步明确配置标准

落实《北京市居住公共服务设施配置指标实施意见》，细化便利店配置标准，居住项目规划按10~20平方米/千人预留便利店业态空间。实施《居住配套商业服务设施规划建设使用管理办法（试行）》，确保便利店等配套商业设施与住宅建设同步规划、同步建设、同步验收和交付使用，进一步固化用途功能。完善街区商业生态配置指标，每社区建设不少于1个便利店，2020年底前实现城市社区全覆盖。

2. 采取共治自治方式统筹利用闲置空间资源

支持属地政府、居委会和产权单位采用共治自治的方式，利用疏解整治腾退出的空间资源，引进连锁品牌便利店经营，提升便民服务功能。支持市属、区属国有企业在可利用的原锅炉房、煤场、煤气站、奶站等空间资源，设置便利店等便民服务设施。加快落实《关于利用地下空间补充完善便民商业服务设施的指导意见》，支持产权单位合理利用地下空间建设便利店等便民服务网点。

3. 开放公共服务单位空间资源

对尚未达到便利店配置标准的街区，协调教育、体育、卫生、园林、交通、园区管委会等部门，开放所属公共服务单位的空间资源，在学校、体育场馆、医院、公园、地铁、科技园区等单位引入品牌连锁便利店，优化便民服务网点布局，进一步提升公共服务场所的便民服务水平。

4. 加强仓储物流空间设施保障

编制实施全市物流空间布局专项规划，将便利店仓储物流设施空间需求纳入“物流基地＋物流中心（园区）＋末端配送网点”三级物流体系统筹考虑。支持连锁便利店企业采用专业化第三方物流服务，实施共同配送、统一配送，建设集约、高效、智慧的物流配送体系。在本市新增行业的禁止和限制目录中，将新建和扩建为连锁便利店等企业提供主食、副食、调料等配送的中央厨房和食品制造排除在食品制造业管理措施之外。

二、加大资金支持，降低经营成本

5. 加大门店和支撑体系建设支持力度

统筹商业流通发展资金和市政府固定资产投资补助资金，支持便利店等商业便民服务设施建设。连锁便利店企业新建门店、新建或改建配送中心等项目，纳入市政府重点推动的民生工程，对其装修和硬件设备购置费用，商业流通发展资金可按项目核定实际投资总额的50%，不超过500万元金额给予支持。对连锁便利店企业投资建设便利店类项目，符合商业便民服务设施项目投资补助相关政策要求的，经过评审可给予核定总投资的30%市政府固定资产投资补助。发挥财政资金对社会资本的撬动作用，充分利用北京生活性服务业发展基金，加大对便利店品牌企业的投资，带动各类社会资金投资建设连锁便利店建设项目。

6. 加大物业租金支持

市区两级政府协同，对搭载早餐和蔬菜零售、针头线脑等基本便民服务功能的连锁便利店新建门店租金投入，给予财政资金补助。市级商业流通发展资金对生活性服务业网点建设中的新建便利店项目，依据租金市场变动情况适时调整不同区域最高租金限价标准，按政策给予新开门店租金补助。

7. 支持连锁便利店进农村

加快农村流通现代化基础设施建设，采取以奖代补方式，鼓励品牌连锁企业在各区农村区域建设乡（镇）、村两级连锁便民服务体系。按照每乡（镇）不少于一家200平方米左右的连锁便利店，每村不少于一家100平方米左右连锁便利店的建设要求，对符合条件的新建乡（镇）、村级连锁便利店项目给予资金补助。支持品牌连锁企业通过特许加盟方式改造提升现有农村便民店，提高商品和服务规范化水平，提升农村消费环境。

8. 支持便利店创新发展示范项目

统筹利用商业流通发展资金，支持便利店企业应用互联网、大数据、云计算等现代信息技术，开发和升级管理信息系统，提高供应链信息化、智能化水平，提高运营效率。发展绿色物流，支持便利店企业更新新能源物流配送车辆。将便利店企业纳入节能示范超市创建活动，适当加大对连锁便利店企业门店节能改造项目的支持力度，鼓励企业更新使用节能设备设施，推动绿色环保流通体系建设。

三、深入推进“放管服”，简化注册流程

9. 持续简化登记注册流程

完善生活性服务业“一区一照”登记注册办法，加强证照分离、先照后证改革后证照的有效衔接。进一步简化登记注册审批流程，采取“一区一照”模式的连锁便利店，可以一次申请多个分支机构登记注册，并在3个工作日内办结。

10. 逐步改进准入登记

使用社区内可利用的原锅炉房、煤场、煤气店、奶站等空间资源设置便利店的，由所在社区居委会充分征求居民意见后提出，由区政府或其授权的属地街乡政府出具同意意见，工商部门办理登记注册手续。利用学校、体育场馆、医院、公园、地铁、科技园区等公共服务单位内的开放空间资源设置便利店，因各种历史原因无法提供房产证的，由区政府或其授权的属地街乡政府出具同意意见，工商部门办理登记注册手续。属于市属国有企业的房屋，市属国有企业出具房屋权属或改变房屋用途的确认意见。

11. 支持增加搭载服务项目

简化经营范围增项手续，支持便利店搭载简餐销售、代收洗衣、代扣代缴、代收代发等综合便民服务项目。对于从事预包装食品简单加热项目的便利店、社区超市，可在经营范围中标注为“销售食品”。对实施“一区一照”登记的连锁便利店企业统一搭载便民服务项目，可由总店统一办理经营范围增项，各分店不再单独办理增项。

四、改革经营许可，创新监管模式

12. 缩短食品经营许可审核时长

开通食品经营业许可快速通道，对连锁便利店企业仅申请预包装食品销售等经营项目，以及食品经营许可变更、延续、补办等不改变经营场所、设备设施和布局的，不再进行现场核查。申请现场制售类经营项目的，进一步压缩现场审查时间，将便利店企业取得食品经营许可审核时长压缩至从提交完整材料之日起5个工作日以内。

13. 改进食品药品经营限制

根据食品经营许可审查细则的要求，便利店等食品流通企业申请食品制售项目时设置食品处理区的面积要求，按最小不少于6平方米的标准执行。支持企业根据市场变化和消费需求，扩大简餐类经营品种。改进机制饮品制售项目许可限制，对连锁便利店企业以取得《食品生产许可证》的食品为原料，由密闭式自动化设备完成制作、销售等后续工序的咖啡、豆浆等饮品项目，按散装食品销售的经营项目进行许可，无须标注为自制饮品项目。连锁便利店可按有关标准申请零售经营乙类非处方药，申请二类医疗器械经营备案的可由企业总部统一配备质量管理人员。

14. 支持搭载出版物、音像制品经营

推进便利店搭载零售图书、音像制品及报刊等业务，支持便利店企业自营或与有出版物经营许可的企业合作经营，丰富便利店服务功能。

15. 支持发展社区便民服务新模式

制定和落实《关于利用厢式智能便利设施完善社区便民服务的指导意见》，推动各区在便民服务设施空间条件不足的社区内，设置符合规范的厢式智能便利设施（厢式便利店、智能货柜），搭载蔬菜零售、早餐等服务功能，补齐便民设施短板，满足居民便利消费的需求。进一步明确许可审查标准，允许便利店内设置就餐区域。

16. 提供便利店消防安全现场检查服务

按照“放管服”改革和优化营商环境的工作要求，提供便利店消防安全现场检查服务，对便利店建设项目针对是否符合相应的消防安全技术标准开展检查，并出具检查意见；对300平方米（含）以下的便利店，不再进行验收和公众聚集场所投入使用、营业前的消防安全检查，加强日常监督管理。

五、规范执法检查，提高服务水平

17. 加强基层监管执法培训

加强对基层负责许可、监管和执法工作人员的培训，提高基层工作人员水平，确保在行政许可、日常监管、执法检查中标准一致、程序一致、时限一致。进一步转变执政理念，强化服务，变“堵”为“疏”，主动创新日常监管方式，提高服务企业的意识和能力。便利店等流通企业所售商品出现质量问题，如已向生产企业或供应商索证索票，并能如实提供相关证据证明其进货来源的，应根据不同环节的问题性质区分责任，依法追究相应责任主体的法律责任。

六、促进规范提升，培育品牌优势

18. 规范牌匾标识

制定连锁便利店牌匾标识设置导则，进一步明确便利店业态标识牌匾的设置位置、体量、形式、色彩和照明等要素，指导企业规范设置牌匾标识，突出企业经营特色，增强品牌知名度，提高消费者对品牌连锁企业的认可度。

19. 培育和扩大品牌优势

将连锁便利店门店纳入创建范围，引导连锁便利店企业参与北京市优质服务商店评选，支持连锁便利店门店申请成为离境退税定点商店。大力推进电子发票在连锁便利店企业的应用。组织便利店企业参加商务领域各类促消费活动，利用促消费宣传平台，加大对连锁便利店经营品类、经营特色、规范服务等方面的宣传力度，提升品牌便利店服务形象。

七、工作要求

全市各部门要进一步提高认识，落实好上述十九条措施，推进便利店网点建设布局。商务部门牵头，加强对全市连锁便利店促进工作的统筹协调，建立健全工作协调机制，各相关部门按照分工，切实履行责任，加强协调配合，创新具体举措，转变工作作风，主动破除瓶颈、解决企业困难问题。各区人民政府发挥属地作用，根据形势需要和本地实际，出台配套措施，加强对便利店的规划、建设、监管等工作力度，强化保障服务，形成工作合力，为促进便利店发展营造良好的环境。

北京市商务委员会　北京市规划和国土资源管理委员会关于印发《实施北京市街区商业生态配置指标的指导意见》的通知

京商务规字〔2018〕31号

各区商务委、市规划国土委各分局、各有关单位：

按照本市《关于进一步提升生活性服务业品质的工作方案》（京政办发〔2018〕10号）要求，市商务委、市规划国土委共同研究制定了《实施北京市街区商业生态配置指标的指导意见》，现印发你们，请认真贯彻执行。

特此通知。

北京市商务委员会
北京市规划和国土资源管理委员会
2018年10月11日

实施北京市街区商业生态配置指标的指导意见

为建立和维护良好街区商业生态，落实《关于进一步提升生活性服务业品质的工作方案》（京政办发〔2018〕10号）要求，优化便民商业配置水平，为各区制定生活性服务业设施规划提供依据，特制定北京市街区商业生态配置指标指导意见。

一、基本原则

落实北京市城市总体规划，坚持以人民为中心的发展思想，满足人民群众对生活性服务业品质提升的普遍需求，优化便民商业配置水平，完善基本便民商业设施，建立差异化街区商业生态体系。引导零售、餐饮等生活性服务业组合发展，实现15分钟生活圈城乡社区全覆盖。

二、发展目标

为维护良好街区商业生态，各区应结合自身实际，编制本区生活性服务业设施规划，并按照居民共治共享的原则，充分听取群众意见建议，把规划细化落实到每个街道（乡镇）、社区。规划中要坚持政府引导作用和市场主体作用相结合，优化百姓身边商业服务业设施布局，在“保基本”“保底线”的基础上，按照不同地区特点，培育构建完整的街区商业生态系统。

（一）“保基本”发展目标

着力解决街区商业设施供给、需求、质量方面存在的突出矛盾和问题，研究制定补建提升措施，合理利用腾退空间，填补基层商业设施欠账，基本便民商业设施实现城市社区全覆盖。

（二）“提品质”发展目标

“织密”街区商业网络，提升街区内商业网点覆盖度，促进全市生活性服务业网点不断规范化、连锁化、便利化、品牌化、特色化、智能化发展，形成配套完善、具有较高品质的街区商业生态环境。

（三）“有特色”发展目标

修补街区商业肌理，提升环境品质，让居民拥有舒适安全的社区消费环境和生动美好的生活氛围。培育构建配套完善、均衡便利且具有北京文化特色的差异化街区商业生态系统。

三、街区商业设施规模配置指标

在街区商业设施配置上，要在按照《北京市居住公共服务配套设施配置指标》（京政发〔2015〕7号）和《北京市居住配套商业服务设施规划建设使用管理办法（试行）》（京商务规字〔2018〕6号）中相关规定，合理配置居住配套商业设施的基础上，注重为社区服务的商业中心选址和建设，提升商业空间的使用效率，兼顾居住配套商业设施的“小而精”和社区级商业中心的“大而全”。居住配套商业设施与社区级商业中心具体配置规模指标为：

配置方式	居住配套商业设施	社区级商业中心
模式	单点式	多个业态共生的社区消费空间
体量	单个网点2500平方米以下	5000平方米至20000平方米
服务半径	500米以下	1000米以上
配置指标	依据《北京市居住配套商业服务设施规划建设使用管理办法（试行）》中规定，居住配套商业服务设施总体规模按600~700平方米／千人建筑面积配置。	大型社区级商业中心服务人口3~5万人；小型社区级商业中心服务1~3万人。
布局	靠近住宅区、步行可达性较好的空间。	采取集中布设的方式，选取靠近公共交通站点的区域；或布点于人口密集，路网密度高、步行和驾车可达性较好的区域，并配置有一定停车空间。

四、街区商业业态配置指标

在街区商业业态配置上，要在满足社区居民日常基本消费需求的基础上，科学配置各类基本便民和品质提升类业态，打造业态丰富、保障有力的商业毛细血管网。

（一）“保基本”配置指标

根据社区商业各业态服务功能，居民消费频率等实际情况，确定蔬菜零售、便利店等为基本便民商业业态，2020年前，城市社区原则上应达到以下要求：

“保基本”业态	配置基准	设置指标
蔬菜零售	社区	每个社区不少于2个
便利店	社区	每个社区不少于1个
早餐	街道	每3000人不少于1个
社区超市	街道	平均每个社区不少于1个
美容美发	街道	平均每个社区不少于1个
末端配送	街道	平均每个社区不少于1个
维修	街道	平均每个社区不少于1个
洗染	街道	平均每个社区不少于1个
家政服务	街道	平均每个社区不少于1个
社区商业综合体	街道	每个街道不少于1个，原则上面积不小于2000平方米，综合多种基本便民业态。

对于“保基本”业态，鼓励节约利用商业配套设施，在便利店、社区超市中搭载早餐、洗染等相关服务功能。短期内难以完全补齐设施短板的街区，对于维修、洗染和家政等居民日常消费频次较低，且可利用信息化手段进行服务保障的业态，可暂不设置实体网点。

（二）“提品质”配置指标

街区商业业态在完成“保基本”的前提下，应积极引入文化、体验、健康等消费业态，提升社区生活品质。社区品质提升业态包括：药店、书店、花店、健身、品质餐饮、宠物服务、自动售卖、咖啡厅及早教等。

应考虑社区居民生活规律，在社区10分钟/15分钟生活圈中，根据业态消费特点，对基本便民业态和品质提升业态进行有序配置。2035年前，城乡社区达到以下要求：

	基本便民业态	品质提升业态
10分钟生活圈	便利店、蔬菜零售、末端配送、社区餐饮、早餐、社区超市等	药店、宠物服务、自动售卖机、咖啡厅等
15分钟生活圈	美容美发、家政服务、维修、洗染等	书店、面包店、甜品店、健身房、花店等

五、各区域配置要求

为实现城市精细化管理，为居民打造家门口的品质化消费，提高不同人文环境、交通环境下的街区生活宜居度，各区要因地制宜积极开展街区商业生态修复和培育。

（一）各类街道、乡镇配置要求

1. 历史文化街区所在街道

包括景山街道、东华门街道、安定门街道、东四街道、交道口街道、前门街道、什刹海街道、天桥街道、西长安街街道、新街口街道、牛街街道和大栅栏街道。

各区在编制生活性服务业规划时，对于此类地区，应充分考虑空间限制，灵活布置网点，在引进注入连锁化社区商业服务网点的同时，注重街区生态与当地的历史底蕴和文化氛围相结合，鼓励设置老字号、书店等具有文化品质的商业业态。

历史文化街区所在街道社区商业网点数量应不少于12个/千人，设施布局上应优先通过沿街布点、或在步行可达性较好的社区内部区域内布点。

2. 科技创新产业园区所在街道乡镇

包括中关村科学城所在的海淀区中关村街道、怀柔科学城所在的怀柔区雁栖镇，未来科学城所在的昌平区北七家镇和北京经济技术开发区所在的亦庄地区，以及未来规划建设的其他科技创新区所在街道或地区。

各区在编制生活性服务业设施规划时，对于此类地区，应结合区域内居民高学历和平均年龄相对较低的特点，打造具有多元文化特点的宜居商业生态，考虑引进部分“智慧零售”和休闲社交类商业服务品牌，满足高新技术人才的办公和生活需求。

科技创新产业园区所在地区社区商业网点数量应争取达到10~12个/千人或更高水平，规模较大的园区内，应建设社区级或以上层级的商业中心。

3. 商业中心所在街道

包括东华门街道、建国门外、望京街道等具有广域级、区域级商业中心及集中商务区所在街道，应依托商业中心建设高品质、高标准街区商业服务网络，引导商业中心适当承担社区商业服务功能，服务周边社区。

商业中心所在街道社区商业网点数量应不少于15个/千人。

4. 高人口密度街道

包括回龙观、天通苑及类似的城市发展新区中具有较高人口密度的街道和地区，应重点补足当地的居住配套商业服务设施，建设社区商业综合体，并通过智能化服务、线上服务和共享服务等，提升社区商业保障能力。

高人口密度街道社区商业网点数量应不少于8个/千人并在有条件的地区建设社区级或以上层级的商业中心。

5. 一般性街道乡镇

对于其他一般性街道，应结合控制性详细规划的编制，补足居住配套商业服务设施，对于建成环境较好、道路路网条件适宜、有空间及运营条件的街道，鼓励建设具有一定规模的社区级商业中心。

一般性街道社区商业网点数量应不少于 8 个／千人，争取达到 10~12 个／千人水平。

6. 村镇地区

为缩小城乡差距，全面推动和谐宜居社区建设，村镇地区社区商业配置水平应逐渐提升到城市地区水平，尤其应鼓励适应本地发展的便利店和共同配送模式进入村镇社区，鼓励建设功能复合型的商业服务网点。

村镇区域人均社区商业网点数量应争取达到5~8个／千人，每个乡镇应建设1个商业中心。

（二）各类社区配置要求

1. 新建社区

新建社区应严格按照《北京市居住配套商业服务设施规划建设使用管理办法（试行）》中规定，居住配套商业服务设施总体规模按 600~700 平方米／千人建筑面积配置。其中：菜市场配置指标为建筑面积 50 平方米／千人。小型社区菜市场建筑面积 500~1000 平方米，中小型社区菜市场建筑面积 1000~1500 平方米，大型社区菜市场建筑面积 2000~2500 平方米。生鲜超市、社区菜店、综合超市、便利店、早餐（餐饮）店、理发店、家政服务点、洗衣店、便民维修、药店、末端配送点等配套商业服务设施配置指标为建筑面积 535~625 平方米／千人。小型商服（便利店）配置指标为建筑面积 10~20 平方米／千人。

新建社区应在按标准配置居住配套商业服务设施的基础上，按照人口情况规划建设社区级商业中心，保障社区商业网点数量不低于 12 个／千人。

2. 老旧社区

老旧社区应按照居住配套商业服务设施配置指标进行补建，引导各区优先利用疏解腾退空间和地下空间补齐基本便民商业设施，做好国有企业原有商业网点等资源及闲置空间的再利用。对于有条件的社区可以在道路交汇口等可达性条件好的地方配置社区商业综合体。保障社区商业网点数量不低于 10 个／千人。

3. 胡同平房社区

胡同平房社区应考虑容积率低、可用空间分散等基本情况，合理、充分利用腾退空间，确保社区商业网点数量不低于 10 个／千人，应确保蔬菜零售等基本便民业态全面覆盖，应考虑居民平均年龄较大和平房居住的特点，鼓励提供“老年餐桌”“上门服务”和“便民洗浴”等便民服务功能。社区商业网点在选址上应与治理拆墙打洞工作相结合，在避免对居民日常生活的干扰前提下，补足便民商业设施。

4. 一般性社区

对于城区街道的其他一般性社区，应考虑社区的建成环境和可达性条件，从社区居民实际生活消费特点出发，在进行商业规划建设时，保障社区商业网点数量不低于 8 个／千人。

各区要依据本指导意见，以满足居民实际需求为根本，结合各自实际，因地制宜制定本区域街区生活性服务业设施规划，市商务委、市规划国土委将定期对各区生活性服务业设施规划实施情况进行体检。

北京市商务委员会关于做好2018年北京市对外投资合作专项资金项目申报工作的通知

京商务经字〔2018〕22号

各有关单位：

为充分发挥外经贸发展专项资金的引导作用，进一步支持我市企业积极开展对外投资合作业务，根据财政部、商务部《外经贸发展专项资金管理办法》（财企〔2014〕36号），《北京市商务委员会、北京市财政局关于印发〈北京市外经贸发展专项资金管理实施细则〉（修订稿）的通知》（京商务财务字〔2018〕23号）（以下简称《实施细则》）和《北京市商务委员会、北京市财政局关于印发〈北京市外经贸发展专项资金支持北京市对外投资合作实施方案〉的通知》（京商务财务字〔2018〕29号）（以下简称《实施方案》），以及《财政部 商务部关于2018年度外经贸发展专项资金重点工作的通知》（财行〔2018〕91号）的有关规定，现将2018年北京市对外投资合作专项资金项目申报工作通知如下：

一、专项资金支持重点

以推进"一带一路"国际合作为重点，根据国家有关重点规划和北京市"四个中心"建设，围绕交通运输、电力、通信设施、能源资源、航空航天、海洋工程、环境保护、新兴产业、农林牧渔领域，开展互利共赢的对外承包工程及境外投资业务。鼓励开展技术、品牌、专利、营销网络的境外合作，优化全球布局，打造国际品牌。境外投资指我国境内企业通过新设、并购等方式在境外设立非金融企业或取得既有非金融企业的所有权、控制权、经营管理权等权益的行为。对外承包工程指我国境内企业承包境外建设工程项目，包括咨询、勘察、设计、监理、建造、采购、施工、安装、调试、运营、管理等活动。

按照《商务部财政部国务院扶贫办共青团中央关于印发〈进一步加大对外劳务扶贫力度工作方案〉的通知》（商合函〔2017〕967号）和《商务部外交部公安部工商总局关于印送对外劳务合作服务平台建设试行办法的函》（商合函〔2010〕484号）规定，支持对外劳务扶贫和公共服务平台提升服务质量，强化信息咨询、素质培训、权益保障、规范引导等服务功能，实现跨区域提供服务，对提升贫困县外派劳务人员报名、培训、输送等公共服务能力建设给予重点支持。对外劳务合作指我国境内企业组织劳务人员赴其他国家或地区为境外的企业或者机构工作的经营性活动。

二、申请企业和项目的基本条件

（一）申请企业必须具备的条件

1. 在我市依法注册，具有独立企业法人资格，已经市商务委或由市商务委报经商务部批准（核准或备案）开展对外投资合作业务的本市地方企业（对于境外渔业合作的企业根据国家有关规定在口岸城市或港口城市注册的，可不受注册地必须为我市的相关限制）；

2. 按照商务部、国家统计局《对外直接投资统计制度》《对外承包工程业务统计制度》和《对外劳务合作业务统计制度》的规定按时报送统计资料；

3. 当年未获得相同性质的其他同级专项资金的支持；

4. 其他按规定应满足的条件。

（二）申请项目应具备的条件

1. 经有关部门批准、登记或备案；

2. 在项目所在国（地区）依法注册、登记或备案，项目依法生效；

3. 项目金额标准

境外投资：境外投资项目中方直接投资额不低于500万美元或等值货币；在“一带一路”沿线国家新设或并购企业，境内投资者拥有该境外企业50%（含）以上权益的境外投资，中方投资总额超过300万美元的；涉及装备制造和国际产能合作（钢铁企业、水泥企业，平板玻璃生产企业，火力发电厂、水力发电厂、核能发电厂、风力发电厂、太阳能光伏电站、汽车生产）的境外投资，中方占有该境外企业10%以上权益，中方投资总额超过300万美元的；涉及境外主要矿产资源开发（能源类矿产、金属矿产、非金属矿产）的境外投资，中方占有该境外企业10%以上权益，中方投资总额超过300万美元的；能够带动北京市企业技术转型升级，填补我市企业在技术方面的空白的并购项目，中方占有该境外企业50%以上权益，中方投资总额超过300万美元的；在境外设立研发中心、实验室及科技企业孵化器，中方占有该境外企业50%以上权益，中方投资总额超过100万美元的；能够带动“中华传统文化”走出去，有利于传播优秀传统文化的境外投资，中方投资总额超过50万美元的；在境外开展农业种植、畜禽养殖、奶业生产加工，农产品生产加工，参与海外农业技术示范项目和农业科技合作示范园区建设的境外投资，中方占有该境外企业50%以上权益，中方投资总额超过50万美元的。

对外承包工程：对外承包工程项目合同额不低于500万美元或等值货币（设计、咨询类项目除外）。

对外劳务合作：对按商务部、北京市规定开展对外劳务人员适应性培训和为劳务人员购买在国外工作期间人身意外伤害保险的企业，根据实际派出人数进行补助。

4. 项目适用时间（申报年度：2017年1月1日至2017年12月31日）

（1）申请贷款贴息的项目，项目合同和贷款合同须为在申报年度内正在执行并按合同支付利息的；

（2）申请一次性直接补助的境外投资项目，新设（并购）境外企业须在申报年度内备案并设立；

（3）申请对外承包工程营业额直接补助的，项目须在申报年度内正在执行项目所发生的营业额；

（4）申请外派劳务人员直接补助的，项目须在申报年度内实际派出劳务人员；

（5）申请海外投资保险保费直接补助的，项目须为申报年度内执行的投保协议并支付保费的；

（6）申请资源回运保费的直接补助，其项目合同（协议）在申报年度内正在执行，并在此期间内运回权益内资源产品（以海关报关单为准）；

（7）申请对外承包工程项目投标、履约保函费用的直接补助，项目须为申报年度内正在执行的项目开具的保函并支付费用的；

（8）受主管部门委托的企业（单位）为促进我市企业开展对外投资合作业务而组织的促进活动，按申报年度内组织开展促进活动实际发生的费用进行补助。

三、项目申报、审核和拨付程序

（一）项目申报

符合条件的企业，根据2018年申报通知提供书面申报材料（一式两份A4），并在“商务部外经贸发展专项资金管理系统”上进行项目申报；同一单位申报境外投资、对外承包工程、对外劳务合作业务专项资金的材料必须分别装订；项目申报材料中须报送“项目申报书”和提供我驻项目所在国使馆“经商参处（室）意见”，如有外文须附加中文译本；申报材料中的具体数据要按资料要求的币种及单位填写，汇率按2017年12月31日汇率计算，并保留两位小数；复印件须加盖单位公章。

（二）项目审核

原则上申报项目由各区、北京市经济技术开发区商务主管部门初审，考虑到2018年项目支出进度比较紧，2018年由市商务委组织初审、复审并委托中介机构进行项目评审（各区、北京市经济技术开发区商务主管部门可提出意见），在评审基础上确定予以支持的项目。

（三）资金拨付

市商务委根据审核结果（涉密及不宜公示事项除外）和年度资金预算规模，由市商务委在官方网站上予以公示，公示期为7天，公示期满无异议后按国库管理制度相关规定办理资金拨付手续，并将支持企业、项目情况通报各区、北京市经济技术开发区商务主管部门。项目单位收到专项资金后，需按国家相关规定进行账务处理，并接受市财政局、市商务委对专项资金使用的后期监管和绩效管理；各申报企业在收到专项资金30日内，向北京市商务委提交“绩效管理报告”。

四、相关要求

2018年北京市对外投资合作专项资金支持的内容、方式及标准见此通知的附件4，符合申报条件的企业于2018年11月2日（星期五）12：00前，将项目申请材料（一式两份）报送至报送市商务委外经处（北京市丰台区横道沟西街2号院6号楼417房间），逾期不予受理。由市商务委将一份材料转送各区、北京市经济技术开发区商务主管部门。各申报企业报送申请材料前将《北京市使用对外投资合作专项资金申请表》《对外投资合作专项资金项目申报书》《申报项目明细表》的电子版发送到外经处邮箱（wjc@bjcoc.gov.cn）。

（联系人：外经处 李恩，财务处 郭建安；联系电话：87211761，65135503）

相关附件：

附件：1. 财政部、商务部关于2018年度外经贸发展专项资金重点工作的通知（财行〔2018〕91号）

2. 关于印发《北京市外经贸发展资金管理实施细则》（修订稿）的通知（京商务财务字〔2018〕23号）

3. 关于印发《北京市外经贸发展资金支持北京市对外投资合作实施方案》的通知（京商务财务字〔2018〕29号）

4. 2018年北京市对外投资合作专项资金的支持方式、内容、标准明细表

5. 2018年对外投资合作专项资金项目申报材料样表

附件 1

财政部商务部关于 2018 年度外经贸发展专项资金重点工作的通知

财行〔2018〕91 号

中央有关部门（机构），各省、自治区、直辖市、计划单列市财政厅（局），商务主管部门，新疆生产建设兵团财政局、商务局：

按照党中央、国务院关于加快形成全面开放新格局的总体部署，巩固外贸稳中向好势头，促进外经贸高质量发展，结合当前形势要求，现将 2018 年度外经贸发展专项资金有关重点工作通知如下：

一、资金支持重点

（一）促进外贸稳增长、调结构

1. 积极主动扩大进口，促进贸易平衡发展

（1）支持举办首届中国国际进口博览会（以下简称进口博览会）口举办进口博览会是党中央推进新一轮高水平对外开放的一项重大决策，是我国主动开放市场的重大政策宣示和行动。要加强外经贸发展专项资金与有关中央部门预算、地方财政资金的协调配合，切实保障进口博览会各项活动顺利开展。同时，各地区可统筹利用资金组织本地区企业开展市场对接等工作。

（2）鼓励扩大先进设备和技术、关键零部件进口。支持我国境内企业以一般贸易方式、边境贸易方式进口列入发展改革委、财政部、商务部发布的《鼓励进口技术和产品目录》(2016 年版，以下简称《目录》）及根据形势变化印发的新版《目录》中的产品（不含旧品），或自非关联企业引进列入《目录》中的技术。

2. 鼓励拓展和提升对外贸易，促进优化贸易结构

（1）促进外经贸区域协调发展。推动中西部地区、东北地区承接加工贸易，外资转移。鼓励中西部地区、东北地区与东部地区加强产业及人才合作，建设加工贸易梯度转移重点承接地、产业园区、产业转移协作平台，开展员工技能培训和就业促进，举办大型国际展会，完善各类配套服务，采取有针对性措施降低综合成本，积极承接加工贸易梯度转移。发挥中西部地区、东北地区的国家级经济技术开发区引领作用，改善招商环境，提升引资质量，承接高水平制造业转移。

支持有外贸发展潜力的国家级贫困县提升企业国际化经营能力。促进边境地区贸易发展，支持边境经济合作区、跨境经济合作区提升区域合作、投资贸易促进、园区和产业发展规划、信息化应用等公共服务能力。

（2）支持外贸中小企业开拓市场。帮助外贸中小企业开展境外专利申请、商标注册及资质认证，参加国际性展会，各地区可根据形势需要向受贸易摩擦影响大的中小企业倾斜。发挥财政资金的引导作用，推动金融机构、保险机构和股权投资机构等社会资金，加大对外贸中小企业的融资支持，提升服务质量和水平。

（3）促进外贸转型升级。鼓励承接国际中高端产业转移，推动国际市场多元化，支持开

展国际标准制订和认证、知识产权申请、外贸品牌培育和宣传推介。加快国际营销服务体系建设，鼓励企业完善境外批发、零售，备件库、售后维修及呼叫中心等国际营销和售后服务网络。鼓励有条件的贸易产业集群、聚集区完善各类配套服务，发挥对外贸创新发展的示范带动作用。促进完善外贸信息调查公共服务体系，提高贸易摩擦预警、维权等公共服务能力。

（4）鼓励培育外贸新业态新模式口支持国务院批准设立的跨境电子商务综合试验区，结合当地实际和优势完善统计监测、信息共享、智能物流、金融服务、电商诚信、线上综合服务平台、风险防控、市场开拓和营销等服务体系。鼓励有实力的跨境电子商务企业，以“一带一路”建设为重点，完善海外仓和海外运营中心等服务设施，通过创新技术手段和服务模式，以企业对企业（B2B）方式为国内企业开拓市场提供综合配套服务，着力打造互联互通、智能化的新型外贸基础设施。鼓励地方提供外贸综合服务，开展新业态新模式公共宣传等，有效引导社会资源，合理配置公共资源，帮助企业有效利用新业态新模式开展对外贸易。

（5）促进茧丝绸产业优化结构和国际化发展。按照《商务部关于开展规模化集约化蚕桑示范基地建设推进茧丝绸产业提质增效的通知》（商运函〔2017〕944号）规定，鼓励具备条件的地区因地制宜，按照市场化方式促进蚕桑基地规模化集约化，提升产业技术、产品质量和国际竞争力，发挥茧丝绸产业对扶贫的带动作用。

（二）推动服务贸易创新发展

1. 发挥重点地区的示范引领作用。支持国务院批准的服务贸易创新发展试点地区（以下简称试点地区）和服务外包示范城市（以下简称示范城市）提升公共服务能力，加强现有公共服务平台资源的统筹利用，提高使用效率，扩大受益范围。支持平台为服务贸易企业提供共性技术支撑、云服务、检验检测、统计监测、信息共享、品牌建设推广、人才培养和引进、贸易促进、知识产权等公共服务。

2. 深化服务贸易创新发展试点。支持试点地区在商务部发布的《服务出口重点领域指导目录》范围内，积极培育服务贸易新业态新模式，支持新兴服务贸易发展及海外服务市场开拓。根据商务部，发展改革委、财政部发布的《鼓励进口服务目录》，鼓励试点地区进口国内急需的技术密集型、知识密集型服务。

鼓励具备条件的地区积极借鉴试点示范经验，利用当地优势，探索建设特色服务贸易基地，大力发展新兴服务贸易，推动服务贸易创新发展。

3. 鼓励承接国际服务外包业务、技术及技术服务出口 9 承接国际服务外包业务指我国境内企业与境外客户签订服务外包合同，向境外客户提供国际（离岸）外包服务并取得收入的业务活动。技术及技术服务出口指我国境内企业通过贸易、投资或经济技术合作方式向境外实施的专利权转让、专利申请权转让、专利实施许可、专有技术转让或许可等技术转移，以及技术转让或许可合同项下提供的技术服务。不包括《中国禁止出口限制出口技术目录》（商务部、科技部令2008年第12号）所列的出口技术。

4. 支持服务贸易创新发展引导基金开展投资运营，加大对社会资金的引导，为符合产业导向的服务贸易企业提供融资服务。

（三）鼓励开展重点领域的国际产能合作

1. 以推进“一带一路”国际合作为重点，根据国家有关重点规划，围绕交通运输，电力、通信设施、能源资源、航空航天、海洋工程、环境保护、新兴产业、农林牧渔领域，开展互利共赢的对外承包工程及境外投资业务，建设省级境外企业和对外投资联络服务分平台。鼓励开展技术、品牌、专利、营销网络的境外并购，优化全球布局，打造国际品牌。其中，对外承包工程指我国境内企业承包境外建设工程项目，包括咨询、勘察、设计、监理、建造、采购，施工、安装、调试、运营、管理等活动口境外投资指我国境内企业通过新设、并购等方式在境外设立非金融企业或取得既有非金融企业的所有权、控制权、经营管理权等权益的行为。

2．完善对外劳务合作公共服务。按照《商务部财政部国务院扶贫办共青团中央关于印发〈进一步加大对外劳务扶贫力度工作方案〉的通知》（商合函〔2017〕967号）和《商务部外交部公安部工商总局关于印送对外劳务合作服务平台建设试行办法的函》（商合函〔2010〕484号）规定，支持对外劳务扶贫和公共服务平台提升服务质量，强化信息咨询、素质培训、权益保障、规范引导等服务功能，实现跨区域提供服务，对提升贫困县外派劳务人员报名、培训、输送等公共服务能力建设给予重点支持。对外劳务合作指我国境内企业组织劳务人员赴其他国家或地区为境外的企业或者机构工作的经营性活动。

二、资金分配及申请

（一）资金分配方式

采取因素法和项目法分配资金。其中：先进设备和技术、关键零部件进口事项，服务贸易创新发展引导基金事项采取项目法分配资金：重点领域的国际产能合作事项采取因素法和项目法相结合方式分配资金；其他事项采取因素法分配资金。

为提高资金使用效率，因素法分配资金可结合本地实际情况由各省级财政部门分配至项目单位或下级财政部门具体安排使用。在资金分配、拨付过程中，省级财政部门和省级商务部门必须全面及时掌握下级部门和项目单位的资金使用情况，切实加强绩效目标管理、监督检查和追踪问效。

（二）资金申请

1．为加强对外经贸发展专项资金和项目的全面、实时、动态监管，有关中央部门（机构），省级商务部门和省级财政部门将所属企业、单位报送的资金申请，继续通过外经贸发展专项资金网络管理系统（网址 zxzj.mofcom.gov.cn）填报申请材料，同时在规定时间内上报纸质申请材料（外贸中小企业开拓市场事项仍由各地企业通过网址 www.smeimdf.org.cn 填报申请，各地结合本地实际情况对同一企业合理设定支持年限）。

2．采取项目法分配的鼓励进口事项，由有关中央部门（机构）、省级商务部门和省级财政部门将所属企业、单位报送的纸质申请材料于2018年8月31日前汇总上报商务部和财政部，未按规定时间送达的，不予受理。商务部会同财政部委托第三方机构进行评审，将审核合格项目作为2019年安排外经贸发展专项资金的依据，并将审核合格项目通知有关中央部门（机构）、省级商务部门和省级财政部门。

3．采取因素法分配的资金，由商务部会同财政部确定资金分配方案，财政部根据财政国库管理制度将资金拨付至省级财政部门（其中部分资金已于2017年提前下达）。请各省级财政部门和省级商务部门根据《财政部商务部关于印发〈外经贸发展专项资金管理办法〉的通知》（财企〔2014〕36号，以下简称《资金办法》）、《财政部商务部关于〈经贸发展专项资金管理办法〉的补充通知》（财行〔2016〕480

号，以下简称《补充通知》）及本通知规定，结合本地实际情况制定具体资金使用细则，同时按照属地原则组织开展资金申报、审核、公示、拨付等工作。

三、绩效目标管理

为加强外经贸发展专项资金的绩效管理工作，切实提高资金使用效益，根据《中央对地方专项转移支付绩效目标管理暂行办法》（财预〔2015〕163号）规定，各有关中央部门（机构）、省级财政部门和省级商务部门应结合年度预算规模，设定项目绩效目标和区域绩效目标，以及相应的绩效指标。

1. 实行因素法管理的专项资金，由省级财政部门和省级商务部门结合本地确定的支持内容，设定本年度区域绩效目标，填写《中央对地方专项转移支付区域绩效目标申报表》上报财政部和商务部备案，并抄送财政部驻当地财政监察专员办事处。同时，请参照中央做法，将省级分配下级财政部门具体安排使用资金的绩效目标及时对下分解，做好省内预算绩效管理工作。

2. 实行项目法管理的专项资金，由项目单位结合相关工作和目标完成情况，设定项目绩效目标，在申请项目资金时报送备案。其中，地方企业，单位绩效目标由省级财政部门和省级商务部门审核汇总后报送财政部和商务部，中央企业、单位绩效目标由中央部门（机构）审核汇总后报送财政部和商务部，同时抄送财政部驻当地财政监察专员办事处。

3. 审核后的绩效目标作为绩效执行监控和绩效评价的依据。请各省级财政部门和省级商务部门在组织预算执行中对照区域绩效目标做好绩效执行监控，确保年度绩效目标如期实现。

4. 年度终了，各省级财政部门和省级商务部门根据备案确定的2018年度区域绩效目标和本省分解下达至市县的区域绩效目标，组织开展绩效目标自评工作，有关自评情况报送财政部和商务部，同时抄送财政部驻当地财政监察专员办事处。

四、其他要求

1. 各有关中央部门（机构）、省级财政部门和省级商务部门应当严格按照《资金办法》《补充通知》及本通知规定安排使用资金，认真组织好所属企业，单位外经贸发展专项资金的项目库建设，金过程绩效管理、资金申报及审核等工作，同时做好政策宣传及指导，确保符合条件的企业、单位及时了解相关政策规定。

2. 根据《国务院办公厅关于进一步做好盘活财政存量资金工作的通知》（国办发〔2014〕370号）、《财政部关于推进地方盘活财政存量资金有关事项的通知》（财预〔2015〕15号）要求，为进一步提高外经贸发展专项资金使用效率，各省级财政部门2017年度结转资金及2018年度资金（包括提前下达资金），可在外经贸发展专项资金规定使用范围内，按照2017年度工作要求及本通知规定，调整优化内部支持重点，加强资金统筹使用，尽快将资金落实到具体项目。资金使用情况将作为下一年度资金分配的重要参考。

3. 各省级财政部门和省级商务部门应按照《国务院办公厅关于进一步加强贸易政策合规工作的通知》（国办发〔2014〕29号）要求，对本地区支持外经贸发展的资金政策进行合规性审核，及时修订不合规的文件。

4. 各省级财政部门和省级商务部门要担负起资金管理的主体责任，进一步加强资金监管。违规使用专项资金的，将根据《资金办法》《补充通知》有关规定追究相应责任。

5. 各省级财政部门和省级商务部门应于2018年8月31日前将本年度外经贸发展专项资

金具体使用细则、区域绩效目标申报表报送财政部和商务部，于2019年3月31日前将本年度资金使用情况（包括资金到位情况，支持项目明细、资金使用效果、存在问题及政策建议等）、绩效自评报告报送财政部和商务部，同时抄送财政部驻当地财政监察专员办事处。有关材料报送情况将作为下一年度资金分配、开展绩效执行监控的重要参考。

本通知未尽事宜按《资金办法》规定执行，特殊事项另行通知。

中华人民共和国财政部

中华人民共和国商务部

2018年6月15日

附件 2

关于印发《北京市外经贸发展资金管理实施细则》（修订稿）的通知

京商务财务字〔2018〕23 号

各有关单位：

为了加强和规范北京市外经贸发展资金管理，完善外经贸促进政策，构建开放型经济新体制，培育国际经济合作竞争新优势，提高资金使用效益，依据《财政部、商务部外经贸发展专项资金管理办法》（财企〔2014〕36 号），市商务委和市财政局结合北京市实际情况，联合制定了《北京市外经贸发展资金管理实施细则》（修订稿），现将该细则印发给你们，请遵照执行。

特此通知。

北京市商务委员会

北京市财政局

2018 年 9 月 11 日

（联系人：市商务委财务处 薛俊芳；联系电话：87211630；市财政局经济建设一处 查晓倩；联系电话：88549664）

北京市外经贸发展资金管理实施细则（修订稿）

第一章　总　则

第一条　为了加强和规范北京市外经贸发展资金管理，完善外经贸促进政策，构建开放型经济新体制，培育国际经济合作竞争新优势，提高资金使用效益，依据《财政部、商务部外经贸发展专项资金管理办法》（财企〔2014〕36 号），结合北京市实际情况制定本实施细则。

第二条　北京市外经贸发展资金（以下简称"外经贸发展资金"）是指由中央财政和北京市政府安排的用于支持我市外经贸发展的财政性扶持资金，资金来源包括：中央财政预算下达我市的外经贸发展资金和市财政预算安排的外经贸发展资金。

第三条　外经贸发展资金的使用和管理应符合我市经济发展规划和市政府确定的产业及区域发展政策，应当遵循突出重点、科学论证、公平公正、规范有效的原则。

第四条　外经贸发展资金由市商务委、市财政局共同管理，分别履行下列管理职责：

市商务委主要职责：

（一）会同市财政局研究确定资金相关支出政策，制定项目绩效指标，提出资金年度预算建议；

（二）根据国家外经贸发展政策及本市外经贸重点工作，研究制定具体的项目申报指南或其他管理文件；

（三）负责组织项目申报和评审，提出资金支持方案及资金拨付，对项目实施情况进行跟踪问效和监督检查。

市财政局主要职责：

（一）会同市商务委研究确定外经贸发展资金相关支出政策；

（二）负责审核资金支持重点，编制年度外经贸发展资金预算，办理资金批复下达手续；

（三）按照预算管理相关规定，会同市商务委对外经贸发展资金的使用进行监督检查及绩效评价。

第二章 资金支持内容

第五条 外经贸发展资金主要用于优化外贸结构布局，培育外贸竞争新优势，发展外贸业态新模式；扩大对外投资合作；促进服务贸易发展；构建法制化、国际化的营商环境等，主要支持方向包括以下几方面：

（一）支持外贸稳增长、调结构

1. 支持外贸企业提升国际化经营能力。包括：国际性展会、境外专利申请、商标注册及资质认证，境外广告、宣传推介、外贸软件云服务等信息化建设、国际市场考察、境外投议标、信息管理、资信调查、保单融资和企业培训等。其中优先支持面向拉美、非洲、中东、东欧、东南亚、中亚等新兴市场的拓展及“双自主”和外贸综合服务企业开拓国际市场活动。推动金融机构、保险机构和股权投资机构等社会资金，加大对外贸中小企业的融资支持，提升服务质量和水平。

2. 支持跨境电子商务发展。包括：跨境电子商务综合试验区服务体系建设、跨境电子商务平台及相关信息系统、进出口通关服务设施、跨境电子商务仓储设施及跨境电子商务体验店等项目建设。

3. 支持外贸转型升级、优化外贸结构。促进外贸产品创新、品牌培育和宣传推介。加快国际营销服务体系建设，鼓励企业完善境外批发、零售、备件库、售后维修及呼叫中心等国际营销和售后服务网络。促进完善外贸信息调查公共服务体系，建立健全贸易风险预警机制，提高贸易摩擦应对公共服务能力，提升各类综合配套服务功能及贸易便利化水平，促进外贸创新发展，产品质量提升，培育竞争新优势。

4. 鼓励扩大先进设备和技术、关键零部件、国内紧缺的资源性产品进口。支持企业以一般贸易方式、边境贸易方式进口列入当年度国家发展改革委员会、财政部、商务部发布的《鼓励进口技术和产品目录》中的产品（不含旧品），或自非关联企业引进列入《鼓励进口技术和产品目录》中的技术。

5. 鼓励培育外贸新业态模式。鼓励提供外贸综合服务，开展新业态新模式公共宣传等，有效引导社会资源，合理配置公共资源，帮助企业有效利用新业态新模式开展对外贸易。

（二）推动服务贸易创新发展

1. 促进服务外包发展。鼓励我市服务外包企业承接国际服务外包业务，建立和完善培训体系，开拓国际市场，推动服务外包企业开展研发，设计和品牌建设，建立国际（离岸）接包中心和研发中心等。

2. 支持试点地区及示范城市服务贸易创新发展。一是提升公共服务能力。综合考虑我市服务贸易和服务外包产业发展需要，根据以前年度资金使用情况和示范城市年度综合评价结果，对完善和建设公共服务平台给予支持。资金用于公共服务平台所需设备购置、运营及维护，信息系统，信息安全及知识产权保护体系建设，为服务贸易企业提供共性技术支撑、云服务、检验检测、统计监测、信息共享、品牌建设推广、人才培养和引进、贸易促进、知识产权等公共服务；二是促进新兴服务出口。对企业开展的新兴服务出口取得的项目贷款（已享受政策性优惠利率贷款的除外），按照一定的贷款利率水平给予贴息支持；三是鼓励重点服务进口。对进口的服务列入《鼓励进口服务目录》的企业给予贴息支持。

3. 支持服务贸易境外拓展。重点支持北京市服务业扩大开放综合试点领域以及北京加快培育的金融、科技、信息、文化创意、商务服务等现代服务业领域企业开展服务进出口等内容。

4. 鼓励和支持我市服务贸易发展。支持我市服务贸易企业、商协会、相关培训机构等积极开展服务贸易相关研究和活动。支持开展技术贸易、文化贸易等业务；支持服务贸易统计体系建设；支持服务贸易相关研究、培训等工作。

（三）引导有序开展对外投资合作业务

1. 支持对外投资合作。

（1）境外投资，是指企业通过新设、并购等方式在境外设立非金融企业或取得既有非金融企业的所有权、控制权、经营管理权等权益的行为。

（2）对外承包工程，是指企业承包境外建设工程项目，包括咨询、勘察、设计、监理、建造、采购、施工、安装、调试、运营、管理等活动。

（3）对外劳务合作，是指企业组织劳务人员赴其他国家或地区为境外的企业或者机构工作的经营性活动。

2. 支持境外渔业合作。

企业通过签订合同（协议）、购买捕捞许可、开办企业、派出渔船等方式，在境外从事的渔业捕捞、养殖、加工、销售及相关产业的开发等方面的经营活动。

3. 支持境外经济贸易合作区建设。

支持通过商务部、财政部确认考核或年度考核的境外经济贸易合作区建设，以及支持通过市商务委、财务局确认考核或年度考核的市级境外经济贸易合作区建设。

4. 支持和建设企业“走出去”平台。

（1）支持建立企业“走出去”信息服务、引导平台及风险防控平台，帮助企业切实提高“走出去”及国际化经营能力。

（2）建立“高风险国家”投资项目“海外投资险统一投保平台”，降低企业投保成本，扩大保险覆盖面。

（3）按照《对外劳务合作管理条例》（中华人民共和国国务院令第620号）和《商务部 外交部 公安部 工商总局关于印送对外劳务合作服务平台建设试运行办法的函》（商合函〔2010〕484号）的规定，支持对外劳务合作公共服务平台建设，强化信息咨询、素质培训、权益保障、规范引导等服务功能，扩大服务辐射面。

5. 对受主管部门委托的本市地方企业（单位）组织的促进我市对外投资合作发展相关活动予以支持。

6. 支持建设省级境外企业和对外投资联络服务分平台。

7. 其他纳入国家有关重点投资合作规划项目。

（四）促进商业会展业发展

（五）搭建促进外经贸发展平台

1. 组织企业参加国际性、区域性、专业性展会，对北京展团场地租赁、公共布展、宣传推介、组织工作等费用予以支持。

2. 支持企业投保信用保险，防范经营风险；指导企业妥善应对贸易摩擦，保障市场运行及监测、维护产业安全。

3. 支持境外北京国际经贸发展服务中心发展，进一步提升境外服务北京企业、贸易促进机构、相关政府部门的品质，提高北京与有关国家地区的经贸发展水平。

4. 组织开展外经贸发展战略规划编制、课题研究、评估，加强行业宣传。

5. 促进企业走出去、开展行业咨询培训、搭建外经贸公共服务及担保平台，改善企业营商及融资环境。

（六）优化外经贸发展环境，对国家和北京市确定的重点外经贸发展领域予以支持

第三章　资金的使用方式及标准

第六条　外经贸发展资金的使用方式主要为财政补助、贷款贴息、以奖代补、政府投资入股或资本金注入及其他经中央部委、市级财政允许的支持方式。

第七条　对于中央采取项目法分配的资金按以下程序审核和下达：

市商务委会同市财政局将所属企业、单位报送的申请材料按照年度工作要求经初步审核后汇总上报商务部、财政部，由商务部会同财政部进行评审后，财政部将资金下达市财政局。市财政局收到财政部资金（或拨款文件）后，应及时将资金拨付市商务委，并由市商务委根据工作进度拨付至相关企业、单位。

第八条　对于中央采取因素法分配的资金以及市财政预算安排的外经贸发展资金按各支持方向实施方案规定的方式和标准使用。

第四章　申请审核及拨付

第九条　市商务委会同市财政局根据本细则规定、各支持方向实施方案，结合中央年度外经贸重点工作的通知及预算安排等，制定印发有关外经贸发展资金年度申报工作文件，明确年度资金支持重点、方向及有关具体要求，通过市商务委官方网站进行发布。外经贸发展资金规定使用范围内，将外经贸结转资金调整用于年度重点支持项目。

第十条　有下列情形的不予支持：

（一）申报企业被列入《北京市新增产业的禁止和限制目录》禁止类和限制类范围的；

（二）申报企业被纳入北京市商务领域不良信用记录名单应受到“不予支持”信用惩戒或全市联合惩戒“黑名单”的；

（三）项目已获得中央财政资金支持或其他市级财政资金支持的；

（四）申报企业近三年在外经贸业务管理、财务管理、税收管理、外汇管理、海关管理、统计管理等方面存在严重违法违规行为，拖欠应缴还财政性资金的；

（五）其他经审议不予支持的。

第十一条　项目申报审核程序：

（一）项目申报原则上按照属地管理，由区商务委、北京经济技术开发区商务管理部门初审后上报市商务委。公共平台类项目、市政府确定的年度重点项目由市商务委直接进行项目审核。

（二）经市商务委复审通过的项目，委托中介机构进行项目评审或资金审核。

（三）中央外经贸发展资金支持项目需录入“商务部外经贸发展专项资金管理系统”。

第十二条　资金拨付

对审核通过的支持企业发展类项目（涉密及不宜公示事项除外），市商务委在官方网站上予以公示，公示期为7天，公示期满无异议后按国库管理制度相关规定办理资金拨付手续。

第十三条　项目单位收到专项资金后，需按国家相关规定进行账务处理。

第十四条 市财政局、市商务委可根据资金管理工作需要，在外经贸发展资金中列支相关管理性支出，用于项目评审、监督检查等，年度提取比例不超过市级外贸发展资金总额的2%。

第五章 监督检查及绩效管理

第十五条 外经贸发展资金各类资金项目预算应有明确的绩效目标及考核指标，根据年度绩效目标的实现情况，确定下年度资金预算额度。

第十六条 外经贸发展资金项目管理按照《北京市商务委员会商务发展资金项目管理办法》的相关规定执行。市财政局、市商务委负责对发展资金的使用情况、项目执行情况进行监督和检查。检查可采取现场验收、委托中介机构进行项目评审等方式。各资金使用单位应自觉接受同级及上级财政、商务部门的监督检查，并接受同级及上级审计部门的审计检查。

第十七条 对于在专项审计与监督检查中存在严重问题的，被举报并经核查确实存在违规问题的，以及恶意提供虚假信息的项目单位，自发现之日起三年内不得申报北京市外经贸发展资金支持。

第十八条 任何单位不得以任何形式截留、挪用发展资金。对提供假发票、假证明文件、假资质文件等虚假材料的单位，经查属实的，根据《财政违法行为处罚处分条例》（国务院令第427号）予以处理。

第六章 附 则

第十九条 本细则由市商务委和市财政局按照职责分工负责解释。

第二十条 本细则自印发之日起施行。北京市财政局 北京市商务委员会关于印发《北京市外经贸发展专项资金管理实施细则》（京财企〔2015〕2277号）、《北京市商务委员会 北京市财政局关于支持北京市外贸企业提升国际化经营能力的通知》（京商务外运字〔2017〕22号）和《关于2016年度支持北京地区跨境电子商务发展的通知》（京商务电商字〔2016〕10号）同时废止。

附件 3

关于印发《北京市外经贸发展资金支持北京市对外投资合作实施方案》的通知

京商务财务字〔2018〕29 号

各有关单位：

根据《北京市商务委员会　北京市财政局关于印发〈北京市外经贸发展资金管理实施细则〉（修订稿）的通知》（京商务财务字〔2018〕23 号），为支持我市对外投资合作，市商务委和市财政局结合北京市实际情况，联合制定了《北京市外经贸发展资金支持北京市对外投资合作实施方案》，现将该方案印发给你们，请遵照执行。

特此通知。

北京市商务委员会

北京市财政局

2018 年 9 月 11 日

（联系人：市商务委财务处　薛俊芳；联系电话：87211630）

北京市外经贸发展资金支持北京市对外投资合作实施方案

根据《北京市商务委员会 北京市财政局关于印发〈北京市外经贸发展资金管理实施细则〉（修订稿）的通知》（京商务财务字〔2018〕23 号），为支持我市对外投资合作，特制定以下实施方案：

一、申请的基本条件

（一）申请企业应具备的基本条件

1. 在我市依法注册，具有独立企业法人资格，已经取得市商务委或由市商务委报经商务部批准（核准或备案）开展对外投资合作业务的本市地方企业（对于境外渔业合作的企业根据国家有关规定在口岸城市或港口城市注册的，可不受注册地必须为我市的相关限制）；

2. 按照商务部、国家统计局《对外直接投资统计制度》《对外承包工程业务统计制度》和《对外劳务合作业务统计制度》的规定按时报送统计资料；

3. 当年未获得相同性质的其他同级专项资金的支持；

4. 其他按规定应满足的条件。

（二）申请项目应具备的基本条件

1. 经有关部门批准、登记或备案；

2. 在项目所在国（地区）依法注册、登记或备案，项目依法生效；

（1）境外投资，在“一带一路”沿线国家新设或并购企业；涉及装备制造和国际产能合作的；涉及境外主要矿产资源开发的；能够带动北京市企业技术转型升级，填补我市企业在技术方面的空白并购的；在境外设立研发中心、实验室及科技企业孵化器的；能够带动中华传统文化走出去，有利于传播优秀传统文化的境外投资的；在境外开展农业种植、畜禽养殖、奶业生产加工，农产品生产加工，参与海外农业技术示范项目和农业科技合作示范园区建设的等境外投资项目。

（2）对外承包工程，在基础设施、基础产业及有利于改善当地民生等领域开展的附加值高、影响力大，具有品牌和技术标准优势的工程项目，以及设计、咨询类等工程项目。

（3）对外劳务合作，按照《对外劳务合作管理条例》和《商务部 外交部 公安部 工商总局关于印送对外劳务合作服务平台建设试运行办法的函》（商合函〔2010〕484号）的规定，支持对外劳务合作公共服务平台建设，强化信息咨询、素质培训、权益保障、规范引导等服务功能，扩大服务辐射面；按规定开展对外劳务人员适应性培训的企业，支持重点：一是外派劳务人员户籍所在地为“京津冀”协同发展区域内或全国范围内“国家级贫困县”的，二是符合打造对外劳务合作“北京服务”品牌的高端劳务，如医护、厨师、航空、IT、施工项目管理等技术型劳务；按规定为劳务人员购买在国外工作期间人身意外伤害保险的企业。

（4）境外渔业合作，通过购买捕捞许可、派出渔船方式，在境外从事的渔业捕捞活动，渔业产品60%以上供应首都市场的。

（5）支持建设省级境外企业和对外投资联络服务分平台，我市企业为接入分平台支出的各项实际费用按照不超过50%比例予以补助。

3. 项目金额标准：

（1）境外投资：境外投资项目中方直接投资额不低于500万美元或等值货币；在“一带一路”沿线国家新设或并购企业，境内投资者拥有该境外企业50%（含）以上权益的境外投资，中方投资总额超过300万美元的；涉及装备制造和国际产能合作（钢铁企业、水泥企业，平板玻璃生产企业，火力发电厂、水力发电厂、核能发电厂、风力发电厂、太阳能光伏电站、汽车生产）的境外投资，中方占有该境外企业10%以上权益，中方投资总额超过300万美元的；涉及境外主要矿产资源开发（能源类矿产、金属矿产、非金属矿产）的境外投资，中方占有该境外企业10%以上权益，中方投资总额超过300万美元的；能够带动北京市企业技术转型升级，填补我市企业在技术方面的空白的并购项目，中方占有该境外企业50%以上权益，中方投资总额超过300万美元的；在境外设立研发中心、实验室及科技企业孵化器，中方占有该境外企业50%以上权益，中方投资总额超过100万美元的；能够带动“中华传统文化”走出去，有利于传播优秀传统文化的境外投资，中方投资总额超过50万美元的；在境外开展农业种植、畜禽养殖、奶业生产加工，农产品生产加工，参与海外农业技术示范项目和农业科技合作示范园区建设的境外投资，中方占有该境外企业50%以上权益，中方投资总额超过50万美元的。

（2）对外承包工程：对外承包工程项目合同额不低于500万美元或等值货币（设计、咨询类项目除外）。

（3）对外劳务合作：对按商务部、北京市规定开展对外劳务人员适应性培训和为劳务人员购买在国外工作期间人身意外伤害保险的企业，根据实际派出人数进行补助。

4. 项目适用时间：

（1）申请贷款贴息的项目，项目合同和贷款合同须为在申报年度内正在执行并按合同支付利息的；

（2）申请一次性直接补助的境外投资项目，新设（并购）境外企业须在申报年度内备案并设立；

（3）申请对外承包工程营业额直接补助的，项目须在申报年度内正在执行项目所发生的营业额；

（4）申请外派劳务人员直接补助的，项目须在申报年度内实际派出劳务人员；

（5）申请海外投资保险保费直接补助的，项目须为申报年度内执行的投保协议并支付保费的；

（6）申请资源回运保费的直接补助，其项目合同（协议）在申报年度内正在执行，并在此期间内运回权益内资源产品（以海关报关单为准）；

（7）申请对外承包工程项目投标、履约保函费用的直接补助，项目须为申报年度内正在执行的项目开具的保函并支付费用的。

5. 其他按规定应满足的条件。

二、支持方式和标准

（一）贷款贴息

申请贴息贷款为一年以上（含一年）中长期境内非政策性贷款，贷款可从境内银行取得，也可由我国企业在境外设立的控股企业从我国银行在境外的分支机构取得；特许经营类对外承包工程项目的贷款可由境外项目公司从境内银行取得，也可从我国银行在境外的分支机构取得；贷款用于对外投资合作项目的建设及运营；申报项目贷款额不超过《企业境外投资证书》备案的贷款额度和对外承包工程项目合同额，人民币贷款贴息率不超过中国人民银行公布执行的基准利率，实际利率低于基准利率的，不超过实际利率；外币贷款年贴息率不超过3%，实际利率低于3%的，不超过实际利率。

补助标准：用于支持对外投资合作项目的贷款贴息，不超过贷款实际支付利息的50%；每个项目可获得累计不超过3年的贷款贴息支持，每年度不超过1000万元人民币。

（二）境外投资的直接补助

我市企业申请境外投资项目直接补助的须是经市商务委或经市商务委报经商务部备案或核准取得《企业境外投资证书》，已在项目所在国（地区）依法注册，已履行完境内外全部手续。

补助标准：境外投资项目在申报年度内直接投资额超过500万美元的投资，给予额度不超过100万元人民币的一次性补助；如达不到上述标准要求，符合支持重点且在申报年度内累计中方直接投资完成中方投资额60%以上的，一般给予额度不超过50万元人民币的一次性直接补助。

（三）对外承包工程的直接补助

我市企业开展对外承包工程业务，申请营业额补助的应为申请企业直接中标项目，不含从其他对外承包工程企业获得的工程分包项目；项目合同总额大于500万美元（设计、咨询类项目除外）；以联营体形式承包工程的，企业承担项目情况按合同比例计算工程合同额。

补助标准：用于支持企业取得对外承包工程项目的补助，按照不超过项目申报期内已完成营业额的0.5%进行补助。用于支持企业对外承包工程项目投标、履约保函费用的补助，不超过实际支付费用的50%，一个项目当年补助额最高不超过100万元人民币。

（四）外派劳务人员的直接补助

对按商务部、北京市规定开展对外劳务人员适应性培训和为“一带一路”沿线国家输出劳务人员购买在国外工作期间人身意外伤害保险的企业进行直接补助；重点对外派劳务人员户籍所在地为“京津冀”协同发展区域内或全国范围内“国家级贫困县”的企业、符合打造对外劳务合作“北京服务”品牌高端劳务的企业进行直接补助（申报京津冀或国家级贫困县人员补助需提供所派出人员的“身份证复印件”，国家级贫困县以商务部提供的国家级贫困县名单为准）。

补助标准：培训补助每人不超过500元人民币；其中，对派出人员户籍所在地为“京津冀”协同发展区域内或全国范围内“国家级贫困县”的，每人补助不超过1000元人民币。为派出劳务人员购买在国外工作期间人身意外伤害保险的，按每人实际发生保费的50%，给予不超过500元人民币的补助。

（五）资源回运运保费的直接补助

我市企业开展境外能源资源开发，将其所获合作权益以内的产品运回国内，对从境外起运至国内口岸间的运保费给予补助。计算运保费的资源产品进口数量以海关统计数据为准。企业实施对外承包工程项目换回的，不超过与外方签署的开发投资合作协议合同总金额的资源产品运回国内，对从境外起运地至国内口岸间的运保费给予补助；享受补助的回运资源种类比照上述境外资源、能源开发合作项目执行。

补助标准：企业申报资源回运运保费支持金额不超过实际支付费用的50%，一个项目当年补助额最高不超过1000万元人民币。

（六）海外投资保险保费的直接补助

对企业开展对外投资合作业务投保海外投资保险的保费进行补助。

补助标准：给予不超过申请企业实际支付保险费用50%的补助，一个项目当年补助额最高不超过1000万元人民币。

（七）企业（单位）建设支持本市企业“走出去”的公共服务平台，具体支持方式标准以确认考核和年度考核标准为准

（八）对受主管部门委托的企业（单位）为促进我市企业开展对外投资合作业务而组织的促进活动，按组织开展促进活动实际发生的费用进行补助

三、申请审核和拨付

对外投资合作资金的申请详见当年申报通知，需提供以下基本材料。

（一）申请贷款贴息提供如下材料：

1. 北京市使用对外投资合作专项资金申请表；

2. 申请报告。包括项目基本情况、项目贷款、项目预期收益情况分析和发展前景等；

3. 申请企业营业执照复印件；

4. 企业持有的有效的《企业境外投资证书》《对外劳务合作经营资格证书》《对外承包工程项目投（议）标许可》或《对外承包工程项目备案表》等证书复印件；

5. 境外企业或机构注册文件复印件或合作项目合同副本；

6. 申报单位承诺书；

7. 与承贷金融机构签订的贷款合同及合同项下的借据及利息结算清单复印件；

8. 申请企业近两年的年度审计报告；

9. 要求报送的其他材料。

（二）申请直接补助提供如下材料：

企业除提供上述（一）款中1项至6项所列材料外，还需提供如下材料：

1. 以对外承包工程项目提出申请的，需提供项目有效中标的证明文件［中标通知书、正式签订的合同、使馆经商参处意见、对外承包工程项目投（议）标备案（核准）表等材料复印件］，申报期内完成营业额的情况说明材料，申请投标、履约保函费用补助的还需提供保函复印件及费用支付票据；

2. 以对外投资提出申请的，需外汇核准文件和资金汇出证明（在当地或第三国融资、企业内部从第三国调动资金等方式的，可不提供

外汇核准文件和资金汇出证明，但须提供相关证明）、项目所在国有关机构的验资证明、以设备等实物投资的须提供海关报关单复印件等证明项目已经实施的材料；

3. 以在保险机构投保为由提出申请的，需提供投保保单和保费发票等材料；

4. 受主管部门委托的企业（单位）为促进我市企业开展对外投资合作业务，组织开展的促进工作为由提出申请的，需提供促进活动已经开展的证明材料（开展促进活动文件、机票、合同及发票等）；

5. 以对外劳务人员适应性培训提出申请的，需提供培训的相关证明材料及外派劳务人员的户籍证明材料；

6. 要求报送的其他材料：

申报单位报送的材料凡与申请有关的外文资料，须同时报送中文译本，复印件须加盖单位公章，一式两份，按上述所列文件顺序列出申报文件目录并装订成册。

附件 4

2018 年北京市对外投资合作专项资金的支持方式、内容、标准明细表

序号	支持方式	支持内容	支持标准
1	贷款贴息	为一年以上（含一年）中长期境内非政策性贷款，贷款可从境内银行取得，也可由我国企业在境外设立的控股企业从我国银行在境外的分支机构取得； 特许经营类对外承包工程项目的贷款可由境外项目公司从境内银行取得，也可从我国银行在境外的分支机构取得； 贷款用于对外投资合作项目的建设及运营； 申报项目贷款额不超过《企业境外投资证书》备案的贷款额度和对外承包工程项目合同额； 人民币贷款贴息率不超过中国人民银行公布执行的基准利率，实际利率低于基准利率的，不超过实际利率； 外币贷款年贴息率不超过 3%，实际利率低于 3% 的，不超过实际利率。	用于支持对外投资合作项目的贷款贴息，不超过贷款实际支付利息的 50%；每个项目可获得累计不超过 3年的贷款贴息支持，每年度不超过 1000 万元人民币。
2	境外投资的直接补助	申请境外投资项目直接补助的须是经市商务委或经市商务委报经商务部备案或核准取得《企业境外投资证书》，已在项目所在国（地区）依法注册，已履行完境内外全部手续。	境外投资项目在申报年度内直接投资额超过500万美元的投资，给予额度不超过 100 万元人民币的一次性补助。
		在“一带一路”沿线国家新设或并购企业，境内投资者拥有该境外企业 50%（含）以上权益的境外投资，中方投资总额超过 300 万美元的； 涉及装备制造和国际产能合作（钢铁企业、水泥企业，平板玻璃生产企业，火力发电厂、水力发电厂、核能发电厂、风力发电厂、太阳能光伏电站、汽车生产）的境外投资，中方占有该境外企业 10% 以上权益，中方投资总额超过 300 万美元的； 涉及境外主要矿产资源开发（能源类矿产、金属矿产、非金属矿产）的境外投资，中方占有该境外企业 10% 以上权益，中方投资总额超过 300 万美元的； 能够带动北京市企业技术转型升级，填补我市企业在技术方面的空白的并购项目，中方占有该境外企业 50% 以上权益，中方投资总额超过 300 万美元的； 在境外设立研发中心、实验室及科技企业孵化器，中方占有该境外企业 50% 以上权益，中方投资总额超过 100 万美元的； 能够带动“中华传统文化”走出去，有利于传播优秀传统文化的境外投资，中方投资总额超过 50 万美元的； 在境外开展农业种植、畜禽养殖、奶业生产加工，农产品生产加工，参与海外农业技术示范项目和农业科技合作示范园区建设的境外投资，中方占有该境外企业 50% 以上权益，中方投资总额超过 50 万美元的。	符合支持重点且在申报年度内累计中方直接投资完成中方投资额 60% 以上的，一般给予额度不超过 50 万元人民币的一次性直接补助。

（续）

序号	支持方式	支持内容	支持标准
3	对外承包工程的直接补助	开展对外承包工程业务，申请营业额补助的应为申请企业直接中标项目，不含从其他对外承包工程企业获得的工程分包项目； 项目合同总额大于500万美元（设计、咨询类项目除外）； 以联营体形式承包工程的，企业承担项目情况按合同比例计算工程合同额。	用于支持企业取得对外承包工程项目的补助，按照不超过项目申报期内已完成营业额的0.5%进行补助。用于支持企业对外承包工程项目投标、履约保函费用的补助，不超过实际支付费用的50%，一个项目当年补助额最高不超过100万元人民币。
4	外派劳务人员的直接补助	对按商务部和北京市规定开展对外劳务人员适应性培训的企业进行直接补助； 为"一带一路"沿线国家输出劳务人员购买在国外工作期间人身意外伤害保险的企业进行直接补助； 对外派劳务人员户籍所在地为"京津冀"协同发展区域内或全国范围内"国家级贫困县"的企业、符合打造对外劳务合作"北京服务"品牌高端劳务的企业进行直接补助。	适应性培训每人补助不超过500元人民币； 为派出劳务人员购买在国外工作期间人身意外伤害保险的，按每人实际发生保费的50%，给予不超过500元人民币的补助； 对派出人员户籍所在地为"京津冀"协同发展区域内或全国范围内"国家级贫困县"的，每人补助不超过1000元人民币。
5	资源回运运保费的直接补助	我市企业开展境外能源资源开发，将其所获合作权益以内的产品运回国内，对从境外起运至国内口岸间的运保费给予补助； 计算运保费的资源产品进口数量以海关统计数据为准； 企业实施对外承包工程项目换回的，不超过与外方签署的开发投资合作协议合同总金额的资源产品运回国内，对从境外起运地至国内口岸间的运保费给予补助；享受补助的回运资源种类比照上述境外资源、能源开发合作项目执行。	企业申报资源回运运保费支持金额不超过实际支付费用的50%，一个项目当年补助额最高不超过1000万元人民币。
6	海外投资保险保费的直接补助	对企业开展对外投资合作业务投保海外投资保险的保费进行补助。	给予不超过申请企业实际支付保险费用50%的补助，一个项目当年补助额最高不超过1000万元人民币。
7	对外投资合作业务促进活动的直接补助	对受主管部门委托的企业（单位）为促进我市企业开展对外投资合作业务而组织的促进活动，按组织开展促进活动实际发生的费用进行补助。	按实际发生的费用予以补助。

附件 5

项目申报书

一、基本情况

（一）项目单位情况

（二）项目基本情况

1. 项目投资情况

2. 项目建设具体情况（项目建设完成数量、项目实施进度、项目完成质量情况）

二、项目组织情况

三、项目实施效果

（一）项目实施背景（企业实施该项目受益情况分析、企业对该项目需求分析等）

（二）项目实施的社会效益（务必结合项目本身实际情况进行量化的分析，便于后期考核）

（三）项目实施的经济效益（务必结合项目本身实际情况进行量化的分析，便于后期考核，切勿夸大数据）

申报单位承诺书应包含的主要内容

一、了解合作资金管理制度并严格按照资金管理制度组织实施；

二、本次申报中提供的所有申报文件和资料真实有效，并承担相应法律责任；

三、接受有关部门及市商务委审计联席工作小组指派的审计机构和评估机构的监督、评估；

四、如违反资金管理制度或有违法违纪行为，将承担一切责任并如数退还资金；

五、法定代表人或负责人签字及单位公章。

表 5-1　北京市使用对外投资合作专项资金申请表

<table>
<tr><td>1. 申请单位名称</td><td colspan="4"></td><td colspan="2">2. 法定代表人姓名</td><td colspan="2"></td></tr>
<tr><td>3. 联系人</td><td colspan="4"></td><td colspan="2">4. 联系电话</td><td colspan="2"></td></tr>
<tr><td>5. 开户银行名称</td><td colspan="4"></td><td colspan="2">6. 银行账号</td><td colspan="2"></td></tr>
<tr><td>7. 账户名称</td><td colspan="8"></td></tr>
<tr><td rowspan="5">8. 申请专项资金支持的境外企业（机构），对外承包劳务项目</td><td colspan="4">名称</td><td colspan="4">批准证书、资格证书号或批准文件</td></tr>
<tr><td colspan="4"></td><td colspan="4"></td></tr>
<tr><td colspan="4"></td><td colspan="4"></td></tr>
<tr><td colspan="4"></td><td colspan="4"></td></tr>
<tr><td colspan="4"></td><td colspan="4"></td></tr>
<tr><td colspan="9">9. 贷款贴息申请</td></tr>
<tr><td>贷款金融机构</td><td>贷款期限</td><td>贷款金额</td><td colspan="2">贷款用途</td><td colspan="2">本次申请贴息起止时间</td><td>支付利息额</td><td>专项资金贴息次数</td></tr>
<tr><td></td><td></td><td></td><td colspan="2"></td><td colspan="2"></td><td></td><td></td></tr>
<tr><td></td><td></td><td></td><td colspan="2"></td><td colspan="2"></td><td></td><td></td></tr>
<tr><td colspan="9">10. 资金补助申请</td></tr>
<tr><td colspan="4">项目名称、合同额、申报期完成营业额（万美元）</td><td colspan="2">申请补助的类型①</td><td colspan="2">申请补助金额</td><td>专项资金补助次数</td></tr>
<tr><td colspan="4"></td><td colspan="2"></td><td colspan="2"></td><td></td></tr>
<tr><td colspan="4"></td><td colspan="2"></td><td colspan="2"></td><td></td></tr>
<tr><td colspan="9">11. 本次申请共计：
申请贴息项目　　　　个，申请贴息　　　　万元人民币；
申请资金补助项目　　个，申请补助金额　　万元人民币。
备注：
法定代表人（签字）：　　　　　　单位盖章：
申报日期：　　年　　月　　日</td></tr>
</table>

填表须知：① 申报单位按此表样制作、填写并打印报送；② 申报单位银行账户信息若有变动，请及时报告；③ 资金单位为万元（人民币或外币）；④ 项目较多时，可将表中 8、9、10 栏按表中栏目式样另纸制表并加盖公章，作为本表附件，并在本表备注栏说明。本表相应栏目不再填写。

注释①：按《实施细则》第七条（二）项至（六）项划分。填写时，分别对应以下简称：对外承包工程类、对外投资类、对外劳务类、保险费用类、促进工作类。

表 5-2 驻外经济商务参赞处（室）意见

申报企业名称（盖章）:		
项目名称：		
项目所在国家、城市：		
项目是否正常运营：		
合作项目合同起止日期：		
是否为进入经确认的境外经贸合作区项目：		
经济商务参赞处（室）意见：		
参赞：（签字）	经商处（室）盖章：	
日期：年 月 日		
经商处（室）联系人：		
电话：	传真：	电子邮件：

表 5-3　外派劳务人员适应性培训审查明细表

申报单位名称：

序号	姓名	外派劳务人员（研修生）培训合格证编号	护照号	护照复印件	项目审查表	项目或雇主名称	出境期间	工作准证复印件	省级审核情况
上述内容审核完毕，共计　　名人员符合条件。 主管负责人签字：　　　　　　（公章）									

注：1. 表内所列资料另行报送商务主管部门，无须装订入册。

2. 内地输港澳劳务人员持往来港澳通行证代替护照。

3. 外派海员持海员证代替护照，以出境证明代替“工作准证”。

4. 对台渔渔船船员持《大陆居民往来台湾通行证》或《对台劳务人员登轮作业证》代替护照；持台湾“渔业署”颁发的《大陆地区渔船船员来台履行海峡两岸渔船船员劳务合作协议许可证》代替“工作准证”。

表 5-4　外派劳务人员补助审查明细表（京津冀区域和国家级贫困县）

申报单位名称：

<table>
<tr><td>序号</td><td></td><td></td><td rowspan="13">上述内容审核完毕，共计　　名人员符合条件。

主管负责人签字：　　　　（公章）</td></tr>
<tr><td>姓名</td><td></td><td></td></tr>
<tr><td>外派劳务人员户籍所在地（省 / 市 / 县）</td><td></td><td></td></tr>
<tr><td>（研修生）培训合格证编号</td><td></td><td></td></tr>
<tr><td>护照号</td><td></td><td></td></tr>
<tr><td>身份证号</td><td></td><td></td></tr>
<tr><td>身份证复印件</td><td></td><td></td></tr>
<tr><td>护照复印件</td><td></td><td></td></tr>
<tr><td>项目审查表</td><td></td><td></td></tr>
<tr><td>项目或雇主名称</td><td></td><td></td></tr>
<tr><td>出境期间</td><td></td><td></td></tr>
<tr><td>工作准证复印件</td><td></td><td></td></tr>
<tr><td>省级审核情况</td><td></td><td></td></tr>
</table>

注：1. 表内所列资料另行报送商务主管部门，无须装订入册。

2. 内地输港澳劳务人员持往来港澳通行证代替护照。

3. 外派海员持海员证代替护照，以出境证明代替“工作准证”。

4. 对台渔渔船船员持《大陆居民往来台湾通行证》或《对台劳务人员登轮作业证》代替护照；持台湾“渔业署”颁发的《大陆地区渔船船员来台履行海峡两岸渔船船员劳务合作协议许可证》代替“工作准证”。

表 5-5　申请贴息项目基本情况及 2017 年度银行贷款付息一览表

<table>
<tr><td colspan="2">申请企业名称</td><td colspan="4"></td></tr>
<tr><td colspan="2">借款企业名称</td><td colspan="4">（公章）</td></tr>
<tr><td colspan="2">项目名称</td><td colspan="2"></td><td>申报补贴类型</td><td></td></tr>
<tr><td colspan="2">项目总金额（万美元）</td><td colspan="2"></td><td>贷款银行</td><td></td></tr>
<tr><td colspan="2">中方投资金额（万美元）</td><td colspan="2"></td><td>贷款合同号</td><td></td></tr>
<tr><td colspan="2">境外企业名称</td><td colspan="2"></td><td>贷款金额（万元）</td><td></td></tr>
<tr><td colspan="2">境外企业注册登记时间</td><td colspan="2"></td><td>贷款起止时间</td><td></td></tr>
<tr><td colspan="2">项目有效期</td><td colspan="2"></td><td>贷款利率</td><td></td></tr>
<tr><td colspan="6">本项目已获得贷款贴息的年度：20　年、20　年、20　年</td></tr>
<tr><td rowspan="3">提款情况</td><td></td><td>提款时间</td><td>提款金额（万元）</td><td>提款凭证（借款借据）复印件页码</td><td>备注</td></tr>
<tr><td>第一次</td><td></td><td></td><td></td><td></td></tr>
<tr><td>…</td><td></td><td></td><td></td><td></td></tr>
<tr><td rowspan="3">还款情况</td><td></td><td>还款时间</td><td>还款金额（万元）</td><td>还款凭证复印件页码</td><td>备注</td></tr>
<tr><td>第一次</td><td></td><td></td><td></td><td></td></tr>
<tr><td>…</td><td></td><td></td><td></td><td></td></tr>
<tr><td colspan="6">2016 年付息情况</td></tr>
<tr><td>付息时间</td><td>利息所属期间</td><td>付息金额（人民币元）</td><td colspan="2">付息凭证复印件页码</td><td>备注</td></tr>
<tr><td></td><td></td><td></td><td colspan="2"></td><td></td></tr>
<tr><td></td><td></td><td></td><td colspan="2"></td><td></td></tr>
<tr><td colspan="2">合计</td><td></td><td colspan="2"></td><td></td></tr>
</table>

备注：1. 提款、还款情况和年度付息情况行数不够及多笔贷款情况可复印本表，但须加盖公司印章。

2. 境外企业投资额以境外企业批准证书上相应金额填，其他类项目以项目合同签订金额填列。

表 5-6 银行贷款收息结算情况表

申请企业名称： 金额单位：

利息清单序号	放贷银行	贷款合同号	贷款本金	贷款利率	贷款期间	申请贴息期间	贴息天数	本次贴息期间应支付利息	本次贴息期间已支付利息

备注：贴息期为 2017 年 1 月 1 日至 12 月 31 日；贴息天数为贷款期与贴息期的重合期间。

企业不存在欠息情况

放贷银行签章： 日期： 银行经办人签名：

企业存在欠息情况（请注明欠息金额及欠款所属期间）

放贷银行签章： 日期： 银行经办人签名：

本表由放贷银行填报，仅证明企业银行贷款及付息情况的真实性。

表 5-7　直接补助项目基本情况及费用支出情况明细表

申请企业名称：　　　　项目名称：　　　　项目总金额：　万美元

境外企业名称：　　　　境外公司注册登记时间：　　　　中方投资额：　万美元

<table>
<tr><th rowspan="3">序号</th><th rowspan="3">费用名称</th><th rowspan="3">费用金额人民币元</th><th colspan="4">支付凭证</th><th colspan="4">费用合同</th><th colspan="4">费用发票</th><th rowspan="3">备注</th></tr>
<tr><th colspan="3">金额</th><th rowspan="2">页码</th><th colspan="3">金额</th><th rowspan="2">页码</th><th colspan="3">金额</th><th rowspan="2">页码</th></tr>
<tr><th>原币（X币种）</th><th>期末汇率</th><th>折合人民币</th><th>原币（X币种）</th><th>期末汇率</th><th>折合人民币</th><th>原币（X币种）</th><th>期末汇率</th><th>折合人民币</th></tr>
<tr><td></td><td></td><td></td><td></td><td></td><td></td><td></td><td></td><td></td><td></td><td></td><td></td><td></td><td></td><td></td><td></td></tr>
<tr><td>合计</td><td></td><td>—</td><td>—</td><td></td><td>—</td><td></td><td>—</td><td></td><td>—</td><td></td><td>—</td><td></td><td>—</td><td></td><td></td></tr>
</table>

备注：1. 支付凭证要求提供费用支付的银行单据，如果存在代付转付情况，需附各环节银行支付单据及相关说明。

2. 境外企业投资额以境外企业批准证书上相应金额填列，其他类项目以项目合同签订金额填列。

3. 原币（X币种）由申请企业填写。

4. 支付凭证、费用合同、费用发票金额不一致时，取最小值填入费用金额列。

表 5-8 资源回运费用单据明细表——陆运项目

项目名称：　　　　　　　　　　　　编制单位：

项目期间：　　　　权益数量：　　　　编制人：　　　　日期：

序号	海关报关单		购货发票			提单项目			保险发票			保险单			运费发票		实际支付运费		实际支付保险费用	
	编号	数量（×）	数量（×）	单价（×币种）	总计（×币种）	号码	数量（×）	湿重（×）	数量（×）	单价（×币种）	金额（×币种）	运费（×币种）	保险总额（×币种）	保险费（×币种）	数量（×）	运费发票（×币种）	原币（×币种）	折合人民币	原币（×币种）	折合人民币
合计																				

备注：1. 实际以外币支付的运费及保险费按照年末汇率中间价折合成人民币金额，在合计栏中填列。如果是人民币支付直接填人民币金额。

2. 购货发票、提单项目、运费发票、保险费用发票中的数量单位未标注，由申请企业自行填写数量单位。一般木材回运数量单位填写立方米，渔业和矿业数量单位填写吨。由企业自行填列。

表 5–9　资源回运费用单据明细表——海运项目

项目名称：　　　　　　　　　　　　　　　　　编制单位：

项目期间：　　　　　　权益产量：　　　　　　编制人：　　　　　　日期：

序号	海关报关单项目				购货发票项目			提单项目			运费发票				保险费用发票			实际支付运费		实际支付保险费用	
	编号	毛重（kg）	净重（kg）	数量（kg）	湿重（×）	干重（×）	总计金额（×币种）	号码	数量（×）	湿重（×）	提单号码	数量（×）	单价	运费（×币种）	提单号码	数量（×）	保费（×币种）	原币（×币种）	折合人民币	原币（×币种）	折合人民币
合计																					

备注：1. 实际以外币支付的运费及保险费按照年末汇率中间价折合成人民币金额，在合计栏中填列。如果是人民币支付直接填人民币金额。

2. 购货发票、提单项目、运费发票、保险费用发票中的数量单位未标注，由申请企业自行填写数量单位。一般木材回运数量单位填写立方米，渔业和矿业数量单位填写吨。由企业自行填列。

表 5-10 资源回运费用单据明细表——渔业项目

项目名称： 编制单位：

项目期间： 权益产量： 编制人： 日期：

序号	海关报关单项目				运费发票			提单项目		实际支付运费	
	编号	毛重（kg）	净重（kg）	数量（kg）	提单号码	数量（吨）	运费（× 币种）	号码	毛重（kg）	原币（× 币种）	折合人民币
合计		—	—	—		—	—		—	—	—

备注：实际以外币支付的运费按照年末汇率中间价折合成人民币金额，在合计栏中填列。如果是人民币支付直接填人民币金额。

表 5-11　对外投资合作专项资金到账确认函

北京市商务委员会：

我单位已收到贵委拨付的 2018 年对外投资合作专项资金 ××× 万元。我公司承诺将严格按照专项资金使用管理相关规定使用，不出现任何违法违规行为。具体信息确认如下：

<table>
<tr><td>申请企业名称</td><td colspan="2"></td><td>备　注</td></tr>
<tr><td>申请项目名称</td><td colspan="2"></td><td></td></tr>
<tr><td>资金到账金额</td><td colspan="2"></td><td></td></tr>
<tr><td>到账日期</td><td colspan="2"></td><td></td></tr>
<tr><td>企业联系人</td><td colspan="2"></td><td></td></tr>
<tr><td>联系电话 / 手机</td><td colspan="2"></td><td></td></tr>
<tr><td>申请企业法人或授权人签字</td><td></td><td>申请企业盖章</td><td></td></tr>
<tr><td></td><td colspan="2"></td><td></td></tr>
</table>

表 5-12　2018 年对外投资合作专项资金申报项目明细表

金额单位：万元人民币

序号	申请企业名称	注册地所在区	项目名称	项目国别（地区）	项目业务类型	申请支持方式	境外投资中方投资额（万美元）	对外承包工程项目合同总金额（万美元）	对外投资合作专项资金申报金额	往年享受对外投资合作专项资金支持年度贴息起止时间	是否已享受其他专项资金情况	项目的社会经济效益
1	××× ××× 公司											
2												
3												
4												
5												
说明	1. 项目业务类型包括：对外投资、对外承包工程、对外劳务合作； 2. 项目支持方式包括：直接补助、贷款贴息； 3. 往年享受对外投资合作专项资金支持年度：请注明往年该项目享受对外投资合作专项资金支持的年度； 4. 项目的社会经济效益请注明该项目是否获取世界领先技术或重要资源，以及该项目是否形成重大国际影响等。											

北京市商务委员会关于对2018年度跨境电子商务项目申报指南有关内容进行修订的补充通知

京商务电商字〔2018〕12号

各区商务委、有关单位：

根据新修订的《北京市商务委员会 北京市财政局关于印发〈北京市外经贸发展专项资金管理实施细则〉（修订稿）的通知》（京商务财务字〔2018〕23号）和《北京市商务委员会关于印发〈北京市外经贸发展资金支持北京市跨境电子商务发展实施方案〉的通知》（京商务财务字〔2018〕25号），现对《北京市商务委员会关于申报2018年度第一批商务发展项目的通知》（京商务财务字〔2018〕9号）中有关跨境电子商务项目申报指南（附件13、14）内容做如下修订：

1. 将原支持政策中"支持与北京跨境电子商务公共信息平台对接的信息系统、升级改造等项目"，修改为"支持跨境电子商务平台及相关信息系统建设，包括软件系统开发及配套硬件设施建设等"。

2. 将原支持政策中"支持用于跨境电子商务直邮进出口、网购保税进口等项目软硬件建设，包括安检机、查验设备、管理信息系统等"，修改为"支持用于跨境电子商务进出口通关服务的项目建设，包括安检设备、查验设备、机检线等设备购置和管理信息系统开发等"。

3. 将原支持政策中"支持海外仓、保税仓等跨境电商仓储设施建设，包括货架（货柜）、专用推车（叉车）、管理信息系统等"，修改为"支持海外仓、保税仓、出口集货仓等跨境电子商务仓储设施建设，包括货架（货柜）、仓储搬运设备、分拣机等设备购置和管理信息系统开发等"。

4. 对跨境电子商务体验店支持内容进行调整：将"支持体验店展示柜、货架、收银系统、监控系统、安防系统等配套设施和网站平台等系统建设"修改为"支持新建跨境电子商务体验店连续12个月房租、店面装修、设备购置和线上销售平台建设等"。

5. 明确海外仓的支持标准：

投入运营的自建海外仓（海外仓储物流等综合服务设施）总面积不低于5000平方米，配套完善的仓储管理信息化系统和线上信息平台（如ERP、WMS系统等），服务企业数量不低于100家，对当地跨境电商B2B业务有较强带动作用。能够为企业开拓市场提供国际仓储和物流配送服务的同时，还能提供如下所列的2项以上内容的服务，包括：国际货运代理、通关服务、营销推广、金融保险服务对接、售后维修服务、退换货服务。

6. 统一各类项目的支持标准：

单个项目按照审定实际投资给予不超过50%的资金支持，最高不超过500万元。

其中对新建跨境电子商务体验店的房租按照实际租赁面积进行补助，补助金额不超过体验店实际年租金的30%。补助标准：东西城区1.8元/平方米/日、朝海丰石及通州副中心

155平方公里以内区域1.35元/平方米/日、其他城区0.75元/平方米/日。单店年度租金支持金额不超过200万元。对除租金外其他投资，按照不超过审定实际投资50%的标准给予资金支持。

本通知自发布之日起生效，按照通知中明确的有关内容组织新一批项目申报和评审。

特此通知。

（联系人：宋志雷；联系电话：87211813）

北京市商务委员会关于2018年度服务贸易及服务外包专项资金申报工作的通知

京商务函字〔2018〕1084号

各区、经济开发区商务主管部门、相关企业：

根据《财政部、商务部关于2018年度外经贸发展专项资金重点工作的通知》（财行〔2018〕91号），依据《北京市商务委员会、北京市财政局关于印发〈北京市外经贸发展专项资金管理实施细则〉（修订稿）的通知》（京商务财务字〔2018〕23号）、《北京市商务委员会、北京市财政局关于印发〈北京市外经贸发展资金促进北京市服务外包发展实施方案〉的通知》（京商务财务字〔2018〕26号）、《北京市商务委员会、北京市财政局关于印发〈北京市外经贸发展资金支持试点地区及示范城市服务贸易创新发展实施方案〉的通知》（京商务财务字〔2018〕27号）和《北京市商务委员会、北京市财政局关于印发〈北京市外经贸发展资金支持北京市服务贸易境外拓展实施方案〉的通知》（京商务财务字〔2018〕28号），现将2018年度我市服务贸易及服务外包专项资金申报工作有关事项通知如下：

一、支持内容

（一）促进服务外包发展

重点对国际资质认证、新录用人员补助、培训机构培训后补助、服务外包业务贴息、创新研发和在职人员专业资格认证等6项内容予以支持。

（二）支持试点地区及示范城市服务贸易创新发展

对服务外包公共服务平台、服务贸易公共服务平台、促进新兴服务出口和鼓励重点服务进口等4项内容予以支持。

（三）支持服务贸易境外拓展

对服务贸易出口贴息、鼓励会计师事务所参与国际竞争等2项内容予以支持。

二、申报材料

（一）申请“支持内容（一）”的单位，请参照《2018年度促进服务外包发展专项资金申报指南》（附件1）执行。

（二）申请“支持内容（二）”的单位，请参照《2018年度支持试点地区及示范城市服务贸易创新发展专项资金申报指南》（附件2）执行。

（三）申请“支持内容（三）”的单位，请参照《2018年度支持服务贸易境外拓展专项资金申报指南》（附件3）执行。

（四）相关附件及附表请从北京市商务委员会官方网站通知公告栏下载。

三、申报要求

（一）各项目申报单位应确保申报材料真实、准确、完整。对于伪造相关材料，提供虚假发票和虚假材料的项目申报单位，取消其当年申报资格，且三年内不得申报专项资金支持。

（二）各区、经济技术开发区商务主管部门应积极组织项目申报，切实做好指导与审核，严格把关，按照规定程序做好相关工作。

（三）请各项目申报单位于2018年10月30日前将申报材料（含电子版）一式两份报辖区商务主管部门；各商务主管部门对申报材料完成初审后，请于11月5日前将初审汇总情况、企业申报材料各1份（含电子版）报市商务委。市商务委委托中介机构进行项目审核，对审核通过的项目，在市商务委官方网站上予以公示，公示期为7天，公示期满无异议后按规定办理资金拨付手续。

联系人：

促进服务外包发展：许鑫，于新成；电话：87211755/1757；

邮箱：xx@bjcoc.gov.cn

服务贸易创新及境外拓展：李倩、郑勇；电话：87211373；

邮箱：lq@bjcoc.gov.cn

相关附件：

附件：1.2018年度促进服务外包发展专项资金申报指南

2.2018年度支持试点地区及示范城市服务贸易创新发展专项资金申报指南

3.2018年度支持服务贸易境外拓展专项资金申报指南

4.相关附表下载

（1）支持服务外包发展的附件

（2）支持试点地区及示范城市服务贸易创新发展的附件

（3）支持服务贸易境外拓展的附件

附件 1

2018 年度促进服务外包发展专项资金申报指南

一、支持内容

支持在上一年度 1 月 1 日至 12 月 31 日期间发生的服务外包业务，主要包括：

（一）国际资质认证项目

（二）新录用人员补助项目

（三）培训机构培训后补助项目

（四）创新研发项目

（五）在职人员专业资格认证项目

（六）　服务外包业务贴息项目

二、申请条件

（一）在我市行政区域内依法登记注册、具有独立法人资格。

（二）企业、单位通过商务部业务系统统一平台“服务外包信息管理应用”如实填报《服务外包统计报表制度》规定的报表。

（三）申请“支持内容”前 5 项的单位，以服务外包信息管理应用核准的执行额为依据，且上一年度服务外包执行额满足以下条件之一：

1. 服务外包执行额不低于 50 万美元，其中向境外最终客户提供服务外包执行额占比不低于 50%。

2. 服务外包执行额不低于 500 万美元，其中向境外最终客户提供服务外包执行额占比不低于 35%。

3. 服务外包执行额不低于 1000 万美元，其中向境外最终客户提供服务外包执行额占比不低于 20%。

（四）申请“支持内容”第 3 项的培训机构，应具有符合条件的场地、设施、专业教材和师资力量。

（五）申请“支持内容”第 6 项的企业，上一年度离岸服务外包业务收入与前一年度同比增长不低于 10%。

三、支持方式

（一）国际资质认证项目。对服务外包企业取得的以下认证及认证的系列维护、升级给予支持，额度不超过认证费用支出的 50%，每个企业支持项目不超过 5 个，每个项目补助不超过 50 万元。包括：软件能力成熟度模型认证（CMM）、软件能力成熟度模型集成认证 [CMM（I）]、人力资本成熟度模型（PCMM）、信息安全管理认证（IS027001/BS7799）、信息技术服务管理体系认证（IS020000）、服务提供商环境安全性认证（SAS70）、国际实验动物饲养评估认证（AAALAC）、药物非临床研究质量管理规范（GLP）、信息技术基础架构库规范（ITIL）、客户服务提供商标准（COPC）、环球同业银行金融电讯协会认证（SWIFT）、国际质量管理体系标准（IS09001）、业务连续性管理标准（IS022301）、环境管理体系认证（IS014001）、能源管理体系标准（IS050001）、职业健康安全管理体系认证（OHSAS18001）、客户中心能力成熟度模型认证（CC-CMM）、支付卡行业数据安全标准（PCI DSS）等。

（二）新录用人员补助项目。对服务外包企业上年度新录用大学本科以上学历的员工（申报年度之前3年内毕业），在职满1年或申报审核期间在职的，按照每人不超过7000元的标准给予企业补助。

（三）培训机构培训后补助项目。对培训机构新培训从事服务外包业务、大学本科以上学历人员，通过服务外包业务专业知识和技能培训考核的，按照每人不超过500元的标准给予培训机构培训后补助。

（四）创新研发项目。对上一年度通过自主研发取得的专利、注册商标、软件著作权等给予注册费实际支出额不超过50%的资金支持。其中，给予每个企业发明专利不超过20万元、国际专利不超过20万元、实用新型专利不超过5万元、外观设计专利不超过5万元、注册商标不超过5万元、软件著作权不超过5万元。

（五）在职人员专业资格认证项目。对在服务外包企业连续任职3年以上（含3年）员工进行在职能力培训，并取得以下认证的，给予不高于考试认证费用50%的补助，每个企业当年支持金额不超过100万元。包括：国家计算机技术与软件专业技术中、高级专业资格（水平）、项目管理专业人士资格（PMP）、网络高级工程师、网络安全专家、解决方案开发专家、执业药师等相关认证。

（六）服务外包业务贴息项目。以上一年度实际发生的服务外包业务增量作为计算贴息的本金，按照不超过中国人民银行公布的上一年度最后一期1年期人民币贷款基准利率给予贴息支持。上一年度新注册的服务外包企业，当年实际发生的服务外包业务视同增量。

四、申报材料要求

（一）基本材料

1. 由企业法定代表人签字的《承接国际服务外包业务资金补助申请报告》，内容包括：企业基本情况，开展服务外包业务情况，申请项目执行或完成情况，近三年无严重违法违规行为、无拖欠应缴还的财政性资金、同一项目未申请或享受其他财政资金等。

2. 企业法律地位证明文件复印件。

3. 经会计师事务所审计的上一年度财务会计报告复印件。

4. 上一年度服务外包业务专项审计报告原件。

5. 上一年度服务外包合同或协议的复印件。

6. 离岸服务外包业务年度收入明细表。

7. 结汇凭证及涉外收入申报单复印件（承接跨国公司的离岸服务外包业务，而由跨国公司境内机构代为支付的服务外包业务收入，须提供相关业务凭证复印件）。

8. 由企业法定代表人签字的《北京市服务外包业务专项资金申请承诺书》。

（二）项目申请材料

1. 申请国际资质认证项目时还需提供：

（1）北京市服务外包企业国际资质认证补助申请表；

（2）国际资质认证证书复印件；

（3）与相关国际认证评估顾问公司签订的合同协议复印件；

（4）缴纳认证费用凭证的复印件，包括认证费用发票和相对应的银行出具的支付凭证。

2. 申请新录用人员补助项目时还需提供：

（1）北京市服务外包企业新录用人员补助申请表；

（2）当年新录用人员若属于分公司，需提供分公司营业执照复印件；

（3）当年新录用人员身份证复印件、大学本科以上学历证明，以及签订1年以上的《劳动合同》的复印件；

（4）企业为新录用人员缴纳的社会保险证明或个税证明（时间由入职至申报当月）的复

印件。

3. 申请培训机构培训后补助项目时还需提供：

（1）北京市服务外包培训机构培训后补助申请表；

（2）培训人员身份证复印件、大学以上学历证明；

（3）培训机构颁发被培训人员专业知识和技能培训考核合格证书，以及被培训人员缴费凭证的复印件。培训机构为学校的需提供《全国普通高等学校毕业生就业协议书》（协议三方为：培训学校、服务外包企业、毕业学生）复印件；其他培训机构需提供培训人员缴费证明、与在我市“服务外包业务管理和统计系统”中登记的服务外包企业签订1年以上的《劳动合同》的复印件（或培训人员为近三年在京大学毕业的，提供毕业证书复印件）。

4. 申请创新研发项目还需提供：

（1）北京市服务外包企业创新研发补助申请表；

（2）企业所获得的专利证书、商标注册证书、软件著作权证书复印件；

（3）专利、商标、软件著作权等申请过程中的注册费用凭证复印件。

5. 申请在职人员专业资格认证项目时还需提供：

（1）北京市服务外包企业在职人员专业资格认证补助申请表；

（2）申请人员身份证复印件，在企业连续任职满3年以上的任职证明（包括个人简历、任职情况等）、劳动合同，企业为申请人员在任职期间连续缴纳社会保险满3年（含3年）以上的证明复印件。

（3）参加相关专业资格考试的准考证、通过考试获得的证书复印件。

（4）企业报销报名考试费用相关凭证或企业银行付款凭证复印件。

6. 申请服务外包业务贴息项目时还需提供：

（1）北京市服务外包企业服务外包业务贴息申请表；

（2）企业上一年度和前一年度离岸外包业务执行情况清单及相关凭证。（上一年度新注册的服务外包企业，只交上一年度离岸外包业务执行情况清单及相关凭证）

五、申报流程

（一）申报单位按属地原则向所在区商务主管部门上报电子版和纸质版申请材料。

（二）区商务主管部门受理申请单位材料，形成审核记录并上报市商务委。

（三）市商务委受理各区商务主管部门上报材料，依托第三方专业评审构进行评审，确定支持企业名单及支持资金额度。

（四）市商务委按相关要求公示后及时进行拨付，并将企业申请材料汇总后存档备查。

附件 2

2018 年度支持试点地区及示范城市服务贸易创新发展专项资金申报指南

一、提升公共服务能力项目

（一）支持对象

1. 服务贸易公共服务平台。

2. 服务外包公共服务平台。

（二）支持方式

综合考虑我市服务贸易和服务外包产业发展需要，对完善和建设公共服务平台给予支持。资金用于公共服务平台所需设备购置、运营及维护，信息系统，信息安全及知识产权保护体系建设，为服务贸易企业提供共性技术支撑、云服务、检验检测、统计监测、信息共享、品牌建设推广、人才培养和引进、贸易促进、知识产权等公共服务。

提升公共服务能力项目资金面向全市服务贸易（服务外包）平台项目。在建、新建项目支持资金不超过平台项目建设所需设备购置、软件购置（或委托开发）费用的 50%，支持金额不超过 200 万元；已完成项目，支持资金不超过服务贸易（服务外包）平台项目建设所需设备购置、软件购置（或委托开发）费用的 40%，支持金额不超过 200 万元；运营及维护项目费用，按照年度实际发生费用的 50% 给予支持，支持金额不超过 50 万元，原则上运营及维护费用支持年限不超过三年。

（三）申请条件

项目申报单位须符合以下条件：

1. 在京注册，具有独立的企业法人资格，且为公共服务平台项目的实际投资运营单位；

2. 服务的对象包括承接国际服务贸易（服务外包）业务的企业及培训机构；

3. 具有一定数量与业务相适应的专业人员、管理人员，具备满足公共服务平台运营必要的场地、设备等；

4. 公共服务平台建设和运营的所有相关工作符合国家有关法律法规的要求。

（四）申报材料

项目申报单位应提供如下材料：

1. 在建、新建公共服务平台项目

（1）《提升公共服务能力事项申报说明》《提升公共服务能力事项申请表》；

（2）项目申请报告及资金使用承诺书，由法人签字并加盖公章；

（3）项目可行性研究报告，包含项目设立背景和基本情况、国内外相关产业发展与市场情况说明、项目申报单位基本情况和已有工作基础、项目具体实施方案、预期达到的技术经济指标及效果、承担项目的可行性分析、项目进度安排与考核指标、经费预算和使用方案等。可行性研究报告需经法人签字、加盖公章，并将作为后续专家评审及项目验收的主要依据；

（4）项目申报单位法律地位证明文件（营业执照副本复印件、税务登记证复印件、组织机构代码证复印件）以及上年度审计报告（加盖公章）；

（5）公共服务平台设备购置、系统和软件购置（或委托开发）清单，已实施部分需提供付款凭证；

（6）与项目申报有关的其他材料。

2. 已完成的公共服务平台项目

（1）《提升公共服务能力事项申报说明》《提升公共服务能力事项申报表》；

（2）项目申请报告及资金使用承诺书，由法人签字并加盖公章；

（3）项目完成验收报告，公共服务平台项目目前运行情况与服务企业情况等；

（4）项目申报单位法律地位证明文件（营业执照副本复印件、税务登记证复印件、组织机构代码证复印件等）以及上年度审计报告（加盖公章）；

（5）完成项目的专项报告［含服务贸易（服务外包）平台设备购置、系统和软件购置（或委托开发）清单及付款凭证］；

（6）与项目申报有关的其他材料。

3. 平台运营维护项目

（1）《提升公共服务能力事项申报说明》《提升公共服务能力事项申请表》；

（2）项目申请报告及资金使用承诺书，由法人签字并加盖公章；

（3）项目运行情况报告，包含项目申报单位基本情况、项目基本情况及运营情况、运营和维护费用明细、申请资金补助的金额、项目上年度运营及维护费用支出审计报告等，项目运行情况报告需由法人签字并加盖公章；

（4）项目上年度运营及维护费用支出凭证复印件；

（5）项目申报单位法律地位证明文件（营业执照副本复印件、税务登记证复印件、组织机构代码证复印件等）以及上年度审计报告（加盖公章）；

（6）与项目申报有关的其他材料。

（五）申报流程

1. 项目申报单位将申报材料（一式两份）在规定的时间内提交至市商务委。

2. 市商务委对申报材料进行审核，并将审核结果公示后拨付资金。市商务委和市财政局可视情况聘请中介机构开展专项审核工作。

3. 在建、新建项目，预拨补助金额的70%，项目完成并通过市商务委组织的验收后，拨付剩余资金；已建成公共服务平台项目、运营及维护费项目，根据审定的补助金额予以拨付。

二、促进新兴服务出口项目

（一）申请条件

1. 申请企业应当在京注册，具有独立法人资格、正常经营；

2. 认真执行《国际服务贸易统计监测制度》和《服务外包统计报表制度》，在商务部“服务贸易统计监测管理信息系统”或“服务外包信息管理应用”中如实登记；

3. 申请支持的项目贷款须用于促进新兴服务出口事项；

4. 出口的服务应列入商务部发布的《服务出口重点领域指导目录》（运输及相关服务、旅游服务、建筑和工程服务、加工服务和政府服务除外）；

5. 申请企业应当在上年1月1日至12月31日期间实现不低于50万美元的服务出口，以银行出具的收汇凭证为准。

（二）支持方式

对企业上年度开展的新兴服务出口取得的项目贷款（已享受政策性优惠利率贷款的除外），按照不超过1%的利率水平给予贴息支持，每户企业贴息金额不超过500万元人民币。

（三）申报材料

1. 《新兴服务出口事项申报说明》《新兴服务出口事项申报表》；

2. 企业营业执照（复印件）、服务出口合同（复印件）、贷款合同（复印件）。

以上材料均需加盖企业公章。

（四）申报流程

1. 申报单位按属地原则将申报材料（一式两份）在规定的时间内报送至所在区商务委，区商务委初审后上报市商务委。

2. 市商务委对申报材料进行审核，并将审核结果公示后报市财政局审核拨付资金。市商务委和市财政局可视情况聘请中介机构开展专项审核工作。

三、鼓励重点服务进口项目

（一）申请条件

1. 申请企业应当在京注册，具有独立法人资格、正常经营；

2. 进口的服务列入商务部、财政部、发展改革委发布的《鼓励进口服务目录》；

3. 进口服务应当在上年1月1日至12月31日期间执行合同，并取得银行出具的进口服务付汇凭证，且付汇金额不低于50万美元。

（二）支持方式

对申请企业在上年1月1日至12月31日期间取得付汇凭证的服务进口业务，以服务进口的付汇金额作为计算贴息的本金，按照不超过中国人民银行公布的上年最后一期1年期人民币贷款基准利率给予贴息支持。每户企业贴息金额不超过500万元人民币。

（三）申报材料

1. 企业法定代表人签字的申请文件，包括：企业基本情况、进口用途、预计可产生的效益等，企业更名的应说明相关情况并附证明材料；

2.《服务进口贴息事项申报说明》《服务进口贴息事项申报表》；

3. 企业营业执照（复印件）、进口服务合同（复印件）及付汇凭证（复印件）。

以上材料均需加盖企业公章。

（四）申报流程

1. 申报单位按属地原则将申报材料（一式两份）在规定的时间内报送至所在区商务委，区商务委初审后上报市商务委。

2. 市商务委对申报材料进行审核，并将审核结果公示后报送市财政局审核拨付资金。市商务委和市财政局可视情况聘请中介机构开展专项审核工作。

附件 3

2018 年度支持服务贸易境外拓展专项资金申报指南

一、支持范围

本方案支持内容以商务部 2016 年第 58 号公告提出的《服务出口重点领域指导目录》为基础，重点支持北京市服务业扩大开放综合试点的六个领域：科学技术服务领域、互联网和信息服务领域、文化教育服务领域、商务及旅游服务领域、健康医疗服务领域的服务贸易出口，以及北京加快培育的金融、科技、信息、文化创意、商务服务等现代服务业领域的相关服务贸易出口。

二、申请条件

1. 依法在北京登记注册，具有独立法人资格；

2. 按照有关规定已取得开展相关业务资格或已进行核准或备案；

3. 通过商务部业务系统统一平台中的“技术贸易管理信息应用”或“服务贸易统计监测管理业务应用”如实填报有关统计资料。

三、支持项目

（一）服务贸易出口贴息项目

1. 支持内容

对上述所列支持范围中的服务贸易出口给予贴息支持，优先支持其中的技术出口项目。技术出口，是指我国境内企业通过贸易、投资或经济技术合作方式向境外实施的专利权转让、专利申请权转让、专利实施许可、专有技术转让或许可等技术转移，以及技术转让或许可合同项下提供的技术服务。不包括《中国禁止出口限制出口技术目录》（商务部、科技部令 2008 年第 12 号）所列的出口技术。重点支持具有国际竞争力、成熟的产业化技术出口及技术服务出口。

2. 申报单位除满足基本条件外还应满足以下条件：

（1）技术出口业务应根据《中华人民共和国技术进出口管理条例》（中华人民共和国国务院令第 331 号），已在商务部“技术进出口信息管理系统”中登记上一年度实际出口额。其他服务贸易业务应已在商务部服务贸易系统中登记；

（2）相关业务应当在上一年 1 月 1 日至 12 月 31 日期间取得银行出具的收汇凭证，服务贸易出口额应达到 50 万美元（含）以上；

（3）其他按规定应满足的条件。

3. 支持标准和方式

对申报单位在上一年 1 月 1 日至 12 月 31 日期间取得收汇凭证的服务贸易出口业务，以审定的出口收汇金额作为计算贴息的本金，按照不超过中国人民银行公布的上一年度最后一期 1 年期人民币贷款基准利率给予贴息支持。对同一申报单位的贴息总额最高不超过 800 万元人民币。服务外包企业开展的技术出口适用于以上出口贴息政策。

4. 申报材料

（1）由法定代表人签字的项目申请报告，

内容包括：申报单位基本情况、出口概要、本申报单位近三年无严重违法违规行为，是否拖欠政府性资金、同一项目是否已申请或享受其他财政资金等，以及申报说明；

（2）《服务贸易境外拓展资金项目申请表》电子数据；

（3）由法定代表人签字的《服务贸易境外拓展资金项目申请承诺书》；

（4）营业执照复印件；

（5）服务贸易出口合同复印件；

（6）银行出具的收汇凭证复印件（收汇凭证以非美元作为计价币种的，应将出口额换算成美元，折算率使用国家外汇管理局公布的上一年第12期《各种货币对美元折算率表》汇率；

（7）相关涉外收入申报单复印件；

（8）涉及专利权转让的单位需提供著录项目变更手续合格通知书复印件；

（9）经会计师事务所审计的上一年度财务会计报告复印件；

（10）技术出口项目还要提供《技术出口合同登记证书》和《技术出口合同数据表》及《技术出口数据变更记录表》复印件；

以上材料均须加盖申报单位公章。

（二）鼓励会计师事务所参与国际竞争项目

1. 支持对象

（1）会计师事务所应在北京市注册登记，并具有经北京市财政局行政许可的会计师事务所执业证书；

（2）会计师事务所近三年以来无严重违法违规行为。

2. 支持标准和方式

（1）鼓励会计师事务所在境外以自有品牌设立分支机构（含并购吸收所在国家和地区的会计师事务所成为其成员所）。上年度，每在境外自主设立一家分支机构（含并购吸收所在国家和地区的会计师事务所成为其成员所），实现品牌统一，正常开展业务，经申请审核，给予15万元奖励，每年每家会计师事务所奖励最高限额为100万元。

（2）鼓励会计师事务所以自有品牌参与权威国际会计公司网络排名。上年度，会计师事务所在境外以自有品牌设立分支机构两家以上，并以自有品牌参与权威国际会计公司网络排名，分三档进行奖励：进入全球前30名，一次性给予30万元奖励；进入全球前20名，一次性给予40万元奖励；进入全球前10名，一次性给予50万元奖励。国际排名名次以会计师事务所上年度参与权威国际会计公司网络排名较为靠前的名次为准，符合条件的会计师事务所不重复享受奖励。

3. 申报材料

（1）由法定代表人签字的《服务贸易海外拓展资金项目申请表》，内容包括：企业基本情况、出口概要、本企业近三年无严重违法违规行为，是否拖欠政府性资金、同一项目是否已申请或享受其他财政资金等，以及申报说明；

（2）营业执照复印件；

（3）由法定代表人签字的《服务贸易海外拓展资金项目申请承诺书》；

（4）经会计师事务所审计的上一年度财务会计报告复印件；

（5）以自主品牌参与权威国际会计公司网络排名所获得较高名次的证明材料（中英文）；

（6）事务所自主品牌情况说明；

以上材料均须加盖企业公章。

四、申报流程

（一）申报单位按属地原则将申报材料（一式两份）在规定的时间内报送至所在区商务委，区商务委初审后上报市商务委。

（二）经市商务委复审通过的项目，委托中介机构进行项目评审或资金审核。对于会计师事务所参与国际竞争项目还需由北京市财政局进行复审，确定支持企业名单及支持资金额并按照相关程序予以资金拨付。

附件 4

1. 支持服务外包发展的附件

附件 4-1-1

北京市服务外包业务专项资金申请承诺书

__________公司郑重承诺：

我单位申请 20×× 年度北京市服务外包业务专项资金所提供的申报材料均真实、准确、合法。如有不实之处，愿负相应法律责任，并承担由此产生的一切后果。

特此承诺。

申请人：（法人代表签字并加盖公章）

申请日期： 年 月 日

注：1. 法人代表签字必须手签，盖名章无效；

2. 如代签，需附法人代表授权委托书原件。

北京市服务外包业务专项资金使用承诺书

__________公司郑重承诺：

为确保 2018 年度北京市服务外包专项资金安全、高效使用，保证做到：

一、自觉接受市商务委、市财政局对服务外包业务专项资金使用情况进行的监督、检查，并接受同级及上级审计部门的审计检查。

二、积极配合专项资金绩效考评工作，按要求及时向市、区商务及财政主管部门提供专项资金使用绩效报告。

三、如在专项审计与监督检查中存在严重问题，除按要求退还所得资金外，自发现之日起三年内不得申报政府专项资金支持。

特此承诺。

（法人代表签字并加盖公章）

年 月 日

企业银行账户账号信息

开户银行名称：	联系人：
开户银行地址：	联系电话与传真：
银行账户户名：	手机号码：
银行账户账号：	电子邮箱：

附件 4-1-2

北京市服务外包企业国际资质认证补助申请表

（申报年度）

申报单位（盖章）：　　　　　　　　　　　　　　　　页码 / 总页

序号	国际认证名称	证书号	获得日期（年 / 月 / 日）	认证、维护费（万元）	备注
合　计					

联系人：　　　　　　　　　　　　　　　　联系电话：

附件 4-1-3

北京市服务外包企业新录用人员补助申请表

（申报年度）

申报单位（盖章）： 页码 / 总页

序号	姓名	性别	身份证号	毕业院校	所学专业	学历	毕业日期（年月日）	劳动合同签订日期（年月日—年月日）	缴纳社保日期（年月日—年月日）	备注

联系人： 联系电话：

附件 4-1-4

北京市服务外包培训机构培训后补助申请表

（申报年度）

申报单位（盖章）： 页码 / 总页

序号	姓名	性别	身份证号	毕业院校、接收服务外包企业	培训内容	学历	培训日期（年月日—年月日）	培训费用（万元）	备注

联系人： 联系电话：

附件 4-1-5

北京市服务外包企业服务外包业务贴息申请表
（申报年度）

序号	企业名称	去年离岸业务额（万美元）	前年离岸业务额（万美元）	去年相对前年增长量（万美元）	增长率（%）	贷款基准利率	拟补贴金额（万元人民币）
	合　计：						0

联系人：　　　　　　　　　　　　　　　　联系电话：

附件 4-1-6

北京市服务外包企业创新研发补助申请表

（申报年度）

申报单位（盖章）：　　　　页码 / 总页

序号	专利证书、商标注册证书、软件著作权登记证书名称	证书号	专利号、登记号	获得日期（年 / 月 / 日）	费用（万元）	备注
	合　计					

联系人：　　　　联系电话：

附件 4-1-7

北京市服务外包企业在职人员专业资格认证补助申请表

（申报年度）

申报单位（盖章）：　　　　　　　　　　　　　　　　　　　　页码 / 总页

序号	姓名	性别	身份证号	学历	职务	任职日期（年月日—年月日）	培训院校（机构）	培训内容	培训日期（年月日—年月日）	获得证书名称	培训费用（万元）	备注

联系人：　　　　　　　　　　　　　　　　　　联系电话：

2. 支持试点地区及示范城市服务贸易创新发展的附件

附件 4-2-1

北京市外经贸发展资金支持试点地区及示范城市服务贸易创新发展项目申请承诺书

（　　年度）

根据 20___年度北京市外经贸发展资金支持试点地区及示范城市服务贸易创新发展实施方案的有关要求，我单位（　　单位名称　　　）拟申请□提升公共服务能力、□促进新兴服务出口、□鼓励重点服务进口（请在申请的项目前的方框内划√）。

并做出以下承诺：

1. 已认真阅读和全面了解专项资金申报规定及资金使用管理办法，承诺严格符合申报条件和要求，并将严格按照专项资金管理办法组织项目的实施；

2. 保证提供的所有申报文件和资料真实有效，并承担相应的法律责任；

3. 接受有关部门及市商务委、市财政局组织的验收及指派的审计机构和评估机构的监督、评估；

4. 如违反专项资金管理制度或有违法违纪行为，将承担一切责任，并在规定的时限内如数退还资金；

5. 保证配合相关部门工作要求，按期提供申报项目相关信息和统计数据。

申请人：（法人签字并加盖公章）

申请日期：　　　年　　月　　日

（说明：法人必须手签字，盖名章无效；如授权签字需付授权委托书原件）

附件 4-2-2

提升公共服务能力事项申报说明

（　　年度）

<table>
<tr><td>申请企业名称</td><td colspan="3"></td></tr>
<tr><td>法定代表人姓名</td><td></td><td>企业注册地址</td><td></td></tr>
<tr><td>企业性质</td><td></td><td></td><td></td></tr>
<tr><td>通信地址</td><td></td><td>邮政编码</td><td></td></tr>
<tr><td colspan="4">申请人郑重声明如下：
1. 申请人共上报申报文件资料页；
2. 申请人依法注册，具有独立法人资格，并合法经营；
3. 申请人申报的所有文件、单证和资料是准确、真实、完整和有效的；
4. 申请人申报的所有复印件均与原件核对，完全一致；
5. 申请人承诺接受有关主管部门为审核本申请而进行的必要核查。

申请企业法定代表人或授权人：（签名）

申请企业盖章：

日期：　年　月　日</td></tr>
<tr><td>开户银行账户账号</td><td></td><td>开户银行账户户名</td><td></td></tr>
<tr><td>开户银行名称</td><td></td><td>开户行地址</td><td></td></tr>
<tr><td>企业联系人</td><td></td><td>联系电话</td><td></td></tr>
<tr><td>电子邮件</td><td></td><td>移动电话</td><td></td></tr>
<tr><td>联系传真</td><td></td><td></td><td></td></tr>
</table>

说明：

1. 申请企业法定代表人或授权人签名栏必须手签，使用名章无效；
2. 若由授权人签署，需提交由法定代表人手签并加盖公司印章的授权书原件；
3. 银行账户信息必须为公司账户，用于拨付贴息资金，务必正确填写；
4. 企业性质：国有、集体、民营、三资、研究院所、高校、其他。

附件 4-2-3

提升公共服务能力事项申报表

（ 年度）

一、申报单位基本情况					
名称					
企业代码			信用等级		
单位负责人			联系电话（手机）		
主管部门					
注册登记类型	1. 国有企业 2. 集体企业 3. 股份合作企业 4. 联营企业 5. 有限责任公司 6. 股份有限公司 7. 私营企业 8. 外商投资企业 9. 其他（请注明： ）				
注册资金	万元		其中外资（含港澳台）比例		%
职工总数	人	其中本科以上	人	其中研究开发人员	人
上年度企业总收入		万元	上年度企业净利润		万元
上年末企业总资产		万元	上年度企业交税总额		万元
获得的相关企业认证：			获得的专利：		
通过的相关产品认证：			企业拥有的品牌：		
申报单位简介（限 500 字以内）：					

（续）

<table>
<tr><th colspan="4">二、项目基本情况</th></tr>
<tr><td>项目名称</td><td colspan="3"></td></tr>
<tr><td>合作单位名称</td><td colspan="3"></td></tr>
<tr><td>项目起始时间</td><td>年　　月</td><td>项目计划完成时间</td><td>年　　月</td></tr>
<tr><td>项目负责人</td><td></td><td>联系电话（手机）</td><td></td></tr>
<tr><td>项目现处阶段</td><td colspan="3">1. 新建阶段，已做的相关准备：________________
2. 在建（或已建成）阶段，已开展的服务内容：________________</td></tr>
<tr><td>项目主要
建设内容</td><td colspan="3">（限500字以内）</td></tr>
<tr><td>项目实施场地</td><td colspan="3"></td></tr>
<tr><td>现有服务设施</td><td colspan="3"></td></tr>
<tr><td>技术来源</td><td colspan="3">1. 自有技术　2. 产学研合作开发技术　3. 国内其他单位技术　4. 引进技术本企业消化创新
5. 国外技术</td></tr>
<tr><td>项目主要优势</td><td colspan="3">1. 市场发展前景很好　2. 产品或工艺创新性突出　3. 经济效益显著　4. 社会效益显著
5. 其他（请注明：　　　　　　）</td></tr>
<tr><td>项目完成后
验收指标</td><td colspan="3">1.
2.
3.</td></tr>
<tr><td>项目完成后
计划实现指标</td><td colspan="3"></td></tr>
</table>

（续）

<table>
<tr><td colspan="5">三、项目资金情况</td></tr>
<tr><td colspan="2" rowspan="3">项目计划总投资金额</td><td colspan="2">合　计</td><td>万元</td></tr>
<tr><td colspan="2">固定资产投资</td><td>万元</td></tr>
<tr><td colspan="2">流动资金投资</td><td>万元</td></tr>
<tr><td rowspan="4">已投资金额</td><td>企业自筹</td><td colspan="3">万元</td></tr>
<tr><td>银行贷款</td><td colspan="3">万元</td></tr>
<tr><td>财政拨款</td><td colspan="3">万元</td></tr>
<tr><td>其他</td><td colspan="3">万元</td></tr>
<tr><td rowspan="5">计划新增
投资来源</td><td>企业自筹</td><td colspan="3">万元</td></tr>
<tr><td>银行贷款</td><td colspan="3">万元</td></tr>
<tr><td rowspan="2">财政拨款</td><td rowspan="2">万元</td><td>其中专项资金资助</td><td>万元</td></tr>
<tr><td>其中地方政府配套</td><td>万元</td></tr>
<tr><td>其他</td><td colspan="3">万元</td></tr>
<tr><td colspan="3">本次计划申请专项资金资助金额</td><td colspan="2">万元</td></tr>
<tr><td>申请专项资金用途</td><td colspan="4">（请选择并另附费用计划使用明细）
1. 固定资产购置费用　2. 运营维护费用　3. 与项目相关的其他支出</td></tr>
</table>

附件 4-2-4

新兴服务出口事项申报说明

（　　年度）

<table>
<tr><td>申请企业名称</td><td colspan="3"></td></tr>
<tr><td>法定代表人姓名</td><td></td><td>企业注册地址</td><td>省　　市</td></tr>
<tr><td>企业性质</td><td></td><td></td><td></td></tr>
<tr><td>通信地址</td><td></td><td>邮政编码</td><td></td></tr>
<tr><td colspan="4">申请人郑重声明如下：
1. 申请人共上报申报文件资料页；
2. 申请人依法注册，具有独立法人资格，并合法经营；
3. 申请人申报的所有文件、单证和资料是准确、真实、完整和有效的；
4. 申请人申报的所有复印件均与原件核对，完全一致；
5. 申请人承诺接受有关主管部门为审核本申请而进行的必要核查。

申请企业法定代表人或授权人：（签名）

申请企业盖章：

日期：　　年　月　日</td></tr>
<tr><td>开户银行账户账号</td><td></td><td>开户银行账户户名</td><td></td></tr>
<tr><td>开户银行名称</td><td></td><td>开户行地址</td><td></td></tr>
<tr><td>企业联系人</td><td></td><td>联系电话</td><td></td></tr>
<tr><td>电子邮件</td><td></td><td>移动电话</td><td></td></tr>
<tr><td>联系传真</td><td></td><td></td><td></td></tr>
</table>

说明：

1. 申请企业法定代表人或授权人签名栏必须手签，使用名章无效；
2. 若由授权人签署，需提交由法定代表人手签并加盖公司印章的授权书原件；
3. 银行账户信息必须为公司账户，用于拨付贴息资金，务必正确填写；
4. 企业性质：国有、集体、民营、三资、研究院所、高校、其他。

附件 4-2-5

新兴服务出口事项申报表

（　　年度）

申报企业：

出口服务描述	上年服务出口金额（美元）	贷款合同编号	贷款金额	贷款批准时间	贷款利率（%）

说明：

1. 出口服务描述请对照《服务出口重点领域指导目录》填写具体出口领域；
2. 服务出口金额以取得银行收汇凭证为准；
3. 贷款金额、贷款批准年号、贷款利率以贷款文件（合同）为准，企业须提供贷款合同文件复印件。

附件 4-2-6

服务进口贴息事项申报说明

（ 年度）

申请企业名称			
法定代表人姓名		企业注册地址	省 市
企业性质			
通信地址		邮政编码	

申请人郑重声明如下：

1. 申请人共上报申报文件资料页；
2. 申请人依法注册，具有独立法人资格，并合法经营；
3. 申请人申报的所有文件、单证和资料是准确、真实、完整和有效的；
4. 申请人申报的所有复印件均与原件核对，完全一致；
5. 申请人承诺接受有关主管部门为审核本申请而进行的必要核查。

申请企业法定代表人或授权人：（签名）

申请企业盖章：

日期： 年 月 日

开户银行账户账号		开户银行账户户名	
开户银行名称		开户行地址	
企业联系人		联系电话	
电子邮件		移动电话	
联系传真			

说明：

1. 申请企业法定代表人或授权人签名栏必须手签，使用名章无效；
2. 若由授权人签署，需提交由法定代表人手签并加盖公司印章的授权书原件；
3. 银行账户信息必须为公司账户，用于拨付贴息资金，务必正确填写；
4. 企业性质：国有、集体、民营、三资、研究院所、高校、其他。

附件 4-2-7

服务进口贴息事项申报表

（　　年度）

上报单位

序　号	服务进口合同号	服务代码及名称	服务描述	实际服务进口额（美元）	进口服务国别地区
总　计					

联系人：

联系电话：

附件 4-2-8

服务出口重点领域指导目录

商务部

2016 年 10 月

目 录

一、计算机和信息服务

服务编码：010000

（一）硬件咨询服务

服务编码：010100

1. 硬件咨询服务

服务编码：010101

服务描述：包括对企业和机构提供与管理有关的咨询、评估机构的电脑需求、辅导客户机上的硬件和软件采购、系统安全的管理等。

（二）软件咨询服务

服务编码：010200

1. 软件咨询服务

服务编码：010201

服务描述：包括软件开发，现有软件改编，为数据库的设计提供专业意见，为硬件和软件的集成提供专业技术指导，在新系统的启动阶段提供指导和帮助，提供说明以保护数据库，对专有软件提供建议。

（三）信息系统集成服务

服务编码：010300

1. 信息系统集成服务

服务编码：010301

服务描述：包括系统集成咨询服务；系统集成工程服务；提供硬件设备现场组装、软件安装与调试及相关运营维护支撑服务；系统运营维护服务，包括系统运行检测监控、故障定位与排除、性能管理、优化升级等。

（四）数据服务

服务编码：010400

1. 数据服务

服务编码：010401

服务描述：包括数据存储管理服务，提供数据规划、评估、审计、咨询、清洗、整理、应用服务，数据增值服务，提供其他未分类数据处理服务。

（五）计算机硬件维修和保养

服务编码：010500

1. 计算机硬件维修和保养

服务编码：010501

服务描述：计算机硬件设备的保养和维修服务。

二、研究开发和技术服务

服务编码：020000

（一）研发与设计服务

服务编码：020100

1. 研究和实验开发服务

服务编码：020101

服务描述：包括物理学、化学、生物学、基因学、工程学、医学、农业科学、环境科学、人类地理科学、经济学和人文科学等领域的研究和实验开发服务。

2. 工业设计服务

服务编码：020102

服务描述：包括对产品的材料、结构、机理、形状、颜色和表面处理的设计与选择；对产品进行的综合设计服务，即产品外观的设计、机械结构和电路设计等服务。

（二）检验检测和技术分析服务

服务编码：020200

1. 成分、纯度检验和分析服务

服务编码：020201

服务描述：空气、水、废物（城市和工业垃圾）、燃料、金属、土壤、矿物、食品和化学品等物品的化学和生物特性的检验和分析服务，包括有关微生物、生物化学、细菌学等科学领域的检验和分析服务（不包括医学和牙科检验服务）。

2. 物理性质的检验和分析服务

服务编码：020202

服务描述：诸如金属、塑料、纺织品、木材、玻璃、混凝土和其他材料的强度、延展性、导电性和放射性的检验和分析服务，包括拉力、硬度、耐冲击性、抗疲劳度和高温效应试验。

3. 综合机械、电力系统和运输车辆的技术检验和分析服务

服务编码：020203

服务描述：对整机、电动机、汽车、机床、仪器仪表、通信设备以及含有机械和电气部件的其他设备的机械和电气特性的检验和分析服务，以及对运输车辆的技术检验服务。

（三）其他科学和技术咨询服务

服务编码：020300

1. 地质地球物理科学咨询服务

服务编码：020301

服务描述：通过研究土壤的特性和岩石的形成及构造来提供与矿藏、石油、天然气和地下水的位置相关的地质学、地球物理学、地球化学及其他科学的咨询服务，包括对地下调查结果的分析服务、地球样品和岩心的研究服务以及开发和析取矿产资源的支持和顾问服务。

2. 地下和地表勘探服务

服务编码：020302

服务描述：通过不同方法收集地下和地表土质岩层构造信息的服务。

3. 绘制地图服务

服务编码：020303

服务描述：出于绘制地图的目的，用包括经纬仪测量、摄影测量和水道测量等在内的不同方法来收集一部分地球表面的形状、位置和边界资料的服务，包括利用勘查结果、其他地图和其他资料来绘制和修改各种地图（例如道路、地籍、地形、平面和水文图）。

4. 天气预报和气象服务

服务编码：020304

服务描述：为境外机构提供天气预报、灾害预警、气象云图、旅游天气、台风、暴雨雪等气象信息的服务。

（四）技术交易与科技中介服务

服务编码：020400

1. 知识产权跨境许可与转让

服务编码：020401

服务描述：主要指以专利、版权、商标等为载体的技术贸易。知识产权跨境许可是指授权境外机构有偿使用专利、版权和商标等；知识产权跨境转让是指将专利、版权和商标等知识产权售卖给境外机构。涉及的知识产权技术跨境许可和转让的行业领域包括：高铁、核电、通信、电力、建材生产、石油勘探、汽车制造、化工和冶金等。

2. 国际知识产权咨询和代理服务

服务编码：020402

服务描述：指对专利、商标、版权、软件、集成电路布图设计等的代理、转让、登记、鉴定、评估、认证、咨询、检索等服务。主要涉及：信息服务，如检索分析、数据库建设；代理服务与法律服务，如申请、注册、登记、维权诉讼；知识产权运用转化服务，如评估、交易、质押融资、托管、经营；咨询服务，如预警分析、管理咨询、战略制定；知识产权相关的培训服务。

三、广播影视与视听服务

服务编码：030000

（一）影视服务

服务编码：030100

1. 电影

服务编码：030101

服务描述：电影产品出口，包括电影完成片、宣传片、素材及其版权的出口。

2. 电视

服务编码：030102

服务描述：电视产品出口，包括电视完成片、宣传片、素材及其版权的出口。

3. 中外合作制作电影、电视节目服务

服务编码：030103

服务描述：中外合作制作电影是指依法取得《摄制电影许可证》或《摄制电影片许可证（单片）》的境内电影制片者与境外电影制片者在中国境内外联合摄制、协作摄制、委托摄制的电影；中外合作制作电视剧是指境内依法取得资质的广播电视节目制作机构与境外法人及自然人合作制作电视剧（含电视动画片、纪录片）的活动；其他中外合作制作电影电视节目服务是指与电影电视业务相关的演出、制作、采编、传输、销售等服务；以及上述电影、电视产品版权的输出。

4. 其他与广播影视相关的服务

服务编码：030104

服务描述：包括广播电视节目境外落地的集成、播出服务，广播影视对外工程承包服务，境外数字电视（标准）运营服务，广播影视对外设计、咨询、勘察、监理服务，与广播影视相关的制作服务外包、大型活动经营等。

5. 节目模式出口

服务编码：030105

服务描述：节目概念、创意、制作指导蓝本等服务的出口。

四、娱乐文化和体育服务

服务编码：040000

（一）文化艺术服务

服务编码：040100

1. 演艺及相关服务

服务编码：040101

服务描述：包括文艺创作和表演、文艺演出经纪等服务。

2. 商业艺术展览

服务编码：040102

服务描述：在境外专门从事某种文化艺术的展览展示和节庆活动，并获取服务费用或门票收入的商业活动，具体展览和节庆服务内容包括传统艺术、现代艺术、民俗艺术等。

3. 艺术品创作及相关服务

服务编码：040103

服务描述：艺术品的设计创作、经营销售、艺术授权、经纪代理、修复管理、评估担保、拍卖鉴定等服务。

4. 工艺美术品创意设计及相关服务

服务编码：040104

服务描述：包括工艺美术品的设计创作、生产营销、品牌授权、经纪代理等服务。

5. 文化休闲娱乐服务

服务编码：040105

服务描述：包括大型文化主题公园建设、大型商业文化活动经营等。

（二）其他文化服务

服务编码：040200

1. 游戏

服务编码：040201

服务描述：包括网络游戏（含通过互联网、移动通信网、有线电视网等信息网络提供的游戏产品和服务）、电子游戏机游戏、家用视频游戏、桌面游戏以及依托新兴技术传播的游戏新种类等游戏产品及其衍生品。

2. 动漫

服务编码：040202

服务描述：指以创意为核心，以动画、漫画为表现形式，包含动漫图书、报刊、电影、电视、音像制品、舞台剧、软件和基于现代信息技术传播手段的动漫新品种等动漫产品及其衍生品。

3. 境外文化机构的新设、并购和合作

服务编码：040203

服务描述：企业依法通过新设、收购、合作等方式投资境外文化领域，包括投资出版社、报刊社以及出版、印刷、发行服务机构，广播电视台（网）、影视节目制作或销售机构、电视节目演播室、广播电视节目播出时段、电影院线，剧场、演艺经纪公司、艺术品经营机构以及建设境外文化产业园区等行为。

4. 网络文化服务

服务编码：040204

服务描述：网络文化服务包括网络新闻、网络音乐、网络文学、网络艺术品、网络视听节目等网络内容产品的创意、制作、传输、技术研发、生产经营、传输及营销推广等，以及网络文化传播服务的开发与建设，包括技术研发平台、专业文化网站及其他新兴传播服务形式等。

5. 专业文化产品的设计、开发、调试等相关服务

服务编码：040205

服务描述：包括乐器、舞台灯光音响等演艺设备、印刷设备、广播电视节目制作、接收设备，影院及电影放映相关设备、专业影视器材等为开展文化活动所必需的文化用品和设备的设计、开发、调试相关服务。

6. 文化产品数字制作及相关服务

服务编码：040206

服务描述：采用数字技术对舞台剧目、音乐、美术、文物、非物质文化遗产、文献资源等文化内容以及各种出版物进行数字化转化和开发，为各种显示终端提供内容，以及采用数字技术传播、经营文化产品等相关服务。

7. 创意设计服务

服务编码：040207

服务描述：主要包括广告设计、平面设计、工业设计、视觉设计等，特别是能够增加产品附加值的文化创意设计。

8. 文化产品的对外翻译、配音及制作服务

服务编码：040208

服务描述：指将本国文化产品翻译或配音成其他国家语言，将其他国家文化产品翻译或配音成本国语言以及与其相关的制作服务。

（三）体育服务

服务编码：040300

1. 体育赛事和相关活动的推广、组织服务

服务编码：040301

服务描述：专业性体育赛事、群众性体育活动的推广、组织活动，包括由不同主体，如体育项目协会、体育俱乐部、体育经纪公司、体育传媒机构等提供的相关服务。

2. 体育健身、培训服务

服务编码：040302

服务描述：主要包括面向社会开放的休闲健身场所和其他体育娱乐场所提供的各类健身服务，面向公众的体育培训服务，面向专业运动员、教练员、裁判员等提供的专业培训服务等。

五、出版印刷服务

服务编码：050000

（一）出版服务

服务编码：050100

1. 数字文献数据库与电子书服务

服务编码：050101

服务描述：数字文献数据库或数字出版物的销售，经主管部门批准，具有电子书出版、复制、发行资质或具有互联网出版资质的企业

提供的服务。

2. 传统出版物境外发行

服务编码：050102

服务描述：包括图书、报纸、期刊、音像制品以及中华文化内容的电子出版物（数码光盘）等的境外发行。

3. 出版单位版权输出

服务编码：050103

服务描述：出版单位出版的图书、报纸（含刊登的文章、图片）、期刊（含刊登的文章、图片）、音像制品、电子出版物、数字出版物等授权境外出版单位在境外出版（刊登）。

4. 出版单位合作出版

服务编码：050104

服务描述：指中方与境外出版机构共同投资、共同策划、共同分享收益并承担风险的出版业务；由中方出资策划、与境外出版机构联合出版，并由外方负责在境外开拓市场；外方出资策划、中方提供内容，体现中华文化特色并面向国际市场的出版项目。合作出版产品包括图书、报纸（含版面、专栏）、期刊（含版面、专栏）、音像制品、电子出版物、数字出版物等。

5. 版权输出代理服务

服务编码：050105

服务描述：包括版权代理机构、民营企业向境外出版单位授权出版中国作者作品的版权输出代理服务。

6. 新闻出版产品营销服务

服务编码：050106

服务描述：包括为境外客户提供新闻出版产品采购服务；外向型新闻出版产品选题策划服务；出版物衍生产品设计、制作、营销服务等。

（二）印刷服务

服务编码：050200

1. 印刷服务

服务编码：050201

服务描述：包括包装品设计、排版、印刷等相关服务。

六、广告服务

服务编码：060000

（一）广告的设计、制作和布置服务

服务编码：060100

1. 广告的设计、制作和布置服务

服务编码：060101

服务描述：设计、制作和布置广告的全部或部分服务，包括包装设计、平面设计、制作三维模型，以及选择媒介、设计广告、插图、海报等，为影视作品宣传制作布置情景介绍等。

（二）广告的代理和发布服务

服务编码：060200

1. 广告的代理和发布服务

服务编码：060201

服务描述：广告商租赁或购买广告媒体版面或时段；广告媒体销售版面或时段。

（三）国际互联网广告服务

服务编码：060300

1. 国际互联网广告服务

服务编码：060301

服务描述：在互联网空间开展的各类广告宣传与市场推广服务，以及与之相关的互联网广告设计与制作服务。

七、医疗和保健服务

服务编码：070000

（一）中医医疗保健服务及相关服务

服务编码：070100

1. 中医药医疗保健服务

服务编码：070101

服务描述：在境内提供远程医疗、接待境外患者就诊或在境外开办中医药医疗机构提供中医药医疗保健服务。

2. 与中医药相关的其他服务

服务编码：070102

服务描述：主要包括与中医药相关的教育培训、文化交流等服务，如在境内外开展的中医药学历教育、远程教育或培训服务，以及与中医药文化相关的服务。

（二）西医医疗保健及相关服务

服务编码：070200

1. 远程医疗保健服务

服务编码：070201

服务描述：医疗服务机构借助互联网、电话、短信、微信、APP 等形式对求医者进行的医疗和保健服务。

2. 远程医疗设备维护与维修

服务编码：070202

服务描述：医疗产品制造商通过远程方式对所售产品使用者提供该类产品的使用指导、特别维护指导和更替换零部件指导。

3. 基因检测服务

服务编码：070203

服务描述：在生育健康、肿瘤、个体化诊断和治疗、遗传病、传染病等方面提供基因检测服务。

八、保险服务

服务编码：080000

（一）人身保险

服务编码：080100

1. 境外人士入境意外伤害险

服务编码：080101

服务描述：境外人士入境后因意外事故而导致身故、残疾或者发生保险合同约定的其他事故为给付保险金条件的人身保险。

2. 境外人士入境健康保险

服务编码：080102

服务描述：境外人士入境后因健康原因导致损失为给付保险金条件的人身保险。

（二）财产保险

服务编码：080200

1. 国际货运险

服务编码：080201

服务描述：主要包括海洋货物运输保险、陆上货物运输保险、航空货物运输保险、邮包保险等。

2. 责任保险

服务编码：080202

服务描述：以被保险人对第三者依法应负的赔偿责任为保险标的的保险，包括公共责任、产品责任、雇主责任、职业责任等。

3. 信用保险

服务编码：080203

服务描述：以信用交易中债务人的信用作为保险标的，在债务人未能如约履行债务清偿而使债权人遭受经济损失时，由保险人向债权人提供风险保障的保险。

4. 合同保证保险

服务编码：080204

服务描述：指因被保证人不履行合同义务而造成权利人经济损失时，由保险人代被保证人进行赔偿的保证保险。

（三）保险辅助服务

服务编码：080300

1. 保险经纪和代理服务

服务编码：080301

服务描述：基于投保人／保险人的委托，提供订立保险合同、协助索赔理赔、风险管理咨询等服务。

2. 保险理赔理算服务

服务编码：080302

服务描述：主要包括调查保险理赔，确定保险范围和和解谈判范围的损失；检查已调查和授权付款条款；损害评估服务。

3. 精算服务

服务编码：080303

服务描述：保险费率厘定和保险责任准备金评估等服务。

九、金融服务

服务编码：090000

（一）接受公众存款和其他需偿还的资金

服务编码：090100

1. 接受公众存款和其他需偿还的资金

服务编码：090101

服务描述：包括企业存款、个人存款等。

（二）一切种类的贷款

服务编码：090200

1. 贷款

服务编码：090201

服务描述：包括信用贷款、抵押贷款、质押贷款等。

（三）金融租赁

服务编码：090300

1. 金融租赁

服务编码：090301

服务描述：转让和受让融资租赁资产，固定收益类证券投资业务，接受承租人的租赁保证金，吸收非银行股东3个月（含）以上定期存款，同业拆借，向金融机构借款，境外借款，租赁物变卖及处理业务，经济咨询，发行债券，在境内保税区设立项目公司开展融资租赁业务，资产证券化，为控股子公司、项目公司对外融资提供担保等。

（四）所有支付和货币汇划服务

服务编码：090400

1. 所有支付和货币汇划服务

服务编码：090401

服务描述：包括与信用卡、赊账卡和贷记卡、旅行支票和银行汇票相关的服务。

（五）担保和承诺

服务编码：090500

1. 担保和承诺

服务编码：090501

服务描述：金融领域涉及的担保指银行担保，即由债务人或债务人委托银行向债权人做出的在债务人无法偿还债务时保障其债权或部分债权实现的安排。承诺是金融性公司对交易对手的未来融资活动做出的安排，做出承诺的金融性公司在合约规定的未来特定事项发生时负有支付义务，包括贷款承诺等。

（六）参与各类证券的发行

服务编码：090600

1. 参与各类证券的发行

服务编码：090601

服务描述：包括代理证券承销和配售（公开发行和非公开发行）及提供发行相关的服务。

（七）资产管理

服务编码：090700

1. 资产管理

服务编码：090701

服务描述：自行或代客进行资产的保值增值，包括现金或证券管理服务等。

（八）金融资产结算和清算服务

服务编码：090800

1. 金融资产结算和清算服务

服务编码：090801

服务描述：包括证券、衍生产品和其他可转让票据的结算和清算服务。

（九）咨询和其他辅助金融服务

服务编码：090900

1. 咨询和其他辅助金融服务

服务编码：090901

服务描述：包括投资和资产组合的研究和咨询服务、信用调查和分析等。

十、教育服务

服务编码：100000

（一）国际汉语教育

服务编码：100100

1. 境外汉语教学服务

服务编码：100101

服务描述：和境外大学或高等教育机构共同设立以教授汉语和传播中国文化为宗旨的教育机构。

2. 汉语教师输出服务

服务编码：100102

服务描述：派出教师或志愿者支持各国家和地区各级各类教育机构开展汉语教学和中华文化传播。

（二）来华留学生教育

服务编码：100200

1. 学历教育

服务编码：100201

服务描述：指针对那些根据我国教育部下达的招生计划录取的、来我国高校学习的境外留学生，按教育主管部门认可的教学计划实施教学。学生完成学业后，由学校颁发国家统一印制的毕业证书和学位证书。主要包括专科生（包含高等职业教育）、本科生、硕士研究生和博士研究生。

2. 非学历教育

服务编码：100202

服务描述：主要包括高级进修生、普通进修生、语言生和其他短期生。完成学业后，由培训部门颁发相应结业证书。

（三）境外办学

服务编码：100300

1. 境外办学

服务编码：100301

服务描述：指高等学校独立或者与境外具有法人资格并且为所在国家（地区）政府认可的教育机构及其他社会组织合作，在境外举办以境外公民为主要招生对象的教育机构或者采用其他形式，依法开展教育教学活动，实施高等学历教育、学位教育或者非学历教育。

（四）国际远程教育

服务编码：100400

1. 国际远程教育

服务编码：100401

服务描述：通过音频、视频（直播或录像），采用实时或非实时计算机技术把课程传送到其他国家的教育。包括远程开放大学、普通高校开展的远程教育和虚拟大学等。

十一、运输及相关服务

服务编码：110000

（一）海运服务

服务编码：110100

1. 远洋货物运输

服务编码：110101

服务描述：提供国际船舶普通货物运输、国际船舶集装箱运输和国际船舶危险品运输服务。

2. 境外港口、码头和航道的运营管理服务

服务编码：110102

服务描述：对境外港口的运营管理服务，包括码头、港区、停泊处以及其他与海运枢纽设施有关的服务，与海运有关的客运枢纽服务，

以及船、驳船和通航航道的管理和维修服务，运河式航道和其他人工内河航道的管理和维修服务，还包括船闸、升船机、堰、闸门服务，以及运河上非拖船的拖曳服务，如拖拉机或机车在拖道上的拖曳服务。港口堆存、仓储、理货服务、拖轮服务、船舶供应（含油、气、水、电、船舶物料、生活用品），船舶污染物接收，船岸及港口交通通信导航和信息管理服务，船员接送。

3. 船舶服务

服务编码：110103

服务描述：船舶代理服务、船舶管理服务、船舶技术检验。

4. 船员劳务外派

服务编码：110104

服务描述：向境外派遣海员，并提供相关海事服务。

（二）空运服务

服务编码：110200

1. 国际航空旅客运输

服务编码：110201

服务描述：包括国际定期航班客运服务和不定期航班客运服务。

2. 国际航空货物运输

服务编码：110202

服务描述：包括信件及包裹的国际航空运输，以及其他货物的国际航空运输服务。

3. 境外机场管理运营维护

服务编码：110203

服务描述：包括境外航空客运港和机场地面的管理、运营、维护服务。

4. 航空培训

服务编码：110204

服务描述：包括对境外航空公司的飞行员、空乘人员、机场的值机员、地勤、维修人员以及飞行程序设计人员等的培训。

5. 航空专业服务

服务编码：110205

服务描述：包括航空咨询和设计、民航信息服务、航空器维修、机场地面服务、民航专用设备安装等。

（三）国际铁路运输服务

服务编码：110300

1. 国际铁路旅客运输

服务编码：110301

服务描述：通过铁路进行的旅客运输服务。

2. 国际铁路货物运输

服务编码：110302

服务描述：包括集装箱、冷藏货物以及其他货物的国际铁路运输服务。

（四）国际道路运输服务

服务编码：110400

1. 国际道路旅客运输

服务编码：110401

服务描述：各国家和地区之间通过道路进行的旅客运输服务。

2. 国际道路货物运输

服务编码：110402

服务描述：各国家和地区之间进行的包括大宗散货、集装箱、冷藏货物以及其他货物的道路运输服务。

（五）其他方式运输服务

服务编码：110500

1. 跨境水路运输

服务编码：110501

服务描述：跨境水路旅客运输、货物运输。

2. 跨境管道运输

服务编码：110502

服务描述：通过管道长距离跨境输送液体和气体物资的服务。

3. 空间运输

服务编码：110503

服务描述：发射与安装太空卫星的服务。

（六）国际货代及物流运输服务

服务编码：110600

1. 国际工程物流

服务编码：110601

服务描述：大型专业物流公司按照合同要求，为客户的大型设备、成套设备进出口和海外工程承包业务提供从工厂到工地的门到门跨境综合物流服务。

2. 合同物流

服务编码：110602

服务描述：物流供应商与企业签订一定期限的物流服务合同，并基于物流服务合同提供全方位的第三方物流服务。

3. 金融物流

服务编码 :110603

服务描述：指银行以企业自有或其认可的第三人的动产或权利凭证为担保，向企业提供金融服务并为保持动产的担保属性，与企业共同委托物流公司对担保动产开展的物流及其衍生业务，是金融和物流的有机结合。

4. 国际多式联运

服务编码：110604

服务描述：按照国际多式联运合同，以至少两种不同的运输方式，由多式联运经营人把货物从境内接管地点运至境外指定交付地点的货物运输服务。

5. 国际仓储物流

服务编码：110605

服务描述：为生产企业提供国际仓储、运输、配送、包装等一体化的供应链解决方案和整体物流服务的第三方物流企业提供的综合物流服务。

6. 项目运输

服务编码：110606

服务描述：在限定的时间、成本费用、人力资源及资财等项目参数内完成的不重复的大型工程项目、会展等物流运输服务。

7. 无船承运人服务

服务编码：110607

服务描述：以承运人身份接受托运人的货载，通过与海运公共承运人订舱或签订服务合同来对外提供国际海上货物运输服务，签发自己的提单或提供其他运输单证，向托运人收取运费，是国际货运代理人对托运人的服务延伸。

十二、旅游服务

服务编码：120000

（一）旅行社与导游服务

服务编码：120100

1. 旅行社服务

服务编码：120101

服务描述：由旅行社提供的以合同为基础的销售旅游门票、安排住宿及旅行团收费等服务。

2. 导游服务

服务编码：120102

服务描述：由旅行社和个体导游提供的导游服务。

（二）旅游信息服务

服务编码：120200

1. 旅游信息服务

服务编码：120201

服务描述：由在线旅行服务商和无线旅游服务商提供的旅游信息、咨询和旅游线路规划等服务。

（三）旅游休闲服务

服务编码：120300

1. 旅游休闲服务

服务编码：120301

服务描述：包括旅游演艺、文化创意类景区等与旅游休闲相关的服务。

（四）旅游推广服务

服务编码：120400

1. 旅游推广服务

服务编码：120401

服务描述：国家、地区旅游的推广活动，由各类机构（包括政府、社会组织以及营销推广公司等）开展的对外旅游信息推广服务；以及采用新式媒体开展的旅游宣传推广服务，包括网络视频推广、邮件列表推广、网络社区推广、网络游戏植入推广等。

（五）旅游购物服务

服务编码：120500

1. 旅游购物退税服务

服务编码：120501

服务描述：将境外游客在旅游目的地国购买的商品价格中所含的在该国生产和流通过程中已经缴纳的间接税（在我国主要是增值税和消费税）退还或者部分退还给游客的服务。

2. 退税代理服务

服务编码：120502

服务描述：由具备一定资质并获得国家有关部门授权的机构，按照旅游购物退税的相关规定为境外游客办理的购物退税代理服务。

3. 免税店服务

服务编码：120503

服务描述：由相关部门审批的企业，向符合规定的顾客销售免征进口税的名牌产品和土特产品的服务。

（六）旅游景区服务

服务编码：120600

1. 旅游景区服务

服务编码：120601

服务描述：旅游景区提供的满足游客参观游览、休闲度假、康乐健身等旅游需求的服务。

（七）旅游包车服务

服务编码：120700

1. 旅游包车服务

服务编码：120701

服务描述：指汽车公司或旅游公司将有旅游牌照的汽车出租给个人、单位或群体用于旅游，以小时、天等形式租用的服务。

十三、邮政和电信服务

服务编码：130000

（一）邮政和快递服务

服务编码：130100

1. 邮件寄递服务

服务编码：130101

服务描述：邮政企业将信件、包裹、汇款通知、报刊和其他印刷品等邮件按照封装上的名址递送给特定单位或者个人的活动。

2. 快递服务

服务编码：130102

服务描述：在承诺的时限内将信件、包裹、印刷品等物品按照封装上的名址快速递送给特定单位或者个人的活动。

3. 快递增值服务

服务编码：130103

服务描述：包括代收货款、冷链快递、特殊物品寄送、签单返还、限时快递、专差快递、智能快件箱等增值服务。

（二）电信服务

服务编码：130200

1. 网络数据传送服务

服务编码：130201

服务描述：通过网络传输数据、信息的

服务。

2. 网络数据应用服务

服务编码：130202

服务描述：包括电子邮箱服务，提供电子邮件、语音邮件、视频邮件等；即时信息服务，包括短信、彩信及各种增强的多媒体即时信息服务；网络视频会议、电话会议服务；传真增值服务，包括传真的存储、转发、检索；电传、电报、传真、电子数据交换等服务。

3. 网络资源出租服务

服务编码：130203

服务描述：出租计算资源、存储资源和网络资源，出租运营维护资源。

4. 在线信息搜索和处理服务

服务编码：130204

服务描述：联机信息和数据库检索、联机信息和数据处理（包括交易处理服务）。

5. 基础互联网服务

服务编码：130205

服务描述：包括网站信息服务；搜索引擎服务、在线数据检索服务。

十四、建筑和工程服务

服务编码：140000

（一）建筑工程项目前期策划和设计咨询服务

服务编码：140100

1. 建筑和工程可行性研究服务

服务编码：140101

服务描述：建筑和工程及相关事务有关的协助、咨询和推荐服务。包括从事初步研究，提出诸如选址原则、发展意向、气候与环境问题、占地要求、成本限制、选址分析、设计和施工进度等服务；有关进行建筑物的维修、改造、修复的建议，建筑物质量评定或者其他建筑物实务方面的建议。

2. 建筑和工程规划、勘察设计服务

服务编码：140102

服务描述：主要包括居住建筑的规划、勘察设计服务；非住宅建筑，如工业、公共、农业建筑的规划、勘察设计服务；高速路、道路、公路、铁路、机场跑道工程、桥梁、高架道路、隧道及城市轨道交通工程的规划、勘察设计服务；港口、航道、水坝、灌溉等水利工程规划、勘察设计服务；长输管线、通信及电线（缆）的规划、勘察设计服务；本地管道和电缆及相关工程的规划、勘察设计服务；户外运动设备和娱乐设施的规划、勘察设计服务。

（二）建筑和工程管理服务

服务编码：140200

1. 建筑和工程管理服务

服务编码：140201

服务描述：工程项目建设过程中的项目策划、投资与造价咨询、招标代理、工程监理、项目管理等服务。

（三）城市规划和园林绿化服务

服务编码：140300

1. 城市规划服务

服务编码：140301

服务描述：有关城市空间布局规划服务，场地选择、控制和使用规划服务，道路系统规划服务，以及为确保城市系统、协调发展提供的相关规划服务。

2. 园林绿化服务

服务编码：140302

服务描述：公园绿地、商业和住宅区等环境美化的规划设计及施工、建造、维护等工程服务。规划设计包括编制总设计图、施工详图、提供技术要求和土地开发成本概算、地形的展示、园林绿化及人行道、围篱、停车场等设施布局，施工还包括施工期间的工程检验服务。

（四）中高端建筑和工程服务

服务编码：140400

1. 通信工程服务

服务编码：140401

服务描述：各类通信、信息网络工程服务。

2. 航道与通航建筑工程服务

服务编码：140402

服务描述：河海湖航道整治、测量、航标与渠化工程、疏浚与吹填造地工程、水下清障、开挖、清淤、炸礁清礁工程、船闸、升船机等通航建筑物工程服务。

3. 机电安装工程

服务编码：140403

服务描述：各类机电安装工程服务。

4. 大跨径桥梁工程服务，包括斜拉桥和悬索桥工程服务

服务编码：140404

服务描述：大跨径桥梁工程，包括斜拉桥和悬索桥的可行性研究、方案设计、施工等工程服务。

5. 港口综合体工程服务

服务编码：140405

服务描述：水道、港口及河道工程、堤坝、灌溉和其他工程的建筑服务。

6. 高等级公路工程服务

服务编码：140406

服务描述：指高等级公路构造物的勘察、测量、设计、施工、养护、管理等服务工作。高等级公路工程构造物包括：路基、路面、桥梁、涵洞、隧道、排水系统、安全防护设施、绿化和交通监控设施，以及施工、养护和监控使用的房屋、车间和其他服务性设施。

7. 铁路工程服务

服务编码：140407

服务描述：包括中、高速铁路工程、城市轨道交通工程的规划、咨询、设计和建筑服务。

8. 电站工程服务

服务编码：140408

服务描述：包括光伏电站工程、风电工程、核电工程、地热发电工程、生物发电工程、水电站工程、燃气电厂工程等建筑服务。

9. 高压和超高压输变电工程服务

服务编码：140409

服务描述：包括输电线路导体的选择、线路参数的计算、电压梯度、电晕产生机理、电晕损耗及影响（可听噪声、无线电干扰）、高压线路静电场、超高压线路设计、超高压电缆输电等工程服务。

10. 城市建筑工程服务

服务编码：140410

服务描述：包括超高层建筑、现代化体育中心、大型住宅区、城镇供水排水与污水处理工程、城市综合体工程的设计、施工、建造、维护等工程服务。

11. 工业园、物流中心建设工程服务

服务编码：140411

服务描述：工业园、物流中心的规划设计、建造服务。

12. 水利灌溉工程服务

服务编码：140412

服务描述：指对水利灌溉提供可行性、配套、建设等服务。

13. 矿山建设工程服务

服务编码：140413

服务描述：指矿山井筒和巷道施工图设计、施工方案的选择运用、矿山井巷施工技术、矿山施工组织和管理服务。

14. 机场建设工程服务

服务编码：140414

服务描述：包括机场的前期阶段、设计阶段、实施阶段、验收阶段的工程服务。

十五、市场调查与管理咨询服务

服务编码：150000

（一）市场调查服务

服务编码：150100

1. 市场调查服务

服务编码：150101

服务描述：获取商品在市场上前景和表现的信息调查服务。包括市场分析（市场规模和其他特点）、消费者态度和偏好分析。

（二）管理咨询服务

服务编码：150200

1. 一般管理咨询服务

服务编码：150201

服务描述：包括一般性企业管理咨询、企业风险控制，以及财务管理、人力资源管理、产业开发等咨询服务。

2. 供应链管理服务

服务编码：150202

服务描述：进货和存货的分发、运输、储存、维护等方面的管理服务，以及相关的金融、保险、通关、检验检疫等方面的咨询和中介代理服务。

十六、法律和会计服务

服务编码：160000

（一）法律服务

服务编码：160100

1. 法律咨询（法律顾问）及相关服务

服务编码：160101

服务描述：包括国际资本市场的股票债券发行和上市、资金借贷、保险、并购、知识产权、税务、国际贸易争端、能源资源环境保护、海商海事、人力资源管理、企业法律风险管理等法律咨询（法律顾问）服务，特别是法律尽职调查，以及相关的法律文书服务和法律代理服务。

2. 国际仲裁和调解服务

服务编码：160102

服务描述：包括国际商事仲裁法律服务、国际海事仲裁法律服务、涉外海事调解等。

（二）会计和审计服务

服务编码：160200

1. 财务报表编制与审阅、审计服务

服务编码：160201

服务描述：根据客户提供的资料和客户需求，办理相关会计业务，包括账务处理服务、财务报告的编制服务，以及纳税申报表的编制服务等。按照执业准则和相关职业道德要求，对客户的会计账册和其他支持性证据进行审阅、审查，以及对客户的财务报表发表审计意见的服务等。

2. 其他鉴证服务，以及与破产清算、尽职调查、估价等有关的会计服务

服务编码：160202

服务描述：其他鉴证服务（如合规审计、专项审计、内部控制审计等），以及与破产清算、尽职调查、估价等有关的会计服务。

（三）税务服务

服务编码：160300

1. 为其他国家及港澳台公司、企业、居民提供税务规划和咨询服务

服务编码：160301

服务描述：包括内部转移定价的税务规划和咨询服务，编制纳税申报表、各种退返的税费（如增值税），提供诸如代编个人纳税申报表、为个人或合伙人提供与运营相关的税收规划和咨询服务。

十七、租赁服务

服务编码：170000

（一）经营租赁服务

服务编码：170100

1. 经营租赁服务

服务编码：170101

服务描述：包括一般机械和设备、电信设备、发动机和涡轮机、机床、矿山和油田设备、仪器仪表、电脑主机（服务器）、飞机、船舶、高铁设备等设备的经营租赁服务。

（二）融资租赁服务

服务编码：170200

1. 融资租赁服务

服务编码：170201

服务描述：指飞机、船舶、高铁设备、核电设备、工程机械、机床设备、医疗设备、仪器仪表等设备的融资租赁服务。

十八、人力资源和安全调查服务

服务编码：180000

（一）人力资源服务

服务编码：180100

1. 职业中介服务

服务编码：180101

服务描述：为其他组织挑选、推荐和安置一般雇员或高级管理人员的服务。这些服务可提供给潜在的雇主或未来的雇员，并可涉及职务说明的编写、申请人的筛选和考查、推荐材料和其他方面的调查；为其他组织提供人力资源外包、培训和测评服务。

2. 劳务派遣服务

服务编码：180102

服务描述：劳务派遣单位招用劳动者，为其他用人单位提供服务。

3. 提供专业人员服务

服务编码：180103

服务描述：为其他组织提供中医、西医、护士、船员、空乘、导购、中文教师、中餐厨师、武术教练、模特、中文翻译等专业人才的服务。

（二）安全保卫及相关服务

服务编码：180200

1. 提供安保服务

服务编码：180201

服务描述：通过雇用人员提供保护服务，以保证人身安全、工业和商业财产免受火灾、偷盗、肆意破坏和非法进入。包括巡视和检查服务、安全保卫服务、保镖服务、看门服务、停车控制和出入口管制服务。

2. 安全咨询服务

服务编码：180202

服务描述：确定用户的需要，并提供最适合用户需要的或者能够改善现有系统安全类型的咨询和建议服务。

3. 警报监控服务

服务编码：180203

服务描述：监视和维护安全防卫系统设备，如防盗和防火警报器，通过接收警报信号确定或检查所有系统的运转等服务。

十九、分销服务

服务编码：190000

（一）跨境批发服务

服务编码：190100

1. 跨境佣金代理服务

服务编码：190101

服务描述：包括代理商、经纪人、拍卖商按照协议收取佣金的商品代理、商品代售等服务。

2. 跨境总经销服务

服务编码：190102

服务描述：指总经销商以批发形式向境外零售商或批发商进行商品销售的服务。

3. 境外批发商服务

服务编码：190103

服务描述：指总经销或批发商在境外投资设立或收购的批发企业进行的商品批发服务。

4. 境外中国商品贸易中心

服务编码：190104

服务描述：指在境外投资设立的集商品展示、交易等功能于一体的中国商品展示贸易中心、境外分销中心、境外商品城等提供的服务。

5. 境外营销网络

服务编码：190105

服务描述：指在境外设立的地区性营销中心、品牌连锁店、售后服务站（办事处、代表处）和并购销售渠道等提供的服务。

（二）境外零售服务

服务编码：190200

1. 境外零售服务

服务编码：190201

服务描述：在境外投资设立或收购的专卖店、购物中心、超市等提供的服务。

（三）特许经营与授权经营服务

服务编码：190300

1. 跨境特许经营与授权经营服务

服务编码：190301

服务描述：指通过签订特许合同的方式，授权境外被许可人有偿使用其名称、商标、专有技术及运作管理经验等进行商品销售并收取使用费的服务。

（四）电子商务服务

服务编码：190400

1. 跨境电子商务平台服务

服务编码：190401

服务描述：指在境内建立电子商务平台，促进境外交易主体通过平台达成交易、进行支付结算并提供跨境物流送达的服务，包括跨境B2B和B2C电子商务服务。

2. 境外电子商务平台服务

服务编码：190402

服务描述：指在境外投资设立或收购的电子商务平台提供的服务，主要包括境外B2B和B2C电子商务服务。

二十、环境服务

服务编码：200000

（一）垃圾处理和污染清除服务

服务编码：200100

1. 污水处理服务

服务编码：200101

服务描述：污水收集、处理、利用和排放、治理、处置服务。使用的设备包括排污管道、下水道、化粪池或腐物罐等，采取筛分、过滤、沉淀等程序，使用包括化学、物理、生物等在内的各种方式提供的处理服务。

2. 废气净化服务

服务编码：200102

服务描述：向空气中排放的污染物质的监控和控制服务，包括来自移动或静止的排放源，特别是针对城市周围空气中的污染物质提供的集中监控、控制和减少服务。

3. 噪音消除服务

服务编码：200103

服务描述：噪音污染监控、控制和消除服务，例如在城市地区提供的与交通相关的噪音消除服务。

4. 垃圾处理服务

服务编码：200104

服务描述：垃圾收集和处理服务，包括来自家庭、工业或商业企业的垃圾、废物和废料的收集服务、运输服务以及通过焚烧或其他手段提供的处理服务，也包括减少废物服务。

5. 土壤、地下水的补救与清除服务

服务编码：200105

服务描述：减少土壤、水，包括地下水污染的运行系统或其他服务，包括评估、咨询和工程服务，固定或移动清除系统，应急反应，泄露清除，自然灾害评估及消除服务，水处理及残留物的清除，废物减量化服务及受污染土壤的特殊处理服务。

（二）生态系统与景观保护服务

服务编码：200200

1. 生态系统与景观保护服务

服务编码：200201

服务描述：生态系统咨询和评估服务、自然和景观保护服务，例如湖泊、海岸线和湿地等，包括动植物和栖息物。

二十一、与生产制造相关的服务

服务编码：210000

（一）从属农、林、渔业的服务

服务编码：210100

1. 农、林、渔业相关服务

服务编码：210101

服务描述：包括土地、农作物的种植、养殖、施肥、喷施、轧花、收获服务和初级市场准备，农业生产所需的其他服务，灌溉系统的运作，提供农业机械配备人员和操作者，园艺和景观服务，农场畜牧业服务，宠物住宿服务（笼子），宠物美容和文身服务，林业和伐木业服务，渔业服务等。

（二）从属采矿业的服务

服务编码：210200

1. 采矿业服务

服务编码：210201

服务描述：包括在油气田等提供的各类服务，例如钻探服务、井口铁架塔的搭建、维修和拆除服务、油气井套管水泥灌浆服务以及成套选矿设备的安装和调试服务。

（三）从属制造业的服务

服务编码：210300

1. 与制造业相关的服务

服务编码：210301

服务描述：主要包括各类制造加工服务、安装服务、回收服务、技术支持服务等。

（四）从属能源分配的服务

服务编码：210400

1. 与能源分配相关的服务

服务编码：210401

服务描述：包括在收费或合同基础上的电力、燃气、水、蒸汽和热水的输送和分配服务。

二十二、其他服务业

服务编码：220000

（一）住宿服务

服务编码：220100

1. 星级酒店住宿服务

服务编码：220101

服务描述：专门由星级酒店提供的住宿及相关服务，包括包含在住宿费用中的服务，以及房间服务、接待服务、邮寄服务和侍者服务。

2. 新兴业态的酒店住宿服务

服务编码：220102

服务描述：包括快捷酒店、中端主题酒店等新兴业态的住宿服务。

3. 休闲度假中心和住所服务

服务编码：220103

服务描述：由成人或家庭假日营地、休假小屋和类似假日住处提供的住宿及相关服务。

（二）餐饮服务

服务编码：220200

1. 中华特色餐饮服务

服务编码：220201

服务描述：包括中华老字号、特色小吃店，以及其他历史悠久或拥有独特的产品、技艺、服务，能够形成较好的信誉品牌，取得广泛的社会认同，并因之产生较强的旅游吸引力的餐饮服务等。

（三）拍卖服务

服务编码：220300

1. 国际拍卖服务

服务编码：220301

服务描述：包括由境内外国际拍卖机构进行的与拍卖相关的信息及估价、鉴定和交易代理等服务。

（四）家庭服务

服务编码：220400

1. 家政服务员境外劳务输出

服务编码：220401

服务描述：指家政服务员通过劳务输出为其他国家和地区家庭或个人提供家政服务。

（五）国际翻译服务

服务编码：220500

1. 涉外翻译服务

服务编码：220501

服务描述：为涉外活动、外商投资企业等提供笔译和口译服务。

（六）国际会展服务

服务编码：220600

1. 境外办展

服务编码：220601

服务描述：指展览企业或办展机构在境外举办的展览会、会议和论坛。

附件 4-2-9

中华人民共和国商务部　国家发展和改革委员会　财政部公告 2016 年第 47 号，公布《鼓励进口服务目录》

【发布单位】中华人民共和国商务部　国家发展和改革委员会　财政部

【发布文号】公告 2016 年第 47 号

【发布日期】2016 年 8 月 26 日

根据《国务院关于同意开展服务贸易创新发展试点的批复》（国函〔2016〕40 号），为做好服务贸易创新发展试点工作，落实《服务贸易创新发展试点方案》提出的“对试点地区进口国内急需的研发设计、节能环保和环境服务等给予贴息支持”的要求，明确服务进口重点领域，促进相关产业健康发展，商务部会同发展改革委、财政部等有关部门共同编制了《鼓励进口服务目录》，现予以发布。

附件：鼓励进口服务目录

中华人民共和国商务部

中华人民共和国国家发展和改革委员会

中华人民共和国财政部

2016 年 8 月 26 日

鼓励进口服务目录

编制说明

根据《国务院关于同意开展服务贸易创新发展试点的批复》（国函〔2016〕40 号，以下简称《批复》）精神，为落实《服务贸易创新发展试点方案》提出的“对试点地区进口国内急需的研发设计、节能环保和环境服务等给予财政贴息”政策，特制定本目录。

本目录的制定体现了以下原则：一是国内急需，且国内服务提供商不能在数量和质量上满足这种需求；二是体现国家战略和政策导向，符合经济社会发展趋势和方向；三是与服务行业主管部门既有鼓励支持的进口领域相衔接；四是国内禁止开放和有损国家安全的服务进口领域概不纳入本目录。

鼓励进口服务目录

一、研发设计服务

（一）自然科学、工程学和跨学科的研发服务

服务描述：包括物理科学、化学、生物学、工程学、医（药）学、农业科学等领域的研究开发和实验服务，以及跨学科领域的研究与实验开发服务。

（二）技术测试和分析服务

服务描述：包括对成分和纯度、物理性质、机械和电力系统等的检验和分析服务。

（三）技术咨询和技术支持服务

服务描述：在国家法规允许条件下的地理物理科学咨询、地下和地表勘探服务的技术支持等。如煤层气勘探开发技术服务，包括应用于煤层气勘探开发的水平井钻完井、二氧化碳助排、液氮压裂、水平井分段压裂、高压水力喷射、连续油管作业等技术咨询和工程服务。

（四）机器设备的检验检测与维修服务

服务描述：重大机器设备的技术检验检测以及维修保险服务，如航空发动机的检验检测与维修保养服务。

（五）科技管理与咨询服务

服务描述：包括科学和技术实验室的现代化管理服务、科研项目管理服务、企事业单位的战略管理咨询服务。

（六）工业设计和创意设计服务

服务描述：工业产品设计服务，即利用设计对产品的材料、结构、功能、机制、形状、色彩和表面处理进行优化，并按照以人为本要求，在兼顾需求导向、安全稳定、市场前景前提下，实现生产、流通、使用和维护效率的提升。如豪华游艇的美学设计，以及其他工程设计、建筑设计、珠宝设计、服装设计、艺术设计等。

（七）知识产权服务

服务描述：指对专利权、商标权、著作权、集成电路布图设计专有权、植物新品种权等知识产权的代理、法律、检索、运营、咨询、培训等服务。主要涉及：知识产权信息服务，如检索分析、数据库建设、分析评议、专利导航；代理服务与法律服务，如申请、注册、登记、诉讼、维权；运营服务，如价格评估、转让许可、作价入股、产权交易、质押融资、托管、证券化等培训服务，如管理培训、职业资格考试培训、认证认可培训等。还涉及企业涉外知识产权纠纷应对、维权诉讼、预警应急等法律服务；企业国际化发展的管理咨询以及信息服务；企业海外投资、市场拓展、企业并购中的知识产权评议等服务。

（八）虚拟现实技术（VR）服务

服务描述：综合计算机图形技术、计算机仿真技术、传感器技术、显示技术等多种科学技术，在多维信息空间上创建虚拟信息环境的技术，可应用于医学、娱乐、培训和设计等各个方面。

二、节能环保服务

（一）节能工程服务

服务描述：包括节能技术改造、节能设备再制造等工程服务。

（二）节能管理和咨询服务

服务描述：包括用能系统节能诊断、节能项目方案咨询和设计服务，节能项目投融资服务，节能技术研发，节能设备采购和工程施工，节能项目运营管理服务；合同能源管理服务、循环经济咨询服务。

（三）再制造技术服务及相关咨询

服务描述：如机电产品再制造技术服务和相关咨询服务。

三、环境服务

（一）污染地块土壤治理与修复服务

服务描述：污染地块土壤治理与修复（限定原位修复法）的咨询和实施服务。

（二）环境技术研究与开发服务

服务描述：污染治理、资源循环利用、清洁生产、环境友好、低碳等技术、工艺、设备的研发、咨询与推广。

产品绿色设计的咨询与推广服务。

（三）水质检测和监测服务

服务描述：检测水源对人体健康的影响，包括物理指标、化学指标外，还有微生物指标；监视和测定水体中污染物的种类、各类污染物的浓度及变化趋势，评价水质状况过程的服务。

3. 支持服务贸易境外拓展的附件

附件 4-3-1

服务贸易境外拓展资金项目申报说明

（　　年度）

<table>
<tr><td>申请企业名称</td><td colspan="3"></td></tr>
<tr><td>企业注册地址</td><td></td><td>法定代表人姓名</td><td></td></tr>
<tr><td>办 公 地 址</td><td></td><td>邮政编码</td><td></td></tr>
<tr><td colspan="4">申请人郑重声明如下：
1. 申请人共上报申报文件资料 ××× 页；
2. 申请人依法注册，具有独立法人资格，并合法经营；
3. 申请人申报的所有文件、单证和资料是准确、真实、完整和有效的；
4. 申请人申报的所有复印件均与原件核对，完全一致；
5. 申请人承诺接受有关主管部门为审核本申请而进行的必要核查。

申请企业法定代表人或授权人：（签名）

申请企业盖章：

日　期：　年　月　日</td></tr>
<tr><td>申请项目
（请在申请的项目前的方框内划 √）</td><td colspan="3">□服务贸易出口贴息项目
□鼓励会计师事务所参与国际竞争项目</td></tr>
<tr><td>银行账户账号</td><td></td><td>银行账户户名</td><td></td></tr>
<tr><td>开户银行名称</td><td></td><td>开户行地址</td><td></td></tr>
<tr><td>企业联系人</td><td></td><td>联系电话</td><td></td></tr>
<tr><td>电子邮件</td><td></td><td>移动电话</td><td></td></tr>
<tr><td>联系传真</td><td></td><td></td><td></td></tr>
</table>

备注：1. 申请企业法定代表人或授权人签名栏必须手签，使用名章无效；
2. 若由授权人签署，需提交由法定代表人手签并加盖公司印章的授权书原件；
3. 银行账户信息必须为公司账户，用于拨付贴息资金，务必正确填写。

附件 4-3-2

服务贸易境外拓展资金项目申请承诺书

（　　年度）

根据20×× 年度北京市外经贸发展资金支持北京市服务贸易境外拓展实施方案的有关要求，我单位（　　单位名称　　　）拟申请□服务贸易出口贴息项目或□鼓励会计师事务所参与国际竞争项目专项资金项目（请在拟申请项目前的方框内划√）。

并做出以下承诺：

1. 已认真阅读和全面了解专项资金申报规定及资金使用管理办法，承诺严格符合申报条件和要求，并将严格按照专项资金管理办法组织项目的实施；

2. 保证提供的所有申报文件和资料真实有效，并承担相应的法律责任；

3. 接受有关部门及市商务委、市财政局组织的验收及指派的审计机构和评估机构的监督、评估；

4. 如违反专项资金管理制度或有违法违纪行为，将承担一切责任，并在规定的时限内如数退还资金；

5. 保证配合相关部门工作要求，按期提供申报项目相关信息和统计数据。

申请人：（法人签字并加盖公章）

申请日期：　　年　月　日

（说明：法人必须手签字，盖名章无效；如授权签字需附授权委托书原件）

附件 4-3-3

服务贸易境外拓展资金申请表（服务贸易出口贴息项目）

（　　年度）

申请企业（加盖单位公章）：　　　　企业注册地

序号	合同登记证书号	合同号	合同名称	合同金额（美元）	涉外收入申报单号	XXXX 年实际出口额（原币）	XXXX 年实际出口额（美元）	备注
合计								

企业联系人：　　　　联系电话：

附件 4-3-4

服务贸易境外拓展资金申请汇总表（服务贸易出口贴息项目）

（　　年度）

区（开发区）：

序号	企业名称	合同数量	实际出口总额（美元）	备注
1				
2				
3				
4				
5				
6				
7				
8				
9				
10				
11				
12				
13				
14				
15				
16				
17				
18				
19				
20				
21				
22				
23				
24				
25				
26				
27				
28				
总计				

商务部门联系人：　　　　　　　　　　　　联系电话：

北京市商务委员会等7部门关于印发《关于进一步规范和促进家政服务业发展的工作方案》的通知

京商务交字〔2018〕135号

各区政府，各有关部门：

《关于进一步规范和促进家政服务业发展的工作方案》已经市政府同意，现印发给你们，请遵照执行。

特此通知。

北京市商务委员会

北京市发展和改革委员会

北京市人力资源和社会保障局

北京市财政局

北京市经济和信息化委员会

北京市工商行政管理局

北京市妇女联合会

2018年10月29日

关于进一步规范和促进家政服务业发展的工作方案

为进一步规范和促进本市家政服务业健康发展，按照市领导指示精神，依据《国务院办公厅关于发展家庭服务业的指导意见》（国办发〔2010〕43号）、《家庭服务业管理暂行办法》（商务部令2012年第11号）、国家发展改革委等17部委联合印发的《关于印发〈家政服务提质扩容行动方案（2017年）〉的通知》（发改社会〔2017〕1293号）和《北京市提高生活性服务业品质行动计划》（京政发〔2015〕40号）等文件和规章，制定本工作方案。

一、指导思想

全面深入学习贯彻党的十九大和十九届二中、三中全会精神，以习近平新时代中国特色社会主义思想为指导，认真落实市委、市政府的决策部署要求，坚持问题导向，充分发挥市场主导作用，建立健全行业监管和诚信体系，进一步完善政策扶持体系，推进本市家政服务业规范化、连锁化、便利化、品牌化、特色化、智能化发展。

二、建设目标

大力推进本市家政服务业供给侧结构性改革，以“服务管理规范、企业诚信自律、人员素质提升、行业创新发展”为建设重点，完善行业法规，逐步形成权责一致、分工明确、运行高效的监管和诚信体系，进一步完善政策扶持体系，以市场主导方式补齐家政服务供给短板、优化家政服务供给结构，加快构建与国际一流的和谐宜居之都相适应的北京家政服务体系，更好地满足市民对家政服务的消费需求。

三、主要任务

（一）进一步完善家政服务行业法规，建立健全行业监管体系

1．加强日常监管和联合监督执法。各部门按照各自职责加强日常监管，完善多部门综合治理联动机制，定期在全市开展家政服务市场清理整顿联合执法，严厉打击侵害消费者和从业人员合法权益的行为；建立健全违法违规行为预警防控机制。督促家政服务企业认真贯彻执行家政服务行业相关法律、法规、规章、标准、规范的相关要求，履行好社会责任和企业义务，切实维护各方权益。指导家政服务企业使用家政服务合同示范文本，依法与员工制从业人员建立劳动关系，签订劳动合同，严格按照合同约定对家政人员的服务质量进行跟踪回访，并建立与服务质量挂钩的薪酬管理制度。（市商务委牵头，市工商局、市人力社保局、市民政局配合）

2．规范家政行业相关主体的行为。家政服务企业应遵守《北京市新增产业的禁止和限制目录》及相关规定设立，取得工商部门颁发的营业执照，并在经营场所醒目位置悬挂有关证照；经营涉及中介服务的，应取得人社部门核发的人力资源服务许可证（介绍家政服务人员）；应确保从业人员进行岗前健康体检，并保存体检档案，随时接受相关部门抽查。从事健康体检的医疗机构应提供规范的服务，明示收费标准，体检报告参照医疗机构门诊病历管理的相关规定处理。家政服务人员要遵守社会公德、职业道德，应聘时应如实提供本人身份、健康状况、技能水平、有效住址等信息，上户后严格按照合同约定提供规范服务。消费者应当保障家政服务员合法权益，尊重服务人员的人格和劳动。（市商务委牵头，市人力社保局、市工商局、市民政局、市卫生计生委配合）

3．开展北京市家政服务行业管理地方立法的调研论证工作。对行业准入，员工岗前健康体检、培训，行业监管、诚信等方面进行调研论证，为规范行业发展提供法规保障。（市商务委牵头，市人力社保局、市发展改革委、市政府法制办配合）

（二）建立家政服务诚信服务体系

4．加强行业自律。充分发挥行业协会在监管、服务、协调、维权、规范和指导等方面的积极作用。引导行业协会和企业加强与基层人民调解组织合作，开展家政服务矛盾纠纷调解。（市商务委、市人力社保局、市司法局、市民政局、市总工会、市妇联、行业协会分工负责）

5．开展诚信教育活动和企业文化建设。大力开展家政服务企业诚信经营教育、家政服务从业人员职业道德教育。大力弘扬家政行业讲诚信、有作为、勇担当的企业文化和从业人员爱岗敬业、乐于奉献、积极有为的职业精神。（市商务委牵头，市人力社保局、市民政局、市总工会、市妇联配合）

6．推动完善家政服务行业信用体系建设。认真贯彻执行《关于对家政服务领域相关失信责任主体实施联合惩戒措施的合作备忘录》的责任分工，研究严重失信家政服务企业的市场退出机制。探索建立家政服务企业、从业人员和消费者信用记录，发布家政服务企业信用“红黑榜”，并纳入市公共信用信息服务平台。（市商务委牵头，市经济信息化委、市工商局、市人力社保局、市民政局、人行营业管理部、市妇联配合）积极推动家政服务人员开具无犯罪记录证明事项在全国范围联网通办，为家政服务企业提供便利。（市公安局负责）

7．共享家政服务行业数据信息，逐步实现从业人员信息全程可追溯。指导鼓励家政服务企业开发建设信息服务平台，建立从业人员档案及信息数据库，记录从业人员基本信息、从业经历信息及服务评价信息，逐步实现从业人员信息全程可追溯。对北京家政服务网进行升级改造，为全市家政服务业数据汇集、信息交流等提供技术支撑。（市商务委、市经济信息化委、市人力社保局、市民政局、市财政局、市工商局、市公安局、行业协会分工负责）

（三）进一步完善家政服务政策支持体系

8. 鼓励支持开展岗位技能素质提升工程。支持家政服务人员的基础性培训，指导家政服务企业自行组织开展专业培训，提高从业人员和师资队伍的整体素质和技能水平。开展以赛代训提升岗位技能活动。（市商务委牵头，市财政局、市人力社保局配合）把家政服务列为“春潮行动”实施重点。组织实施好“巾帼家政服务”专项培训工程。（市人力社保局牵头，市妇联、市农委配合）推动有条件的职业院校（含技工院校）开设家政服务相关专业，大力开展订单式培训和在职管理人员培训。（市教委、市人力社保局牵头，市商务委配合）落实各项培训补贴政策。

9. 进一步优化服务，营造良好的营商环境。对家政服务品牌连锁企业设立的门店，在证照办理方面给予支持，同时加快推动家政服务领域“一区一照”工商注册登记工作，妥善处理家政服务消费纠纷，营造公平公正的市场环境。（市工商局牵头，市商务委配合）加强家政服务业服务价格的调查、监测和规范指导，引导家政服务企业、从业人员和消费者的合理价格预期。（市商务委、市发展改革委、市统计局分工负责）研究家政服务从业人员员工宿舍政策保障制度。（市商务委牵头，市住房城乡建设委、市人力社保局、市财政局配合）

10. 积极鼓励家政服务企业实行员工制管理。进一步优化流程，对实行员工制管理的家政服务企业给予就业、培训、人才引进等方面的扶持政策，对本市择优认定的具有典型示范作用的试点企业给予社会保险补贴等扶持政策。（市人力社保局牵头，市发展改革委、市财政局、市商务委配合）

11. 搭建从业人员输入输出地对接平台。落实国家有关家政扶贫的工作部署，进一步加强与来京家政服务从业人员主要来源地政府部门的联系，建立合作机制，着力推进家政精准扶贫工作。鼓励和支持家政服务企业与外埠输出基地合作办学，开展技能培训，提高家政服务从业人员职业素质和技能水平。（市商务委牵头，市人力社保局、市总工会、市妇联配合）

12. 鼓励从业人员投保商业保险。鼓励家政服务企业为从业人员投保家政服务员职业责任保险、人身意外伤害保险和重大疾病险等商业保险，并研究相关补贴支持政策。（市商务委牵头，北京保监局、市人力社保局、市财政局配合）

13. 依法引进外籍家政服务人员。贯彻落实《公安部关于支持北京创新发展有关出入境政策措施的通知》中“已获得在华永久居留资格或持有工作类居留许可的外籍高层次人才、创新创业人才和港澳高层次人才，提供个人担保和雇佣合同，可以为其聘雇的外籍家政服务人员申请相应期限的私人事务类居留许可（加注‘家政服务’）”的条款，优化服务流程，公布服务标准，做好引进外籍家政服务人员的各项服务工作。（市人力社保局牵头，市公安局出入境管理局、市科委、市商务委配合）

（四）积极发挥市场主导作用

14. 树立一批行业标杆企业，引导各类家政服务企业规范发展。支持大中小型规范家政服务企业公平参与市场竞争，并有针对性地提供指导、支持和服务。支持家政服务企业不断丰富服务内容，增加服务供给，提升服务附加值，增强市场竞争力。进一步加大对家政服务业品牌连锁企业的引导支持力度，鼓励其做强做大。积极开展家政服务企业星级评定工作。在全市培育10家左右经营规范、管理科学、服务优质、口碑良好的示范性家政服务企业和100家左右的家政服务示范门店，发挥示范带动作用，促进行业整体服务质量和水平的提升。（市商务委牵头，市人力社保局、市发展改革委、市民政局、市社会办、市妇联、行业协会配合）

15. 鼓励家政服务模式创新。鼓励家政服务企业运用现代信息技术，充分利用大数据开展精准服务。鼓励大型规范家政服务企业面向中小企业开发、开放自有服务平台。鼓励各类大型服务平台引入家政服务版块，以线上线下相结合等多种方式进行家政服务交易，使家政服务的供给渠道更直接、更广泛、更透明。鼓励发展共享型家政服务员平台，更加精准地匹配计时型家政服务人员与消费者之间的供需时段，实现单一服务人员为多个消费者提供家政服务的功能。（市商务委牵头，市经济信息化委、市财政局配合）

四、保障措施

（一）进一步建立健全工作机制

建立市家政服务工作小组，由分管商务工作的副市长担任召集人，负责协调解决家政服务业发展中的突出问题。在市商务委设立工作小组办公室，负责日常协调工作。

（二）进一步发挥财政资金引导作用

充分利用财政资金，对行业法律法规及标准规范宣贯，家政服务春节保供，家政连锁直营门店建设、输入输出基地建设、家政服务行业信息化平台建设、家政行业诚信服务体系建设，家政服务模式创新等方面给予资金支持。

（三）加强舆情监测

对家政服务市场的供需平衡、服务质量、业务纠纷等社会舆情进行重点监测，及时把握公众、媒体的关注焦点，针对舆情苗头和发展趋势进行积极引导，做好风险管控。

（四）加大行业宣传

深入挖掘北京家政服务市场的标杆企业和典型人物，加强正面宣传，总结推广行业内可复制、可学习的经验。通过开展商业服务业技能大赛活动等方式，不断增强从业人员的职业认同感和荣誉感，营造全社会关心关爱家政服务人员的良好氛围。

北京市商务委员会等9部门《关于推进北京市物流业降本增效的实施意见》

京商务物流字〔2018〕15号

各有关单位：

物流业是融合运输、仓储、信息等产业的复合型现代服务业，是支撑国民经济发展与城市运行保障的基础性、战略性产业。降低物流成本，提高运行效率，是落实首都城市战略定位和建设国际一流的和谐宜居之都的客观要求，是推进供给侧结构性改革的重要内容，是扩大有效投资、促进城乡居民消费的重要手段，是减弱瓶颈制约、补齐薄弱短板、提高社会经济运行效率的重要途径。为贯彻落实《国务院办公厅关于转发国家发展改革委物流业降本增效专项行动方案（2016—2018年）的通知》（国办发〔2016〕69号）和《国务院办公厅关于进一步推进物流降本增效促进实体经济发展的意见》（国办发〔2017〕73号）文件精神，推动北京市物流业降本增效，进一步提升物流业高质量发展水平，结合北京市实际，特提出如下实施意见：

一、总体要求

（一）指导思想

贯彻落实党的十九大精神，特别是习近平总书记两次视察北京的重要指示精神，牢固树立“创新、协调、绿色、开放、共享”的发展理念，以落实首都城市战略定位、建设国际一流的和谐宜居之都目标为主线，响应构建高精尖经济结构的要求，立足服务供给侧结构性改革，坚持深化改革、创新驱动、协同联动，以创新体制机制为动力，以推广应用先进技术和管理手段为支撑，以完善落实物流管理和支持政策为路径，加快推进物流服务模式和业态创新，克服资源约束制约，优化物流资源配置，完善城市物流保障体系，推动全市物流业降本增效、提高生活性服务业品质，努力建设标准化、信息化、网络化、集约化、智能化的现代物流体系。

（二）基本原则

深化改革、协同推进。加大简政放权、放管结合、优化服务改革力度。加强部门统筹协同，形成政策合力，营造促进物流业发展的良好环境。

市场主导、创新驱动。发挥市场在配置资源中的决定性作用，优化企业发展环境，激发和调动企业创新的内生动力，加快物流领域科技创新，推广应用先进物流技术，以科技统领业态创新、管理创新和服务创新。

突出重点、示范带动。找准制约物流发展的关键环节，以物流标准化、城市绿色配送体系建设为抓手，以试点示范带动，以点带面，以局部带全局，提升全行业物流标准化水平，推动物流绿色发展。

联动融合、全面提升。加强京津冀区域物流联动，深化物流与制造、交通、贸易等行业融合，促进供应链上下游企业加强合作，加快推动北京物流业的调整和转型升级。

（三）主要目标

物流基础设施衔接更加顺畅，重点物流基础设施服务功能更加完备，城乡配送体系更加健全。企业经营能力显著增强，形成一批模式创新、效益突出、竞争力强的现代化物流企业。物流先进技术广泛应用，多式联运、共同配送等集约化物流运作模式发展迅速。行业发展环境进一步优化，财税、通行政策进一步完善。

力争到2020年，全市社会物流总费用与GDP的比率较2016年下降1个百分点；全市绿色电动物流配送车示范推广规模达到5000辆，提高城市绿色配送有效供给；多式联运取得较大进展；城市商贸物流标准化水平显著提高，城市商贸流通领域标准化托盘普及率达到50%以上。

二、重点任务

（一）优化市场环境，降低物流企业成本

1. 提高行政审批效率。深化“放管服”改革，结合首都城市战略定位、《北京城市总体规划（2016—2035年）》以及《北京市新增产业的禁止和限制目录（2018年版）》，完善物流企业登记注册管理。大力推行“互联网+公共服务”，推广企业电子营业执照应用。简化快递配送企业非法人分支机构的办理，积极探索开展快递领域“一照多址”登记，鼓励企业网络化经营布局。对于纳入规划的重点物流项目，适度简化流程，加快办理用地审批手续，促进全市物流服务体系建设和完善。（市工商局、市邮政管理局、市商务委、市发展改革委、市规划国土委）

2. 优化通行管理。优化公路超限运输行政许可办理流程，逐步建立货运驾驶人超载超限失信联合惩戒制度，完善失信信息归集。加快推进纯电动物流配送车辆的示范应用，对符合要求的企业给予配套通行权，增加绿色配送供给。对生活必需品、药品、鲜活农产品和冷藏保鲜产品配送等，经认定给予优先通行便利，提高通行效率。严格执行绿色通道政策，整车运输鲜活农产品车辆享受免费通行。规范快递服务车辆的管理和使用。（市交通委、市公安局交管局、市邮政管理局、市商务委）

3. 进一步完善税费支持。进一步贯彻落实财政部、国家税务总局关于深化增值税改革、降低增值税率的政策，减轻交通运输业的税收负担。经认定为高新技术企业的物流企业，享受高新企业所得税优惠政策。物流企业符合条件的研发新产品、新技术、新工艺发生的研发费用，未形成无形资产计入当期损益的，在按规定扣除的基础上，享受加计扣除税收政策。进一步放宽经认定的物流企业开票额度，支持企业做大。按照规定实施物流企业大宗商品仓储设施用地城镇土地使用税优惠政策。（市税务局、市财政局）

4. 加大要素保障。鼓励物流企业通过银行贷款、股票上市、发行债券、增资扩股、中外合资等多渠道筹集资金。有效整合银行信贷资源和融资渠道，降低物流企业融资成本。统筹资金，采取政府股权投资、PPP模式，重点支持公益性、公共性流通基础设施建设和运营。对于符合首都功能定位和产业发展政策、服务保障民生的重点物流项目，加大物流用地支持力度，优先安排用地计划，保障物流用地规模。积极落实国务院、国土资源部关于物流用地的相关政策，允许物流企业通过租赁方式取得国有土地使用权。（市商务委、市财政局、市规划国土委）

（二）加强设施载体支撑，提高物流体系运行效率

1. 完善物流通道。与机场、公路枢纽、铁路枢纽等交通节点相结合，对应城市主要物流

通道，科学规划物流设施布局，完善物流设施标准，满足不同领域物流需求。围绕北京大兴国际机场建设，加快研究配套的物流空间布局规划，满足快递、电商、医药等领域仓储需求，提升货邮能力；加快通州口岸建设，按照便利化、智能化的标准，设计完善各功能区的检验检疫、海关通关、集中查验等配套服务设施，畅通与津冀主要港口互动的通道，促进物流一体化进程。进一步简化国际快递、跨境电商等通关程序，提高通关效率。开展口岸压时降费专项行动，建立口岸标准制度体系。支持有条件的企业设立海外仓，构建跨国境跨关区的国际物流服务体系。（市规划国土委、市发展改革委、市邮政管理局、市商务委）

2. 优化升级物流节点设施。结合首都城市战略定位，差异化发展物流基地，优化内部功能布局，完善现代商贸、智能配送、供应链管理等服务功能。充分发挥铁路货场的集疏运功能，加强对市内铁路货场的统筹规划，加快基础配套设施改造升级，与城市配送体系对接，为北京市提供新增可利用的物流设施资源，为保障完善生活必需品、农产品、日常消费品等物流配送提供优质运力与通道设施。（市商务委、市规划国土委、市发展改革委、市交通委）

（三）加强联动融合，提升物流协同服务能力

1. 促进物流业与制造业联动。推动开展供应链创新与应用试点，促进供给侧结构性改革和经济高质量发展。推动物流业与科技创新产业联动发展，增强对中关村国家自主创新示范区供应链一体化服务能力。结合《〈中国制造2025〉北京行动纲要》，鼓励第三方物流企业向供应链上下游延伸服务，有效衔接物流配送流程、信息和设施，提升物流企业对高端制造业转型升级的综合服务能力，助力“北京制造”向“北京创造”转型。（市商务委、市发展改革委）

2. 促进物流业与交通业融合。促进物流业与交通运输一体化融合发展，提高综合效率效益和服务水平。依托北京大外环建设，与主要高速路网形成放射状外延通道，衔接主要物流基地与节点，促进过境物流外移，缓解北京交通压力。完善本市枢纽集疏运系统，推动北京大兴国际机场物流节点与市内物流体系的对接。做好利用车购税支持公路建设的有关工作。（市商务委、市交通委、市发展改革委、市邮政管理局、市财政局）

3. 推进物流业与商贸业深度融合。加快建设“互联网＋商贸物流”协同服务体系，提升物流服务质量和效率，降低实体商贸企业的物流成本。鼓励商贸、物流企业协同开展共同配送、夜间配送，提高配送效率。支持农超对接、农产品基地直供直销等产销模式，降低流通成本。优化物流配送组织方式，支持高校、政府机关、商业区、社区建设电子商务公共配送点，鼓励设置智能快件箱，提升“最后一百米”配送效率。加快铁路物流供给改革，大力发展高铁快运，支持与电商快递形成战略合作，提高干线运输效率。（市商务委、市邮政管理局）

4. 推进“互联网＋”与物流融合发展。支持构建服务于O2O模式的电子商务物流体系、专业物流服务体系和货运物流体系，推动物流O2O模式标准化、规范化发展。推动互联网技术在物流装备和技术领域的应用，实现物流设施设备的自动化、物流作业的智能化、信息状态的追踪与追溯。按照交通运输部工作要求，推动基于互联网平台的无车承运试点工作，加强对试点企业的规范引导、经验总结，促进新型货运服务方式健康有序发展。（市商务委、市交通委、市发展改革委）

（四）完善体系建设，引导物流业规范化发展

1. 进一步推进标准化建设。以托盘标准化为带动，进一步推动物流相关标准化设备在供应链上下游、跨区域的循环共用，推动物流配送交接模式变革，加强物流服务规范化、标准化建设，解决城市配送难题，提升物流效率，降低成本。推进电商快递末端配送车辆的规范化管理，引导支持具备条件的企业使用新能源物流配送车替代现有快递专用载运工具。制定末端食品冷链宅配服务规范地方标准，提高末端冷链配送质量和效率。（市商务委、市邮政管理局）

2. 构建多式联运体系。发展公铁联运、陆空联运等运输组织方式，完善多式联运基础配套设施建设，加强各部门间的对接，为多式联运发展提供便利条件。推动跨境电子商务多式联运体系建设。鼓励有条件的骨干运输企业向多式联运经营人、综合物流服务商转变。（市交通委、市发展改革委、市商务委）

3. 完善城乡配送体系。加快建设城市公用型配送节点和末端配送点。鼓励对现有商业设施、便民设施等进行综合利用，支持建设集配送、零售和便民服务等多功能于一体的社区综合服务终端。鼓励配送企业与连锁企业、便利店等第三方企业开展合作，培育一批运营规范、管理有序的末端物流示范企业。健全农村物流配送网络。加快构建覆盖县乡村三级农村物流网络，推动物流企业、电商企业与邮政快递企业、供销合作社等开展合作，合理布局仓储配送中心和农村末端配送服务网点，促进农产品进城和农资、消费品下乡双向流通。探索城乡一体化物流配送新模式，推广统一配送、集中配送、共同配送等模式。增强邮政普遍服务能力，打造线上线下一体化的城乡邮政电商平台。支持农产品冷链物流体系建设，加强冷链基础设施建设和改造提升，加快国有大型冷链物流设施、装备与技术改造升级，推动服务模式和业态创新，构建布局合理、设施设备先进、功能完善的冷链物流配送服务网络。整合农村地区资源，搭建综合服务平台，鼓励开展集连锁经营、配送到户、科技服务为一体的农村物流服务。（市商务委、市邮政管理局）

（五）实施创新驱动，提升物流智慧化水平

1. 互联共享信息资源。加快建设电子口岸，建立健全金融、税务、海关、检验检疫、交通运输等部门物流信息共享机制，完善“单一窗口”功能。完善区域物流公共信息服务平台功能，为京津冀区域物流企业提供安全、高效的车、货交易服务，实现在线全流程闭环可视化交易、透明管理以及大数据分析，为物流运行监测、安全监管提供支撑。支持有条件的企业搭建区域或者全市共同配送平台，实现资源高效整合。（市商务委、市交通委）

2. 大力发展智慧物流。加强北斗导航、物联网、云计算、大数据、移动互联等先进信息技术在物流领域的应用。支持物流新技术自主研发，支持有条件的物流企业申请高新企业资质。支持商贸物流企业采用货物跟踪定位、无线射频识别、电子数据交换、温度控制等关键技术，加快物流企业设施设备改造升级步伐。支持大型物流企业开发应用企业资源管理系统、供应链管理、客户关系管理等先进管理系统，提高运行管理效率。（市商务委）

三、保障措施

（一）形成机制合力

充分发挥北京市物流联席会议机制的统筹协调作用，联席会议各成员单位按照简政放权、放管结合、优化服务要求，加强工作衔接，形成工作合力。各成员单位根据各自职能，明确

目标任务、细化工作举措，确保各项任务积极有序推进。

（二）实施试点示范

商务、交通等部门要积极开展示范试点，探索建立示范项目带动机制。鼓励物流企业围绕多式联运、城乡配送、信息平台建设、区域物流资源整合、拓展物流业新型业态等工作，开展降本增效试点。选取业绩突出、行业影响带动能力强的物流企业作为降本增效示范，重点给予政策支持。

（三）强化督导检查

商务、发展改革等部门统筹组织实施工作，加大督导检查力度，及时跟踪调度各项工作任务推进情况。各有关责任单位要定期向牵头部门反馈工作进展情况。

（四）加强行业统计工作

采用第三方调查统计，加强物流统计调查和物流行业形势分析预测，构建组织体系完善、调查方法科学的现代物流统计体系，及时准确反映物流业运行效率和质量，为政府宏观管理和企业经营决策提供参考依据。

（五）发挥行业中介组织作用

行业中介机构做好行业监测、标准制订与宣传推广、职业培训、行业自律、诚信体系建设工作，客观反映物流行业发展情况、企业诉求等，共同推动本意见有效实施。

北京市商务委员会

北京市发展和改革委员会

北京市规划和国土资源管理委员会

北京市财政局

北京市交通委员会

北京市工商行政管理局

国家税务总局北京市税务局

北京市公安局公安交通管理局

北京市邮政管理局

2018 年 11 月 1 日

第三部分

主 要 业 务

一、内贸流通

流通规划建设

【概况】年内，流通规划建设工作稳步推进，持续推进农产品流通体系建设，充分发挥规划引领作用，开展重点工作研究。市商务委会同相关部门印发《关于申报2018年度商业便民服务设施项目投资补助的通知》《关于2018年度商业便民服务设施项目投资补助的补充通知》，编制《北京市商业服务业设施空间布局规划》，印发《实施北京市街区商业生态配置指标的指导意见》，指导各区编制生活性服务业设施规划，发布《居住配套商业服务设施规划建设使用管理办法（试行）》《关于利用地下空间补充完善便民商业服务设施的指导意见》，完善商业设施规划和商业设施建设政策体系。印发《调整优化特色商业街发展的指导意见》，调整优化特色商业街发展，委托专门机构组织商业、文化、建筑等多领域专家，从城市发展契合度、街区文化历史底蕴、商业发展模式、消费体验、设施条件等角度对现有特色商业街重新评价。推进回天地区商业设施建设升级，建成运营回龙观“1818”街区龙域购物中心，引入知名商业品牌，补充当地中高档商业设施的不足。

（殷　亮、张钦霖）

【支持商业便民服务设施建设】3月5日，会同市发展改革委印发《关于申报2018年度商业便民服务设施项目投资补助的通知》，启动项目申报工作。2018年投资补助资金重点用于支持提供蔬菜零售、早餐、便利店（社区超市）、洗染、理发、家政服务、末端配送（快递）等基本便民商业服务及其配套服务（主食厨房、配送中心等）项目建设，以及提供以上便民商业服务的社区商业e中心、综合体等项目建设；全年支持便民商业网点11个，补助资金1805万元。7月11日，会同市发展改革委印发了《关于2018年度商业便民服务设施项目投资补助的补充通知》，以专项建设任务形式在海淀区、石景山区率先试行，支持便民商业网点66个，补助资金6120万元。

（张钦霖）

【印发《居住配套商业服务设施规划建设使用管理办法（试行）》】5月2日，会同市规划自然资源委、市住房城乡建设委等5部门联合印发了《居住配套商业服务设施规划建设使用管理办法（试行）》，对居住配套商业服务设施的规划、建设、验收、使用管理等进行了规定，明确了各部门工作职责，对商务部门参与居住配套商业服务设施从规划到使用的全过程管理提出了要求。同时会同住房城乡建设部门、规划部门印发了《北京市居住配套商业服务设施改变使用性质及转让工作办理规定》等配套文件。

（李洪臣）

【印发《关于利用地下空间补充完善便民商业服务设施的指导意见》】5月2日，会同市民防局、市住建委等7部门印发了《关于利用地下空间补充完善便民商业服务设施的指导意见》，明确利用地下空间补齐便民商业服务设施短板的总体思路、主要任务及保障措施。

（李洪臣）

【印发《实施北京市街区商业生态配置指标的指导意见》】10月17日，会同市规划自然资源委联合印发了《实施北京市街区商业生态配置指标的指导意见》，从“保基本”“提品质”“有特色”三个方面提出了街区商业生态发展目标；从设施规模和业态配置两个维度提出了街区商业配置指标；结合不同地区特点，对历史文化街区、科技创新产业园区、商业中心所在的街道乡镇以及高人口密度街道、一般性街道乡镇、村镇地区和新建社区、老旧社区、胡同平房社区、一般性社区分别提出了生活服务业配置要求；提出了社区10分钟、15分钟生活圈业态配置意见。

（李洪臣）

【发挥农产品流通产业发展基金作用】截至2018年底，农产品流通产业发展基金累计投资项目4个，累计决策投资金额17 000万元，实际拨付资金17 000万元，促进了北京市农产品批发市场升级改造及蔬菜零售终端的发展。

（杨　洋）

流通发展

【概况】年内，流通产业保持平稳较快发展，转型升级步伐逐步加快，现代化水平稳步提升。

推进连锁经营稳健发展。截至2018年底，北京市规模以上连锁企业达到260家，连锁零售、餐饮门店数达到14 800个左右，同比增长9%，规模以上连锁企业销售额达到3680亿元左右，同比增7%，连锁化率（规模以上连锁企业销售额占社零额比重）近32%。

推动老字号品牌传承发展。完善政策出台《关于推动北京老字号传承发展的若干意见》，印发《关于推动老字号餐饮技艺传承、保持原汁原味工作方案》。60余家企业开展网上营销，300余个老字号门店利用美团、大众点评、百度外卖等平台提供多项服务。

加强深化商务领域扶贫协作和区域商务合作。会同市扶贫援合办共同发布《北京市关于推进扶贫协作地区特色产品进京销售的指导意见》和《北京市扶贫协作地区特色产品进京销售企业名录》，组织制定《北京市商务领域扶贫协作行动计划（2018—2020年）》。会同各区商务委积极引导本市大型商超和主要农副产品批发市场设置贫困地区农产品销售专区或专柜，利用京交会平台举办贫困地区大宗农产品拍卖活动和精准帮扶电商论坛。

（于　文、王瑞芊）

【开展原汁原味 匠心传承——2018北京老字号春节促消费活动】2月9日，以“原汁原味、匠心传承”为主题的2018北京老字号春节促消费活动正式启动。活动期间，八大行业不同领域的百余家老字号企业参与其中，集中推出优质实惠的商品和服务，线上线下开启全面促销，为消费者提供高品质有特色的北京味道，着力打造具有北京特色的商业文化品牌。活动现场还发布了首个“北京老字号消费地图VR版”。

（耿英贞）

【开展有机蔬菜销售情况排查整改专项行动】5月7日，会同工商、食药监、质监等部门组成联合检查组，来到位于朝阳区的京客隆超市甜水园店进行现场排查。联合检查组按照国家有机产品标识和销售标准，对超市有机蔬菜的追溯体系建设、销售区域设置、认证证书摆放等情况进行了深入排查。同时，开展流通领域销售有机蔬菜情况排查整改专项行动，通知要求各区商务部门迅速开展重点商超企业集中排查整治，加强可追溯体系建设；部署社区菜市场、连锁超市等蔬菜零售终端企业的自查自纠工作；制定专项行动方案，会同工商、食药监、质监部门开展为期三天的联合大检查。

（王翰阳）

【印发《关于推动老字号餐饮技艺传承、保持原汁原味工作方案》】 5月9日，会同市财政局、市人力社保局、市国资委、市质监局、市食药监局等6部门共同出台并联合印发了《关于推动老字号餐饮技艺传承、保持原汁原味工作方案》，针对近年来北京老字号餐饮企业发展和技艺传承的现状，明确了推动老字号餐饮技艺传承、保持原汁原味的指导思想和工作原则、总体目标和主要任务，提出了基本建立老字号餐饮传承谱系、建立传承人培养体制机制、鼓励技艺传承人收徒传艺、开展技艺传习活动、推动规范化标准化、加强宣传推广等十四项主要任务。

（王翰阳）

【14家本市连锁企业登上“2017年中国连锁百强”榜单】 5月10日，中国连锁经营协会发布“2017年中国连锁百强”榜单，本市物美、王府井、国美、中石化易捷等14家企业上榜。

（耿英贞）

【“百年老号、匠心传承”——第五届京交会北京老字号展亮相京交会】 5月28日至6月1日，“百年老号、匠心传承”老字号品牌专题展在第五届京交会上精彩亮相。展区以“百年老号、匠心传承”为主题，以传承和创新为主线，整体采用古香古色的中式四合院建筑造型，以前门、王府井、大栅栏、琉璃厂、东单、西单、东四、西四等八个老北京传统商业街区为主体，以图文、视频、VR、技艺表演等多种形式，展示了涵盖餐饮、食品加工、文化、工艺美术等众多行业的180余个境内外老字号品牌。

（王翰阳、耿英贞）

【北京老字号在莫斯科、圣彼得堡“北京日”系列活动中精彩亮相】 7月26—30日，“北京日”系列活动在俄罗斯莫斯科市、圣彼得堡市成功举办，“北京老字号展”和经贸推介会在“北京日”活动期间精彩亮相。北京老字号展团由内联升、吴裕泰、盛锡福、红都、懋隆、珐琅厂等6家企业组成，除展卖特色产品外，还现场表演了传统技艺，吸引观众参与互动体验，产品深受莫斯科和圣彼得堡市民欢迎。此次活动弘扬了老字号作为历史文化的“活化石”和对外交往的“金名片”的价值，提升了老字号品牌的影响力，为老字号企业“走出去”创造了良好条件。

（王翰阳）

【召开推动国有企业开展便民利民服务工作座谈会】 10月11日，召开推动国有企业开展便民利民服务工作座谈会，研究推动国有企业在便民服务体系建设上发挥作用工作。市国资委、城六区商务委相关负责人，华润万家、国安社区、王府井集团、首农食品集团、首商集团、金泰集团、城乡商业集团等市属国有企业及京客隆、超市发等区属国有企业参加了座谈。

（耿英贞）

【召开推动便利店搭载多种便民服务工作座谈会】 11月1日，召开本市便利店企业座谈会，研究推动连锁便利店搭载多种便民服务工作。京客隆、超市发、好邻居、全家、7-11、便利蜂、苏宁小店、缤果盒子、小麦铺等9家便利店负责人参加了座谈会。

（耿英贞）

【印发《关于推动北京老字号传承发展的意见》】 12月3日，市政府办公厅印发《关于推动北京老字号传承发展的意见》，明确了推动北京老字号传承发展工作的主要目标，涵盖了“固本强基、文化弘扬、品牌保护、创新发展、改革增效”五大工程，明确了编制北京老字号技艺人才队伍建设专项规划，完善老字号专业技术人才评价机制，加强传承人才队伍建设；保持产品服务特色品质、保证成品质量；深入挖掘文化内涵、积极开展宣传推广、弘扬老字号品牌文化；健全品牌保护机制、加大品牌保护力度、加强原址风貌保护；营造特色发展环境、创新企业经营方式、创新产品生产工艺；深化国有老字号企业改革、推动老字号对接资本市场、支持符合条件的老字号企业上市等多项重点任务。

（王翰阳）

【老字号专题节目播出】专题栏目《传承中的老字号》第二季《讲述老号故事、弘扬工匠精神》、大型品牌文化分享节目《北京老字号新说》于11月26日、12月24日先后在文艺之声FM106.6、北京电视台财经频道正式开播。对北京老字号的品牌和历史文化进行了全面宣传，弘扬工匠精神，引发关注热潮，在主流消费人群中生动形象地展示了老字号品牌形象，提升了北京老字号品牌影响力。

（王翰阳）

消费促进

【概况】年内，全市实现市场总消费额25405.9亿元，同比增长7.4%。其中，实现社会消费品零售总额11 747.7亿元，同比增长2.7%；实现服务性消费额13 658.2亿元，同比增长11.8%，占市场总消费额的53.8%，贡献率达到82.6%，服务性消费持续保持拉动总消费增长的“主引擎”地位。

（王　璇）

【出台《北京市扩大内需建立完善总消费政策促进体系工作方案》】出台《北京市扩大内需建立完善总消费政策促进体系工作方案》，明确部门协同、市区联动、督察考核、统计监测、咨询顾问五项工作机制，以及“促进商品消费提档升级”“推动服务消费提质扩容”“引导新消费孕育成长”的促消费政策体系。《工作方案》在全国率先以促进总消费为目标导向建立工作机制，形成“1+X”政策框架。

（王　璇）

【开展品味消费在北京系列促消费活动】年内，开展京味大年乐购月、品质消费看北京、商业服务业品牌推广活动、老字号促消费系列活动、餐饮促消费系列活动、提升技能促消费专题活动、促进信用消费系列活动、北京典当拍卖季、时尚消费月、妇女儿童消费月、老年消费月、家居用品促销节等20余项各类主题促消费活动。全年累计开展落地活动120余场，参与企业9000余家次、覆盖门店5万余家，同时依托报纸、电视、网络等宣传媒介进行促消费活动宣传，充分满足消费者个性化、品质化、多样化需求，有效推动供给侧消费结构调整。

（柴　林）

【节能减排促消费政策效果显著】年内，重新征集了北京苏宁易购销售有限公司等23家节能减排商品定点销售企业。销售企业覆盖北京市16个区，涉及211家实体门店和3家线上零售企业，销售渠道包含百货店、超市、专业店、专卖店和网上商店等业态。23家定点企业当年销售节能减排商品216万余台，实现销售额84.9亿元，带动全市家用电器和音像器材类商品零售额同比增长13.6%；经测算，年节电约1.93亿度，相当于大约6.4万户居民一年用电量，折合标煤约6.4万吨，减排二氧化碳约15.8万吨，年节水约12万吨，绿色消费节能成效突出。

（杨　凌）

电子商务

2018年，北京市立足“四个中心”战略定位，围绕落实“一带一路”和京津冀协同发展战略，发挥电子商务创新引领作用，加快推进流通供给侧结构性改革，推动传统产业转型升级，扩大消费服务有效供给。电子商务已成为拉动首都经济增长的新引擎、产业升级的新动力、居民生活的新方式。

网上零售额规模、占比继续保持较快增长。2018年内，全市限额以上批发零售企业网上零售额达2632.9亿元，比上年增长10.3%，占全市零售额比重为22.4%，对零售额增长的贡献率达80.6%。

规模以上企业集群化快速发展。截至2018年底，全市开展网上零售的限额以上批发零售企业共有610家，较上年增长129家，渗透率9.3%，其中，亿元以上企业101家，较上年增长21家，形成龙头电商和骨干电商稳定增长，中小电商特色化、专业化快速发展的集群格局。全市规模以上法人单位所属电子商务交易平台共有714个，较上年增加101个，其中亿元以上平台229个，是全国拥有电商平台最多的省市。

跨境电商快速发展。2018年内，全市跨境电商零售进口567.2万票，同比增长84.49%；货值18.95亿元人民币，同比增长43.89%。全市累计建成6个跨境电商监管场所、11家跨境电商产业园、52家跨境电商体验店、70余个海外仓，汇聚了众多跨境电商龙头和骨干企业，形成了较为完善的跨境电商产业环境，提升了跨境购物体验和消费品质。

电商服务体系和诚信营商环境进一步优化。全市拥有8家电子认证服务机构，56家第三方支付机构，数量居全国首位。快递服务对电商支撑能力不断提升，全市快递许可企业和备案分支机构1300多家，快递网点3000余个，末端配送专用车辆5.7万辆。2018年，全市快递业务量累计完成22亿件，其中电商渠道业务占比近7成。

（王　瑞、许　凯）

【市商务委与阿里巴巴集团签订《新消费领域全面深化合作备忘录》】5月11日，市商务委与阿里巴巴集团签署了《新消费领域全面深化合作备忘录》，在提升生活性服务业品质、推动流通转型升级、优化营商环境和打造智慧京交会等4个重点领域12个方面深化合作，促进生活性服务业品质提升，助力北京国际消费枢纽城市建设。

（卢慧玲）

【北京天竺综合保税区跨境电商体验中心启动运营】5月25日，北京天竺综合保税区跨境电商体验中心启动运营。体验中心总建筑面积2万平方米，设有23个企业展厅、10个特色国家馆，汇聚四大洲超过10万件海外商品，是目前本市面积最大、入驻企业最多、跨境商品品类最丰富的综合型跨境电商体验中心，将为消费者提供“不出国门畅购全球”的一站式跨境购物新体验。

（宋志雷）

【2018中国电子商务大会成功举办】5月28日至6月1日，2018中国电子商务大会在国家会议中心成功举办。大会开幕式吸引了来自联合国贸易和发展会议、联合国国际贸易中心等国际组织，立陶宛、澳大利亚、巴西、南非、埃塞俄比亚、老挝、斯里兰卡等20余个国家政府机构，国内部分省市商务部门、行业协会及知名电商企业代表共计1200余人参会。会期累计参会人数突破万余人次，创历年新高。

（许　凯）

【北京获批成为全国跨境电子商务综合试验区】7月13日，国务院召开常务会议，会议决定在北京等22个城市新设一批跨境电商综合试验区，持续推进对外开放，促进外贸转型升级。北京市获批成为第三批跨境电子商务综合试验区，为本市跨境电子商务发展带来了新机遇、注入了新活力。

（宋志雷）

【“双十一”促销节电商消费市场再创新高】“双十一”期间，本市京东、小米等重点电商企业累计实现销售额近1800亿元，同比增长30%。

（许　凯）

【举办“2018北京跨境电商消费体验季”活动】11月16日，“2018北京跨境电商消费体验季”系列活动正式启动。本届体验季紧密结合北京跨境电商综试区建设契机，以“跨境全球购品质新生活”为主题，联合100余家跨境电商平台、线下体验店，开展为期三个月的线上线下联动促销。聚焦大众消费、企业发展、产业升级三个领域，围绕阳光美妆、名品气场、环球饮食、母婴健康四大促销板块，举办八场主题日活动、两场跨境电商进社区活动和两场政策研讨与资源对接会，全方位营造跨境消费新热点，满足首都市民品质消费新需求，促进北京跨境电商产业实现新发展。活动现场还发布了《2018北京跨境电商消费指南》，为消费者提供全市最新的2018跨境电商消费参考。

（杨　华）

【《中国（北京）跨境电子商务综合试验区实施方案》出台】12月18日，《中国（北京）跨境电子商务综合试验区实施方案》印发实施。《方案》明确了试验区的建设目标和总体布局，提出了十个方面16项重点任务，为全面推进中国（北京）跨境电子商务综合试验区建设，进一步提升首都开放型经济发展水平提供了政策支持。

（许　凯）

【举办“2019北京跨年促销节”活动】12月18日，“2019北京跨年促销节”在北京王府井商圈拉开帷幕。本届活动为期2个月，联合百余家线上平台、千家线下门店参与，带来数万款实惠商品。活动把岁末年初的品质消费、品牌消费推向新高潮，进一步丰富首都节日消费市场，给京城百姓的日常消费提供更多的便利实惠。

（刘扬阳）

供应保障

【概况】年内，北京市供应保障工作稳步推进，生活必需品市场供应稳定，重要会议重大活动供应服务保障任务圆满完成，肉菜追溯体系建设持续推进，清洁空气行动计划积极落实。

供应服务保障重要会议和重大活动。圆满完成了全国“两会”、市“两会”“中非合作论坛”北京峰会等10余项重要会议重大活动供应服务保障任务，受到中央和市委市政府领导的充分肯定和表扬。全国“两会”总务组、“中非合作论坛”接待组分别发来感谢信，感谢市商务委为大会圆满成功做出的积极贡献。

全市生活必需品市场供应基本稳定。粮油、肉蛋、蔬菜等主要生活必需品货源充足、储备到位，市场运行总体平稳。组织开展第八次春节蔬菜保供联合行动，累计增加蔬菜供应10.3万吨，日均增加2152.6吨，保障了春节和全国“两会”期间蔬菜市场供应稳定。稳妥处置“非洲猪瘟”疫情防控，积极采取措施保障市场供应。认真开展生活必需品政府储备检查，确保储备商品数量到位，质量合格，确保政府储备储得住、管得好、调得出、用得上。

持续推进本市肉菜流通追溯体系建设，肉菜追溯体系覆盖范围不断扩大，全市猪肉追溯和蔬菜追溯节点数分别达到2128个和3088个。

稳妥推进盐业体制改革。严格落实盐业体制改革跨区域经营政策，截至12月21日，共有135家外省市食盐定点生产企业和批发企业在本市备案。食盐市场供应充足、质量安全、秩序良好。

严格成品油市场管理。优化行政许可审批流程，审批时限由20个工作日压缩至10个工作日。落实蓝天保卫战有关工作要求，本市全年京Ⅵ标准车用燃油、柴油车用尿素供应稳定。

有序推进北京2022年冬奥会和冬残奥会餐饮服务保障工作。开展冬奥会食品原材料供应和市场资源调研，起草《北京2022年冬奥会和冬残奥会餐饮原材料备选供应基地遴选工作方案》，积极开展北京冬奥会餐饮原材料备选供应基地遴选工作。

（李轶鼎、刘　璇）

【积极开展第八次春节蔬菜保供联合行动】 2月1日至3月20日，会同市农委、中国蔬菜流通协会与天津、河北、山东、海南、广西等供京蔬菜主产区政府开展了第八次春节蔬菜保供联合行动。活动期间，在蔬菜日常供应量基础上累计增加蔬菜供应总量约10.3万吨，日均增加2152.6吨，其中大白菜、白萝卜、土豆、洋葱等8个居民日常所需大路菜品种增加供应总量约5.23万吨，日均增加1087吨，保障了首都蔬菜市场供应稳定。

（陈　泽）

【圆满完成全国“两会”等重要会议的供应服务保障工作】 年内，圆满完成了十三届全国人大一次会议及全国政协十三届一次会议的食品供应和服务保障工作，安全、优质、优惠的供应服务和细致、周到的服务保障，受到了全国“两会”总务组高度评价和表扬。全国“两会”总务组分别发来感谢信，感谢市商务委多年来对大会服务保障工作的大力支持。

（邵　兵）

【出色完成2018年中非合作论坛北京峰会的供应保障工作】 年内，在中筹委和市服务保障工作领导小组领导下，组织食品供应保障企业，认真筹备，周到服务，出色完成了2018年中非合作论坛北京峰会的供应服务任务，受到了市服务保障工作领导小组的表扬和感谢。

（邵　兵）

【有序开展食盐体制改革工作】 年内，制定《北京市盐业体制改革实施方案》，严格落实盐业体制改革跨区域经营政策，对全国各省（市）、自治区跨区域经营食盐企业在京开展经营活动进行备案，在本市备案的外省市食盐定点生产企业和批发企业达135家。

（邵　兵）

【完善肉菜流通追溯建设】 年内，全市猪肉追溯和蔬菜追溯节点数分别达到2128个和3088个，将1家老字号企业的2个工厂13条生产线纳入体系。

（侯学群）

【圆满完成防汛安全管理工作】 年内，成立市商务委防汛指挥部和防汛办，建立防汛工作制度和应急预案，修订防汛工作方案，重新梳理了应急调拨流程，落实措施、责任到人。6月1日至9月15日汛期期间，严格执行工作人员24小时值班制度，多次对防汛物资储备情况开展检查，高度重视承储企业自身防汛安全，积极组织开展防汛物资、应急物资投放演练，提高应急调拨处置水平，确保防汛物资“响应及时、供应顺畅”，圆满完成了汛期安全管理工作。

（庄　平）

【成品油、原油行政许可审批工作】年内，审批成品油零售经营企业行政许可150件，初审成品油批发、仓储及原油经营资格行政许可事项35件。

（陈德宏）

【成品油销售量减少】年内，全市成品油表观销售量下降5.6%，其中汽油下降0.1%、柴油下降17.6%。

（陈德宏）

【落实首都蓝天保卫战工作】年内，落实首都蓝天保卫战工作，出动检查人员670余人次，检查成品油经营企业230家次，全力保障京Ⅵ标准车用燃油及柴油车用尿素市场供应。

（陈德宏）

【蔬菜上市总量减少】年内，监测的7家批发市场蔬菜上市量达121.2亿公斤，日均3321.3万公斤，同比减少4.1%。

（刘　璇）

【生猪屠宰量减少】年内，监测的9家定点屠宰企业生猪屠宰总量621.6万头，日均屠宰1.7万头，同比减少12.7%。

（刘　璇）

【牛羊肉交易量减少】年内，监测的7家批发市场牛肉交易总量6266.1万公斤，日均交易量17.2万公斤，同比减少14.4%。羊肉交易总量5552.6万公斤，日均交易量15.2万公斤，同比减少13.4%。

（刘　璇）

【鸡蛋交易量减少】年内，监测的7家批发市场鸡蛋交易总量24696.3万公斤，日均67.7万公斤，同比减少1.3%。

（刘　璇）

粮食流通

【概况】年内，北京市粮食和物资储备行业取得新突破，机构改革稳妥有序推进，疏解整治促提升成效显著，行业营商环境明显改善，服务民生取得丰硕成果，转型发展取得显著成效，为推动首都发展发挥了积极作用。粮食服务保障扎实有力，首都粮食市场繁荣稳定，粮食便民供应体系持续推进。粮食产业转型发展实现新突破，优质粮源供应保障有力，“优质粮食工程”深入实施，主食产业化加快发展。粮食安全保障能力建设取得新进展，综合性粮食服务保障中心等重点项目有序推进，粮食流通基础设施建设稳步推进，粮食供给应急能力进一步加强。行业营商环境改善激发新活力，持续推动粮食行业信用管理和诚信评价体系建设，宣传推广12325全国粮食流通监管热线，大力推进全国统一“多证合一”改革，提升网上政务服务能力。政府服务能力优化提升激活新动力，全面完成粮食安全责任制考核工作，持续推进京津冀粮油质量安全监管区域联动协作机制建设。粮食和物资储备工作平稳有序步入新阶段，储备粮管理机制不断完善，物资储备工作平稳转隶，救灾储备物资应急保障准备充足。

（蔡奇敏）

【参加首届中国粮食交易大会】8月18日至20日，市粮食局组织本市粮食仓储、加工、经销等企业参加在哈尔滨市举办的首届中国粮食交易大会。活动期间，北京市粮食部门、企业积极参与大会的产销对接洽谈、交流研讨等活动，进一步加强与全国粮食企业的交流与合作，丰富北京市场优质粮油产品供给，与外省企业签订粮食采购意向协议达128万吨；布置160余平方米北京粮油产品特装展区，集中展示北京市优质精品粮油产品，积极拓宽营销渠道，深化粮食产销合作。

（惠春光）

【**粮食消费量461.2万吨**】年内，北京市粮油消费量呈下降态势。其中，城乡居民口粮平稳趋减、口油稳中略增，饲料用粮和工业用粮均大幅缩减。全年粮食消费量461.2万吨，比上年减少52.5万吨，减幅10.2%。城乡居民口粮消费341.8万吨，比上年减少18.1万吨，减幅5%。饲料用粮92.2万吨，比上年减少26.9万吨，减幅22.6%。工业用粮26.2万吨，比上年减少7.3万吨，减幅21.8%。食用油消费量58.1万吨，比上年增加1.4万吨，增幅2.5%。

（惠春光）

【**粮食服务保障扎实有力**】年内，圆满完成全国“两会”、中非合作论坛北京峰会等供应保障重点工作。军粮供应保障有力，军民融合发展取得新进展。退耕还林累计供应补助粮1.9万吨，惠及12.6万户退耕农户。结合商务体系建设，构建符合首都城市发展的新型粮油便民服务体系，多区落实粮食便民惠民地图，粮食便民服务水平显著提升。

（惠春光、高光亮）

【**储备粮轮换工作顺利开展**】年内，全年利用竞价交易平台累计安排市储备粮轮换交易20次，累计轮换市储备粮107.3万吨。郊区转储玉米4万吨，切实保障种粮农民利益。

（徐建军、惠春光）

【**“中国好粮油”行动深入开展**】年内，吉林省大米文化节、黑龙江省“龙江大米进北京”、山西省“山西小米”品牌推介等活动相继开展，通过产需接洽、精品展示、舆论宣传，进一步丰富首都粮食市场优质粮食品牌。石景山区、海淀区借力精准扶贫，将贫困地区优质特色粮食产品推向首都百姓餐桌。落实“五优联动”，推动产品升级换代。积极开展世界粮食日和粮食安全系列宣传活动。

（惠春光）

【**地方储备粮管理进一步规范**】年内，修订市储备粮竞价交易办法，完善市储备粮轮换购销工作流程。制定北京市“买断粮权”市储备成品粮轮换购销管理办法，细化市储备成品粮存储规范管理条款，完善市储备成品粮承储、代储代轮换企业进入与退出机制。首次引入由企业自主轮换的动态储备模式，开展0.5万吨动态储备小麦试点。切实加强合同管理和实地监管，共核查市储备粮108万吨（异地储备40.2万吨），数量真实、质量良好、账实相符。市储备粮管理规范化程度提高，出入库制度更加完善，宜存率保持100%。

（惠春光、孔令文）

【**粮食产业转型发展**】年内，市政府办公厅印发《关于进一步优化粮食产业发展保障首都粮食安全的实施意见》，加快建设更高层次、更高质量、更有效率、更可持续的粮食安全保障体系。京粮集团完善从“田间到餐桌”的全产业链条，全年实现经营收入416.7亿元，实现利润12.3亿元。中粮集团、中储粮集团等央企在京发展质量进一步提升，益海嘉里、盛华宏林、中联正兴、顺义粮油等重点企业创新发展，为保证首都粮食供应发挥了积极作用。推广主食产业化发展新模式，拓展主食制品的规模化生产、社会化供应。东城、丰台、房山等区被确定为放心主食示范试点单位，密云、顺义等区推进主食产业化特点突出、效果良好。

（孔　晶、张俊杰）

【**粮食流通基础设施建设稳步推进**】年内，落实北京粮油应急保障中心建设项目资金3.9亿元。密云、顺义等区七个“粮安工程”项目完成建设。部分仓储设施转型改造成冷链物流库、成品粮物流库、文化创意产业园区等，转型发展取得新进展。加快粮油质检体系建设，落实财政支持粮食行业质检能力建设资金958.7

万元、粮食质量安全检验监测体系建设资金5594万元。粮食安全保障、调控、应急设施建设项目总投资4.2亿元，新建、改扩建仓容10.8万吨。

（王红伍）

【粮食流通监管机制更加健全】年内，落实“双随机一公开”工作，市、区两级粮食行政管理部门共开展粮食执法检查1200余次，检查企业1054个次。制定《北京市粮食局关于建立粮食经营者诚信评价体系的实施方案》和《北京市粮食企业经营活动守法诚信评价办法》，以推动粮食行业信用管理和诚信评价体系建设。开展粮食库存检查和专项检查，督查指导企业严格执行《粮食流通管理条例》等法律法规的规定，严防不符合食品安全标准的粮食流入口粮市场。京津冀三省市粮食行政管理部门签订京津冀粮油质量安全监管区域联动协作机制建设协议，深化在统一监管标准、质量安全追溯、检验结果互认等方面的合作，开展三省粮食联合执法工作。

（石红兵）

二、对外开放

服务业扩大开放

【概况】年内，北京市服务业扩大开放综合试点协调推进工作取得显著成效。2015 年确定的 141 项试点任务和 2017 年确定的 85 项任务已基本实施，在服务业扩大开放、服务贸易便利化、优化开放型营商环境等方面形成了 68 项全国首创或效果最优的开放创新举措，较好地发挥了制度创新试验田的作用。推动一批新业态新模式落地运营，一批与首都城市战略定位相契合的服务新业态加速涌现，多家国际知名企业在京设立机构。“开放北京”公共信息服务平台全面上线运行，为“一窗受理”等外资企业全周期管理创新提供有效支撑。落实试点示范区外籍人才出入境“新 10 条”，完成 2017 年度示范区外籍人才申请在华永久居留积分评估工作。围绕市两会、改革开放 40 年、试点 3 周年等重要时点开展系列专题宣传活动，利用首届进口博览会、京交会等平台加强试点政策宣传推介。“深化京港服务业开放发展备忘录”完成签署。2018 年，北京市服务业增加值占 GDP 比重达 81.0%；全市实际利用外资 173.1 亿美元，同比下降 28.9%。其中，服务业利用外资占比达 148.6 亿美元，占全市的 85.8%；其中，服务业扩大开放重点领域实际利用外资 106.1 亿美元，占全市的 61.3%。

（赵　珲、杜　磊）

【海淀区、通州区成为服务业扩大开放综合试点示范区】1 月 24 日，海淀区、通州区正式成为北京市服务业扩大开放综合试点示范区。

（朱　静）

【商务备案与工商登记“一口办理”改革举措在全国复制推广】3 月 5 日，北京市简化外资企业设立程序，商务备案与工商登记“一口办理”改革举措在全国复制推广。

（赵文捷）

【服务扩大开放综合试点 4 个案例向全国印发推广】3 月 30 日，北京市服务扩大开放综合试点外商投资企业“全周期”管理机制、协同互认的离境退税模式、“1+X”服务业监管服务平台模式、“直通车”国际引才引智模式 4 个实践案例，由商务部向全国印发推广。

（陈孝晋）

【京津两地发布 16 条提升京津跨境贸易便利化措施】4 月 12 日，京津两地在京召开提升京津跨境贸易便利化新闻发布会，重点围绕压时降费提效，发布了第二批 16 条提升京津跨境贸易便利化措施。

（赵　珲）

【“文租贷”金融服务方案启动】4 月 8 日，市文资办与北京银行共同启动“文租贷”金融服务方案。

（朱　静）

【新一轮服务业扩大开放综合试点工作专班成立】4 月 16 日，市政府召开研究建立本市新一轮服务业扩大开放综合试点工作专班等有关事宜的会议。会议决定建立由市商务委、市金融局双牵头的本市新一轮服务业扩大开放工作专班，成员单位包括市发展改革委、中关村管委会、人行营业管理部等有关单位和区政府，统筹做好政策设计、沟通协调、跟踪反馈等工作。

（车欣薇、张　曼）

【中国大陆首架空客A350客机完成交付】 8月9日，中国大陆首架空客A350客机在北京天竺综保区完成交付，标志着《深化改革推进北京市服务业扩大开放综合试点工作方案》中，鼓励特定区域金融租赁公司和融资租赁公司开展飞机、生物医药研发等领域大型成套进口设备的租赁业务这一举措正式落地。

（赵文捷）

【北京首个文化金融服务中心投入使用】 8月28日，北京市首个文化金融服务中心在朝阳国家文化产业创新实验区正式投入使用。该中心将面向有融资需求的文化企业，提供政策咨询、项目对接、金融业务办理、投融资合作等一站式专业服务，将进一步完善以信用为纽带的文化金融服务体系，畅通文化企业信贷融资渠道。

（陈孝晋）

【国际贸易“单一窗口”标准版出口退税功能上线运行】 9月27日，国际贸易“单一窗口”标准版出口退税功能在北京正式上线运行。

（赵　珲）

【新一批最佳实践案例向全国印发推广】 10月22日，商务部办公厅向全国印发了北京市服务业扩大开放综合试点新一批最佳实践案例，将北京市服务业扩大开放综合试点过程中围绕业态和模式创新、商事制度改革、营商环境建设形成的示范性强、实用性好、市场主体反映积极的做法向全国进行推广，包括投贷联动试点助推科技金融创新发展，文物艺术品“区内存储+区外展拍”保税交易模式，全程通办、全城通办的工商登记服务体系，建立营商环境评价机制，建立生活性服务业地方标准规范体系5个实践案例。这是继首批最佳实践案例之后北京市为全国提供的又一批可复制可推广的经验。

（于凤君、朱　静）

【成功举办第22届京港洽谈会暨服务业开放合作专题活动】 10月25日，“共享开放新成果，构建开放新格局”——第22届京港洽谈会暨服务业开放合作专题活动在京举办。本次活动由北京市商务委员会、北京市人民政府侨务办公室、香港贸易发展局、香港特别行政区政府投资推广署、香港中国商会共同主办，期间来自京港两地的150多名商协会和企业代表参加了会议，30余家香港企业组成金融科技代表团与我市企业进行考察对接。北京市商务委员会与香港贸易发展局签署了“深化京港服务业开放发展备忘录”。

（赵　珲、王爱丽）

【2018年度外籍人才申请在华永久居留积分评估工作启动】 11月1日，北京市启动服务业扩大开放综合试点示范区2018年度外籍人才申请在华永久居留积分评估工作。

（赵文捷）

【进口博览会举办“开放北京，商机无限”主题活动亮相中国国际进口博览会】 11月6日，北京市在中国国际进口博览会上举办“开放北京，商机无限”主题活动，商务部副部长王炳南、北京市副市长殷勇出席并致辞。

（陈孝晋）

【试点经验在自贸试验区复制推广】 11月23日，国务院印发了《关于支持自由贸易试验区深化改革创新若干措施的通知》，提出了支持自贸试验区深化改革创新发展的53条具体措施。其中第一条明确提出借鉴北京市服务业扩大开放综合试点经验，放宽外商投资建设工程设计企业外籍技术人员的比例要求、放宽人才中介机构限制。这是继外商投资企业工商登记与商务备案“一窗受理”等开放改革创新举措在全国复制推广以来，首次以国务院文件形式在自贸试验区复制推广北京服务业扩大开放综合试点的经验，进一步强化了综合试点在服务业开放领域的引领性和示范性。将试点向纵深推进，形成更多可复制可推广经验。

（张　曼）

【北京发布创新对外投资合作方式三年行动计划】12月7日，北京市发布《北京创新对外投资合作方式三年行动计划（2018—2020）》，推动对外投资合作方式创新和高质量发展。

（朱　静）

【我国首支知识产权证券化标准化产品获批】12月14日，我国首支知识产权证券化标准化产品“第一创业—文科租赁一期资产支持专项计划”在深圳证券交易所成功获批。

（赵　珲）

【《中国（北京）跨境电子商务综合试验区实施方案》发布】12月18日，北京市发布实施《中国（北京）跨境电子商务综合试验区实施方案》，推进北京跨境电子商务新发展。

（陈孝晋）

【广泛征集服务业扩大开放综合试点政策需求】年内，组织开展了30多场调研活动，围绕科技、文化、教育、医疗、信息技术、商务服务等重点领域召开多场专题座谈会，向服务业扩大开放综合试点成员单位和16个区广泛征集服务业扩大开放综合试点政策需求，在此基础上起草了北京市新一轮服务业扩大开放综合试点工作方案。

（车欣薇、张　曼）

【组织对首轮试点开放措施和新一轮试点方案进行评估】年内，组织第三方评估机构对首轮试点开放措施逐条进行评估，特别是结合开放措施实施的背景意义、调规情况、落地效果、开放风险等方面，分别进行研究论证，提出分类处理意见，为持续升级服务业扩大开放提供法治保障。同时，组织开展对新一轮综合试点工作方案的必要性评估，就方案整体设计和政策措施的科学性、可操作性等进行论证，研究提出工作建议，为在更高水平上推进试点提供指导。

（于风君、车欣薇）

【新一轮试点方案经市政府审议通过】北京市政府第16次常务会议研究并原则通过了新一轮服务业扩大开放综合试点工作方案，根据会议意见修改完善后，提请市委深改组会议审议。会议强调，制定该工作方案是抢占新一轮改革开放先机，推动北京转型发展的重要举措，各区各部门要以开放的心态和国际化的视野，下定决心，积极作为，落实好方案各项内容，展示北京改革开放的良好形象，推动高质量发展。会议明确，市有关部门要围绕本市急需解决的重点问题和急需突破的重大政策，主动加强与对口国家部委的沟通，努力争取支持；各区要及时反馈工作实践中需要突破的政策难点，将其纳入工作方案，加以充实完善。

（于风君）

【新一轮试点方案完成会签上报国务院】新一轮服务业扩大开放综合试点工作方案在广泛征求各相关政府部门、区政府和国家部委的意见后，根据相关意见建议进行了修改和完善，围绕首都城市战略定位和建设国际一流的和谐宜居之都目标定位，明确了新一轮的近180项开放和改革试点任务，经相关国家部委会签后，于12月底以商务部和北京市人民政府名义正式上报国务院。

（于风君、车欣薇）

货物贸易

【概况】年内，北京市实现货物贸易进出口总额2.72万亿元，增长23.9%。其中，出口4878.5亿元，增长23%，创历史新高；进口2.23万亿元，增长24.1%。进出口、出口和进口分别居全国第5位、第7位和第2位。

外贸结构更加优化，“双自主”企业出口占比提升。一般贸易出口占全市出口3/4，较上年末提高15.4个百分点；“双自主”企业出口占全市出口比重达22.1%，较上年末提高1.2个百分点；与“一带一路”沿线国家双边贸易比重达40%以上，进出口、出口和进口分别增长37.4%、35%、38%，对大洋洲、东盟等新兴市场出口大幅增长，分别达79.4%、45.4%。

大宗商品量价齐升，央企拉动作用凸显。第一大出口商品成品油占全市出口总值36.3%，出口增长贡献率77.6%；前五大进口商品中，大宗商品原油、天然气、农产品占3席，占全市进口总值44.1%、7.2%、4.9%，进口增长贡献率分别达65.7%、13.1%和2%。央企进出口、出口和进口分别占全市70.6%、60.9%和72.7%，对全市增长贡献率分别达89.3%、85.1%和90.1%。

（汪云云）

【京津联合发布首批17条跨境贸易便利化措施】3月18日，市政府新闻办公室和市发展改革委联合举办“优化营商环境，北京在行动”新闻发布会，介绍了京津两市联动优化营商环境，发布提升京津跨境贸易便利化若干措施情况。《关于优化营商环境提升京津跨境贸易便利化若干措施的公告》共涉及17条具体措施，包括海运集装箱港口作业实行信息电子化流转、优化报关报检和查验、便利单证办理、推广应用国际贸易“单一窗口”、规范口岸收费等。

（柏际平）

【京津联合发布第二批16条跨境贸易便利化措施】4月12日，联合市新闻办、京津两地海关、检验检疫、口岸等部门在京召开提升京津跨境贸易便利化新闻发布会，重点围绕压时降费提效，发布了第二批16条提升京津跨境贸易便利化措施，包括推进天津港口规范收费，报检、报关“串联”作业改为“并联”作业，进一步便利单证办理，推进中介服务规范化，畅通进出口货物运输通道等。

（柏际平）

【举办跨境贸易便利化专场政策咨询会】5月4日，联合天津市人民政府口岸办、京津两地海关（包括原出入境检验检疫局）和天津港（集团）有限公司等单位共同了举办第十七届进出口政策服务咨询会，帮助企业及时了解近期出台的措施，扩大政策知晓度。本届政策咨询会为跨境贸易政策宣讲专场，得到了各区（经济技术开发区）商务主管部门和企业的积极响应，共有来自高新技术、食品、医疗等各类外贸企业和货代机构等280余家企业机构的300余人参会。

（罗　铮）

【举办2018年北京市外贸企业提升国际化经营能力政策培训会】7月2日至4日，举办了2018年北京市外贸企业提升国际化经营能力政策培训会，全市500多家企业、近700人参会。会上，介绍了当前外贸形势，深入解读了北京市外贸企业提升国际化经营能力国际市场开拓资金、短期出口信用保险支持政策及申报程序，并指出了在审验企业提供的原始票据中发现的问题。会议还邀请了北京首创融资担保有限公司、宁波银行和中国出口信用保险公司的负责人员分别对外经贸担保服务平台、企业融资及出口信用保险最新政策和功能进行了全面系统介绍。

（路海轩）

【跨境贸易便利度大幅提升】10月31日，世界银行发布《2019营商环境报告》，中国排名大幅提升，由上年居全球190个经济体中的第78位提升到第46位，是营商环境改善最为显著的经济体之一。其中，跨境贸易环境指标全球排名由第97位提升到第65位。世界银行评估数据显示，京津两地共同出台的一系列压时降费措施效果明显，其中进出口单证合规耗时压缩2/3以上，进口边境合规耗时和成本下降超过50%，跨境贸易便利度显著提升。

（柏际平）

【举办北京市第十八届进出口政策服务咨询会】11月30日，会同北京海关、国家税务总局北京市税务局等相关单位共同举办了第十八届进出口政策服务咨询会，各区商务委及全市300多家外贸进出口企业参加会议。本届咨询会紧贴企业关心各项改革措施和当前中美贸易摩擦形势，从解读改革优化营商环境的重大举措、辅导企业应对中美贸易摩擦、宣讲支持外贸企业发展政策等三个方面设置了培训内容。同时，各部门在会议现场设立咨询台，当场为企业解惑答疑。

（钟　源）

【短期出口信用险支持北京市外贸稳中向好】年内，短期出口信用险支持北京市出口358亿美元，同比增长15.1%，支持北京市外贸稳中向好。

（刘均环）

【短期出口信用险企业覆盖面居全国前列】年内，北京市短期出口信用险覆盖企业7949家，其中，享受统一投保短期出口信用险政策的企业7775家，全市出口信用保险企业覆盖面86.3%，短期出口信用险企业覆盖面居全国前列。

（刘均环）

贸易管理

【农产品进口关税配额企业】年内，北京市羊毛、毛条进口关税配额企业6家；食糖农产品进口关税配额企业2家。

（谢　江）

【原油、燃料油非国营贸易进口企业】年内，燃料油非国营贸易进口企业23家。

（谢　江）

【出口配额、出口资质管理的出口企业】年内，北京共有铁合金出口资质企业17家；甘草出口配额招标中标企业5家；供港活牛出口配额企业1家。

（谢　江）

【商务部简化原油、成品油（燃料油）进口申报条件】为落实国务院办公厅《关于做好证明事项清理工作的通知》，企业申报原油非国营贸易进口资格和成品油（燃料油）非国营贸易进口允许量，不再要求企业提供气所在地海关、税务、外汇部门出具的无违法违规的证明文件。

（谢　江）

【北京、天津商务主管部门压缩许可证审批时间】为贯彻落实党中央、国务院优化营商环境的决策部署，加快提升京津口岸跨境贸易便利化水平，由京津商务主管部门签发的自动进口许可证、出口许可证，自收到内容正确、形式完备的相关材料后，1个工作日内完成审批。

（谢　江）

【降低抗癌药药品进口关税】根据国务院关税税则委员会《关于降低药品进口关税的公告》（税委会公告〔2018〕2号），为减轻广大患者特别是癌症患者药费负担并有更多用药选择，自5月1日起，以暂定税率方式将包括抗癌药在内的所有普通药品、具有抗癌作用的生物碱类药品及有实际进口的中成药进口关税降为零。

（谢　江）

【降低汽车整车及零部件进口关税】根据国务院关税税则委员会《关于降低汽车整车及零部件进口关税的公告税委会公告》（〔2018〕3号），为进一步扩大改革开放，推动供给侧结构性改革，促进汽车产业转型升级，满足人民群众消费需求，自7月1日起，降低汽车整车及零部件进口关税。将汽车整车税率为25%的135个税号和税率为20%的4个税号的税率降至15%，将汽车零部件税率分别为8%、10%、15%、20%、25%的共79个税号的税率降至6%。

（谢　江）

【提高机电文化等产品出口退税率】根据财政部、税务总局《关于提高机电文化等产品出口退税率的通知》（财税〔2018〕93号），自9月15日起，将多元件集成电路、非电磁干扰滤波器、书籍、报纸等产品出口退税率提高至16%。将竹刻、木扇等产品出口退税率提高至13%。将玄武岩纤维及其制品、安全别针等产品出口退税率提高至9%。

（谢　江）

【机电产品自动进口许可证实行通关无纸化】根据商务部、海关总署2018年第82号公告要求，自10月15日起，在全国范围内对属于自动进口许可管理的货物和属于进口许可证管理的货物（除消耗臭氧层物质以外）实行进口许可证件申领和通关作业无纸化。

（钟　源）

【办理各类货物进出口许可证46370件】年内，市商务委为北京市进出口企业办理各类货物进出口许可证46370件。其中，进口关税配额证签发63件，货物自动进口许可管理39043件，授权范围内出口许可证签发4514件，易制毒化学品进出口审批（核）432件，两用物项和技术出口许可证2318件。

（谢　江）

【首都国际机场口岸整车进口较为平稳】年内，北京首都机场共进口整车335辆，货值为4.5亿元，实现进口环节总税收4.8亿元人民币。

（钟　源）

【机电产品自动进口许可证实施无纸化】根据《公布货物进口许可证件申领和通关无纸化作业有关事项》（商务部　海关总署公告2018年第82号）的规定，自10月15日起，我市实行机电产品自动进口许可证件申领和通关作业无纸化，过渡期6个月。

（钟　源）

【推动商务部减少自动许可证审批层级】自4月1日起，推动商务部将原来由国家商务部和地方商务主管部门两级审批的10种汽车零部件产品自动进口许可证调整为由地方商务部门一次审批。

（钟　源）

服务贸易

【概况】年内，全市服务贸易进出口额再创新高，突破了万亿元大关，增幅达到10%。据商务部统计，按人民币计价，全年北京市服务贸易进出口额达到10628.9亿元，占全国总额比重20.3%，保持全国排名第二位。其中，服务出口额3724.3亿元，服务进口额6904.6亿元。从具体类别看，旅行服务进出口2960亿元，约占服务进出口总额的27.8%，为进出口额最大的服务类别。保险、金融、电信计算机和信息服务等新兴服务出口占比64.5%，比2017年底水平提高1.8个百分点。以美元计价，全年北京市服务贸易进出口达到1606.2亿美元，同比增长12%，其中，服务出口额562.8亿美元，服务进口额 1043.4 亿美元。

（张华雨）

【北京天竺综合保税区“国家文化出口基地”挂牌】年内，北京天竺综合保税区被商务部、中央宣传部、文化和旅游部、国家广播电视总局共同评选认定为国家文化出口基地，成为全国 13 家文化出口基地之一，同时也是北京市唯一一个国家文化出口基地，获得商务部和中宣部共同授牌。

（李 倩）

【服务外包发展实现平稳增长】年内，全市离岸服务外包合同执行额达 48.72 亿美元，同比增长 6.7%，软件研发及开发服务、软件技术服务、医药和生物技术研发外包等高端化外包业务表现突出，共占全市离岸服务外包出口总额的 70.65%。医药和生物技术研发增长尤为显著，同比增长 28.05%，发包额位居前 5 位的国家为美国、爱尔兰、日本、瑞典和德国。

（于新成、许 鑫）

【对外文化贸易发展迅速】年内，全市实现文化贸易进出口 60.2 亿美元，同比增长 17.5%，其中出口 24.3 亿美元，同比增长 9.9%，进口 35.9 亿美元，同比增长 23.2%。从具体分类看，全市核心文化服务（广告、电影音像）进出口 37.8 亿美元，同比增长 24.2%，其中，出口额 20.4 亿美元，同比增长 25.3%，进口额 17.3 亿美元，同比增长 23.0%；核心文化产品进出口 22.4 亿美元，同比增长 7.7%，其中文化产品出口 3.9 亿美元，同比下降 33.0%，文化产品进口 18.5 亿美元，同比增长 23.5%。

（李 倩）

【首个在京获得国家服贸基金支持的服务贸易类项目实现第一期入资】年内，国家服务贸易发展引导基金完成对北京市服务贸易企业北京和德宇航技术有限公司项目的第一期入资 5000 万元，这是首个在京获得国家服贸基金支持的服务贸易类项目，国家服贸基金计划对该项目投资总额 1 亿元。国家服务贸易发展引导基金还与文思海辉、中关村大数据产业联盟成功签订合作协议。

（李 倩、于新成）

【服务外包示范城市评价名列全国第一】年内，北京市参加商务部服贸司组织的 2016 年度服务外包示范城市专家组考评，先后上报 2016 年度、2017 年度《北京市服务外包示范城市基础评价数据表》《北京市服务外包产业发展情况报告》等，考评结果名列全国第一。

（于新成、许 鑫）

【服务贸易重点企业监测工作取得新进展】年内，按照商务部工作要求，积极开展全市服务贸易重点企业监测工作，组织各区商务部门和服务贸易重点企业培训，召开座谈会，制订并实施对各区服务贸易考核办法等，在市区两级的共同努力下，登记注册企业已近 2000 家。

（李 倩、李家旭）

【助推企业开拓境内外市场】年内，组织全市服务贸易企业参加上交会、软交会、京交会、服博会、印度服务业大展、美国 GeekWire 峰会等展会，助推企业开拓境内外市场。第五届京交会期间，成功举办北京馆和北京主题日活动，以“协同发展，互利共赢”为主题，在京津冀联合展区展示京津冀协同发展服务业和服务贸易建设成果，北京馆获省区市最佳展区奖。在 2018 年软交会上，北京市展团共获得各类奖项达 32 项，市商务委获得软交会优秀组织奖。

（郑 勇、许 鑫）

贸易促进

【概况】年内，立足北京“四个中心”发展定位，着力促进展览业创新发展，引导内外贸易融合发展，进一步推进我市开放型经济平台建设，培育内外贸发展新动能，畅通经贸交易渠道，创新经贸交易方式，促进全市贸易促进工作落实。全年办理新备案外贸经营企业5081家；核发《邀请核实单》686份，邀请 1299人次来华；办理台商到祖国大陆参展备案24件。

（赵　晶）

【举办中国会展业发展大会暨2018展览业国际化发展（北京）论坛】 5月29日，联合天津市商务委、河北省商务厅、中国会展经济研究会举办了“中国会展业发展大会暨2018展览业国际化发展（北京）论坛”，从全球展览业发展之路、国际展览业发展现状与前景展望、展览业的国际推广之道、展览业与产业的融合发展与布局不同侧面，邀请相关专家剖析了展览业国际化发展之路，推动北京展览业创新发展。

（赵　晶）

【举办2018北京进口商品购物节】 9月21日至9月30日，“2018北京进口商品购物节”成功举办，来自国内8个口岸和自贸区、涵盖82个国家的3000多款进口商品参展。展会现场日均来客数千名，线上线下日均销售基本都在30万元以上，客单价持续稳定在200元上下。2B端渠道实际累计订货额逾亿元。本次购物节呈现几个特点：1. 全程贯穿新零售理念。“京际通全球购”等多家线上平台同步展会活动，同款同价，方便消费者购买；2. 跨境商品与一般贸易商品同展。此次展会集聚了几千款一般贸易类商品，同时设置了跨境商品专区，展出上百款优质欧美跨境商品，极大丰富了商品结构；3. 平谷口岸打造“永不落幕的跨境商品展交平台”，运营模式日渐完善，仓储式交易建立起B2B2C平台，便于运营商集中采购，优选几千余种快销品满足日常高品质需求。此次推出的仓买会员模式得到2C消费者的热烈反响。2B方面亦得到广大渠道商认可。

（赵　晶）

【组团参加首届中国国际进口博览会】 北京市交易团组织4000余家企业和机构、1万余人参加于11月5日至10日举办的首届中国国际进口博览会，举办专场主题活动3次，专题签约仪式9场。我市企业广泛对接130余个国家的3000多家参展商，就符合北京产业发展方向的品牌产品、前沿技术、优质服务等领域开展深入交流，签约金额达175 亿美元，名列全国前三。北京市交易团组织工作得到了媒体广泛关注，进口博览会期间，媒体发布相关报道四千余篇。

（赵　晶）

【参加广交会情况】 年内，组织了442家企业参加第123、124届广交会，出口订单9043笔，出口成交额达3.8亿美元，较2017年广交会出口成交额增长6.3%。

（赵　晶）

【参加境内外展会情况】 年内，组织126家次企业、371人次参加境内16个重点展会项目，搭建北京展示区，宣传北京商务整体形象，促进开拓境内外市场，提高企业国际市场竞争力。组织130多家企业参加了“2018年美国消费电子展”“2018年欧洲医药原料展”等21个境外展会，北京参展企业签订250多份合同，合同金额折合7500多万元人民币；签订600余份意向合同，意向合同金额折合9亿元人民币，有效帮助企业参与国际竞争，拓展国际市场，扩大出口，宣传和打造北京品牌。

（赵　晶）

【开展外贸培训】 年内，针对外贸企业的实际需要，围绕外贸实务、外贸会计、政策法规三个方面继续开展外贸培训工作，委托北京进出口企业协会组织开展了多种培训，开展各类专题讲座36期，受众企业2349家次、培训外贸专业人员3754人次。

（赵　晶）

【北京国际经贸合作平台建设】按照“政府部门、商协会、企业相结合”“国内、国外贸易促进机构相结合”“线上平台与线下贸易促进活动相结合”的“三结合”原则，持续推进经贸平台建设。2018年新建境外服务中心19家，目前已建立境外服务中心总数达到31家，遍布欧洲、美洲、亚洲、非洲、大洋洲等五大洲24个国家和地区。同时加强北京经贸通平台建设与管理。优化与完善6类模块15项功能，搭建了国际交流合作的有效平台。

（赵　晶）

【开展系列经贸促进活动】年内，加强与外国驻华使馆、有关商协会、企业的交流合作，开展了8场系列经贸促进活动。协助佛罗里达省（乌拉圭）、柬埔寨、蒙古等国大使馆及贸易促进机构举办“国别日”系列活动。协助组织召开中国企业与亚洲国家“一带一路”建设合作研讨会、“中美贸易摩擦与汇率风险”研讨会、“一带一路”拉美投资机遇与实务问题研讨会等。联合中信保共同举办4场北京市小微出口企业政策及业务培训会。协助走出去智库（CGGT）举办“跨文化谈判企业沙龙”，搭建企业开拓国际市场的桥梁。

（赵　晶）

利用外资

【概况】年内，围绕服务业扩大开放综合试点重要机遇，立足首都城市功能定位，坚持积极合理有效利用外资的原则，以“稳规模、优结构、提质量、强服务”为工作着力点，北京市外资发展工作成效明显。

全市新设外商投资企业1639家，同比增长25.2%；吸收合同外资418.8亿美元，同比增长24.6%；实际利用外资173.1亿美元，同比下降28.9%，占全国的12.4%。

服务业扩大开放重点领域引资成效明显，实际利用外资占比超六成。服务业新设外商投资企业1548家，占全市新设企业的94.5%；实际利用外资148.6亿美元，占全市的85.8%。其中，服务业扩大开放重点领域新设企业1263家，占全市的77.1%；实际利用外资106.1亿美元，占全市的比重61.3%。

从区域引资情况看，随着首都科技创新中心建设的持续推进，高技术企业聚集区对外商投资的吸引力明显提高。海淀区新设企业339家，占全市的20.7%；实际利用外资79.1亿美元，占全市的45.7%。朝阳区新设企业744家，占全市的45.4%；实际利用外资39.7亿美元，占全市的23%。北京经济技术开发区新设企业52家，同比增长36.8%；实际利用外资5.4亿美元，同比增长35.7%。

从行业引资情况看，与首都功能定位相契合的重点行业外商投资增长较快。全市高技术服务业新设企业849家，同比增长31.2%；实际利用外资68.9亿美元，占全市的39.8%。科学研究和技术服务业，信息传输、软件和信息技术服务业分别新设企业650家和183家，同比分别增长31.3%和37.6%；实际利用外资分别为24亿美元和45.2亿美元，分别占全市的13.9%和26.1%。

从引资来源国别看，来自发达国家外商投资增长较快。日本、韩国、新加坡合同外资快速增长，同比分别增长18.6倍、2.4倍和2.2倍。同期，欧盟主要国家在京实际投资6.6亿美元，同比增长66.5%；韩国、日本、美国分别在京实际投资5.8亿美元、2亿美元和3.5亿美元，同比分别增长81.4%、下降31.5%和增长1.5倍。

（蒙　洁）

【外资大项目清单制度初步建立】7月2日，印发《北京市商务委员会关于建立北京市外商投资重大项目清单制度的通知》，初步建立了“横向到边、纵向到底”的市区两级外商投资重大项目清单制度，市商务委负责总牵头，成员单位包括市发展改革委等、市科委、市经济信息化委、市商务委、市工商局、市投促局、北京经济技术开发区、中关村管委会、各区商务委，同时邀请部分外国商协会和中介机构参与。对纳入重大项目清单的项目，市区各部门指定专人负责，提高办理效率，促进项目顺利落地。全年共梳理出外资项目线索41个，投资总额约97亿美元，合同外资约43亿美元。

（仝国卿、张 毅）

【组团参加第二十届中国国际投资贸易洽谈会】9月8日至11日，第二十届中国国际投资贸易洽谈会于厦门成功举办。北京代表团成功举办北京市服务业扩大开放主题展示活动，以“立足首都城市战略定位，深化服务业扩大开放”为主题，集中展示了北京市服务业扩大开放综合试点取得的显著成效，以及北京在新起点上全面推进服务业扩大开放的政策措施。参会期间，北京代表团现场推介项目896项次，一对一洽谈项目56个，收集投资项目线索18个，达成意向投资项目8个。

（王爱丽、霍志杰）

【第二十二届京港洽谈会成功举办】10月24日至25日，第二十二届北京香港经济合作研讨洽谈会在京成功举办。本届京港洽谈会以“携手‘一带一路’建设，谱写京港合作新篇章”为主题，共举办各种活动15项，来自京港两地政府机构和主办单位、香港工商界、在港知名商协会，以及国企、民企和跨国公司等累计5000余人次参加了开幕式以及其他各项活动。在京港双向投资重点项目签约仪式上，15个金融、高新技术、文化创意和服务业等领域的京港合作项目进行了现场签约，签约金额35.3亿美元。

（王爱丽）

【第十届投资北京洽谈会成功举办】11月15日，第十届投资北京洽谈会在京成功举办。本届京洽会以“优化提升营商环境 促进首都经济高质量发展”为主题，开展了重点政策解读和重点区域推介，设置了投资咨询服务和项目对接洽谈专场活动。本次活动由市发展改革委、市科委、市商务局、市政府侨办、中关村管委会、经济技术开发区管委会、市台办、市政务服务办、市投资促进局、市工商联和民建北京市委11家单位主办，市投资促进局承办。各主办单位领导，16个区政府主管领导、投资促进机构负责人，央企、跨国公司、高科技民企、创新型企业的高管，驻京内外资企业商协会、北京市工商联、市侨商会、市台协和民建北京市委的会员企业代表共计600余人参会。

（王爱丽）

【部分外资企业盈利能力较强】根据2018年北京市外商投资企业联合年报数据显示，营业收入1亿元以上企业1805家，占全市12%，营业收入50312亿元，占全市97.6%；利润总额1亿元以上企业444家，占全市3%，利润总额5426.8亿元，占5756家盈利企业93.1%。

（崔晶雪）

【四大行业贡献显著】根据2018年北京市外商投资企业联合年报数据，批发和零售业、制造业、租赁和商务服务业及信息传输、软件和信息技术服务业收入占全市外资企业收入比重较高，以上四个行业营业收入共43073.7亿元，占全市83.6%。利润主要来自信息传输、软件和信息技术服务业、租赁和商务服务业、制造业及批发和零售业。利润总额3788.4亿元，占全市74.8%。批发和零售业纳税最为突出，其纳税额1102.8亿元，占全市30.7%。从业人数最多的是信息传输、软件和信息技术服务业，为96.4万人，占全市37.9%。

（崔晶雪）

【外商投资所属地区较为集中】根据2018年北京市外商投资企业联合年报数据，在全市16个区及1个国家级开发区中，外商投资最多的是朝阳区，其企业数和实际外资分别占全市43.8%和41.7%。

（崔晶雪）

【北京经济技术开发区获评国家级经济技术开发区综合排名第四】年内，商务部开展了2018年国家级经济技术开发区综合发展水平考核评价工作，对全部219家国家级经济技术开发区2017年在产业基础、科技创新、区域带动、生态环保、行政效能等方面的发展情况，进行了全面“体检”和量化评价。北京经济技术开发区在考核评价结果中位列综合排名第四、科技创新单项排名第三、产业基础单项排名第七。

（霍志杰）

【一窗受理外资企业1032家】年内，共有1032家企业通过“单一窗口、单一表格”同时进行工商登记与商务备案，一窗受理外资企业累计达1208家。

（张　岩）

【全年完成外资企业备案8242件】年内，根据国家统一部署，持续落实外资企业备案制度。按照《外商投资准入特别管理措施（负面清单）》，对不涉及负面清单的外商投资企业的设立和变更，由审批改为备案管理，企业备案时限从原来审批的20个工作日缩短到3个工作日以内，如企业需要，备案可当天办结。同时，企业不须提供书面材料，通过网络在线填报相关备案信息及备案材料即可办理。强化属地备案，属地管理，外资企业设立及变更备案权限下放到区商务部门办理，企业可就近领取备案回执。全年本市共完成外商投资企业备案8242件。

（张　岩）

【办结5起外资企业投诉】年内，按照国发〔2017〕39号、国发〔2018〕19号文件精神和全国外商投资企业投诉机构工作会议要求，北京市商务和投资促进部门开展专题研究，进一步调整完善外资企业投诉机制，狠抓落实外商投资企业投诉工作，做到件件有回音，事事有答复。全年办结5起外资企业投诉事件。

（侯明迪）

【协调推进自贸区改革试点经验落地】年内，协调推进国务院及商务部颁布的自由贸易试验区改革试点经验复制推广工作，前三批需要复制推广的30项创新经验中，已基本落实29项；第四批30项需复制推广的自由贸易试验区改革试点经验，已向各成员单位进行了部署。

（仝国卿）

对外经济合作

【概况】年内，对外经济合作工作加快推动实施“走出去”战略，“一带一路”和京津冀协同发展国家战略取得显著成效，企业对外经济合作各项工作深入开展。

境外直接投资实现快速回升。年内，面对复杂多变的国际经济形势，北京市非金融类对外直接投资保持了平稳增长，410家境内投资主体对全球75个国家和地区的476家境外企业新增直接投资70.45亿美元，同比增长15.45%。

对外承包工程保持平稳态势。年内，北京市对外承包工程业务完成营业额39.98亿美元，与去年基本持平；新签合同额73.03亿美元。亚非地区仍是北京市对外承包工程业务的主战场。

对外劳务合作持续健康发展。2018 年，我市劳务人员实际收入总额 19380 万美元，派出各类劳务人员 19244 人，月末在外各类劳务人员 31127 人，无任何劳务纠纷，保持了平稳健康发展。

（李恒青）

【举办“乌拉圭佛罗里达省贸易投资机遇”合作洽谈会】9 月 20 日，“乌拉圭佛罗里达省贸易投资机遇”合作洽谈会及乌拉圭国别日在京举办。乌拉圭驻华大使费尔南多·卢格里斯出席会议并致辞，乌方企业与中方企业进行了气氛热烈的洽谈，部分领域达成初步合作意向，双方企业反馈良好。北京及其他省市的有关行业商协会、企业的负责人，以及新闻媒体近百家单位 100 余人参加了此次会议。

（郭红雨）

【举办“柬埔寨王国商务投资机遇”介绍及合作交流会】12 月 20 日，“柬埔寨王国商务投资机遇”介绍及合作交流会在京召开。柬埔寨王国驻华使馆公使衔参赞铁弓出席会议并致辞，推介了柬埔寨的营商环境和投资优惠政策。柬方代表企业与中方企业进行了充分交流，北京市企业对赴柬开展贸易投资意愿强烈。北京及其他省市的有关行业商协会、企业等约百家单位 150 余人参加了此次会议。

（郭红雨）

【组织对外投资合作企业银企对接研讨】10 月 12 日，联合北京市国际经济技术合作协会组织了对外投资合作企业银企对接研讨座谈会。通过沟通，参会机构和企业对海外商业救援需求和服务有了更为深入的了解，为下一步加强银企合作，确保我外派外驻人员的海外安全，打下了良好基础。

（李　恩）

【对外经济合作平台建设取得新进展】年内，联合市财政局搭建“北京市对外承包工程保函担保服务平台”和“高风险国别海外投资保险统一投保平台”。平台是贯彻落实党中央、国务院“走出去”战略和“一带一路”倡议，鼓励本市有条件的企业到境外投资和承包工程，充分利用国内外两种资源和两个市场的有力举措。

（薛俊芳）

【发布《北京创新对外投资合作方式三年行动计划（2018—2020）》】年内，发布《北京创新对外投资合作方式三年行动计划（2018—2020）》，牢牢把握首都城市战略定位，围绕构建开放型经济新体制，引导企业更加深入融入“一带一路”建设，共制定 19 项重点任务和 5 项保障措施，推进“一带一路”建设，推动北京市优势产业“走出去”，构建“‘走出去’护航体系”，引导对外投资合作模式创新，提升国际影响力。

（孙　健）

【对外劳务合作带动精准扶贫】年内，积极贯彻落实国家和商务部有关对外劳务扶贫的各项方针政策，加大宣传力度，制定精准扶贫的有效措施，积极履行社会责任，组织专题工作会议，并从北京市外经贸发展资金给予倾斜，鼓励北京地区中央企业和地方企业到我国贫困地区去开展招收外派劳务人员工作。全年北京市对外劳务合作企业从贫困地区招收出国劳务人员工作进展顺利，为贯彻落实党的精准扶贫政策，消除贫困，改善民生，提高贫困地区人民生活水平做出了积极贡献。

（袁　渤）

【市商务委境外投资统计工作受商务部通报表扬】年内，市商务委在商务部对全国各省及中央企业 2017 年对外直接投资统计工作进行了考核中被评为全国优秀单位，获商务部通报表扬。

（罗　群）

口岸建设

【概况】年内，北京口岸运行良好，通关客货保持快速增长，出入境人员2689.5万人次，增长8.7%；海关监管进出口货物9018.0万吨，增长17.2%；海关征收税款净入库税额678.5亿元，下降2.2%。

北京首都国际机场旅客吞吐量10081.0万人次，增长5.2%。其中，进出境旅客达2685.0万人次，同比增长8.7%，占首都国际机场吞吐量的26.6%。首都机场空运口岸监管进出口货物8719.5万吨，增长17.2%。

（徐耀光、董星君）

【北京第八届国际电影节保障工作圆满完成】4月26日，第八届北京国际电影节抵离迎送服务工作圆满结束。首都国际机场共迎送国内外嘉宾451批次、678人次。其中，接机270批次、406人，送机181批次、272人。特别是活动期间打破常规、创新模式，积极协调有关部门及时为电影节天坛奖最佳音乐奖获得者办理了落地签证，保证了闭幕式颁奖仪式的顺利进行。

（董星君）

【积极推进丰台口岸物流二级节点申报工作】针对丰台口岸实际，结合口岸运营主体区位优势和城市应急保障需要，市口岸办积极调研，拓展思路，促进和帮助丰台口岸运营主体申报北京市物流二级节点。5月，邀请市物流协会带领“城市配送二级节点规划”课题团队、市商务委物流处、丰台区商务委、规划委等到丰台口岸调研、座谈，并实地考察了丰台口岸海关监管区、集装箱堆场等作业场地。通过物流二级节点申报工作，引导口岸运营主体将企业经营目标与口岸功能进行有效融合，实现物流与口岸相互借势发展，在“一带一路”建设中发挥积极作用。

（苟丽亚）

【中非合作论坛北京峰会服务保障工作圆满完成】市口岸办牵头成立中非合作论坛北京峰会抵离迎送部，于9月5日圆满完成论坛服务保障工作。累计接待抵京国家领导人和国际组织领导41批次64人，涉及39个国家和2个国际组织；接待离京国家领导人和国际组织领导人15批次25人，涉及14个国家和1个国际组织。累计接待VIP流程及正常流程抵京代表179批次288人，接待VIP流程离京代表8批次30人。圆满完成了中非合作论坛北京峰会首都机场抵离迎送任务。

（董星君）

【推动西站铁路口岸正式开放工作】市口岸办按照《国家口岸管理办公室关于加快口岸建设按期组织验收的通知》（国岸函〔2018〕123号）要求，认真梳理难点、症结，厘清问题脉络，与各联检单位和北京铁路局反复沟通，多方协调，积极推动西站口岸正式验收的前期准备工作，于12月12日组织各相关单位和部门召开了西站口岸正式开放验收协调会，就验收工作达成共识。

（苟丽亚）

【“唐山港平谷内陆港”签约、揭牌仪式成功举办】12月26日，唐山港平谷内陆港签约、揭牌仪式在平谷马坊物流基地举行。海—陆两港揭牌仪式和两地签署战略合作协议，是京津冀协同发展在商贸流通领域的探索与践行，唐山港集团将把平谷国际陆港作为生活物资疏港进京的节点，更好地保障首都分拨配送；平谷国际陆港也将借此向海发展，增加北京出海口，扩大贸易发展。

（徐立涛）

【首都国际机场旅客年吞吐量突破一亿人次】12月28日，随着中国国际航空CA932法兰克福—北京航班在首都国际机场平稳落地，首都机场年旅客吞吐量突破1亿人次。首都机场成为我国第一个年旅客吞吐量过亿人次的机场，也是继美国亚特兰大机场后，全球第二个年旅客吞吐量过亿的机场。

（董星君）

【京津冀144小时过境免签政策实施一周年免签人数同比增幅超三成】截至12月28日，京津冀144小时过境免签政策实施一周年，北京口岸共为37732人次外籍人士办理了京津冀144小时过境免签手续，同比原北京72小时过境免签人数增长约36%；天津口岸办理643人次，河北口岸办理6人次。按照旅客国籍分类，京津冀144小时过境免签旅客主要来自美国、德国、英国等国家。

（董星君）

【北京国际贸易“单一窗口”累计业务量达670.8万票】截至12月31日，北京“单一窗口”全年累计业务量670.8万票，其中货物申报142.7万票（报关单128.2万票，检验检疫14.5万票），空运舱单479.0万票，航空器29.2万票，税费支付15.1万票，加工贸易（金二）2.5万票，企业资质（海关企业注册备案与对外贸易经营者）2.2万票，原产地证、许可证件、出口退税等0.3万票。平台用户大幅增加，直接操作企业发展到3800多家，覆盖到外贸企业3万多家。已顺利完成“单一窗口”二期建设项目招标和重点企业需求调研。

（徐耀光）

【提升跨境贸易便利化工作取得初步成效】年内，积极梳理北京各口岸跨境贸易便利化现状，调研整理口岸通关流程、耗时和单证情况、协调企业提前报关，积极压缩整体通关时间，12月当月北京进口整体通关时间为56.8小时，压缩比达47.3%；出口整体通关时间3.8小时，压缩比达48.6%。口岸降费工作取得阶段性成果，成立北京市清理口岸收费工作小组，印发《北京市清理口岸收费工作方案的通知》，开展口岸收费调研和政策培训，组织口岸收费抽查和问题整改，各口岸主要运营主体及部分货代企业共54家对外公开公布收费清单。扩大首都机场出入境旅客使用自助通关通道的比例，实现旅客行邮税缴纳移动支付功能。

（尹　海）

【大兴国际机场口岸非现场设施建设顺利展开】年内，边检综合业务用房、海关综合业务用房和口岸疾控中心项目已实现主体混凝土结构封顶，正在开展内部装修和设备安装。海关缉私库、检验检疫动物隔离场、植物隔离检疫中心、检疫犬基地4个项目完成项目勘察、设计开标评标和备案工作，等待公示。口岸开放批复已完成各部门征求意见，国口办正式拟文将北京大兴国际机场口岸开放请示报国务院，等待批复。

（宋自力）

【首都机场地区食品药品安全委员会成立】年内，作为原首都机场地区食品安全委员会主任单位，在获得北京市食药主管部门的批复后，地区食药安委于6月正式成立。成立后，认真做好地区食品药品安全日常工作，充分发挥地区食药安委在首都机场地区食品药品安全管理、大型活动食品药品安全保障中的重要作用。

（董星君）

【通州口岸建设一期施工进展顺利】年内，通州口岸项目一期施工进展顺利，F15物流地块于10月初正式使用，F19口岸用地（海关监管区）地块1标段9.8万平方米，已完成五方验收和规划验收，达到使用要求。2、3标段目前施工至四层底板。二期F14多功能用地块于11月底实现开工建设。

（徐立涛）

京交会

【概况】5月28日至6月1日，第五届中国（北京）国际服务贸易交易会在北京成功举办。本届京交会以“开放、创新、融合”为主题，围绕科学技术服务、互联网和信息服务、文化教育服务、金融服务、商务和旅游服务、健康医疗服务等重点领域，举办了136场论坛会议和洽谈交易活动，展览展示总面积5万平方米，吸引了122个国家和地区的10万人次客商参展参会，达成签约项目311个，意向签约额达1025.6亿美元，创京交会历史新高。其中，国际签约项目110个，意向签约额172.5亿美元，占意向签约总额的16.8%。本届京交会特点突出：

一、拓展了“一带一路”合作空间。共有46个“一带一路”沿线国家参展参会，其中23个国家组团办展办会。期间先后举办了“一带一路”服务贸易合作论坛、促进“一带一路”人工智能服务创新大会等10余场主题活动，形成了一批合作成果。联合国贸易和发展会议与中国服务贸易协会签署了《推动“一带一路”服务贸易合作备忘录》，旨在用新的合作理念、合作机制、商业模式助力“一带一路”建设。

二、国际化程度高。共有61个境外国家和地区组团办展办会，比第四届京交会增加27个，其中，美国、俄罗斯、芬兰等21个国家属首次组团办展办会，主宾国巴西设立国家展区并举办巴西主题日活动。京交会三大永久支持单位（联合国贸易和发展会议、世界贸易组织、经济合作与发展组织）、四大国际合作机构（世界知识产权组织、国际贸易中心、世界贸易网点联盟、世界贸易中心协会）均安排了高级别负责人参会，同时联合国贸易和发展会议、经济合作与发展组织、世界知识产权组织、世界贸易网点联盟还分别与国内相关机构联合举办了“一带一路”服务贸易合作论坛、国际中医药发展智库论坛等6场国际论坛。欧洲科技商会、国际信息内容产业协会等近百个国际商协会参展参会，比第四届京交会增加近40家。

三、新技术新成果多。增强现实（AR）、虚拟现实（VR）、全息投影、虚拟现实触觉、智慧型服务机器人及5G等一批新技术在本届京交会上集中亮相。快递服务板块以大数据、人工智能等技术为基础，集中展示了无人导引机器人、无人车、智能仓立体分拣和水陆两栖无人机等新成果；电子商务板块依托人脸识别、3D建模等技术，展示了自动贩卖机、天猫试妆镜等新应用；人工智能板块通过虚拟仿真、人机互动技术还原平昌冬奥会“北京八分钟”的盛大场景。老字号品牌展区推出“北京老字号消费地图VR版”，通过全息影像技术展示了152家北京老字号门店的实景；中医药板块推出中医“智慧药房”，利用现代信息技术创新传统中医药服务，为患者提供药事咨询、送药上门等线上线下服务；非物质文化遗产板块推出国家级非物质文化遗产空间信息平台，利用空间信息技术、大数据技术、流媒体技术和云计算技术，以“数字非遗地图”形式，全景呈现了1372项国家级非物质文化遗产。

四、行业权威性强。麦肯锡全球总裁鲍达民、阿里巴巴集团董事局主席马云、小米科技有限责任公司董事长雷军、京东集团董事局主席刘强东等行业领军人物在论坛会议上分享了服务业发展的新观点、行业发展的新趋势。第五届京交会发布了《2017中国电子商务报告》《2017年度中国展览数据统计报告》《2018年中国电竞行业研究报告》等20余项权威报告，其中《2018中国服务贸易发展报告》《2018中国相互保险发展白皮书》《中国快递业社会贡献报告2017》等10余项内容首次在京交会上对外发布。

（张之梅、潘　默）

【第五届京交会全球服务贸易峰会召开】5月28日上午，第五届京交会全球服务贸易峰会在国家会议中心召开。北京市市长陈吉宁主持，商务部部长钟山致辞，中共中央政治局委员、北京市委书记蔡奇致辞。巴西工业、外贸与服务部部长马尔科斯·乔治·德·利马，世界贸易组织副总干事易小准，经济合作与发展组织副秘书长玛丽·基维涅米，以及麦肯锡、阿里巴巴、小米科技等知名企业负责人在峰会上发表演讲。会上，联合国贸易和发展会议与中国商务部联合发布《第五届京交会全球服务贸易峰会合作倡议》，呼吁深化服务业扩大开放和全球服务贸易自由化，推动联合国2030可持续发展规划，共建人类命运共同体。

（卢　娜、潘　默）

【展示形式多元化】第五届京交会充分利用互联网技术，丰富互动体验渠道，以多元化展示形式促进洽谈交易。中关村天合科技成果转化促进中心采用线上线下相结合的方式，现场发布19个境外科技创新项目，并通过线上方式向国内50余个分中心同步发布；精准扶贫及知识产权专场拍卖活动采取线上线下同步预展、同步拍卖方式促进成交。巴西主宾国展区富有浓郁南美风情的特色舞蹈演出，非遗展区和老字号展区现场技艺展演，吸引观众驻足观看，近距离感受异域文化与中华传统文化的魅力；电竞板块举办中国（北京）国际电竞大赛并设置体验区，吸引观众现场体验全球电竞新技术、新产品、新装备；体育服务板块借助高科技冰场、虚拟雪道吸引观众现场参与冰雪体验。

（张之梅、潘　默）

【全国各省区市深度参与】在第五届京交会上，全国31个省区市，厦门、宁波、深圳、青岛4个计划单列市和沈阳市组团办展，北京、上海、天津、重庆4个直辖市以及河北、吉林、江苏、河南共8个省区市举办专题活动，江苏省作为主宾省组团办展办会。各省区市共达成意向签约项目87个，意向签约金额超过20亿美元。

（张之梅、潘　默）

【北京地区达成签约项目137个】在第五届京交会上，北京市东城区、西城区、朝阳区、海淀区、石景山区、顺义区6个区，市商务委、市卫生计生委（市中医管理局）、市文资办、市体育局、市金融局、市知识产权局、市政府侨办、市旅游委、市新闻出版广电局9个委办局及中关村管委会、市贸促会共17家单位举办了30场论坛会议活动，设置2.62万平方米展览展示。各区及相关委办局积极组织企业参加北京主题日及其他论坛会议活动，发布政策、寻求商机；积极组织企业参观展区，商洽合作，收到较好效果。据统计，北京地区共达成签约项目137个，意向签约额506.55亿美元，约占本届京交会意向签约总额的一半，充分展现了北京市服务业发展优势。

（卢　娜、潘　默）

【第五届京交会受到广泛关注和好评】第五届京交会共有297家中外媒体、近千名记者参与报道，共形成原创新闻报道1953篇，累计报道转载量近11000篇条，关于京交会的微博话题累计达1515条，京交会Facebook和Twitter账号，阅读量130万次。本届京交会注重融媒体宣传，首次采用视频直播、图文直播、图片直播等方式，对5万平方米展览展示和近80场会议活动进行直播，总点击量超过300万次。

第五届京交会得到参会嘉宾的广泛好评。连续参加三届京交会的世界贸易组织副总干事易小准表示：“与往届京交会相比，本次大会更突出了新经济、新技术、开放创新，京交会一届比一届更成功。”蒙古国前外交部长朝格特巴特尔参与第五届京交会相关活动后，表示将积极组织企业参加下届京交会。江西省代表团反馈：“本届京交会活动非常有吸引力，有力推动了服务贸易企业间的交流合作。”第三方调查公司对参会客商的调查问卷显示，本届京交会专业客商多，展区设计新颖、互动性强，论坛会议活动专业性强、上座率高，洽谈和商业沟通机会多。

（张之梅、潘　默）

三、行业发展

生活服务业和餐饮业

【概况】年内，全市共建设提升蔬菜零售、便利店（超市）、早餐、家政服务、末端配送等7类基本便民商业网点1529个，其中新建1095个、规范提升434个。在建设提升的网点中，拥有蔬菜零售功能的网点667个（其中独立蔬菜零售网点549个）、便利店468个、早餐173个、家政等其他网点共339个。根据北京市统计局在7月开展的抽样调查显示，86.7%的被访市民对社区及周边的生活服务或便民设施表示满意。

突出规划引领，落实“先立后破”工作原则，完善跟踪核验工作机制，更加精准地做好基本便民商业网点针对性补建工作。指导各区政府在充分听取市民意见建议的基础上，编制本区生活性服务业设施规划，把规划细化到每个街道（乡镇）、社区（村）。落实“先立后破”工作原则，统筹推动疏解整治与基本便民商业网点建设工作。印发实施了《北京市基本便民商业网点核验工作要求（试行）》《2018年蔬菜零售网点（新模式新业态）核验（抽查）标准》，更好地发挥网点持续服务市民的作用。

加强政策引导和资金支持。印发《关于进一步提升生活性服务业品质的工作方案》，明确了生活性服务业具有商业性和公益性双重属性，提出8项重点任务；印发《关于进一步规范和促进家政服务业发展的工作方案》，提出了规范和促进家政行业发展的15条措施。设立北京市生活性服务业及商贸流通企业担保平台，累计担保35个项目，担保融资规模7835万元；累计向北京生活性服务业发展基金团队推荐156个项目。

推动行业规范化、品牌化、特色化发展，着力满足市民品质消费需求。持续推进行业标准规范宣贯工作。指导相关行业协会、企业以“宣传贯彻”为重点，通过集中宣讲、入店巡讲、制作视频宣传片等多种形式推动标准规范落地实施，指导行业协会分行业评选示范门店百余家。创新开展岗位技能培训工作，开发面向家政等5个行业的线上培训课程，实现从业人员在线培训。连续三年对《北京生活性服务业品牌连锁企业资源库》进行动态调整和完善，267家入库企业在本市拥有连锁门店（网点）约2万个，约占本市同类型网点总数的20%，行业产业集中度进一步提升。圆满完成2018年北京春节家政服务市场保供行动，共组织39家“规范化、连锁化、品牌化”的家政服务企业的26857名家政服务人员留京保供，累计服务市民281万人次，保障了2018年春节期间北京家政服务市场供应稳定。着力打造生活性服务业示范街区，指导丰台区镇国寺北街率先在全市中心城区建成的生活性服务业示范街区。

（蔡小军）

【印发《关于进一步提升生活性服务业品质的工作方案》】3月24日，市政府办公厅印发《关于进一步提升生活性服务业品质的工作方案》，明确了生活性服务业具有商业性和公益性双重属性，提出了8项重点任务，对进一步提升本市生活性服务业品质，推进生活性服务业规范化、连锁化、便利化、品牌化、特色化、智能化“六化”发展，不断满足人民群众日益增长的美好生活需要，起到积极的推动作用。

（魏　拓、孟祥伟）

【开展家政“春节保供”行动】年内，指导9家“规范化、连锁化、品牌化”家政服务企业的26857名家政服务人员在春节期间留京保供，累计服务市民281万人次，保障了2018年春节期间北京家政服务市场供应稳定。

（魏　拓、王　璇）

【印发《关于进一步规范和促进家政服务业发展的工作方案》】10月29日，联合7部门印发实施了《关于进一步规范和促进家政服务业发展的工作方案》，提出了规范和促进家政行业发展的15条措施，促进建立健全行业监管和诚信体系，进一步完善政策扶持体系，推进本市家政服务业规范化、连锁化、便利化、品牌化、特色化、智能化发展。

（魏　拓、王　璇）

【生活性服务业行业标准规范宣贯】年内，以“贯彻实施”为重点，指导相关行业协会以组织召开宣贯会、邀请专家授课、制作视频小片，深入浅出解读严谨的行业标准规范等形式继续加以宣传推广。蔬菜零售、餐饮（早餐）、便利店（超市）、家政服务、洗染、沐浴、美容美发、摄影、家电维修、社区商业便民服务综合体等行业（业态）的协会组织了宣贯会31场，累计5000余人参加了培训。培育树立一批严格执行标准规范的标杆企业，充分发挥标杆企业的引领示范作用，带动全行业规范化发展。

（胡　滨）

【开展示范街区创建工作】年内，以“便民、利民、惠民”为目标，全市17个街区积极开展生活性服务业示范街区的创建。经过评审、验收、公示，丰台区镇国寺北街率先在全市中心城区建成市民家门口的生活性服务业示范街区。此项工作的开展是落实北京市生活性服务业品质提升的一项重要举措。

（胡　滨）

【举办15场生活性服务业品牌进社区活动】年内，共举办15场进社区活动，组织餐饮、超市、便利店、蔬菜零售、洗染、美容美发、家政服务等服务业品牌进社区，把北京市民最喜欢的品牌和服务带进社区送到居民身边，为社区百姓提供专业便利惠民的服务，搭建了社区居民与老字号品牌近距离接触的平台，受到企业和居民的一致欢迎。

（胡　滨）

【267家企业入北京生活性服务业品牌连锁企业资源库】连续第三年对《北京生活性服务业品牌连锁企业资源库》进行动态调整和完善，267家入库企业在本市拥有连锁门店（网点）约2万个，约占本市同类型网点总数的20%，行业产业集中度进一步提升。

（安玉新）

【颁发首张“一区一照”营业执照】年内，联合市工商局部门共同推动连锁便利店“一区一照”登记。“一区一照”模式减少企业提交材料4份，而且可以一次办理多个门店的登记，实现了快速准入，大大降低了证照维护成本。北京梦想蜂连锁商业有限公司丰台分公司光彩路店按照“一区一照”模式办理了注册登记，拿到了实行此项政策后北京市第一张“一区一照”营业执照。

（耿英贞）

【2018中国便利店大会召开】5月24日，以“拥抱便利店新时代”为主题的2018中国便利店大会在万达嘉华酒店正式开幕。本次大会由中国连锁经营协会主办，商务部流通发展司和市商务委共同支持。

（耿英贞）

【餐饮业发展迈上新台阶】年内，全市餐饮收入实现1102亿元，同比增长7.3%，占全市社零额近10%。一是积极推动全市餐饮业连锁化、便利化发展。研究制定了《关于进一步促进便民早餐网点发展的若干措施》，支持新建和规范提升便民早餐门店129个，新建连锁餐饮门店102个，建设中央厨房2个。二是积极推动全市餐饮业品牌化、特色化发展。补充完善一批品牌餐饮进入《北京生活性服务业品牌连锁企业资源库》，引导餐饮企业树立品牌形象。大力推动京菜发展，指导媒体开展京菜名店、名厨、名菜评选。三是积极推动全市餐饮业规范化发展。指导行业协会继续加大《北京市餐饮业经营规范（试行）》宣贯，促进行业品质提升。配合食药、城管、环保等相关职能部门加大督导检查，规范餐饮市场秩序。四是开展餐饮促消费活动。支持行业协会举办北京国际美食汇，组织开展10余场美食促销活动，吸引全市消费者数百万人次参与，拉动餐饮销售额超过40亿元。五是圆满完成重大活动餐饮服务保障。参与完成2018年中非合作论坛北京峰会和全国两会餐饮服务保障工作。与北京冬奥组委、延庆区政府、北京世园局联合印发《延庆地区2019年北京世界园艺博览会和北京2022年冬奥会商务服务保障工作方案》，组织品牌餐饮企业积极参与冬奥会、世园会餐饮服务保障。

（李志鹏）

商贸物流业

【概况】年内，北京市商贸物流行业以落实首都城市战略定位、建设国际一流和谐宜居之都为主线，立足服务供给侧结构改革，建设标准化、信息化、集约化、智能化的现代商贸物流体系，为保障首都城市运转提供了有力支撑。

2018年，全市社会物流总额达7.8万亿元，同比增长9.3%；物流业务收入3046.7亿元，同比增长8.6%；物流业从业人员46.4万人，同比增长-3.6%。

【印发《关于推进北京市物流业降本增效的实施意见》】11月1日，市商务委联合市发改委、市交通委等九部门发布了《关于推进北京市物流业降本增效的实施意见》，提出5个方面15项重点任务，推动北京市物流业降本增效，进一步提升物流业高质量发展水平，力争到2020年，全市社会物流总费用与GDP的比率较2016年下降1个百分点。

（卓海静）

【印发《北京市物流业三年提升行动计划（2018—2020年）》】11月28日，市商务局印发了《北京市物流行业三年提升工作计划（2018—2020年）》，共确定了7大行动任务和25项具体措施，力争实现到2020年全市物流行业保障能力和服务水平明显提升，初步建成与首都城市战略定位相适应，支撑国际一流和谐宜居之都的安全、高效、绿色、智慧的城市物流服务保障体系。

（余　博）

【疏解物流中心18家】年内，稳步推进物流中心疏解，全市累计疏解物流中心18家，涉及建筑面积20.58万平方米、从业人员734人。

【环首都1小时鲜活农产品流通圈完成5个项目】年内，加强与天津、河北商务部门联动，强化京津冀区域物流基础设施建设的协同合作，重点推动新建或改造农产品仓储设施、冷链物流设施，推广农产品标准化物流装备应用。与新组建的北京首农食品集团有限公司对接，调研首批重点项目进展，推动项目滚动实施。全年共完成5个项目建设，另有5个项目正在建设中。环首都1小时鲜活农产品流通圈累计完成项目14个，正在建设项目18个。

（余　博）

【北京市成为2018年供应链创新与应用和流通领域现代供应链体系建设试点城市】根据《商务部等8部门关于开展供应链创新与应用试点的通知》（商建函〔2018〕142号）和《关于开展2018年流通领域现代供应链体系建设的通知》精神，经专家评审，北京市被确定为2018年供应链创新与应用和流通领域现代供应链体系建设试点城市。试点城市将聚集六大重点任务，出台支持供应链创新发展的政策措施，优化公共服务，营造良好环境，推动完善产业供应链体系，探索跨部门、跨区域的供应链治理新模式。

（余　博）

【推广新能源物流车应用】年内，市商务委积极协调市交通委和市交管局推动制定新能源物流车通行优惠政策。完成2018年新能源物流车示范征集工作，全年共推广新能源物流车2371辆。

（余　博）

【正式启动流通领域现代供应链体系建设试点】年内，开展流通领域现代供应链体系建设试点项目申报工作，经公开征集、专家论证等程序，按照鼓励联合申报的原则确定了一批流通领域现代供应链体系建设试点项目。

（余　博）

【本市新增1家5A级物流企业】年内，中国物流与采购联合会发布第25、26批A级物流企业名单，本市新增5A级物流企业1家、4A级物流企业7家。截至第26批，北京共有5A级物流企业32家，4A级企业40家。

（余　博）

【新增国际货运代理企业备案62家】年内，共完成国际货运代理经营资格备案91个，变更166个，办理国际货代经营资格注销3个。

（余　博）

商务服务业

【概况】年内，北京市商务服务业呈现平稳发展的良好态势，聚焦“高端化、国际化、品牌化、集群化”，加快高质量发展，在推动构建“高精尖”产业结构、提升首都核心功能等方面发挥了重要作用。

从行业贡献看，直接服务“四个中心”建设。商务服务业是首都“高精尖”产业结构的重要组成部分和打造“北京服务”品牌的主要载体。全年本市租赁和商务服务业实现增加值2016.6亿元，占地区生产总值的6.7%，在服务业14个行业中位列第五位。商务服务业已成为落实“四个中心”战略定位、拉动北京市经济增长的重要力量。

从重点领域看，“高精尖”特征明显。商务服务业作为以新技术和新模式为主要支撑的新兴服务业态，是高技术产业实现价值增值的有效途径。全年本市规模以上租赁和商务服务业企业营业收入8547.6亿元，增长7%。其中，广告业和法律服务快速增长，营业收入增速均达到近20%。本市商务服务业企业在全国具有比较优势，全球50大咨询公司中，已有35家进入北京；世界10大会计师事务所中，已有6家进入北京；全国律师事务所30强榜单中，北京地区21家，占全国的70%。

从发展态势看，开放水平持续提升。年内，在利用外资方面，北京市商务服务业利用外资27亿美元，增长18.4%；在对外投资方面，租赁和商务服务业位列本市境外投资行业之首，投资额23.3亿美元，增长11.8%，占总投资额的33.1%。

北京市商务服务业“引进来”和“走出去”步伐加快，开放水平不断提高。

（宋丹妮）

【全力推动商务服务业高端化、国际化、品牌化、集群化发展】2018年，聚焦“高端化、国际化、品牌化、集群化”全力推动商务服务业高质量发展。

聚焦高端化，制定完成本市商务服务业高质量发展政策措施，为加快构建“高精尖”经济结构、建设国际一流的和谐宜居之都提供支撑。会同有关部门和行业协会，研究组建本市商务服务业专家库，涵盖法律、咨询与调查、人力资源、会展、旅游、广告、安保和知识产权等重点领域，为商务服务业发展提供智力支持。

聚焦国际化，成功举办2018年北京商务服务业发展高峰论坛。5月28日，由我局主办的“新时代北京商务服务业国际化品牌化发展高峰论坛”在第五届京交会上成功举办，并发布了本市商务服务业年度发展报告，市相关部门、各区商务部门、相关行业协会和企业代表等近300名中外嘉宾参加论坛。

聚焦品牌化，着力推进商务服务业品牌发展战略。为引导商务服务业企业提升品牌竞争力，委托北京品牌协会牵头评选本市商务服务业自主品牌百强企业。在第五届京交会的商务服务业高峰论坛上，揭晓了“2017北京商务服务自主品牌100强”，探索将商务服务业品牌建设与促进重点行业发展相结合，强化商务服务业品牌影响力。

聚焦集群化，推进商务服务业公共服务平台建设。以企业需求为导向，以打造优良营商环境为抓手，将政府服务、社会服务、市场资源等要素引入商务服务业示范楼宇，完善公共服务体系。完成8座主题商务楼宇公共服务平台升级改造工作，楼宇环境进一步改善，带动商务服务业企业集聚发展。

（宋丹妮、曾　青、许凤伟）

【东城、西城、朝阳和海淀区商务服务企业数和营业收入占比超八成】从商务服务业分区情况看，东城区、西城区、朝阳区和海淀区四个区规模以上租赁与商务服务业企业数量和营业收入分别占北京市的81.4%和88.1%。其中，朝阳区租赁与商务服务业企业1551家，占北京市的42.4%，实现营业收入占全市的46.5%；海淀区租赁与商务服务业企业619家，占北京市的16.9%，实现营业收入占全市的21.5%。

（朱忠文）

总部经济

【概况】年内，全市3961家总部企业累计实现地方级一般公共预算收入2168.6亿元，首次突破2000亿元大关，同比增长8.7%，增幅高于全市2.2个百分点，占全市比重为37.5%，提高了1.1个百分点。信息传输、软件和信息技术服务业、现代制造业、金融业均实现两位数增长，增幅分别为16%、13.8%、18.1%；外资总部企业实现一般公共预算收入增幅为11.6%，增幅高于国有、集体和民营总部企业。

（杜　磊、张德金、杜大琳）

【新认定跨国公司地区总部9家】年内，新认定跨国公司地区总部9家，累计认定数量达到178家。53家企业入围《财富》世界500强，连续六年位居世界城市榜首。累计批准境外非政府（经贸类）组织设立代表机构39家，占全市各行业近三成。

（张德金、殷惠龙）

【印发《关于进一步做好总部企业知识产权工作促进总部经济创新发展的若干措施》】年内，会同市知识产权局等相关部门印发《关于进一步做好总部企业知识产权工作促进总部经济创新发展的若干措施》，制定了深化总部企业知识产权战略实施、提升总部企业高质量知识产权创造、促进总部企业知识产权转化运用等十条措施，支持培育与首都战略定位相匹配的总部企业知识产权创造、保护和运用，促进总部企业创新发展，优化完善总部企业营商环境，加快构建高精尖经济结构，支撑全国科技创新中心建设和知识产权首善之区建设。

（张　莉）

【发布《北京创新型总部经济优化提升三年行动计划》】年内，制定并发布了《北京创新型总部经济优化提升三年行动计划》，坚持质量第一、效益优先，聚焦创新型，确定了创新型总部升级、国际型总部集聚、成长型总部培育等六大行动19项具体任务，通过实施行动计划，着力推动总部经济迈向高质量发展新阶段。

（刘　佳）

【创新建立总部经济指数评价和预警监测体系】年内，与专业智库首创建立了北京总部经济指数评价体系，首次完成了北京市及16区总部经济发展状况系统评价。深度挖掘大数据信息资源，首创研究了北京总部经济监测预警系统，初步实现对本市总部企业的实时动态监测，为加强总部经济监测预警分析奠定了坚实基础。

（张德金）

【发布新版总部企业名录和总部经济中介组织名单】年内，按照与首都城市战略定位相匹配的总部经济的总体要求，会同有关部门，重新梳理本市总部企业名单，突出匹配、创新、开放总要求，形成了3961家新版总部企业名录。首次梳理认定了74家中介组织，进入总部经济中介组织数据库，进一步健全了总部企业公共服务平台。

（张　莉、杜大琳）

【北京总部经济国际高峰论坛成果丰硕】5月30日，2018北京总部经济国际高峰论坛圆满落幕。首次邀请《财富》（中文）、毕马威、城市副中心等单位负责人参加论坛，与总部企业家共同分享世界500强演进、中国营商环境优化、城市副中心规划发展的总体情况，取得了丰硕成果。

（张德金）

【全面启动商务领域企业“服务管家”工作】年内，立足首都城市战略定位，以企业需求为导向，建立了商务领域“普惠式”政策数据库。截至2018年底，为30余家企业送去了商务领域专属“服务包”，解决企业实际问题，推动支持企业发展的政策措施落地、落细、落实。

（张　莉、杜大琳）

【北京总部企业家健步走活动成功举办】10月27日，“2018海淀凤凰岭山地徒步大会北京总部企业家健步走活动”在北京凤凰岭自然风景公园成功举行。活动吸引了150余家在京总部企业、跨国公司地区总部、部分国际经济组织代表和总部经济功能区等单位负责人，以及市相关委办局领导、海淀区领导等500余人。

（张　莉）

专项流通行业

【概况】年内，完成新设企业从事拍卖业务许可审批195件，拍卖企业变更审批129件，对349家拍卖企业开展了年度核查。全市共有报废汽车回收拆解企业7家、备案二手车交易市场8家，二手车交易量同比增长0.8%。全市限额以上企业酒类商品销售额657.8亿元，同比增长9%。全市共有药品经营企业5932家。

（于　文、王瑞芊、卢慧玲、齐国清）

【举办第五届京交会精准扶贫及知识产权专场拍卖会】5月31日，第五届京交会精准扶贫及知识产权专场拍卖会在国家会议中心举办。本次拍卖会以线上线下同步预展拍卖形式展出拍品113件，重点聚焦精准扶贫和知识产权两大板块，成交总额达3.54亿元，成功交易了北京对口帮扶区域新疆和田、内蒙古赤峰、安徽省六安市金寨县等地的大宗农产品期货、现货，此项活动获得了第五届京交会的“最佳会议活动奖”。

（曹　民）

【举办第十一届北京拍卖季活动】5月至12月，开展2018北京典当拍卖季活动，以“新时代　新发展　新经济”为主题，通过综合拍卖、专题讲座、鉴赏推介等系列活动吸引了全国30余省市的典当、拍卖企业参与，带动全行业实现交易额3.5亿元，有效地引导了典当、拍卖企业创新经营模式，建立透明的信息环境，树立行业服务新形象，从而促进了行业平稳、健康发展。

（曹　民）

【拍卖行业管理情况】年内，完成新设企业从事拍卖业务许可审批195件，拍卖企业变更审批129件，对349家拍卖企业开展了年度核查。截至2018年底，全市取得《拍卖经营批准证书》的工商登记企业936家。加强行业宣传，组织开展北京典当拍卖季活动，引导企业直面挑战，紧抓机遇，创新经营模式，建立及时、透明的信息环境，树立行业服务新形象，提升扩大消费者对拍卖行业的认知度，促进行业平稳、健康发展。

（曹　民）

【汽车流通行业管理情况】截至2018年底，本市报废汽车回收拆解企业7家、备案二手车交易市场8家。认真贯彻国务院便利二手车交易的要求，积极推进二手车流通工作，二手车交易量同比增长0.8%。组织开展报废汽车回收拆解行业专项检查，对7家报废汽车回收拆解企业进行了检查，并针对行业中存在的问题研究对策措施，跟踪督促企业抓好整改，进一步规范了报废汽车回收拆解秩序。

（曹　民）

【酒类流通管理情况】年内，组织糖酒食品类企业参加第98届、99届全国糖酒商品交易会及中国贵州国际酒类博览会，参展企业签订合同金额达4300余万元，意向合同金额超过1亿元。组织酒类市场监测，定期分析发布酒类市场信息，为政府部门决策提供参考依据，对引导酒类企业健康发展起到积极的促进作用。据市统计局统计，全年本市限额以上企业酒类商品销售额657.8亿元，同比增长9%。

（胡敬轩）

四、区域商务协同

商务领域京津冀协同发展

【概况】年内，认真贯彻落实《京津冀协同发展规划纲要》，按照共同实现高质量发展新发展理念，聚焦商务领域京津冀协同发展，加强横向、纵向沟通协调，扎实推进商务领域京津冀一体化建设。全年共计完成疏解提升市场186个、物流中心18家，商务领域京津冀协同发展工作持续平稳推进。

（吕祥森）

【京津冀农产品产销对接】年内，深化产销合作、积极组织货源，多措并举保障首都市场供应。开展2018年春节、“两会”期间首都市场蔬菜保供联合行动，提升首都市场供应保障能力。开展农超对接、农餐对接和农电对接，促进直采农产品规模不断扩大。支持引导京东等电商平台与天津武清绿翅集团等近20家优质农产品直供基地开展合作，打造“基地+社区”产销直通模式，实现蔬果等农产品的源头直采。通过搭建农商互联平台，助力本市远郊地区及承德、廊坊、张家口等周边地区特色农产品上行。

（吕祥森）

【建立工商京津冀一体化数据平台】年内，建立工商京津冀一体化数据平台，实现近九亿条工商和市场监管数据在京落地。全年市工商局共向津冀两地工商与市场监管部门提供联合惩戒数据合计454万余条。

（吕祥森）

【发挥国际资源在京津冀协同发展中的辐射带动作用】年内，积极引进境外跨国公司、非政府组织等国际资源和环境要素，发挥在京津冀协同发展中的辐射带动作用。截至2018年底，跨国公司北京地区总部在津冀两地投资成立公司8家；在京非政府组织代表机构活动涉及天津、河北的共有27家。

（吕祥森）

【京津冀商贸企业交流合作】年内，以多种形式推动京津冀商贸企业交流与合作。举办中国电子商务大会，邀请津冀地区电商企业、行业协会和示范园区参会参展并开展业务合作。与津冀商务部门在秦皇岛共同主办了2018京津冀服务外包协同发展论坛。与津冀两地商务部门以及唐山市人民政府共同主办京津冀服务外包协同发展论坛，同时还开展了项目洽谈、会展服务业展示、服务外包虚拟产业园参观等活动。借助第五届京交会平台，与天津携手共同举办智慧服务峰会暨软件与信息服务国际企业对接会。与商务服务中心挂牌园区——河北定兴金台经济开发区加强沟通联络，为园区企业提供商务服务。组织部分区、商协会和相关企业赴丹麦、瑞典、荷兰开展京津冀协同发展背景下招商引资和相关经贸活动。积极推动中关村意谷（北京）科技服务有限公司等商务服务机构在津、冀拓展业务。

（吕祥森）

【京津冀现代物流体系建设】年内，京津冀三地商务部门共同制定8项京津冀冷链物流区域协同地方标准。连续三年开展物流标准化试点工作，创新推进京津冀物流标准化协同发展，促进区域物流标准化一体化。发挥流通领域龙头企业的主导优势，建立跨京津冀三地的物流标准化企业联盟。截至2018年底，已有130余家企业共同发起成立了国内首家跨区域物流标准化联盟。

（吕祥森）

【京津冀三地联合优化法治化营商环境】年内，京津冀三地联合推出两期共33条《关于进一步优化营商环境提升京津跨境贸易便利化若干措施的公告》。推进京津冀三地执法协作，落实《京津冀晋蒙五省（区、市）打击侵权假冒区域协作共同指引》等工作开展交流协调；开展打击假冒知识产权专利执法行动、“中国渔政亮剑2018”行动；共同探索建立区域种苗执法联动机制。强化信息共享，积极利用中国打击侵权假冒工作网“京津冀打击侵权假冒区域协作专栏”及时发布行政执法部门处罚案件相关信息，展示三地打击侵权假冒工作成果。2018年“京津冀打击侵权假冒区域协作专栏”共更新各类信息20余条。全年未发生京津冀“异地受理、属地转办”的举报投诉案件。

（吕祥森）

区域商务合作

【《北京市商务委十堰市人民政府对口合作框架协议》签订】8月2日至4日，市商务委与湖北省十堰市政府签订了《北京市商务委 十堰市人民政府对口合作框架协议》。市商务委将进一步认真落实国务院《丹江口库区及上游地区对口协作工作方案》和北京市《南水北调对口协作工作实施方案》，拓宽对口协作领域，完善对口协作平台，在深入开展农超对接、农电对接等产销对接活动的基础上，倡导绿色安全消费、感情消费，加强两地在农副产品开发及品牌培育、餐饮和家庭服务业方面的合作，推动南水北调对口协作工作达到新高度、再上新台阶。

（魏新宇）

【召开扶贫协作地区特色产品进京销售工作推进会】8月6日，会同北京市扶贫援合办联合召开北京市扶贫协作地区特色产品进京销售工作推进会，会上发布了《北京市关于推进扶贫协作地区特色产品进京销售的指导意见》和《北京市扶贫协作地区特色产品进京销售企业名录》，提出扶贫优先，全面推动消费扶贫，支持北京扶贫协作地区特色产品进入北京市场，充分发挥社会各界力量，形成人人参与、人人支持的大扶贫格局。各区主管领导、商务、扶贫部门，北京市派驻受援地前方指挥部及挂职干部团队，受援地区地市级分管领导、商务、扶贫部门负责人和近百家企业代表、商会参加了大会。

（魏新宇）

【召开“饮水思源、助力十堰”推介会】8月17日，第二届京菜美食节暨“饮水思源、助力十堰”推介会在京开幕。十堰市政府重点推介了十堰美食一条街招商项目，北京烹饪协会与十堰市饮服办签署了战略合作协议，现场展示了十堰的特色餐饮、农副特产，两地政府部门、协会和企业间进行交流对接。

（魏新宇）

【启动和田地区特色农产品进京销售“百店专柜”专项行动】12月17日，和田地区特色农产品进京销售“百店专柜”专项行动启动仪式暨销售对接会召开，市商务局与市援疆和田指挥部、和田地区行署、兵团第十四师共同签署了《和田地区特色农产品进京销售“百店专柜”专项行动工作协议》，本市物美、京客隆、超市发、家乐福、首航等大型商贸企业与和田地区农产品生产加工龙头企业分别签署了《供销合作协议》。

（魏新宇）

【“西藏好水”北京专场推介会暨促销活动在京举办】12 月 24 日，西藏自治区政府在京举办“西藏好水”北京专场推介会暨促销活动，中国饮料工业协会和西藏好水行业协会对西藏天然饮用水产业发展情况进行集中推介，现场展示西藏 14 家企业天然矿泉水和青稞产品。物美、永辉、京客隆、每日优鲜等大型连锁超市、电商平台以及顺商集团、顺鑫石门等结对区企业共 30 家采购商参加推介会，供销双方进行深入洽谈并寻求合作。

（魏新宇）

五、商务环境建设

依法行政

【概况】年内，市商务委按照《北京市法治政府建设实施方案（2015—2020年）》《北京市2018年推进法治政府建设工作要点》（京依法行政发〔2018〕2号）等文件要求，扎实推进依法行政，在深入推进政府职能转变、强化法制的服务保障作用等方面取得了一定成效。

完成精简政务服务事项工作。按照市政府要求，成立精简政务服务事项工作专班，下设精简政务服务事项、制定政务服务事项规范及系统对接改造三个专项工作组。对原已纳入政务服务事项清单中的51个大项、116个子项逐项进行梳理论证，采取取消、调出、整合等方式完成精简比例达54%。做好“互联网＋政务服务”，除1个涉密事项外，市商务委所有事项全部实现网上可办。落实全市政务服务“前台综合受理、后台分类审批、综合窗口出件”工作模式要求，市商务委公共服务事项全部纳入市政务服务中心综合窗口。

进一步优化政务服务办理流程。按照全市政务服务规范化要求，缩短办理时限，全面清理“有关材料”等兜底条款，精心开展政务服务事项标准化梳理工作。开展商务领域优化行政审批服务流程专项改革工作，推出85项“四减一增”（减时限、减要件、减环节、减费用，增加透明度）行政审批服务流程改革事项，相关改革措施被市政府审改办作为典型经验进行推广。在全部政务服务事项已进驻政务服务中心的基础上，进一步加大对进驻市政务服务中心人员的授权比例，截至2018年底，市商务局对首席代表的授权比例达到44%。

（饶丽丽）

【推出85项“四减一增”改革事项】年内，全方位梳理商务领域行政审批服务事项及办事流程，共推出85项“四减一增”（减时限、减要件、减环节、减费用，增加透明度）行政审批服务流程改革事项，涉及压减办理时限、减少企业申报材料、减少企业“跑腿”次数等。此次改革措施被市政府审改办作为典型经验进行推广。

（佟广军）

【举办2018年度全市商务系统依法行政培训会】为深入贯彻落实十八届四中全会精神，进一步提升我市商务系统工作人员依法行政能力，按照《北京市行政机关领导干部学法办法》《2018年北京市商务委员会法治宣传教育工作方案》《2018年行政执法监督工作要点》要求，市商务委于8月21日至23日举办了2018年度商务系统依法行政培训会。此次培训设置“理论专题”和“案卷评查”两个模块。以案例的形式、从司法的视角解读行政机关应如何依法行政；同时就行政处罚案卷评查举行了问题答疑活动，并就行政处罚案卷制作进行了工作交流。此次培训，有讲解、有案例、有互动，形式多样、内容丰富，受到参训人员一致好评。局机关业务处室、部分直属单位、各区商务委100余人分别参加了理论专题及案卷评查培训。

（刘澜晶）

【开展对各类规范性文件的清理工作】年内，按照市委办公厅、市政府办公厅、市政府法制办等单位的统一部署，先后4次对以市商务委为主责部门的市政府规章、市商务委以市政府和市政府办公厅名义印发的规范性文件及市商务委制定的行政规范性文件开展了为期7个月的清理工作，清理工作涉及产权保护、生态环境保护、民营经济发展以及军民融合发展等方面。经过清理，现行有效行政规范性文件104件。

（卓　娜）

【联合津冀两地共同制定发布京津冀区域性地方标准】按照《京津冀区域共同制定地方标准有关事项的会议纪要》要求，自2017年起，会同市质监局及天津、河北两地的商务和质监部门开展《冷链物流储运销区域标准》的制定工作。4月12日，《冷链物流　冷库技术规范》等8项标准经市质监局《北京市地方标准公告》（2018年标字第5号　总第224号）予以公布，并于6月1日起正式实施。

（卓　娜）

【制定发布两项商务领域节能低碳标准】按照市政府办公厅《北京市推进节能低碳和循环经济标准化工作实施方案（2015—2022年）》要求，自2017年开展《商场、超市碳排放管理规范》《绿色商场、超市评价要求》两项北京市地方标准的制定工作。6月15日，这两项地方标准经《北京市地方标准公告》（2018年标字第8号总第227号）予以公布，并于8月1日起正式实施。

（卓　娜）

【开展“12·4”国家宪法日系列宣传活动】按照市法宣办工作部署，精心组织开展“12·4”国家宪法日系列宣传活动，大力弘扬宪法精神，维护宪法权威。一是宪法进机关。局机关和直属单位通过组织宪法专题讲座、发放《宪法》读本、设立宪法宣传橱窗、开展法治演讲比赛、观看法治教育视频等形式，牢固树立“四个意识”，做到党员干部带头学法、遵法、守法、用法，进一步强化法治思维意识，提升依法行政水平。二是宪法进企业。首次利用翠微、物美、集美等6家大型商超和中粮广场、石榴中心等4家商务楼宇的LED显示屏投放宪法公益宣传片《印记》《依法治国》，并在商业建筑显著位置悬挂宪法宣传海报和标语，营造良好宣传氛围。三是宪法进校园。市商务局教育中心结合中职学校特点，组织开展了升旗仪式、主题班会、“宪法晨读”等系列宣传活动，同时设立法律读书角，新上架法律书籍138册，供全校师生自由借阅，同步参与，引导青少年从小养成尊崇宪法、遵守宪法习惯。

（梅　焱）

【12312举报投诉受理工作圆满完成】2018年，北京市商务举报投诉中心围绕北京市商务工作大局，坚持依法受理，确保渠道畅通，推动案件办理，全力服务商务行政，圆满完成商务举报投诉受理工作。2018年，接收案件4041件，受理办结行政处罚类和非行政处罚类案件371件，处理咨询建议107件，办结率100%。排名前五名为：预付卡3346件、特许经营92件、食盐83件、家电补贴72件、外资企业24件。

（余　丽）

公平贸易

【概况】年内，市商务委紧紧围绕国际经贸形势变化，认真落实市委市政府决策部署，充分发挥“四体联动”工作机制作用，妥善应对国际贸易摩擦，努力营造公平贸易环境。

密切关注国际贸易救济形势变化。全年本

市出口产品遭遇的贸易救济调查共计45起（反倾销25起、反补贴16起、保障措施4起），占我国遭遇贸易救济调查总数的45.5%，所占比重比上年降低2.6个百分点，涉案数同比增长21.6%；涉案金额约为2.77亿美元，同比增长2.2倍。

指导协调企业应对美国337调查。充分发挥"四体联动"机制作用，加强与商务部、市政府相关部门的联动协作，利用北京智力资源优势，指导服务企业合理运用规则维权，确保企业应诉率始终保持在90%以上。全年美国337调查涉华案件19起，同比下降20.8%，其中北京企业涉案3起，同比持平，涉案产品分别为固态存储器、可堆叠电子元件及其同类产品、模块化LED显示屏以及插座盖板。

加强对贸易救济案件的跟踪服务。配合商务部加强对贸易救济案件的跟踪服务，按时完成美国对华钢制高压气瓶第六次反补贴复审涉及北京市信息的收集反馈工作。同时，积极响应企业贸易救济诉求，指导北京精雕科技集团有限公司参与对原产于中国台湾和日本的进口立式加工中心的反倾销调查申诉。

（梅　焱）

【北京市遭遇的贸易救济调查向部分国家"集中"】年内，北京市遭遇的贸易救济调查中，美国发起的案件数达到23起，占北京市出口产品遭遇贸易救济调查总数的51.1%，同比大幅增长43.8%；印度发起案件数6起，占比13.3%。美国和印度发起的案件数占比超过六成。

（梅　焱）

【钢铁和轻工产品涉案数呈现"一升一降"】年内，钢铁产品成为我市遭遇贸易救济调查最多的产品类别，共计16起，占比35.6%，同比增长3倍，涉案金额占比达到43.3%；涉及轻工产品的案件数从上年的9起回落至1起，降幅达88.9%。

（梅　焱）

【北京市涉美反补贴调查增长超七成】年内，美国对华发起14起反补贴调查，其中北京企业涉案12起，同比大幅增长71.4%。

（梅　焱）

【北京企业申诉的贸易救济调查数量位居全国第四】1997—2018年，北京企业参与申诉贸易救济调查案件20起，位居全国第四，包括反倾销调查19起、保障措施调查1起。其中，涉及化学工业的有13起，数量最多，占比65%；涉及机械工业的案件3起，占比15%；涉及冶金工业的案件2起，占比10%；涉及纺织工业和农产品的案件各1起，占比均为5%。

（梅　焱）

【北京企业应对美国337调查保持较高胜诉率】年内，美国国际贸易委员会（ITC）已发布终裁公告终止调查的涉华337调查10起，涉华企业100多家，中企的败诉率约为70%。与涉华新结案件中企败诉率偏高不同，近年北京企业参与的美国337调查案件全部取得胜诉。

（梅　焱）

【联合举办京津冀国际贸易壁垒应对培训会】年内，联合市贸促会举办京津冀国际贸易壁垒应对培训会，主题包括新形势下我国贸易摩擦总体情况及应对、美国301调查及中美贸易摩擦、WTO改革以及国际技术性贸易措施发展趋势及对策等，受到三地外向型企业积极关注。

（梅　焱）

流通秩序

【概况】年内，按照全市商务工作部署，流通秩序规范工作以维护和谐稳定、公平竞争的法治化营商环境为重点，加强商务领域秩序规范管理，推进商务信用建设，开展商业服务业服务技能大赛活动，提升商业服务业整体服务质量，各项工作取得了积极成效。

一、维护和谐稳定、公平竞争的法治化营商环境

持续推进2018年度反恐协防和综治维稳工作，制定重大活动维稳和处置突发事件工作方案，强化商业零售经营单位刀具和“低慢小”航空器销售管控工作，组织开展重大节日、敏感时期商务领域反恐维稳联合检查，全年检查繁华商圈、特色商业街内企业750余家，发现并督促整改隐患问题80多起。同时圆满完成2018年度综治归口考核和二级考核工作。

全力推进商业零售企业诚信促销，防范生活必需品限时限量促销等违规行为，加强促销活动事中、事后监管，依据精简审批服务事项合理取消促销活动报告。全年商务部门检查促销零售企业280家，现场纠正不规范促销行为25件，处罚违规促销企业2家，营造了安全放心的消费环境。

加强预付卡备案管理和立法调研，开展法规宣传、风险提示和执法检查，有效防范备案资金风险。我市共备案发卡企业191家，其中品牌发卡企业21家，集团发卡企业32家，规模发卡企业138家。2018年第四季度末备案企业预收资金余额97.9亿元，其中银行资金存管139家，存管资金11.8亿元；人保财险保证保险52家，保险金额11.5亿元。截至2018年，累计行政处罚预付卡违规企业14家，罚款17.3万元。

二、加强商务领域信用体系建设，推动服务业质量提升

牵头推进商务领域信用体系建设，落实国家部委违法失信联合惩戒合作备忘录要求，全面推行行政许可、行政处罚信息7个工作日内公示要求，截至2018年底，共向社会公示行政许可和行政处罚结果信息2908件，其中行政许可2403件，行政处罚505件；联合商务部举办“全国诚信兴商宣传月活动”，重点宣传全国和我市商务诚信体系建设成果，公布百家诚信兴商倡议企业名单并向全社会发出诚信兴商倡议。

组织开展2018年北京市商业服务业技能大赛活动，以“技能提升首都生活性服务业品质”为主线，结合社会需要和行业特点，组织全市17个行业、3万余家企业门店、28余万员工参与活动。大赛共设置茶艺师、美发师、美容师、中式烹调师、育婴员等22个竞赛项目，开展了668场技能培训、岗位练兵、技能比武、经验交流和各级竞赛活动，评选出633名优秀技能人才，362名参赛选手取得国家职业资格证书，22个单位荣获优秀组织奖，为提升我市商业服务业服务质量和打造“北京服务”品牌做出积极贡献。

三、规范行业管理，促进行业持续健康发展

开展全市商品类交易场所清理整治和“回头看”专项行动，协调处理北油所遗留问题，对棉花、纸浆、红木等交易场所存在资金、网络等安全漏洞进行约谈，督促整改20多项问题。全年本市8家正常运行的商品现货市场收储投放食糖、肉类、棉花333.6万吨，交易额727.3亿元，同比下降85.2%。

加强药品流通行业管理，监测12家批发企业和16家零售企业销售进度，开展调研和数据分析统计工作。2018年内，全市共有药品经营企业5932家，全市药品流通91家直报企业商品销售总额1425.87亿元，与上年同期基本持平。全年累计实现营业收入1292.78亿元、主营收入1280.91亿元，分别比上年同期增长3.02%和2.53%；主营业务利润177.98亿元，

比上年同期增长26.08%。营业税金及附加金额3.84亿元，比上年同期增长17.07%。

（郑　林、康　凯、齐国清）

【开展2018年全国诚信兴商宣传月暨信用消费活动】9月28日，会同商务部秩序司、相关金融机构、100家商业企业组织开展了2018年全国诚信兴商宣传月暨信用消费活动。活动期间我市京东金融、苏宁易购、居然之家等12家参与企业实现信用消费额持续增长。活动月期间信用消费额达242.6亿元，同比增长35.1%，成为新的消费增长点。

（刘　伟）

【召开技能大赛活动总结汇报会】12月12日，市商务局、市人社局、市总工会、市妇联联合召开“北京市第八届商业服务业技能大赛总结汇报会”。政府部门、行业协会、企业代表、新闻媒体等700多人参加了总结汇报会。

（王　勇）

【推进“雪亮工程”建设】年内，按照2018年全市“雪亮工程”建设工作推进部署会要求，先后印发《市商务委关于推进“雪亮工程”建设有关工作的通知》和《市商务局关于加快推进全市商务领域公共安全视频监控建设联网应用工作的意见》，组织推进全市规模以上商业零售和餐饮经营单位视频监控建设和联网工作的考核工作。

（康　凯）

【印发《贯彻落实首都大中型商场超市餐饮单位防范应对突发事件工作意见的通知》】年内，会同市公安局联合印发《贯彻落实首都大中型商场超市餐饮单位防范应对突发事件工作意见的通知》，强化商业企业反恐应急和安全保卫责任落实，提升应对突发事件处置能力。

（康　凯）

【开展节能减排绿色低碳项目改造】年内，利用政策资金引导企业开展高耗能设备升级改造，家乐福、罗斯福广场、朗福购物中心等19家企业门店积极参与并获政府支持资金774.7万元，引导企业总投资2975.71万元，企业年节电3921667.9千瓦时，减少二氧化碳排放1202.5吨。

（孙景东）

【开展绿色商场创建活动】年内，根据《商务部办公厅关于做好2018年绿色流通有关工作的通知》要求，我市创建一批绿色商场，分别是凯德购物中心、超市发玉泉路店、物美大兴店、华联平谷店、长安商场和华冠购物中心。

（孙景东）

【协调餐饮企业欠薪问题】年内，对餐饮企业欠薪问题进行收集和甄别分类，共有举报91起，涉及全市13个区和63家企业，协调行业协会引导企业严格执行国家人事劳动相关规定，保障员工合法权益；督促属地商务部门和企业积极解决拖欠农民工工资问题。

（刘　伟）

【开展无烟示范餐厅创建活动】年内，市餐饮行业协会和市控制吸烟协会共同发起“无烟享美味，健康我做主——无烟示范餐厅创建”活动。全市共47家大型品牌连锁餐饮企业和822家餐饮单位参加创建活动，综合控烟专家、控烟志愿者巡查和15万名网友参与评价结果，评选出全聚德、便宜坊、烤肉季、庆丰包子铺、麦当劳等首批百家“无烟示范餐厅”。

（刘　伟）

【商业保理业务移交至金融部门】石景山、海淀、顺义、怀柔、密云区自2013年12月开展商业保理试点工作，期间共设立62家商业保理公司，其中石景山45家、海淀4家、顺义11家、怀柔1家、密云1家。根据中国银保监会、商务部相关文件精神，商业保理企业及相关业务移交至金融部门。

（刘　伟）

【防范商务领域非法集资】年内，按照国务院、商务部打非工作部署，印发《加强商贸流通领域检查和特殊行业风险排查工作的通知》，持续开展商务领域防范和处置非法集资宣传教育和现场检查工作，重点在商业保理、预付卡、典当、融资租赁等领域开展风险排查全覆盖，抓早抓小，坚持守住不发生系统性区域性金融风险。

（刘　伟）

【依法规范零售商供应商公平交易】年内，积极发挥商务部门统筹协调作用，依法规范零售商供应商公平公正交易。年内，通过12345举报投诉平台共接受咨询电话20余次，协调解决永旺等供应商货款100多万元。

（孙景东）

【商务领域社团组织情况】截至2018年底，由市商务委作为业务主管单位的社团组织45家。按照市社团登记管理部门的分类统计，学术性社团3家（北京国际经济贸易学会、北京商业经济学会、北京市商业文化研究会），联合性社团5家（北京市商务服务业联合会、北京市商业联合会、北京服务贸易协会、北京老字号协会、北京国际生态经济协会），专业性社团8家（北京国际商会、北京国际经济技术合作协会、北京国际经贸标准化促进会、北京市对外经济贸易会计学会、北京中外企业人力资源协会、北京市商业企业管理协会、北京市供销合作经济组织协会、北京品牌协会），民办非企业单位1家（北京京商流通战略研究院），行业性社团28家（除上述3类以外的社团组织）。

2018年内，按期完成了由市商务委作为业务主管单位的社团组织年度检查的初审工作；指导6家社团组织完成了换届工作；按照全市统一要求，组织20家行业协会商会开展了与行政机关脱钩工作。

（刘　伟）

安全生产

【概况】年内，商务行业安全生产工作认真贯彻新发展理念，坚守“生命至上、安全第一”的思想，坚持“预防为主、综合治理”的工作方针，牢牢把握首都城市战略定位，自觉把安全生产工作融入服务业扩大开放、市场和物流中心疏解、生活性服务业品质提升、优化营商环境、市场供应和市场秩序等商务发展工作之中，着力建机制、织体系、立标准、推考核，逐步实现安全生产工作由“专职抓”向“全员抓”转变，由“重监管”向“重预防”迈进，由“管规上”向“管规下”拓展，由“单线管理”向“闭环管理”发展，初步形成部门联动、政企互动、社会共治的工作格局。年内组织指导出动执法检查人员2万余人次，检查经营单位1万余家次，发现和消除隐患问题3000余个，从整体上提升了商务领域本质安全，全力推进平安北京建设。

（宋　军、陈玉全）

【召开全市商务行业安全生产工作会】1月23日，召开2018年全市商务行业安全生产工作会，总结2017年商务行业安全生产工作，研究部署2018年商务行业安全生产和流通秩序管理等工作，并与委直属单位签订了《安全工作责任书》。市安监局、市公安消防局有关领导，委机关相关处室和直属单位负责人，各区商务部门安全生产主管领导，相关科室负责人，市商联会、市餐饮协会，部分大型连锁企业负责人等150余人参加了会议。

（宋　军、陈玉全）

【开展安全生产月活动】6月，市商务委在全市商务行业组织开展了以“坚守安全红线　推进安全发展”为主题的“安全生产月”活动，先后开展了主题宣讲周、用电安全周、应急演练周、警示教育周等四个主题周活动。活动期间，全市商务行业共出动执法检查人员1400余人次，检查经营单位684余家，发现并消除各类安全隐患220余个，立案处罚5起，设置电子显示屏230余块，张贴海报14500余张，发放宣传材料51000余张，开展各类安全生产集中培训330余次，培训人数37000余人次。

（宋　军、陈玉全）

【开展安全生产专题培训】6月20日，召开2018年商务行业专题培训暨商务行业上半年安全生产形势分析会议。会议传达学习了党中央、国务院和市委、市政府关于地方党政领导干部安全生产责任制规定精神，分析研判了上半年商务行业安全生产形势，部署了下半年重点工作，对进一步加强商务行业安全生产工作提出明确要求。各区商务部门、市商务执法监察大队主管领导和科室负责人、部分专职安全员，各商业零售和餐饮连锁集团安全生产负责人共计160余人参加了培训。

（宋　军、陈玉全）

【开展消防安全专题培训】12月14日，组织开展商务行业消防安全专题培训。各区商务部门、市商务执法监察大队科室负责人、部分专职安全员，各商业零售和餐饮连锁集团安全生产负责人共计120余人参加了培训。

（宋　军、陈玉全）

【开展集团企业检查教育】年内，会同连锁企业对所属门店开展安全生产检查督查，累计检查、教育培训商业服务业连锁企业集团60余个，企业主要领导、主管领导、门店店长以及安全管理人员3000余人次受到教育，实现“检查一家企业、带动一个集团”的带动效应。

（宋　军、陈玉全）

【开展安全培训与服务技能大赛】年内，把安全生产培训作为提升服务技能水平、促进行业发展的一个重要手段，组织开展了多形式多层次的技能培训和岗位练兵。全市18个行业协会、11000余名从业人员接受培训和考核比武，推动业务技能与安全技能双促进、双提升，进一步夯实企业安全基础，提升企业发展水平。

（宋　军、陈玉全）

【建立部门安全监管叠加机制】针对大型综合商务楼宇内业态多、人员密集、监管难的问题，建立部门安全监管叠加机制。会同安监、消防等部门开展联合执法，年内出动联合执法检查人员300余人次，检查经营单位50余家次；会同区级商务部门开展协同执法，年内出动3000多人次，检查经营单位600多家次，消除安全生产隐患问题400多个；配合相关部门在商务领域开展地下空间经营场所安全生产专项整治、打击安全生产非法违法行为、烟花爆竹安全管理以及安全生产领域科技创安等专项行动。

（宋　军、陈玉全）

【做好重点时期安全保障】年内，做好全市重要节日和重大活动期间安全保障工作。元旦、春节、“五一”、国庆等节日期间，组织开展节日安全生产、规范促销检查督查。全市商务部门以繁华商业街区、城乡接合部、地下空间和大型综合楼宇内经营单位为重点，督促经营单位落实安全生产主体责任，做好安全生产、应急演练和事故防范工作，营造节日期间“安全、稳定、祥和”的商务运行环境。全国“两会”、中非合作论坛期间，全市商务部门发扬连续作战作风，对会场和代表驻地周边500米范围内重点经营单位开展检查排查。市、区两级商务部门，充分发挥互联网+安全作用，利用安全微信平台，对每日检查发现的问题及隐患整改情况，进行及时通气、通报，实现信息互通，完成隐患整改的闭环管理。

（宋　军、陈玉全）

【开展联合执法检查】8月，会同市公安局消防局，在事先不发通知、不打招呼的情况下，直奔基层、直插现场，对朝阳区合生汇购物中心、西城区西单大悦城等大型商业综合体开展消防安全联合执法检查。检查组坚持以问题为导向，严格对照消防安全管理、建筑火灾预防、消防设备设施、灭火救援准备等整治重点，分工协作、多管齐下，严查问题、深挖隐患，对存在的消防应急设备设施不完善、人员教育培训不到位、隐患排查整改不彻底等问题，责令企业立即改正，并对个别违法违规行为进行立案调查。

（宋　军、陈玉全）

【推进事故风险防控】制定《商务服务业企业风险防控体系建设意见》，鼓励企业依托安全生产中介机构对本单位进行运行安全风险评估和预警，100余家企业完成城市风险辨识和评估试点工作；大力推行安全生产责任保险，发挥好市场机制对安全生产促进作用，发展餐饮投保企业2万余家，建立起了单位主责、政府监督、社会参与的生产安全事故隐患综合治理机制。

（宋　军、陈玉全）

【推进标准化达标创建工作】年内，市、区商务部门继续深入推进标准化达标创建工作，进一步规范经营单位安全生产责任制、安全管理规章制度和应急预案等文件资料。会同市安监局制定了《北京市商业零售经营单位和餐饮经营单位安全生产二级标准》，印发了实施方案，推动本市3000多家商业零售和餐饮经营单位安全生产标准化创建达标，达标率超过80%。

（宋　军、陈玉全）

第四部分

海 关

北京海关

基本职能

北京海关是受海关总署直接领导，负责北京市范围内海关工作运行管理、监督监控的正厅级直属海关，领导隶属海关。依据中华人民共和国海关法和其他有关法律、法规，负责本关区的各项海关管理工作。

内设机构

办公室（党委办公室）、法规处、综合业务处、关税处、卫生检疫处、动植物检疫处、进出口食品安全处、商品检验处、口岸监管处、行邮监管处、统计分析处、企业管理处、稽查处、缉私局、财务处、科技处、督察内审处、人事处（党委组织部）、教育处。另设立机关党委（思想政治工作办公室、党委宣传部、党委巡察工作办公室）、监察室（党委纪检组）、离退休干部办公室。

北京海关党委向隶属海关共派驻8个纪检组。

隶属海关单位

一、副厅级隶属海关单位

首都机场海关、海关总署税收征管局（京津）。

二、正处级隶属海关单位

北京大兴国际机场海关（筹）、北京车站海关、北京邮局海关、中关村海关、北京东城海关、北京西城海关、丰台海关、海淀海关、通州海关、顺义海关、亦庄海关、天竺海关、北京朝阳海关、平谷海关、北京会展中心海关、北京海关风险防控分局。

事业单位

北京海关后勤管理中心、北京海关技术中心、海关总署（北京）国际旅行卫生保健中心（北京海关口岸门诊部）、中国质量认证中心北京海关评审中心、北京海关动物隔离场。

业务工作

【概况】2018年是北京海关发展历史上极不平凡的一年，伴随出入境检验检疫职责和队伍的划入，海关事业进入了一个崭新的发展阶段。一年来，北京海关坚持以习近平新时代中国特色社会主义思想为指引，在总署党委的坚强领导下，严格按照总署规划的机构改革路线图、时间表和工作要求，高质量地完成了各项改革任务，保持了平稳、有序发展。全年实现税收入库678.5亿元人民币，税收任务圆满完成；监管进出口商品总值5117.3亿元，监管进出境旅客人员2674.8万人次，随机布控查验占比98%；口岸查验与体检监测共检出各类传染病904例，截获动植物疫病疫情521种次，扑杀染疫动物578只；全年检出不合格进出口工业品254批次，查出目录外不合格产品59批次，质量安全追溯体系覆盖9大类5200余种商品，检出进出口不合格食品化妆品51批次；全年共立案侦办走私犯罪案件70起，案值13.7亿元，其中案值超千万元以上的重特大走私案件3起，查获各类行政违法案件1335起，案值10.8

亿元。

（庄璐宁、李静婷）

【促进贸易便利再添24条新措施】密集出台并落地实施了24条关于进一步提升跨境贸易便利化水平的深改举措，成效显著。2018年10月31日，世界银行发布《2019年营商环境报告》，中国营商环境便利化排名从78位跃至46位，其中跨境贸易指标从去年97位跃升至65位，北京得分82.01，较去年增加13.84分，首都地区营商环境水平得到大幅提升。北京海关与天津海关共同编发《2019年跨境贸易便利化专项行动实施方案》，成立专项行动联合领导小组，提出报关单“日清”机制、简化进口免于3C认证证明程序等24项具体工作要求，形成强大工作合力；采取“走出去、请进来”多种途径开展企业宣讲，向1300余家企业介绍提前免担保放行、下放部分海关内部核批权限等五项首创贸易便利措施，召开企业培训会，目前已有600余家企业参加培训，切实帮助企业利用好各项措施政策；开发“京关归类”信息服务公共平台，整合北京口岸历史通关归类信息32万余条，企业单次即可查询“商品名称”“规格型号”和“商品编码”等信息500条。

（庄璐宁、李静婷）

【“单一窗口”推广凸显三方面新成效】2018年，北京“单一窗口”的推广应用取得重大突破与进展。一是业务量增长迅猛，平台全年累计业务量670.83万票，较2017年4.66万票提升了近150倍，其中报关单128.23万票，检验检疫电子底账14.46万票，空运舱单478.97万票，航空器29.19万票，税费支付15.05万票，加工贸易（金关二期）2.46万票，海关企业资质办理2.16万票，海关原产地证及许可证件等业务0.31万票；二是平台用户大幅增加，直接或通过第三方接入单一窗口的用户发展到3800多家，覆盖外贸经营单位4万多家；三是业务覆盖率全面达标，其中运输工具、空运舱单、货物申报（报关单与检验检疫电子底账）、税费办理、企业资质共计5大类业务实现100%全覆盖，平台重点业务的业务量排名位于全国前茅，航空器与出口退税业务量全国第一，空运舱单与机电许可证业务量全国第二。

（庄璐宁、李静婷）

【打击走私案件数量创四年新高】2018年，共侦办走私犯罪案件70起，案值13.7亿元，涉嫌偷逃税额1.9亿元，案件数量创四年来新高。“7·16”走私武器弹药案入选2018年海关缉私十大典型案例。查办各类走私违规案件1335起，案值10.8亿元；对“洋垃圾”和象牙等濒危物种走私实施零容忍、高密度、全链条打击；深入开展了“蓝天2018”专项行动，发挥情报“三导”作用，连续查获3起走私固体废物（动物皮毛边角料）案件，共计3.48吨；深入开展了“百日会战”“夜鹰”专项行动，共立案侦办走私濒危物种案件32起，收缴象牙、犀牛角、石首鱼膘、鹦鹉蛋、豹皮等濒危物种制品366件、总重180千克；为确保首都国门“万无一失”发挥了积极作用。

（庄璐宁、李静婷）

【个性化定制特殊监管区域企业监管政策】立足海关特殊监管区域内企业发展需求，为企业量身打造个性化监管模式，并联合国税、地方政府等单位推进一般纳税人资格试点政策落地，可以使海关特殊监管区内企业同区外企业一样，开具增值税发票，并大幅提升了企业非保税货物的进出通关效率，助力企业打破原有两头在外大进大出的传统国际贸易模式，有效融通区内、区外企业间的贸易产业链，大幅提升特殊区域的“造血”功能。9月4日，北京海关为天竺综合保税区内企业开出试点政策落地后首张北京地区增值税专用发票，涉及增值税款 1.6 万元人民币，据试点企业测算，一般纳税人试点政策的落地未来五年可为企业节约 1.8 亿元增值税成本，企业竞争力大幅提高。

（庄璐宁、李静婷）

【税收担保政策再创新模式】面对中小微企业在汇总征税担保、通关税款类担保业务中，信贷难、融资成本高、申请周期长等难题，北京海关联合银行、担保公司、第三方增信机构先后推出“银关融”“同业联合担保”新型税款担保模式，企业向银行申请保函时不再提供高额保证金，改为由担保公司或第三方增信机构向银行申请保函服务，可在有效化解银行担保风险的同时简化保函申请手续，提高通关速度，大幅降低企业负担；与属地纳税人管理相结合，面向地区所有总部企业、中小企业进行全面宣传推广，同时与业务试点的银行、财务公司及第三方增信机构建立联系配合机制，制发多元化税收担保操作规程，规范全过程管理，确保所有企业透明化享受改革红利。4 月 20 日，北京海关首份“同业联合”增信税收担保保函备案成功，北京某医药公司为其子公司向中国银行申请银行保函5000万元，用于汇总征税业务，在大幅节省企业在银行质押保证金 5000 万的同时，降低企业保函申请手续费 24 万元，申请周期缩短至 5 个工作日。

（庄璐宁、李静婷）

【中关村生物医药检验检疫试验区取得新发展】北京海关与中关村管委会积极推进中关村生物医药检验检疫试验区建设，在特殊物品政策领域的三项改革试点成效显著。一是开展低风险特殊物品智能审批，提升审批效率。北京海关将逐步扩大该项政策覆盖范围，惠及更多企业。二是开放境外基因检测样本入境，推动精准医疗产业发展。目前，4 家国内顶级基因检测试点单位与监管信息平台完成对接，并进行试运行，通关时间最短缩短至 5 小时，企业获得感极强。三是创新试验区内科研用高风险特殊物品风险评估模式，保障国家重大科研项目高效开展。目前，通过简化评估流程已完成试验区内科研用高风险样本快速评估 20 余次，助力我国生物医药科研领域抢占全球制高点。以上试验区政策落地，解决了科研单位急需的基础材料如高风险特殊物品的入境需求，奠定了北京地区生物医药产业打开国际基因检测市场的基础，为北京生物医药产业发展提供了新动力，对北京建设全国科技创新中心带来新动能。

（庄璐宁、李静婷）

【统计分析 + 研究职能发挥新作用】与市发展改革委、市商务局、市统计局等部门开展业务交流，及时了解北京地区外贸发展的政策导向，产业升级进程、营商环境改善等宏观政策，积极为各级政府和社会各界提供高质量的统计信息服务，加强对我国重点进出口商品、北京市宏观经济研究和外贸形势分析。2018 年，共向海关总署报送统计报告 152 篇次，其中 6 篇获中央领导亲笔批示。向北京市报送统计专报 21 期，3 篇获得市领导批示。

（庄璐宁、李静婷）

【全方位跟踪中美贸易摩擦】围绕首都城市战略定位，针对中美贸易摩擦涉及的主要商品、重点企业等热点，进行长期跟踪分析。一是落实对美经贸政策。采取措施切实强化减免税监控力度，确保对美加征关税措施准确施行。政策执行一年来，共计审核适用政策商品 6300 余项，涉及完税价格约 14 亿元，实征关税 1 亿元。开展专项监控 12 次，调阅商品记录 6000 余条，预防税款流失 18 万元。二是严密关注对美经贸走势。自中美贸易摩擦以来，上报中美贸易专题报告 9 篇，其中 2 篇获北京市领导批示。与市发展和改革委、市商务局、天竺综合保税区管委会等部门密切合作，召开进出口形势分析会2次、专题研讨会1次，共享研究文章3篇次。三是加强重点监控。加大对重点企业、重点商品的监控，按月针对进口高通集成电路情况联系小米通讯技术有限公司，针对自美进口大豆情况联系中国食品土畜进出口商会，联系78家企业开展出口先导指数调查。

（庄璐宁、李静婷）

【全链条防控非洲猪瘟】共截获疫区猪肉及其制品2126批次，在国内首次从进境旅客携带物中检出非洲猪瘟病毒核酸阳性。筑牢非洲猪瘟疫情防控防线，立即启动重大动物疫情预警程序，全力提升疫情防控能力。一是加强对机场、国际邮局等重点、敏感区域检疫监督管理，对来自非洲猪瘟疫区的航空器、旅客行李、寄递物加大查验力度。二是启动疫情信息日报，一旦发现来自非洲猪瘟疫区的猪、野猪及其产品，立即就地封存，立即上报。三是实验室检测技术储备到位，建立非洲猪瘟荧光PCR检测方法，相关检测方法已经通过CNAS认证，成功研制非洲猪瘟病毒核酸检测盲样，试剂准备充足。四是开展疫情知识科普，突击印刷3000份非洲猪瘟知识宣传册，分发各口岸。五是加强检疫犬应用管理，再次将检疫犬工作区域拓展至旅客行李提取大厅，并加大查验力度。

（庄璐宁、李静婷）

北京海关 2018 年主要业务量统计表

统计类别	单 位	数 量	同 比
监管进出口商品总值	亿元	5117.31	2.04%
监管进出口货物总重量	万吨	9018.01	17.17%
其中：进口货物	万吨	8860.19	17.43%
出口货物	万吨	157.82	4.20%
监管飞机	架次	144677	3.96%
征收税款入库总金额	亿元	678.48	-2.17%
其中：关税税款	亿元	123.82	-2.77%
进口环节税款	亿元	554.66	-2.04%
货物检验检疫批次	万批	17.46	4.14%
货物检验检疫货值	亿美元	114.61	-7.05%
货物检验检疫批次不合格率	%	0.67	—
货物检验检疫货值不合格率	%	0.42	—

（庄璐宁、李静婷）

2018 年北京地区进出口总值一览表

项 目	价值（万亿元人民币）	比 2017 年增减（%）
进出口总值	2.72	+23.9
出口总值	0.49	+23.0
进口总值	2.23	+24.1
出口差额（+出大于进；-进大于出）	-1.74	+24.4

（庄璐宁、李静婷）

名 录

单位名称：北京海关　　电 话：85736114

法人代表：高玉潮　　传 真：65831568

通信地址：北京市朝阳区光华路甲 10 号　　网 址：beijing.custom.gov.cn

邮政编码：100026

（庄璐宁、李静婷）

第五部分

开发区、综保区、行政区商务

北京经济技术开发区

概　况

2018年，北京经济技术开发区地区生产总值完成1509.5亿元，同比增长10.6%，增速全市第一。一般公共预算收入完成257.3亿元，同比增长19.9%。进出口总额完成194.7亿美元，同比增长12.1%；其中进口总额完成129.8亿美元，同比增长9.8%；出口总额完成64.9亿美元，同比增长17.2%。万元GDP能耗0.1328吨标准煤，同比下降2.11%。万元GDP水耗2.85立方米。PM2.5累计平均浓度53微克/立方米，同比下降18.5%。

（张真芳）

对外经贸

【进出口总额情况】2018年，进出口总额完成194.7亿美元，同比增长12.1%；进口完成129.8亿美元，同比增长9.8%；出口完成64.9亿美元，同比增长17.2%。

（陶亚哲）

【建设集成电路质量安全示范区】加强集成电路示范区质量安全建设，中芯国际、集创北方获得2017年国家“质量之光”奖。出台并兑现集成电路质量安全示范区奖励政策，引导企业加强进出口产品质量管控，构建重点敏感工业产品质量安全追溯体系。

（陶亚哲）

商业安全

【完善安全生产管理长效机制、加强商业安全生产】有效依托基层力量，与荣华街道、博兴街道建立商务联合检查合作机制。与城管分局、消防支队、食药监局等部门建立联合通报制度，强化部门联动，确保隐患整治跟踪落实。建立安全生产季度分析机制，安全管理约谈机制，完善教育培训制度，实现全方位细化管理。进一步加大企业安全生产监管、管理和市场秩序整治力度。通过完善制度、机制强化落实、深化安责险投保、企业安全生产标准化、城市安全风险评估等方法确保安全与稳定。

（于　建）

行政执法

【采取专项行政执法检查措施】开展美容美发、汽车维修、家政服务、电器维修等便民商业专项行政执法检查，共完成行政处罚23起。

（张真芳）

名　录

单位名称：北京经济技术开发区发展和改革局（商务局）

局　长：刘　力

地　址：北京经济技术开发区荣华中路15号博大大厦

邮　编：100176

电　话：678880267

传　真：67881476

（张真芳）

北京天竺综合保税区

概况

北京天竺综合保税区（Beijing Tianzhu Free Trade Zone，以下简称“天竺综保区”）于2008年7月23日由国务院批复设立。2009年7月28日，一期通过海关总署等国家十部委联合验收，正式封关围网运营。天竺综保区是全国首家空港型综合保税区，是北京市三个国家级经济功能区之一。天竺综保区总规划面积为5.466平方公里，依照功能划分为口岸操作区和保税功能区。

北京天竺综合保税区集口岸通关、保税物流、出口加工等功能于一体，享有“保税、免税、退税”政策，并优化整合了国内不同海关特殊监管区域的政策优势，是北京目前唯一的海关特殊监管区域。

北京天竺综合保税区是完善北京城市功能、提升“四个服务”水平的战略性基础设施，是扩大对外开放、提升外向型经济发展水平的重要平台，也是北京融入全球经济一体化的崭新窗口。

（孙　林）

经济指标

2018年，园区企业实现进出口总值71.1亿美元，同比增长23.3%，其中，进口63.7亿美元，同比增长25.8%，出口7.4亿美元，同比增长5.2%；实现营业收入243.85亿元，同比增长8.02%；实现利润总额38.99亿元，同比增长18.69%；完成属地税收12.78亿元，同比增长7.91%。引进企业100家，增长1.1倍。跨境电商直邮货物进口606.6万票，增长56.5%。

（孙　林）

功能政策

税收政策。园区企业基建物资、进口机器设备、自用办公用品免征进口关税和进口环节税；进口货物入区保税；国内货物入区视同出口实行出口退税；区内货物销往国内可选择按对应进口料件或按货物实际状态征税；区内企业之间货物可以自由流转，交易免征增值税、消费税。

外汇政策。与境外之间进出口（进出境）的货物，不实行进出口配额、许可证件管理。区内保税存储货物不设存储期限。区内加工企业不实行银行保证金台账管理。进出境货物不办理外汇核销手续，进出区货物可用外币或人民币结算。

便利化监管措施。海关、药检、税务等部门施行了一系列便利化监管措施，主要包括先入区后报关、分送集报、7×24小时通关、一次检验分批核销、货物分类监管、委内加工、增值税一般纳税人试点等，提高了进出口通关效率，并支持企业统筹开展保税和非保税业务，尽得政策便利。

地方配套政策。一是鼓励总部企业入区发展。对于注册在天竺综保区且符合相关条件的总部型企业可给予经济贡献资金扶持，并在办理外国人居留许可、外国人就业证、外国专家证、购房用车、子女入托入学等方面给予便利。

二是进行税收贡献奖励。对企业管理团队按照企业当年区域税收贡献的6%予以扶持；对企业自建购买租赁生产办公用房给予补贴支持。三是制定了产业配套政策。按照医药贸易、文化贸易、融资租赁、科技贸易、跨境电商等不同产业运营特点，有针对性地制定了专门配套扶持政策，为相关企业发展营造与国际接轨、在国内领先的政策环境。

（孙　林）

投资环境

地理位置优越。天竺综保区位于北京东北方向，与首都机场实现无缝对接，距离市中心35公里，距天津港160公里，往来北京城区、天津港口、环渤海地区顺畅便捷，交通路网发达，具有得天独厚的区位优势。

区港一体化。天竺综保区与首都国际机场口岸无缝对接，真正实现了区港一体化。北京海关创新推行“先入区后报关”的“直通式分拨”模式，突破性地开展进口货物“集中报检、集中查验、分批核销、后续监管”的查验模式；保税货物通关时间极大缩短，通关速度大幅优于全国平均水平。

“一站式”服务。天竺综保区“一站式”服务大厅本着提升服务效率和服务水平，优化办事流程和政务环境的原则，为投资经营企业提供一站式、全方位服务。

（孙　林）

招商引资

2018年，天竺综保区批复入区企业100家，注册资本总额34亿元，计划投资总额745.99亿元，注册资本1000万以上38企业家，外资（合资）企业17家。其中，亿元及以上项目6个，包括：晨鸣融资租赁、中北信通通信科技、中诚中车产业投资、沃尔德沃克科技、清研智检（北京）科技、全球新能源汽车服务等公司；“高精尖”项目3个，包括：晨鸣融资租赁、中航一号融资租赁、云天瀚科技发展等公司。

医药产业方面，优化医药产业综合服务，着力发展研发制造、国际贸易、仓储物流、区域分拨、医疗器械融资租赁等业态。引进了英诺世家、普飞医疗、东方天旭、润美康等医药企业；拓展大健康领域，引进了沛垠、美威参等企业，聚集了以国药、上药、华润、德国默克雪兰诺、美国强生为代表的医药企业，以科园信海为代表的医药贸易企业。年医药进口额达到全国总量的1/5，成为中国北方进口医药贸易核心功能平台。

航空产业方面，会同市税务局、北京海关成功推动航空维修企业利用天竺综保区“境内关外”通关模式适用增值税“免抵退”税政策落地实施，大大减少企业物流与资金成本；与临空经济核心区协同推进罗罗飞机发动机维修基地项目，采取“保税维修”等方式优化企业业务流程，规避跨境包修转包模式下增值税重复缴税。引进了安飞广大、雅迪力特、北威航宇、亚联公务机北京分公司等航空企业。

文化产业方面，国家对外文化贸易基地国际文化贸易企业集聚中心集聚效应初见雏形，亚洲艺术中心、国际艺术贸易中心等重点项目纷纷落地；引进了中博智拓、方方土、华皇电影、华文世新、鑫时达影视等文化企业。

金融产业方面，中航租赁通过天竺综保区引进4架飞机和2台模拟机，货值约30亿元人民币，新设立了三家飞机租赁项目公司。文科租赁立足顺义、面向全国为文创企业等广大客户提供综合性融资服务，“无形文化资产融资租赁”受邀亮相中国国际进口博览会，业务发展态势良好。引进了晨鸣融资租赁、中诚中车等重点金融企业，为进一步扩大特色金融产业规模奠定基础。

跨境电商方面，一是北京天竺综合保税区跨境电商体验中心于5月25日启动运营。作为中国（北京）跨境电子商务产业园的重要载体，是天竺综保区进口商品展示、体验、交易的重要平台。目前，已吸引宇全国际、酒运联合、科园信海等20余家企业签约入驻，倾力打造德国、澳大利亚、阿根廷、美国、日本、意大利、智利等特色国家馆和母婴用品、化妆品、食品等跨境商品展示中心，以及提供境外文化体验。二是跨境电商保税备货模式通关正式运营。区内13家企业完成跨境电商企业备案，其中4家企业完成保税备货仓库备案，易境通、快买酒等企业陆续采取保税备货1239模式开展相关产品进口业务。

（孙 林）

发展方向

2019年，天竺综保区将按照建设对外开放新高地的工作要求，强化服务“四个中心”功能，提升“四个服务”水平，积极推动北京天竺综合保税区创新升级；完成市、区新一轮服务业扩大开放各项试点任务，做到可落地、有成效、能推广。以优化营商环境为抓手，创新提升公共服务水平，统筹推进各项工作，为首都国际一流的和谐宜居之都建设做出新的贡献，为建国70周年庆典献礼。

一、增强服务保障能力

加强口岸通关保障。为中央党政军机关工作、首都经济社会运行做好服务。推进五类进口商品功能创新。促进保税切割、展示交易、冷链物流等产业协同。完善保税研发功能。利用公共保税库，服务世园会、冬奥会；加快建设整车与药品进口检验中心。扩大高端消费品进口。扩大文物、艺术品、高端食品进口规模，保障高端消费需求。

二、强化创新引领作用

创新政策功能。加快落实天竺综保区升级各项任务，按项目制推动落实服务业扩大开放第三轮试点工作方案。创新平台动力机制。发挥园区平台功能作用，促进各部门政策拼接、各领域产业协同、各区域联动开放、各企业融合发展。创新政策实施。扩大一般纳税人试点企业与试点业态，推动保证保险、保税租赁货物出区政策向科技领域延伸。创新发展规划。做好园区中长期政策功能、产业发展和空间布局规划。

三、促进特色产业集聚

加速航空服务产业集聚。借助航空维修免抵退税政策扩大飞机发动机维修业务规模，促进航空维修产业聚集发展。扩大跨境电商规模。扩大跨境电商保税备货与直邮业务规模，统筹海外供应链体系，增设海外仓，增加国家特色商品馆。推动文化贸易发展。发展艺术品保税展示交易、文化租赁等业态，助力“一带一路”文化交流，打造国内最大的文物回流市场。丰富特色金融业态。推动国航100亿元飞机租赁业务落地，争取为大兴机场400架飞机提供融资租赁服务；扶持无形资产、医疗设备等租赁，吸引基金、直保、再保险等企业集聚，探索发展离岸金融。夯实科技创新基础保障。拓展药品进口分包装、总部认证等功能，加快心脏疾病治疗器械研发平台建设。

四、发挥辐射带动作用

促进“港城”融合。发挥保税功能辐射带动作用，促进园区周边商业、商务、展示等发展，加速传统商业转型，消费升级，推动建设北京空港国际贸易创新示范区。强化国际合作。高水平开展京交会主分会场各项活动，提升天竺综保区知名度与影响力；与境内外航空港、自贸区深化合作；吸引国际组织、商协会在园区聚集，推动公共服务向海外延伸。

五、持续优化营商环境

优化营商环境。扩大进口提前申报比例，争取出口提前申报支持政策，紧抓口岸提效的“牛鼻子”。创建平安园区。推动企业安全生产标准化达标升级，强化安全生产联合执法检查机制，提升网格化管理水平，夯实综治维稳，打好蓝天保卫战。建设智慧园区。完善跨境电商监管平台，新建一般纳税人试点信息系统，加强软件正版化工作，提供信息化支撑。

（孙　林）

机构设置与管委会领导

管理机构：北京天竺综合保税区管理委员会（北京市政府正局级派出机构）

内设处室：办公室、政策法规处、规划建设处、经贸发展处、保障处、信息处、党群工作处

事业单位：北京天竺综合保税区综合服务中心

国有独资公司：北京综合保税区开发管理有限公司

管委会领导：

顺义区委副书记、区长、天竺综保区管委会主任孙军民

顺义区委常委、天竺综保区管委会常务副主任宋建明

天竺综保区管委会副主任李燕凌

天竺综保区管委会副主任杭金亮

（孙　林）

名　录

单位名称：北京天竺综合保税区管理委员会

主　　任：孙军民

常务副主任：宋建明

副 主 任：张　征

宋　鹏

张志刚

满群杰

地　　址：北京市顺义区金航中路一号院 2 号楼

邮　　编：101300

电　　话：69478686

招商部门联系电话：69478588

传　　真：69478566

（孙　林）

东城区

概　况

东城区商务委员会（简称区商务委）是主管辖区国内外经济贸易和对外经济合作的工作部门。内设办公室、人事科、规划发展科、社区商业科、流通管理科、外经外贸科、商务服务科、外资管理科、市场监管科、粮食酒类管理科10个科室。编制42人，实有40人，其中公务员39人，公勤人员1人。

2018年，制定《东城区落实〈深化改革推进北京市服务业扩大开放综合试点工作方案〉实施方案》。坚持疏解与提升并进，以完善基础设施、改善购物环境、集聚国内外高端品牌为重点，腾退建筑面积2.08万平方米，疏解商户694户，涉及从业人员2768人，全面完成年度疏解任务。全区实现社会消费品零售额增长3.1%，服务消费增长6.1%。实现实际利用外资6.044亿美元，同比增长3.9%。实现进出口额143.4亿美元，同比上升3.4%，其中，出口额27.8亿美元，同比增长2.2%；进口额115.5亿美元，同比上升3.6%。兑现2018年度我区总部企业的延续性奖励补助资金600万元；1197家企业通过年度外商投资企业年度经营信息联合报告。

（孙　凌）

商业流通

【美食体验季】5月30日至7月30日，举办主题为“弘扬工匠精神 提升服务品质”美食体验季活动。以弘传统餐饮文化和工匠精神为主旨，以提升东城区餐饮行业服务品质为目的，打响“美食体验季”品牌促消费活动的知名度和影响力，活动评选发布2018年“东城美食节”50道东城招牌菜称号、推选10家最具人气餐饮品牌企业、推选10名工匠厨师，更好地为消费者服务，繁荣我区餐饮消费市场，助推我区零售额增长。

（孙　凌）

【金秋购物季】9月20日至10月31日，举办主题为“鑫秋会”的金秋购物季。王府井、东直门、崇外、永外等四大商圈主要商业设施、老字号企业联动，在金秋为东城市民共同推出应季商品，提供高品质消费享受，满足市民消费需求。

（孙　凌）

【非首都功能市场疏解】2018年东城区完成7家台账内、1家台账外市场疏解升级工作［完成百荣世贸商城年度商户疏解任务，拆除永定门鑫天立菜市场、鸿运金宝菜市场，清退（关停）美博汇、心满诚综合市场、景泰桥农副产品市场、世纪天鼎小商品批发市场，升级改造金年丰菜市场］。疏解商户694户，疏解从业人员2768人。

（孙　凌）

【老字号技艺展活动】9月17日至9月21日，中华老字号技艺展活动在王府井步行街穆斯林大厦一层举办。活动由区商务委员会主办，盛景会展有限公司具体实施。展会现场搭建活动仪式启动区、VR地图体验区、非遗技艺表演区、产品静态展示区、茶歇交流区五大功能模块，邀请了同仁堂、东来顺、吴裕泰、便宜坊、李锦记、雀巢等15家境内外老字号企业进行展示。

（孙　凌）

【生活性服务业品质提升】全年新建或规范提升各类便民商业网点110个，其中蔬菜零售网点50个，便民商业连锁化率提升7个百分点，完成2018年疏解整治促提升工作目标责任书任务。建成社区商业便民服务综合体14个，进一步加密了社区商业便民服务综合体布局。推荐驻区品牌连锁企业40家入选北京市生活性服务业品牌连锁企业资源库（2018年度）。

（孙　凌）

【行业监管】全年培训各类安全人员1200人次，出动安全生产检查人员3064人次，检查督导企业1463家次；累计开展燃气、电梯、反恐防暴等联合检查125个小组，出动人员576人；排查整改各类安全隐患5167处，实施行政处罚102起，受理“12312”商务举报投诉30件。以天安门、中南海为核心，对整个政治中心区的沿街餐饮、商业零售经营单位，开展商务行业安全隐患大排查、大清理、大整治专项行动，重点排查整治无购物出口、中英文双语应急广播设置、排油烟管道清理和安全生产例会制度等方面的安全隐患。完成90家三级达标复评及创建任务，基本实现安全生产标准化创建全覆盖。

（孙　凌）

【打击侵犯知识产权和制售假冒伪劣商品工作】全年，东城区各行政执法部门出动执法人员33076人次，检查经营主体15536家次，共立案173件，办结150件，罚没款项共计1101.91万元；法院知识产权庭全年受理并审结制售假冒伪劣商品犯罪案件3件，受理侵犯知识产权纠纷案件2498件，审结案件2517件；公安机关破获销售假冒注册商标商品案件1起，刑事拘留犯罪嫌疑人1人；检察机关全年共及时批准逮捕涉嫌侵权假冒案件4件，起诉涉嫌侵权假冒案件5件。

（孙　凌）

【典当行业】全区现有经批准设立的典当法人单位45家，分支机构12家，从业人员1394人。全行业资产总额31.9亿元，全年典当总额272.5亿元，上缴税金9554.4万元。

（孙　凌）

【企业集中办公区】崇文商务大厦企业集中办公区全年续签企业368家，清理、清退企业21家。截至2018年底，有注册资本144亿元，贡献税收约7.1亿元。

（孙　凌）

【中国（北京）国际服务贸易交易会】5月28日至6月1日，东城区以“尊重智慧创造·捍卫版权规则”为主题，采取“版权交易成果展示+主题日特色活动+国际论坛会议”的形式承办京交会版权交易板块，召开了“知识产权保护推动视听产业发展论坛”。大会期间，共邀请10家版权交易领域相关企业参展，现场签约额320万元。

（孙　凌）

对外经贸

【概况】东城区对外经贸工作由区商务委主管。2018年，实现实际利用外资6.044亿美元，同比增长3.9%。实现进出口额143.4亿美元，同比上升3.4%，其中，出口额27.8亿美元，同比增长2.2%；进口额115.5亿美元，同比上升3.6%。

（孙　凌）

【扶持外贸企业】完成外贸经营者备案347个（230个变更、76个新设、41个注销）。审核27家企业的执行合同，执行金额约3.05亿美元。为企业申报2017年下半年北京市外贸稳增长资金2378万元、申报2017年最后一批及2018年上半年中小企业开拓国际市场项目资金，共申报金额286万元、申报2018年度北京市服务外包市级配套资金659.03万元、申报区产业发展办法奖励资金40万元。

（孙　凌）

【培育外贸新业态】积极落实北京市“发展外贸综合服务，为中小企业提供报关报检、物流、退税、结算、融资、信用保险、保理、供应链管理等综合服务”的要求，推荐北京汇百天地国际贸易有限公司积极参加外贸综合服务企业申报，并获得“北京市外贸综合服务示范企业”称号，成为北京市首批6家“外综服”企业之一。

（孙　凌）

【改善营商环境】对办理对外贸易经营者备案登记5个工作日的行政时限进行压缩，做到“一门一窗一次”。制定了全年的外贸企业走访方案，对北京源瑞达商贸有限公司、北京润华泽投资管理有限公司、汇百天地国际贸易有限公司、中海石油国际能源服务（北京）有限公司共20家单位进行了走访，解决了企业提出的问题。召开2次东城区外贸形势与政策暨改善营商环境培训会，印制宣传材料，向企业介绍目前外贸形势与发展趋势、改善营商环境具体措施。

（孙　凌）

【进口博览会】东城区成立了进口博览会北京市交易团东城区分团，分品类、分行业、分领域迅速通知、动员企业积极参加博览会，整理参加博览会的采购商名录及预计安排到会企业及人员数量，开展采购商审核及复审，组织企业到会参加采购。东城区交易分团共审核通过125家单位，390人次。共向97个单位，311人次发放参展证件。本次博览会东城区交易分团有5家企业与展览商达成合作协议，签订采购合同，成交金额共计1469万美元。

（孙　凌）

对口帮扶

【扶贫地区展销会】全年举办3场东城区支援合作地区农特产品展销会，实现销售金额约540余万元，产品意向签约订单约1000万元。吸引周边居民约20万余人前来参观购买，先后邀请中央、市区主流媒体30余家相继进行了宣传报道，前门展销会新华网宣传报道点击量超过100万人次，提高了受援地农特产品的知名度。

（孙　凌）

名　录

单位名称：北京市东城区商务局

党组书记、局长：王万青

地　　址：北京市东城区永定门内东街中里13号楼

邮　　编：100050

电　　话：67079106

传　　真：67142224

（孙　凌）

西城区

概　况

2018年，西城区商务委深入学习贯彻习近平新时代中国特色社会主义思想和党的十九大精神，落实市商务局及区委区政府工作部署要求，紧紧围绕核心区中心工作，牢固树立新发展理念，践行红墙意识，落实北京新总规，全力做好疏功能、提品质、稳增长、惠民生、防风险、保安全等各项工作，圆满完成了全年各项工作任务，取得一系列进展与成效。年内，实现总消费2544.1亿元，同比增长5.7%，其中，商品性消费为1043.2亿元，同比增长3.0%；服务性消费为1500.9亿元，同比增长7.7%。新建和提升改造百姓生活服务中心11个，新建和规范提升各类便民商业网点88个，包括蔬菜零售网点50个、便利店24个、早餐规范店10个等，均超额完成市、区全年建设任务。新批外商投资企业47家，吸收合同外资13.19亿美元，实际利用外资5.15亿美元，推动区域高精尖服务经济发展。实现进出口总额6306.7亿元人民币，占全市进出口总额23.2%，持续位居北京市第二位，为全市稳增长做出了贡献。

（马　岩）

商业服务业

【举办“携手小康·年货大集”】2月8日，区商务委和区外联办联合组织的“携手小康·年货大集”——西城区对口帮扶贫困地区农产品展销活动在金融街百姓生活服务中心启动，活动同时在西黄城根百姓生活服务中心友城生活馆、牛街清真超市和国安社区13家门店举办，来自河北张北县、阜平县和内蒙古喀喇沁旗等国家级贫困县的特色年货进京销售。

（戚秀艳）

【举办“2018两展一节”】6月22日至25日，“2018北京国际茶业展、2018北京马连道国际茶文化展、2018梧州六堡茶文化节”（简称“两展一节”）在北京展览馆和北京马连道成功举办。活动期间，在北京展览馆及北京马连道共举办了50多项70多场次的活动，内容丰富，形式多样，亮点突出。到北京展览馆和马连道参观的客流量突破14万人次，北京展览馆现场客流量约7.8万人，现场交易额9720多万元，共成交项目（含意向合作项目）926个；两现场总成交额（含电子及意向成交）7.93亿元。

（章建平、郝家莹）

【举办“2018北京国际茶业展”活动】6月22日至25日，“2018北京国际茶业展”在北京展览馆举办。展览面积共计2.5万平方米，特装展位占据95%以上，设有西城马连道展区、梧州六堡茶展区、茶企品牌馆、国际馆、精品茶具以及茶包装展区。有300余家规模企业参展，一线品牌企业占90%以上，如中茶集团、大益集团、湘茶集团、竹叶青、张一元、吴裕泰、武夷星、下关、雨林古茶坊、云南白药、双江勐库、谢裕大、徽六、滇红集团等，展会总体招展率100%。

（章建平、郝家莹）

【举办2018北京西单时尚节】7月18日至9月17日，举办“2018北京西单时尚节”，以

“时尚、文化、品质、生活”为核心，围绕“时尚轮回，共创永恒经典”的主题，首次创新设计了“一核两翼”的全域促消费系列活动，即以西单商圈为主场地，金融街、北京坊为副场地，范围覆盖全区重点零售、餐饮、老字号、超市、专卖店等8个系列、42场次专题和百余项促消费活动。区商务委与区档案局、西长安街街道办事处在西单商业文化博物馆共同举办了“《纪录成长展示芳华》西单商业区纪念改革开放40周年史料展”，展出了很多珍贵的历史资料和老照片，深度展示40年来西单商业街区的发展历程，引发市民和从业者广泛关注和共鸣。

（邵自军、杜　颖）

【开展2018年世界粮食日和粮食安全系列宣传活动】10月16日，在天虹商场广场组织开展“2018年世界粮食日和粮食安全系列宣传活动”，活动主题“端牢国人饭碗，保障粮食安全”，现场开展节粮减损、粮食安全普法宣传，免费发放主题宣传手册和宣传品，进一步引导企业和百姓共同关注粮食质量安全，把中国人的饭碗牢牢端在自己手上。

（柴晓虹）

【举办2018北京西城电子商务促进大会】11月12日至12月12日，举办“e时代i西城——2018年北京西城电子商务促进大会暨系列活动”，提出“电子商务与宜居生活”主题，展现互联网经济营建高品质宜居生活，为商贸企业搭建电子商务交流平台。活动期间，为第三批“西城区电子商务诚信经营承诺企业”授牌；推出“西城e生活”生活性服务业便民服务云平台；为区域电商企业开设了“传统商业电商发展专题讲座”，深度解读和普及将于2019年1月1日正式施行的《电子商务法》，引领商业企业融合线上线下经营，实现跨界合作，有效降低商业密度，提升商业品质，为全区商贸经济平稳发展注入新的活力。

（邵自军、杜　颖）

【推出便利生活与服务提升行动计划】年内，区委区政府印发《西城区便利生活与服务提升三年行动计划（2018—2020年）》，实施五大方面27条任务措施，推动“西城服务”再升级。推出“西城生活服务2.0”行动，全面精准对接群众美好生活需要，按照“e生活+服务”的理念，在8个便民商业基本业态基础上，首次将养老、托幼、健康、文化、体育、休闲空间等各类服务融合，打造社区便民消费综合体与“第三空间”。同时，积极推进腾退空间优先用于便民生活服务设施，支持利用地下空间丰富服务业态；按照每2万居民配置一个便民生活服务综合体的标准，至2020年全区累计建成55个百姓生活服务中心。

（杨旭东、马　岩）

【提升生活性服务业品质】全力增便利提品质，用心办好群众家门口的事。菜篮子全面覆盖，年内新增蔬菜零售网点50个，总量达518个，完成市级下达的每个社区2个蔬菜零售网点的任务，构建起“易买菜体系”；第三空间多样融合，年内新建和提升改造百姓生活服务中心11个，累计建成40个，引导三里河一区碧水海天、西四金瀛等百姓生活服务中心打造社区便民商业综合体标杆示范，按民意立项集成生鲜百货、读书空间、影院娱乐、老年之家、幼儿托管等多样化服务，为居民打造在家庭、工作单位之外的街区生活与邻里交流空间。大力推进社区连锁经营，坚持“规范化、品牌化、连锁化”品质标准，用足用好市、区政策，培育扶持好邻居便利店、罗森便利店、庆丰包子、华天肉饼等连锁龙头企业在全市扩展服务。

（杨旭东、马　岩）

【推出西城 e 生活便民服务】以积极回应群众需求为立足点，通过购买服务方式，委托区菜篮子联合会，创新推出“西城 e 生活”微信服务公众号，为居民提供集蔬菜、便利店、早餐、维修、药店等 15 类业态 5000 余个网点的位置查询和智能导航，实现 40 余家品牌连锁蔬菜零售网点 26 种菜价每日查询。

（杨旭东、马　岩）

【推进市场疏解和降商业密度】全力落实推进市、区疏解整治促提升及“双控四降”工作任务，完成全年百路通鑫电子市场等 9 个商市场疏解提升任务。严格执行新总规与“禁限目录”，在我区不再新建万米以上商业设施。年内 2 家亿元商场大规模转型，德胜门工美易地经营，庄胜崇光百货零售面积大幅缩减。引导天虹百货、新华百货等大型商业从城市级向社区型购物中心转型，减少外来消费人群密度。

（杨旭东、马　岩）

【创新“小物超市”模式】年内，针对“动批”“天意”“万通”“官批”等小商品批发市场全部闭市后，群众关心的日常小物件购买问题，坚持民有所呼、我有所应，率先建设布局“小物超市”，着力引导和支持百姓生活使用频率较高的小物品供应，满足居民生活需求。如新街口街道金瀛百姓生活服务中心和天地自立百姓生活服务中心都专门开辟了“小物超市”专区；好邻居便利店展览馆路店在传统的便利店商品基础上，增加了“小物专柜”。

（杨旭东、马　岩）

【推进老字号餐饮振兴发展计划】年内，举办“寻找儿时的味道——走进记忆食府”活动，走进护国寺小吃配送中心、全聚德文化博物馆、华天庆丰文化展馆等地体验；开展了“百年传承金牌菜评选”活动，评选出同和居、鸿宾楼、全聚德等 24 道“百年传承金牌菜”；举办“老字号牌匾展”、西城区老字号知识产权保护培训，通过系列活动进一步推动老字号企业传承创新发展。

（邵自军、赵杰平）

【推动老字号植根社区传承创新】加大老字号发展引导扶持，推动老字号创新经营。华天集团与天猫超市合开新零售社区便利店；庆丰包子在雄安市民服务中心开设无人智慧餐厅；瑞蚨祥西单旗舰店在西单商场开业；成文厚新开门店，传承账簿特色并扩展文化用品销售；百年义利搭载蔬菜销售转型社区便民店；内联升创新“网红款”“快闪店”，不断扩大社区品牌连锁经营，广泛扩展消费群体。

（马　岩）

【成品油变更初审及年检初审】年内，完成辖区 3 家成品油经营批准证书变更初审工作。完成辖区 16 家加油站年检初审。

（柴卫红）

【年度社会粮油供需平衡调查】年内，完成“2017 年度社会粮油供需平衡调查”。选取辖区居民 110 户作为调查样本，并调查分析辖区内 100 家餐饮企业（含有关单位食堂）的食用油消费情况。调查数据显示，2017 年全区居民口粮消费折合原粮 157990 吨，居民粮食消费依然以大米、面粉为主，分别占粮食消费总量 46.41% 和 44.17%；居民消费食用油 15494 吨，以花生油为主，占总量的 66.93%；平均每个餐饮企业年均消费食用油 10.03 吨，以豆油为主，占比 83.90%；辖区粮油市场供应充足稳定。

（柴晓虹）

【为 3 家企业办理粮食收购许可证】根据北京市粮食局《关于印发北京市粮食收购资格审核实施细则的通知》（京粮发〔2017〕62 号）文件要求，召开粮食收购资格行政许可有关事项工作会，对辖区重点涉粮企业进行宣讲培训，督促企业履行粮食质量安全主体责任，严格遵守《粮食流通管理条例》的各项规定，严格执行国家粮食质量标准，严把粮食收购、储存、运输关，经逐项审核企业提交申请材料，为北京市西南郊粮食收储库等3家企业办理粮食收购许可证，有效期三年。

（柴晓虹）

【加强重点期间安全保障】年内，区商务委在全国“两会”“中非论坛北京峰会”等重要政治活动，及春节、“五一”、国庆等节假日期间，履行商务行业安全服务保障工作职责，开展商务行业安全生产、反恐防暴等工作动员部署并进行执法检查，督促企业进行隐患排查整改，期间未发生安保事故。

（杨尚宗）

【开展综合执法检查】年内共检查单位数947家，执法出动次数1092次，执法人数2346人次。其中零售单位257家，发现一般性隐患125处；餐饮单位690家，发现一般性隐患334处；均已整改。其他检查共137家。各类行政处罚案件共计63件。

（杨尚宗）

【开展安全生产月活动】区商务委在6月的“安全生产月”中开展各项活动10余项。参与全区安全生产宣传咨询日活动；组织重点企业和联组单位负责人近100人，进行安全生产知识业务培训；组织开展多科目应急演练观摩。要求行业企业内部进行安全警示教育、全员岗位安全培训、安全生产隐患自查及各种宣教活动。

（杨尚宗）

【开展安全生产标准化达标评审】年内，区商务委开展行业企业安全生产标准化建设，对100余家企业进行专业培训。2018年商务行业有11家企业完成三级初评达标，5家企业完成三级复评达标。配合市、区安监局对2017年标准化三级达标企业进行抽样核查。

（杨尚宗）

【安全生产培训】年内，区商务委分别组织规模以上350余家企业安全生产负责人进行标准化、后厨安全、安责险、联组长业务等培训，聘请燃气、电气、特种设备、安责险、标准化等方面专家进行授课。

（杨尚宗）

【加强商务部门专职安全员队伍建设】年内，经区安全生产专职安全员队伍建设综合考核，区商务委获984分，获得2018年度安全生产专职安全员管理工作先进单位。

（杨尚宗）

对外经济贸易

【参加第五届京交会】5月28日至6月1日，第五届中国（北京）国际服务贸易交易会（简称京交会）在北京举办。西城区参加了“金融服务”“设计服务”专题展览展示和北京馆日相关活动。区长王少峰在北京日主题活动中作了《用好资源　优化服务　全力打造北京金融科技与专业服务创新示范区》的主题演讲，签约2个重点项目，7家企业和单位参展。

（赫庆欣）

【参加首届中国国际进口博览会】11月5日至10日，首届中国国际进口博览会在上海举办。西城区交易分团共有112家企业参加展览会，共计达成5年内意向采购额3670余万美元，交易的企业涉及服装服饰及日用消费品、医疗器械及医疗保健、智能及高端设备等领域；进口地区包括德、荷、美、日、瑞、澳等国家以及香港地区。

（赫庆欣）

【利用外资结构优化】年内，新批外商投资企业47家，同比增长17.50%；吸收合同外资

13.19 亿美元，同比下降 89.03%；实际利用外商直接投资 5.15 亿美元，同比下降 95.56%。利用外资进一步助推我区高精尖产业结构优化，新设外商投资企业有 68% 注册在北京金融科技与专业服务创新示范区。

（郝家莹）

【外商投资备案监督检查】 年内，启动外商投资企业设立及变更备案监督检查 2 次，根据双随机原则，完成对 9 家企业的备案情况监督检查，其中现场检查 4 家，书面检查 5 家；对 1 家未及时备案企业启动定向检查 1 次。

（郝家莹）

【进出口总额全市排名第二】 年内，西城区进出口总额 6306.7 亿元人民币，同比增长 28.9%，占全市进出口总额 23.2%，位居全市第二。其中进口额 5143.3 亿元人民币，同比增长 22.7%，占全市进口总额 23.1%，位居全市第二；出口额 1163.5 亿元人民币，同比增长 65.9% ，占全市出口总额 23.8%，位居全市第二。

（赫庆欣）

【受理对外贸易经营者备案登记】 年内，区商务委受理对外贸易经营者备案登记 248 件，其中企业新备案 120 件，备案表变更 128 件，注销 7 家。

（郭文志）

【总部经济中介组织】 年内，完成 2018 总部经济中介组织初审工作，我区中金税税务师事务所有限公司等 8 家企业入选《北京市总部经济中介组织库》（2018 年版）。

（张贯中）

【服务外包和软件出口业务】 年内，完成三类驻区服务外包奖励材料初审工作共计 9 家次，其中，办理新录用人员补助 4 家次，促进新兴服务出口项目 1 家次，服务贸易出口贴息项目 4 家次。

（赫庆欣）

【服务贸易企业统计监测】 年内，与区统计局调查队联合对 103 家西城区重点服贸监测企业开展相关业务培训，全年重点企业登记 62 家，重点企业登记率达 60%，超过考核指标 1 倍，登记企业填报率 100%。

（张贯中）

【开展企业出口信用保险服务】 年内，区商务委和中国出口信用保险公司联合开展中小型企业统一投保出口信用保险服务，全年开展宣传培训 2 次，新增小微企业投保 37 家。截至年底小微企业投保覆盖率达到 33.5%，为小微企业开拓国际市场和增强风险抵御能力提供了有力保障。

（张贯中）

名　录

单位名称：北京市西城区商务局
党组书记、局长：袁　利
地　　址：北京市西城区北滨河路 9 号
邮　　编：100055
电　　话：83509379
传　　真：68012342

（马　岩）

朝阳区

概　况

北京市朝阳区商务委员会是负责本区内外贸易、对外经济合作和现代服务业发展的区政府工作部门，挂北京市朝阳区人民政府口岸办公室（简称区口岸办）牌子。2018年，北京市朝阳区商务委员会坚持稳中求进工作总基调，坚持稳增长、促改革、优环境、惠民生，深化服务业扩大开放，巩固提升国际经贸枢纽功能，加快构建“高精尖”经济结构，有序推进功能疏解，促进消费市场升级，提高生活性服务业品质，持续优化营商环境，商务工作质量效益稳步提升。2018年，实际利用外资47.1亿美元，进出口总额12735.9亿元，跨国公司地区总部累计121家，实现社会消费品零售额2797.6亿元，新建（改造）便民服务网点159个。

（马伟超）

【完成第五届京交会承办工作】在第五届京交会上，朝阳区以“创新分销服务，推动高质量发展”为主题，以“新时代、新朝阳、新分销”为背景，以“国际服务贸易、总部经济发展、服务业扩大开放、国际一流营商环境”等为主要内容，展现朝阳区的国际商务和国际贸易枢纽功能、服务业扩大开放综合试点示范区建设成果。5月31日，举办“迈向新时代”国际经贸合作论坛，来自俄罗斯、白俄罗斯、乌克兰、波兰、亚美尼亚等国的政商界代表共商国际商贸合作；北京雅宝路商会与乌克兰工商会签署战略合作协议，为中国与乌克兰中小企业搭建平台；朝阳区与中欧企业家峰会组委会签署战略合作协议。会议期间，集中展示了朝阳区分销服务的发展成果、服务业扩大开放综合试点示范区建设2周年的整体成效、优化营商环境的亮点举措，成功开展了19个项目的签约活动。举办3场新闻发布会，成功开展19个项目的签约活动，媒体报道及重点网络发布400余篇次。

（马伟超）

【服务业扩大开放示范区建设】2018年，服务业扩大开放54项深化试点任务已提前完成，两轮试点政策共催生17项新业态落地，深化创新10项体制机制成果，推出53个典型示范点。支持罗尔斯罗伊斯（中国）投资有限公司成为北京首家通过服务业扩大开放试点政策设立的外商投资性公司；吸引日本最大的唱片公司爱贝克思集团控股公司在国家文创实验区投资设立爱贝克思（北京）文化传媒有限公司；支持益博睿征信（北京）有限公司成为全市首家获得企业征信备案的外资征信机构；吸引全球三大评级机构标准普尔公司、穆迪投资者服务公司和惠誉国际信用评级公司在我区设立独资公司；形成全国首家“可视化为侨服务示范基地”、戴姆勒亚洲唯一乘用车设计中心等多个全国领先、北京首创的可复制、可推广的开放创新成果；朝阳区服务业扩大开放试点工作在国务院第五次大督查中得到全国通报表扬。

（马伟超）

【促进服务业发展】2018年，朝阳区租赁与商务服务业实现增加值1033.7亿元，同比增长7.8%，高于朝阳区GDP增速1.3个百分点。

2018年，总部经济及服务业发展引导资金征集并审核通过133个项目，包括总部经济、商务服务业、消费领域、先行先试政策试点、国际性展会和双向国际化等方面，支持资金总额近1亿元。

（马伟超）

【利用外资情况】2018年，朝阳区新设立外商投资企业750家，合同外资98.4亿美元，实际使用外资47.1亿美元。服务业扩大开放引资成效显著，2018年服务业六大领域吸引合同外资87.3亿美元，占总体合同外资的88.7%。其中，科学技术服务领域作为朝阳区近年来重点培养的“高精尖”行业，2018年吸引合同外资33.2亿美元，同比增长3.7倍，增速迅猛助推外资整体发展，占总体合同外资的33.8%；金融服务作为我区传统优势产业，2018年吸引合同外资30亿美元，同比增长3.1倍，占总体合同外资的28.4%。

（马伟超）

【不断推出外资备案便利化服务】2018年，按照“提高利企便民水平，优化外资服务效能，激发市场活跃度”的原则，通过与工商银行朝阳支行、中信银行尚都国际中心支行、北京农商行朝阳支行、兴业银行朝阳支行4家银行的部分具有代理资质的网点开展合作，朝阳区将外商投资商务备案手续由原先只能集中统一到北京市朝阳区政务服务中心办理转变为企业可自主选择就近银行网点办理，银行作为企业与北京市朝阳区商务委员会的“中间业务代理人”，网点成为行政大厅的一个延伸，企业负责人只需选择就近的银行便可免费、快速办理外资备案，进一步压缩时间和空间，减少企业往返次数，使全区外商投资更为便利化和高效化，为企业带来真正的实惠与便利。

（马伟超）

【外贸进出口情况】2018年，朝阳区累计完成货物进出口总额12735.9亿元，同比增长30%，占全市总量的46.9%。其中，进口完成11544.9亿元，同比增长30.6%，占全市总量的51.8%；出口完成1190.9亿元，同比增长24.5%，占全市总量的24.4%。三项指标均居全市首位。

【开展国际经贸交流】2018年，朝阳区结合“一带一路”倡议实施，积极开展经贸洽谈活动。支持雅宝路组织31家服装企业赴俄罗斯参加CPM展会，支持绿协举办2018绿色经济财富论坛、雅宝路商会举办迈向新时代——国际经贸合作论坛等活动，组团出访在法国举办的2018中欧企业家峰会，支持中外企业家联合会组织2018中非企业家峰会代表团访问北非摩洛哥，不断深化国际经贸交流合作。

（马伟超）

【深度参与首届中国国际进口博览会】2018年，紧抓进博会推动经济全球化和贸易自由化的契机，充分推介朝阳区扩大对外开放、加强对外合作的优势和成果，增强区域国际影响力。完成朝阳区789家企业的注册工作，登记人员总数达1656人，征集签约意向金额超过10亿美元。组织300余家企业到会参观，广泛对接130余个国家的近3000家参展商，覆盖货物贸易和服务贸易的相关领域，涉及商务服务、金融服务、文化贸易和科技创新领域。其中，朝阳区19家单位与展位内国际参展商签署采购协议42份。

（马伟超）

【推动总部经济发展】2018年，朝阳区积极引入高精尖总部企业，加速提升总部能级。落实北京市相关总部政策，为驻区总部企业做好相关服务保障工作，大力引进具有投融资、结算、研发等功能的跨国公司地区总部，促进总部经济实体化发展。新引进西门子交通技术（北京）有限公司、穆迪（中国）信用评级有限公司等14家总部企业；在存量总部企业聚集程度高的优势基础上，进一步提升总部能级。新认定斯伦贝谢（中国）投资有限公司、慧与（中国）有限公司等5家跨国公司地区总部，跨国公司地区总部累计达121家，约占全市的七成。截至2018年底，朝阳区121家跨国总部实现区级收入43.6亿元，占全区区级收入的8.7%，同比增长22.2%。据北京市发布的最新一版总部企业名录显示，截至2018年底，全市总部企业累计3961家，其中朝阳区888家，占全市总量的22.42%。截至2018年底，888家总部实现区级收入同比增长8.3%。

（马伟超）

【社会消费品零售额指标完成情况】2018年，朝阳区通过培育体验消费，组织品牌特色活动，促进电子商务发展，提升时尚消费品质，扩大服务消费规模，带动消费市场升级，促进区域消费稳步增长。2018年，朝阳区累计实现社会消费品零售额2797.6亿元，同比增长1.4%，占全市的比重为23.8%，总量稳居全市首位。

（马伟超）

【有序推进功能疏解】2018年，朝阳区疏解商品交易市场28家，其中市级任务12家，涉及建筑面积8.5万平方米，摊位数2952个。区级任务17家，涉及建筑面积16.6万平方米，摊位数4341个。

（马伟超）

【促进电子商务发展】2018年，朝阳区加大对重点电商企业的引进和走访力度，先后走访每日优鲜等多家电子商务企业，推荐花艺生活等8家电商企业申报2018年第一批商业发展项目。引导二手汽车电商平台公司人人车从海淀迁至朝阳。做好中粮我买网、每日优鲜等重点企业的培育工作，鼓励电商企业线上线下融合发展，并参与扶贫工作。2018年，网上零售额达到525亿元。

（马伟超）

【提升生活性服务业品质】2018年，朝阳区累计新建改造各类便民服务网点159个。其中，新建便利店企业门店60余家。引导创新模式，建立生活性服务业品牌连锁企业资源库，引导“鑫大洋”、盒马鲜生等连锁品牌企业发展，创新发展“互联网+生活性服务业”新模式，推动每日优鲜、惠民网等企业，实现便民服务线上线下整合。强化政策引导，深入落实《朝阳区生活性服务业发展三年行动计划》，投入市区两级财政资金6000余万元，支持140个基本服务网点建设。

（马伟超）

名　录

单位名称：北京市朝阳区商务局
党组书记、局长：陈庆华
地　　址：北京市朝阳区日坛北街33号
邮　　编：100020
电　　话：65099185
传　　真：65094325

（马伟超）

海淀区

概　　况

海淀区商务委是海淀区政府负责内外贸工作的行政主管部门，主要负责贸易促进、商业服务业行业管理、社区商业建设、商务综合执法等内贸工作，以及利用外资、对外经济合作、对外贸易、服务外包产业发展等对外经贸工作；负责指导并促进内外贸领域行业协会等社会中介组织的发展等。区商务委于 2004 年 7 月组建，原名商务局，2009 年 9 月更名为海淀区商务委员会，2019 年 3 月再次更名为商务局。下属一个事业单位，即北京市海淀区商务综合执法监督检查所。

（辛瑞红）

商业服务业

【市场消费总额及社会消费品零售额完成情况】2018 年，海淀区市场总消费达到 6947.7 亿元，占全市比重为 27.3%，同比增长 10.8%，高于全市 3.4 个百分点，总量和贡献率居各区首位。其中服务性消费 4607.6 亿元，占全市比重为 34%，同比增长 16.4%，高于全市 4.6 个百分点；社会消费品零售额再创新高，达 2340.1 亿元，占全市比重为 19.9%，同比增长 1.4%。

（辛瑞红）

【电子商务增势良好】2018 年，海淀区限额以上单位实现网上零售额 645.6 亿元，占全区社零额的 27.6%，同比增长 12.7%，对海淀区社零额的贡献率为 230.5%，拉动海淀社零额增长 3.1 个百分点。

（辛瑞红）

【科技赋能传统商业转型升级发展成果显著】海淀持续推动互联网、大数据、人工智能和商业实体经济深度融合，引领传统商业业态创新增长。阿里盒马鲜生、京东 7fresh、超级物种、便利蜂等新型零售业模式落地海淀；旷世科技应用 face++ 技术（新一代云端视觉服务平台）与便利蜂、小麦铺等现代新零售企业开展科技便民创新合作；鼓励物流领域创新，在海淀科技园区试点京东无人配送机器人全场景常态化配送运营，利用人工智能科技实现精准、高效物流配送。科技赋能传统商业，为公众提供了全新的智慧城市体验和科技便利。

（辛瑞红）

【打造特色商业街区】海淀依托华熙 • 五棵松等区域打造海淀文化科技融合空间样板，促进时尚、文化、生态、科技等要素与商业街区的有机结合，打造海淀特色商业地标。华熙 LIVE • 五棵松在 2018 年的中国特色商业街评选中，被命名为中国特色商业街，成为北京荣获国家级命名的两条商业街之一；汇聚全国特色饮食的综合餐饮主题街区食宝街，先后在海淀中关村和西客站开设门店，并入选首批“北京市阳光餐饮示范街区”。

（辛瑞红）

【成功举办国际葡萄酒大奖赛】5 月，第 25 届比利时布鲁塞尔国际葡萄酒大奖赛在海淀成功举办，大赛组织近万款中外样酒、约 400 位国际评委的参加，建设“葡萄酒体验消费网点”70 余个，吸引千余万网友关注并参与活动；以赛事为契机，海淀着力探索“国际参赛酒品通关便利化”政策模式创新，试点推动国际酒品报关、标识注册流程的简化和监管，在全市率先形成具有推广价值的国际赛会（展会）进口物品通关便利化试点工作经验。

（辛瑞红）

【提升商务服务业保障水平】为进一步推动商务服务业高端化、国际化、品牌化发展，积极为商务服务业企业搭建公共服务平台，引导带动高端专业要素集聚，促成北京商务联科技创新分会落地中关村军民融合产业园；以服务、培育初创企业为目标，在创客小镇及创新创业集聚区试点并推广创新创业一站式服务，聚集整合全市法律、咨询与调查、知识产权等38家优质商务服务业企业，引导和支持高端商务服务业技术、模式、业态和管理创新，为调整强化海淀高精尖经济结构提供高质量服务和强有力支持。

（辛瑞红）

【强化政策支持保障】海淀通过持续优化营商环境促进和保障区域消费。充分发挥政策和财政资金对商业发展的扶持和引导作用，出台《海淀区提高城市生活服务业品质实施方案》《海淀区生活性服务业品质提升专项资金申报指南》等政策文件，积极支持基础便民商业建设、实体零售创新转型和特色商业街区的打造。

（辛瑞红）

【发布海淀区生活性服务业品质提升指数】2018年1月12日上午，海淀区商务委举办新闻发布会，正式发布“海淀区生活性服务业品质提升指数”，在全市率先构建完成区、街镇两级生活性服务业品质提升指数体系，从“六化”的维度入手，细化出三级53个指标，对全区及各街镇生活性服务业的发展状况进行量化评估，纳入区级统计指标，按季度进行更新发布，为工作开展提供指导。截至2018年第四季度，海淀区生活性服务业品质提升综合指数为87.56分，同比提升4.16分，全区生活性服务业综合品质已由“良好”阶段迈入“好”的阶段。通过对指数打分的运用，分析出不同区域发展的优势劣势，及时补缺，提高政府决策的效率和精准度。

（辛瑞红）

【统筹推进便民服务体系建设，提升生活性服务业品质】海淀区以构建新型城市形态服务好中关村科学城建设为指导思想，通过落实主体责任、强化政策引导、积极鼓励创新等多种措施，统筹推进“疏整促”工作，切实做好区域便民商业网点的完善和生活性服务业品质提升工作。2018年共新建和规范各类基本便民商业网点150个，其中菜篮子100个。目前，全区共有菜篮子网点1300余个，早餐网点1200余个、便利店和超市2100余个、末端配送网点400余个，各类便民商业网点总数近9000个，8项基本便民商业服务功能在全区581个社区基本实现一刻钟社区服务圈全覆盖。

（辛瑞红）

【海淀区打造社区商业e中心】海淀区全面开展“海淀社区商业e中心”建设工作，以8+N项基本便民商业服务功能［即蔬菜零售、便利店（社区超市）、早餐、便民维修、家政服务、美容美发、洗染、末端配送等8项基本服务功能和N项选择性业态］为核心，融合新型科技手段，为居民提供“一站式”综合性社区便民商业服务，切实提升区域居民获得感和幸福感。2018年初全面启动项目建设工作。截至2018年底，已在海淀区田村路、羊坊店等6个街镇建成10处社区商业e中心。

（辛瑞红）

【“蔬菜保供应·平价惠民生”活动】2018年1月12日，区商务委联合各街镇以及区内410余家规范化蔬菜零售网点启动了海淀区菜篮子工程“蔬菜保供应·平价惠民生”活动，并通过官网发布《致居民的一封信》。2018年起各保供网点实行价格公示制度常态化，485个售菜网点悬挂统一制式的价格公示牌。建立了日常监督机制，各街镇每日上报价格公示情况，区相关职能部门进行暗访抽查，发现问题及时曝光并纠正，形成了区街联动的日常监督机制。

（辛瑞红）

【海淀蔬菜联采联盟搭建零售与产地间供销平台】通过海淀蔬菜联采联盟组织企业对接生产基地，朝着蔬菜供应的“安全、平价、可追溯”不断前行。8月31日，由海淀区商务委组织的海淀蔬菜联采联盟供需对接签约会在海淀招商大厦举行。海淀社区商业服务协会、海淀饮服协会以及区内连锁商超、便民蔬菜店、蔬菜供应商等近30余家企业参加此次会议。9月，海淀蔬菜联采联盟与8个单品供应商签约平价菜供采协议后，目前已稳定供应超市发、幸福超市、百舸湾等5个连锁企业。同时，依托联采联盟，搭建起与海淀区对口扶贫地区优质农副产品进京销售的平台，对接河北张家口赤城、内蒙古赤峰敖汉旗、内蒙古兴安盟科右前旗、湖北丹江口、新疆和田等地，组织超市发、物美、幸福超市、百舸湾、顺天府、车客家园、中昌华美等区内商超零售企业赴贫困地区实地考察，帮助指导当地企业，使其产品加工工艺和包装要求不断改进以符合进入北京市场的要求后，免除一切费用为帮扶地区产品提供销售渠道。截至12月底，已达成贫困地区农副产品采购共计1157.5吨，合计金额达318.4万元。

（辛瑞红）

【“菜篮子”三年行动计划完美收官】2015年11月3日，海淀区印发了《海淀区菜篮子工程三年行动计划（2016—2018年）》，计划到2018年底，在全区范围内扶持售菜面积20平方米以上规模的零售网点累计700个，形成较为完善的区域蔬菜零售终端供应体系。经过三年的不懈努力，截至2018年底，全区蔬菜零售网点已达1360个，其中20平方米以上规范化网点已达800个，达到国务院“平均每个社区菜篮子网点数量不少于2个”的考核要求。

（辛瑞红）

【推进原区属配套商业网点回归便民服务功能】梳理区属企业掌握的商业网点情况，通过回租、回购、回业态等方式，2018年以来共推动22个居住配套商业网点回归基本便民商业服务用途，自疏整促工作启动以来，累计推动149个商业网点回归菜篮子等八项基本便民商业服务功能，回归面积达3.6万平方米。

（辛瑞红）

【市场整治提升工作】2018年，由海淀区商务委员会牵头，市场整治提升联席工作组各部门会同任务街镇推进完成本年度市场整治提升任务。截至12月31日，全年累计完成16家市场整治提升任务，其中2018年上账任务15家，2018年账外任务1家，涉及建筑面积187478.6平方米，摊位数4431个、从业人员约20336人。

（辛瑞红）

【第十二届海淀区商业服务业职业技能风采大赛】4月27日，由海淀区商务委员会主办，区商业联合会承办的“第十二届海淀区商业服务业职业技能风采大赛”启动，以“我在　我行　我赢”为口号，历经三个月时间，分别组织完成了以收银员比赛、外贸知识竞赛、摄影比赛、化妆比赛、中式面点等岗位实操技能竞赛、安全生产观摩、应急救护比赛、员工风采展示和以超市堆头、服装服饰搭配为主的跨区经验交流赛、成果汇报等10余项活动。

（辛瑞红）

【**第十四届海淀品牌消费节**】9月，在海淀区商务委支持下，由海淀区商业联合会主办第十四届海淀品牌消费节。活动历时1个月，以“数字商业 智享消费”为主题，开展2018北京（海淀）特色商业街研讨圆桌会、数字商业实景体验展、“相约和田 共植美好”和田枣树认养帮扶公益活动、商业发展40年成果系列活动、“未来已来，你在未来”数字化商业博览会、AI+商业新技术赋能商业推介会、便民商业服务社区行、消费者评选“数字化体验热度榜”和真情回馈消费者等系列活动。

（辛瑞红）

【**第十届绿色出行海淀体验会**】10月，在海淀区商务委支持下，区商业联合会主办、区商业联合会与区汽车行业联席会共同承办，举办第十届绿色出行海淀体验会。以“绿色科技，乐驾海淀”为主题，举办了汽车展、汽车公益行、汽车鉴赏会等系列精彩活动。

（辛瑞红）

【**第十六届中关村国际美食节**】12月5日，在海淀区商务委员会发起支持下，由北京九歌正轩文化发展有限公司主办的第十六届中关村国际美食节正式开幕。北京世纪金源大酒店、北京京都信苑饭店、北京北邮科技酒店、北京西国贸大酒店等18家星级酒店参加开幕式并为广大食客提供丰富的美食品鉴活动。

（辛瑞红）

【**打击侵犯知识产权和制售假冒伪劣商品工作**】重大活动保障形成长效机制。中非合作论坛北京峰会期间等关键时期，组织工商、质监、知识产权、文化执法等相关成员单位开展集中检查，确保市场经营秩序良好。重点领域专项治理取得成效。发挥办公室统筹协调作用，牵头开展2次打击假劣车用燃油、1次针对商场超市出租柜台、外围临时场地涉嫌假冒侵权问题整治专项行动，针对侵权假冒行为的阶段性和区域性特点，形成工商、质监、食药、知识产权、文化执法、旅游、农业和海关等部门协同执法机制，取得阶段性成果。2018年，海淀区“双打”领导小组各成员单位累计出动执法人员1万余人次，出动执法车辆1000余台次，罚没款合计共计1000万余元。

（辛瑞红）

【**商务领域综治维稳工作**】全年组织了三次商务领域反恐防恐工作培训，约有400多人参加了培训。进一步加强实地督导，特别是“中非合论坛”期间，商务委各级领导带队深入一线检查工作，对金源时代购物中心、圣熙八号、城乡贸易中心、翠微商厦、华宇时尚购物中心、双安商场等区内重点企业开展了综治维稳、刀具管理、反恐防恐、市场供应保障等方面的动态巡查，对重点企业、重点部位进行了再检查、再排查、再落实，用“回头看”巩固工作成效，有效地保障了人员密集场所的安全稳定。

（辛瑞红）

【**推动安全生产培训和标准化达标创建工作**】流通秩序科对400家企业的法人和安全负责人进行安全和标准化培训并先后组织两场动员会。采取实地走访企业宣传与街道安办联合检查等方式督促企业参加。在此基础上，探索建立了商务系统安全生产标准化三级达标奖励机制，对区安监局的达标补贴形成有力补充，切实调动了商业企业开展安全生产标准化达标创建的积极性。2018年以来，商务委对64家企业共计发放安全生产标准化奖励资金共计19.2万元。全年103家商业企业完成了安全生产标准化三级达标创建。经过市、区两级商务部门的积极促进，全市2500多家商业零售和餐饮经营单位达到安全生产标准化水平。

（辛瑞红）

【商务综合执法】2018年安全生产执法检查768家次，其中：检查经营单位584家次，一般程序执法8例，简易执法184例，累计出动执法检查人员1738余人次，组织质检、消防、食药等部门开展了两次联合执法，其中，发现隐患问题30余例，立案审查8起，做出行政处罚60000元。

对外经济贸易

【服务业扩大开放实现机制突破】积极创建北京市服务业扩大开放综合试点示范区，5月份，62项任务均已按时完成；形成了中关村银行（金融创新）、易智付（跨境外汇支付）、京东金融（跨境人民币支付）、北京银行（小巨人创客中心）、居家养老失能护理互助保险试点项目五个示范项目。

（辛瑞红）

【跨境贸易便利化推动外贸】加快落实京津跨境贸易便利化各项措施，利用外经贸发展专项资金，积极促进外贸企业发展，全年累计申请资金8251万元。按照政府支持、协会组织的方式，组织20余家企业考察埃及、土耳其、越南等国，多家企业形成订单。成立进口博览会海淀区交易团，动员我区300余家优势企业参加首届中国国际进口博览会，完成19笔意向签约，签约金额达196139.68万美元。全年完成进出口总额2522.5亿元，同比增长19.5%，完成出口额943.5亿元，同比增长30.2%。

（辛瑞红）

【服务贸易创新发展夯实工作基础】贯彻落实《国务院关于同意深化服务贸易创新发展试点的批复》，聚焦中关村科学城，以大信息产业和科技服务业两大产业为主导，探索创建服务贸易创新发展示范区。开展服务贸易重点企业监测，委托第三方机构调研全区1488家重点服务贸易企业，宣讲外经贸发展专项资金促进服务贸易创新发展、境外拓展等实施方案，推动507家企业入库统计。根据全区“一窗、一网、一次”的工作要求，服务外包与软件出口合同备案登记初审工作入驻区政务服务中心综合窗口，实现全窗口办理。

（辛瑞红）

【京交会洽商对接促进项目落地】举办“融合发展、科技创新”中关村—归国人员创新沃土北京对话会，围绕中关村创新发展40年，邀请刘积仁、熊晓鸽、田溯宁等科技新侨人士参会，宣传海淀创新创业政策与环境。2018智慧服务峰会暨第六届软件与信息服务国际企业对接会聚焦智造强国战略，搭建制造企业与智慧服务企业合作平台。胡春华副总理亲临海淀“赋能创新 科技光影”人工智能展区，并对展览呈现的基于人工智能的科技创新元素给予了充分肯定。30个企业交易项目完成签约，签约金额1242亿元人民币。

（辛瑞红）

【总部经济规模迎来集聚效应】总部企业累计1141家，占北京的28.8%，位居全市第一，份额较2017年提高2.5个百分点；其中，创新型总部企业973家，占全市36.01%；外资总部企业数量176家，占全市19.91%。2017年海淀区总部企业实现区级税收贡献128.45亿元，占全区公共财政预算收入的30.81%。2018《财富》世界500强，中国上榜企业达120家，总部在北京的世界500强企业达53家，其中海淀区约16家。完成2018年总部企业奖励补助资金延续性项目申请，申请资金2290.45万元。

（辛瑞红）

【企业审批】2018年，全面推进外资企业备案“一窗受理”，全年共接待咨询、业务办理22272人次，其中电话咨询13249人次；为

1562家外商投资企业办理设立和变更备案事项；为567家企业办理对外贸易经营者备案登记手续；为4家直销企业出具确认函，为5家企业办理粮食收购资格许可，为26家拍卖企业办理拍卖经营许可初审、变更初审；为29家加油站办理变更、歇业初审；办理验厂及生产能力证明11个。全年窗口服务“零”投诉，收到锦旗2面，表扬信3封。

（辛瑞红）

名录

单位名称：北京市海淀区商务局
党组书记、局长：王澎
地　　址：北京市海淀区四季青路6号4层东
邮　　编：100195
电　　话：88496768
传　　真：88496790

（辛瑞红）

丰台区

概　况

2018年，丰台区商务委员会以“提质增效、创新驱动、为民便民”为主线，统筹推进疏功能、稳增长、促改革、调结构、惠民生等各项工作，取得了较好进展。全年实现总消费2138亿元，增长7%。其中社会消费品零售额1170.8亿元，同比增长3.2%，总量居全市第三位，增速居城六区第一。服务消费完成967.2亿元，增长12%。

（牛格非、李　蕊）

商业流通

【规划政策】制定并印发《丰台区加快蔬菜零售网络建设工作方案》，织密“五分钟”蔬菜零售网络体系。制定并印发《丰台区生活性服务业设施规划》，将便民商业业态配置细化到街乡镇。

（张会利、牛格非）

【调整疏解非首都功能】全年完成26家市场调整疏解工作，其中拆除2家、清退转型15家、升级改造9家，涉及建筑面积16.77万平方米，摊位数4381个，涉及人口9898人。

（张会利）

【生活服务业品质提升】年内，新建和规范提升便民网点133个，连锁化率达到42%，实现基本便民服务功能社区100%覆盖。市区级网点建设资金全年总计投入2284万元支持便民网点建设，推荐我区49家品牌企业入选北京市生活性服务业品牌连锁企业资源库。小象生鲜、盒马鲜生等新零售业态加快在我区布局。实时更新丰台区便民商业网点电子地图，便民服务一目了然、一键可查。

（李　蕊）

【生活性服务业示范街区】花乡草桥镇国寺北街建成北京中心城区首个生活性服务业示范街区。形成了“8+N”全业态体系，周边居民足不出街区，即可享受到多业态、全方位、零距离的“一街式”便民服务。

（李　蕊）

【“五分钟”蔬菜零售网络体系建设】全年新建及规范蔬菜零售网点61个，全区蔬菜零售网点达到764个，平均每个社区2.2个，蔬菜零售网点连锁化率达到44%。

（张会利）

【促消活动】开展“京味大年乐购月、品质消费在丰台”“首届丰台跨境商品消费体验月”等品牌促消费活动，在品牌、时尚、特色等消费领域培育新增长点。

（李　蕊）

【行业管理】年内，完成31家典当、29家拍卖企业年审材料上报。新增拍卖9家，变更13家；新增典当5家，变更12家，接受相关咨询3000余人次。完成65家加油站年检初审上报、1家加油站暂停歇业上报、6家证书变更。完善对蔬菜等生活必需品市场供应及价格监测，增加零售终端供应量，启动联合保供行动，落实产销合作协议，保障市场供应。开展肉菜追溯体系建设，全年完成790家，累计完成1524家，实现重点商超、餐饮、菜市场“来源可追溯、去向可查证、责任可追究”。有序落实粮食安全区长责任制。

（李　蕊）

【行业监管】全年商务安全生产检查共计2048家，出动执法人员6144人次，发现问题458余起，均已现场整改，约谈130家。其中日常安全生产检查1048家，商业预付卡、家政服务、促销、美容美发、汽车销售、食盐等专项执法检查1000家，一般处罚7家，已结案交费6家，简易处罚122件。组织开展全区双打联合执法检查5次，涉及企业13家，上报双打信息49篇，被市级和全国网站采用8篇、专报采用1篇。

（李学兵、李　蕊）

【消费扶贫】与河北涞源县、内蒙古赤峰市林西县和兴安盟扎赉特旗建立扶贫协作对接机制，共建共赢协同发展。在新发地市场开展二县一旗农副产品推介活动，惠及3个旗县3320户贫困户8000余人。组织林西县、扎赉特旗特色农产品认购会，建立扶贫协作地区农产品微信认购群，在新发地、岳各庄市场设立特色产品展销专区，进市场、进超市、进餐饮，销售总额达1.77亿元，有效拓展了扶贫地区农产品进京销售渠道，丰富了京城百姓餐桌。

（张会利）

【电子商务】促进“互联网+商务”深度融合，引导值得买、仁和药房网、叮当智慧药房等特色企业发展，促进商业实体企业与电子商务平台融合发展，培育出始之生活、嗨啦社区等具有区域特色的社区商业e中心。加快国家电商基地示范体系建设，以“走进新时代、发展来丰台”为主题，组织参加第五届京交会电子商务大会。

（杨　磊）

【总部经济】我区3家企业入选北京市总部经济中介机构库，225家企业入选2018年度北京市总部企业库。推动丰台园总部经济集聚区发展，园区总部企业数量占全区总部企业总量的比例达到66%。

（陈　涛）

【优化商务领域营商环境】开展商务系统营商环境政策宣传，分类别向重点企业宣传“9+N”系列政策、工作开展情况及典型案例。精准开展深度服务，制定商务领域重点企业联系服务方案，主动走访重点企业。落实“放管服”改革，试点外资企业领取备案回执“马上办”，实现外贸经营权备案等十五证合一，完善外资企业“双积分”信用监管模式。

（陈　涛、李　蕊）

对外经贸

【利用外资】年内，全区新设外商投资企业38家，比去年同期增长40.7%。新增合同外资129107万美元，同比增长34倍。实际外资1455万美元，同比下降85.8%。

（陈　涛）

【对外贸易】年内，全区进出口总额完成1318.8亿元，同比增长26.59%；其中出口313.1亿元，同比增长23.5%；进口1005.7亿元，同比增长27.5%。

（陈　涛）

【外向型经济扶持】积极落实国家及北京市外贸稳增长措施，25家企业获得外贸出口奖励1600万元，32家企业获得中小开项目补助265万元，联合中信保为50家企业免费办理短期出口信用保险。

（陈　涛）

【服务业扩大开放】积极推动“丽泽城市候机楼”“在北京国家数字出版基地试点外商投资音像制品制作”“丽泽金融商务区”服务业开

放示范园区创建等各项试点任务落实。精准对接企业需求，积极争取服务业外籍人才出入境“新十条”政策落地。

（陈　涛）

名　录

单位名称：北京市丰台区商务局

党组书记、局长：郭晓一

地　　址：北京市丰台区东安街三条6号

邮　　编：100071

电　　话：63838670

传　　真：63838670

（牛格非）

石景山区

编前序

打造品质提升典范，推动消费结构升级。紧抓石景山区高端绿色发展的有利契机，以消费升级促进产业升级，培育形成新供给新动力扩大内需。引进便利蜂、全时、永辉生活、京东无人便利店等新兴便利店品牌落地，开启便利化、智能化的新型消费模式，满足更多消费者多元化、个性化需求。借助服务北京冬奥会的发展机遇，不断完善生活性服务业体系，合理布局服务网络，着力平衡区域需求、人群需求和商业设施供给关系。2018 年，石景山区规模以上商业零售和餐饮店铺达到 107 家，其中商业零售店铺 44 家，餐饮店铺 63 家，总面积 42.3 万平方米。

培育产业发展新动能，谋划商务服务产业发展。推动咨询与调查、广告、组织管理服务、人力资源服务等领域做大做强，加强全区服务业政策资源倾斜，打造石景山特色品牌商务服务行业。联动新首钢高端产业综合服务区、石景山科技园等重点功能区，加强商务服务企业引入，补齐产业发展配套服务短板。高度重视电子商务工作，以政策为先导，推进国家电子商务示范基地建设。依托我区商业保理试点优势，坚持招优选优，促进企业集聚，扩大试点规模。优化政策环境，切实扶持区域总部企业发展，深化服务企业机制，促进总部企业高端发展。

落实走出去引进来，构建开放型经济结构。2018 年是实施“十三五”规划承上启下的关键一年，是推进结构调整、转型升级的关键一年，也是北京市深化改革推进服务业扩大开放的关键一年。中国经济由高速增长转向高质量发展。石景山区外经贸工作坚持引进来和走出去并重，适应供给侧改革要求，深入推进服务业扩大开放综合试点，优化外贸发展结构，稳定外贸进出口增长，全力构建开放型经济格局。

坚持精准对口帮扶，助力打赢扶贫攻坚战。引导企业制定帮扶计划，建立廉政风险防控机制，防止在扶贫领域发生腐败懒政情况。携企业实地考察对接贫困地区，精准施策协调解决“农超对接”工作存在的困难、问题，确保工作顺利进行。在引导企业与对口帮扶地区对接合作的过程中，坚持注重实效，选取当地最具优势、特色的农产品为主打产品，开设特色产品展示展卖形象店，为帮扶地区特色产品试水首都消费市场、适应超市采购模式奠定良好基础。

持续优化营商环境，提升为企服务能力。优化政务服务事项，进一步简化程序流程，压缩办理时限。加快“一网通办”，提高事项网上办理率，畅通服务企业通道。提升为企服务能力，加强政策宣讲，帮助企业了解政策、用好政策；调研走访重点驻区企业，实施“一对一”精准服务；积极对接金融街长安中心、清华启迪园等新建楼宇载体，为商务楼宇配齐完善商业配套设施；建立外商投资重大项目清单制度，加强部门间招商联动，找准定位、主动服务，积极推动外资项目落地。落实市级部署，开展营商环境评价工作。

（程华祥、马　宁）

商业贸易

【商品交易市场疏解】为推动京津冀协同发展、落实首都城市战略定位、治理北京“大城市病”，石景山区商务委认真贯彻落实“疏解整治促提升”专项行动总体部署，坚持“疏解提升并举，拆补相结合”的理念，持续深入推进商品交易市场调整疏解工作。同时，为巩固全区“疏解整治促提升”专项行动工作成果，杜绝专项行动治理后反弹，通过加强管理、巡查预防、及时发现、有效制止、坚决惩治等有效措施，实现“零新生”“零反弹”的工作目标。

（张　然、宗　喆）

【生活性服务业品质提升】按照区委、区政府决策部署及北京市关于生活性服务业网点建设任务，石景山区商务委以便民、利民、惠民为出发点和落脚点，坚持保基本、促提升，多角度便利百姓生活，推动全区生活性服务业发展进入快车道。研究出台《石景山区生活性服务业品质提升三年行动计划（2018—2020年）》，重点打造区域、街道、社区三级生活性服务业体系，推进重点园区和楼宇生活性服务业配套，优化业态结构，打造服务品牌，发展新零售，加强质量监管，力促区域消费优化升级，进而构建“空间集约、功能复合、标准规范、形象统一、环境优化”的生活性服务业体系格局。

（王子丹、宗　喆）

【双百创建】2018年，石景山区商务委深入贯彻区委区政府“六个一批”建设要求，坚持“保障先行”“拆补结合”，以“双百创建”为抓手，全面推动生活性服务业网点建设。通过市场化运作、挖掘国有资源载体、新建小区配套、现有业态转型等方式，新建、提升基本便民服务网点80个，其中蔬菜零售网点30家，其他生活性服务业网点50个。截至2018年底，全区共有生活性服务业网点1094个，连锁化率达到45.6%，较2017年底提升18.7个百分点，基本实现了7项便民商业服务功能全覆盖。

（滕小宇、宗　喆）

【精准扶贫和对口协作】2018年，石景山区商务委深入开展产业经贸合作交流，助力结对地区打好脱贫攻坚战。与河北顺平县，内蒙古莫力达瓦达斡尔族自治旗、宁城县，湖北竹山县四地开展精准扶贫和对口协作工作，选取对口地区最具优势、特色的农产品为主打产品，依托区内壹公里果蔬、物美、永辉等大型连锁商超企业，在人流密集的核心位置设立销售柜台，推介当地特色农产品，为帮扶地区特色产品开拓首都消费市场、适应超市采购模式奠定良好基础。

（王建博、宗　喆）

【消费市场运行】2018年，石景山区商务委紧密围绕北京冬奥会重大机遇，大力培育消费新兴热点，有针对性地指导、协助企业开展各类品牌特色促消费活动。在商品性和服务性消费共同带动下，全区消费市场增势平稳，实现市场总消费额576亿元，同比增长5.2%。其中，消费品市场实现零售额312.4亿元，同比增长3.0%，增速高于全市0.3个百分点；实现服务性消费额263.6亿元，同比增长8.1%。

（王建博、宗　喆）

【扎实推进行业安全生产监管工作】2018年，石景山区商务委认真履行“党政同责、一岗双责”，按照“管行业必须管安全”的要求，严格落实行业安全管理责任，克服困难，持续加大行业安全管理力度，夯实行业安全管理工作基础，有效防范和坚决遏制各类安全事故发生，圆满完成了“中非论坛”等重要时期的安全服务保障任务。全年召开全区商务行业安全生产会议5次，开展行业企业各类安全培训98场次，累计培训人员3900余人次。累计出动检查人员1522人次，检查督导商务行业企业607家次，排查各类安全隐患1417处。按照“政府推动、企业实施、中介帮扶”的原则，推进29家行业企业完成“一企业一标准、一岗位一清单”编制工作；发挥保险的社会管理和风险防控功能，促进企业安全生产主体责任的落实，完成44家企业安责险投保；通过政府购买服务方式，聘请专业机构开展“一对一”服务，全年共开展现场指导200家次。

（刘　颖）

【强化行业监管依法行政】2018年，石景山区商务委以商务行业法律法规为依据，以行业安全、行业规范为重点，强化日常执法检查工作力度，开展美容美发行业、家电维修业、汽车销售、粮食等专项行政执法行动，特别是对全国“两会”“中非论坛”、春节等重要节日、重点时期加强执法检查工作力度。2018年，累计检查（复查）商务行业企业607家次，做出行政处罚89件，其中简易处罚88件，一般程序处罚1件，罚款5000元。

（刘　颖）

【商务行业创城工作】石景山区商务行业创建全国文明城区的各项工作始终坚持“创建为民，创建惠民”的原则，让居民有更多的获得感、幸福感和安全感。组织“优化营商环境——选树人民满意的服务窗口”和“服务之星”评选等主题活动，提升行业整体服务水平；专项整治商业企业门前三包、环境卫生等问题，落实企业“门前三包”主体责任；要求企业将创城宣传海报装裱入框，利用电子屏、电视墙循环播放公益广告，营造浓厚文明社会氛围；指导大型商场的母婴室和无障碍设施的新建和改造，下发制作“光盘行动、俭以养德”标识，组织垃圾分类培训，配备分类垃圾桶。

（康烁辰）

【商务服务业不断壮大】2018年，石景山区商务服务业收入合计160.8亿元，同比增长15.1%，已成为区域产业转型的重要方向和提升西部综合服务功能的有力依托。全区商务服务业已形成较为齐全的行业类别，其中高附加值、高辐射力的行业发展态势较好，带动产业内部结构不断优化。企业管理服务、广告、咨询与调查、人力资源服务四大主导领域发展效益较好，合计收入及税收均占全区商务服务业总量的80%以上，新业态、新模式快速发展，高精尖企业加快集聚。

（刘　斌、丁　玲）

【参加2018中国（北京）电子商务大会】5月28日上午，2018中国（北京）电商大会在国家会议中心隆重召开。本届大会时间从5月28日至6月1日，以“共创新时代 链接新未来”为主题，是北京国际服务贸易大会的重要板块之一。石景山区作为“国家电子商务示范基地”，积极参加大会活动，宣传“全面深度转型、高端绿色发展”战略，传播“融合山水谋发展、建设首都西大门”的总体发展思路，推介电子商务发展良好环境，展示电子商务产业发展成果。组织全区亿邦动力、易宝支付、思路网等优秀电商企业参加大会论坛主题演讲，搭建石景山区与其他区域交流合作的平台，为全区优秀电子商务企业创造更多的发展机遇、扩大区域企业的影响力、展现石景山区良好的创新创业氛围。

（刘　斌、丁　玲）

【典当企业年审】2018年6月，石景山区全面完成2017年度北京市典当企业年审工作，截至2017年底，石景山区共有典当企业16家，分支机构3家。2017年典当总额27.06亿元，同比增长13.2%，典当余额3.29亿元，同比下降1%。业务范围涵盖动产质押、房地产抵押、财产权利质押等。

（刘　斌、丁　玲）

【拍卖企业年审】2018年6月，石景山区全面完成2017年度北京市拍卖企业年审工作，其中有3家拍卖企业通过审核，分别为北京宏达三晶拍卖有限公司、北京鼎兴天和国际拍卖有限公司、爱拍得拍卖有限公司。

（刘　斌、丁　玲）

对外经济

【外贸进出口】截至2018年底，全区对外贸易经营者备案企业1303家，涉及实际进出口业务的企业380家（含有出口业务的222家，有进口业务的268家）。完成外贸进出口总额64.2亿元人民币，同比增长60.4%，全市占比0.2%。其中出口总额39.4亿元人民币，同比增长90.2%，全市占比0.8%；进口总额24.8亿元人民币，同比增长28.4%，全市占比0.1%。出口商品主要以钢材及工业产品为主。出口国包括韩国、日本、美国、欧洲、新加坡、马来西亚等。

（刘　珊、王凯蒂）

【外资结构】截至2018年底，全区开业外商投资企业355家。按企业生产方式划分，生产型企业42家，非生产型企业313家；按合作方式划分，独资企业261家，合资企业88家，合作企业4家，股份制企业2家。累计投资总额62.4亿美元，其中合同外资31.9亿美元，企业平均投资规模1757.7万美元。

（刘　珊、王凯蒂）

【外资来源】年内，全区外商投资主要来源于全球29个国家和地区。其中企业数量最多的为中国香港，共设立“三资”企业194家，投资额为52.2亿美元，同比增长4.0%；中国台湾位列第二，共设立共设立“三资”企业25家，投资额为2244.4万美元，同比增长7.9%；美国位列第三，共设立“三资”企业22家，投资额为4021.6万美元，同比增长83.7%；三个国家和地区的投资企业数分别占全区外资企业总数的54.6%、7.0%和6.2%。

（刘　珊、王凯蒂）

【新增外资规模】年内，全区新设及并购外商投资企业33家，其中新设30家，并购3家。完成实际利用外资3.9亿美元，同比增长52.8%。

（刘　珊、王凯蒂）

【新批外资结构】新批“三资”企业中，从企业类型上分，独资企业26家，合同外资额1.1亿美元，平均投资规模430.5万美元，占全部新设企业的95.9%；合资企业7家，合同外资额482.7万美元，平均投资规模69.0万美元，占全部新设企业的4.1%。从产业结构上分，新批“三资”企业全部符合石景山区产业发展定位。投资涉及的主要行业有技术开发与服务、各类咨询、企业管理、商贸、文化艺术交流、会议服务等，其中，技术开发与技术服务类企业占新批及并购企业的72.7%。

（刘　珊、王凯蒂）

【外资大项目】年内，引进外资项目在规模和质量上不断扩大和提升，投资总额1000万美元以上的大项目5个，投资总额达2.4亿美元，吸纳合同外资总额8503.9万美元，占全部新批项目的72.8%。其中投资总额5000万以上大项目2个，投资总额达2.0亿美元，吸纳合同外资7628.3万美元，占全部新批企业合同外资额的70.4%。

（刘　珊、王凯蒂）

【落实服务贸易统计监测制度】根据《北京市商务局关于启动商务服务贸易重点企业统计监测系统工作的通知》，积极组织本区重点企业在服务贸易统计监测系统注册登记，截至2018年底，石景山区共有30家企业纳入北京市重点服务贸易企业范围。2018年，有14家企业在该系统填报553项服务贸易进出口直报数据，服务贸易直报金额达1.4亿美元。

（刘　珊、王凯蒂）

【围绕试点任务，深入推进服务业扩大开放】围绕北京市服务业扩大开放五类示范点建设和本区试点任务，加快推进北京银行保险产业园、北京“侨梦苑”两个示范园区建设，推动北京阿尔山金融科技有限公司“利用区块链技术开展金融科技创新、金融监管创新”示范项目推广应用。截至2018年底，北京“侨梦苑”已有百余家侨商注册进驻，年内，与瀚海、车库咖啡等孵化器签订正式协议，未来将实现京内外、海内外创业空间的资源共享。北京银行保险产业园正式开园，规划建成率超过70%，银保建国酒店等一批配套设施投入使用，举办中国银行保险业国际高峰论坛，落户现代金融机构20家。

（刘　珊）

【紧抓政策落实，服务外贸稳增长调结构】积极落实外贸发展政策，鼓励企业扩大出口规模。对本区服务贸易及服务外包项目进行了征集及初审，受理服务4家企业的服务贸易贴息项目4个。其中，服务贸易出口贴息项目3个，经市局审核通过项目2个，涉及收汇金额31.6万美元；服务贸易进口贴息项目1个，涉及付汇金额40.9万美元。组织24家企业境外展览会等8类50个项目申报外经贸发展专项资金160.8万元，支持企业积极开拓国际市场。加强中美贸易摩擦环境下重点企业跟踪服务，对16家外资企业、10家重点外贸企业外贸进出口情况进行跟踪，及时发布相关信息，做好政策服务。

（刘　珊、王凯蒂）

【搭建展会平台，推动对外贸易优进优出】参与第五届北京服贸会系列宣传和推介活动，从区情、区位、产业环境、发展定位等多方面展示了石景山区“高精尖”产业发展环境，通过示范园区、示范项目、创新发展案例展示服务业扩大开放成果；组团参加首届国际进口博览会，89家单位254个采购商和专业观众注册参团，采购商涵盖全区主要进口企业及批发零售、医疗卫生、科技文教等各类企业，现场签订采购意向7个，合同金额过亿元，采购商品包括食品、智能家居家电、医疗器械等。

（刘　珊、王凯蒂）

名　录

单位名称：北京市石景山区商务局

党组书记、局长：宋世媛

地　　址：北京市石景山区石景山路18号

邮　　编：100043

电　　话：68607227

传　　真：88683281

（程华祥、马　宁）

门头沟区

概　　况

2018年，门头沟区商务工作紧紧围绕“三四三三”重点工程和区域发展总原则，积极传承和弘扬“讲奉献、争第一”的门头沟精神，严格落实“疏整促”工作任务，全力推进社零额、生活性服务业品质提升、粮食安全区长负责制等市级绩效考核任务；扎实开展行业促消费、精准帮扶、营商环境建设、文明城区创建等重点工作；全力保障商务行业安全生产，行业发展稳中提质。消费市场稳步增长，累计实现零售额62.2亿元，同比增长5.4%。外贸发展呈现企稳态势，进出口额累计28.36亿元，同比增长17.5%；其中出口15.5亿元，同比增长25.4%；进口12.7亿元，同比增长9.1%。实际利用外资累计3204万美元，同比增长28.7%，全年利用外资稳中有升。顺利推进粮食区长责任制考核工作，圆满完成市粮食安全区长责任制考核抽查工作。保障行业安全稳定，相继开展商务行业安全生产大检查。紧紧围绕“安全生产月”和“五大重点节日”，开展多种形式的宣传活动，积极营造“安全第一、预防为主”的良好氛围。

（杨　楠、李　亮、韩凤红、陈　玥、马　洁）

商业流通

【社会消费品零售额同比增长】2018年，门头沟区社会消费品零售额实现62.2亿元，同比增长5.4%。

（杨　楠）

【建设便民商业服务网点】2018年，持续推进生活性服务业品质提升工作，新建或规范提升各类商业便民网点51个，其中蔬菜零售网点12个；便民商业网点连锁化率提升5.2个百分点，城镇社区覆盖率达到94.3%。超额完成年度40个考核任务。市级督查3个空白社区中蔬菜零售网点建成投入使用。

（杨　楠）

【改造提升农副产品市场】2018年，完成“疏解整治促提升”专项行动任务，提升改造农副产品市场1家。完成北京东方国利信农副产品市场提升改造任务，面积900平方米，涉及商户60户，涉及人口179人。由原菜市场转型升级为连锁品牌生鲜超市，销售蔬果、肉、蛋等生鲜类食品为主，搭载主食厨房等便民服务内容。

（杨　楠）

【优化商业布局　扩大服务消费】2018年，门头沟区商务委员会与规划和国土委员会门头沟分局、门头沟区住房建设委、各镇及街道办事处等部门建立定期沟通机制，跟进项目建设进展情况，做好业态需求调查；对接市级相关部门，引导、推进知名商业企业到门头沟区发展。组织开展节日促销活动，筹划部署年度促销活动；调研门头沟区重点服务业企业现状，促进商业服务业发展；组织召开商业便民政策宣讲会，利用政策资金鼓励和支持带动企业发展。

（杨　楠）

【开展送货下乡及进社区活动】2018年，组织开展13次“送货下乡及进社区活动”。

（杨　楠）

【保障生活必需品应急物资供应】2018年，开展2018年防汛基础工作自查，核对库存应急物资；签署2018年应急物资存储、运输协议书，完成应急物资的轮换工作。

（杨　楠）

【加大商业专项资金扶持力度】2018年，组织门头沟区30余家企业参加商业便民服务设施项目投资补助、商务发展项目政策宣讲会，广泛征集项目。完成2018年度商业专项资金申报工作，共5个项目通过市级终审，获得246.9万元支持资金。

（杨　楠）

【开展对口帮扶工作】2018年，制订了2018年度门头沟区商务委员会对口帮扶协作工作计划及三年行动计划；推进对口帮扶地区农副产品进京销售企业对接会；发挥商务流通领域优势，到帮扶地区开展对接活动；在7家社区便利店内免费设立帮扶地区农副产品销售专柜，实现销售收入44万余元，对口帮扶地区约179人建档立卡户受益。帮助门头沟区商务委员会对口帮扶的清水镇张家铺村销售栗蘑，通过商品进社区展卖活动、门头沟电视信息高速路栏目推广销售等形式，共销售2000余斤。

（杨　楠）

【举办行业技能大赛两场】6月9日，举办了首届“舒心妈妈 爱心呵护”婴幼儿护理比赛，通过赛前培训、组织初赛，20余位优秀选手晋级市级复赛、决赛，提高行业技能水平，增强行业从业人员素质。11月29日，举办主题为“粒米成箩 节约你我 共享创城乐生活”的2018年餐饮技能大赛，门头沟区10家餐饮企业和各行各业的30名大众评委、30余位厨师参加了比赛。

（杨　楠）

【制作电子地图 完成规划编制】2018年，完成便民商业网点电子地图的制作，门头沟区政府网站和“门头沟商务”微信公众号可进行查询；完成《北京市门头沟区生活性服务业配置规划》编制，门头沟区政府31次常务会讨论并通过。

（杨　楠）

【申报优质服务商店】2018年，组织门头沟区规模以上零售企业申报北京市“优质服务商店”，北京京客隆首超商业有限公司门头沟新桥店、黑山店，同仁堂善和医药、东方饺子王常通路店4家商店获此殊荣。

（杨　楠）

【参加市级行业技能培训比赛】2018年，组织门头沟区20余位家政服务优秀选手参加市级行业技能大赛复赛、决赛，在845名参赛选手中获得了全市第6名和第37名的好成绩，并荣获了“金手指”奖杯和北京市市级技术能手的荣誉称号。

（杨　楠）

【完成商务部信息监测报送】2018年，组织商贸统计企业完成2017年度年报、2018年度季报及月报，报送率达到百分百；组织60余家监测企业召开信息监测工作培训总结会2次，完成2018年商务部商贸流通业统计监测系统报送工作。

（杨　楠）

【办理直销网点核查初审】2018年，完成2家直销企业在门头沟区设立直销服务网点的核查；2家直销企业服务网点地址变更的核查。

（杨　楠）

【办理拍卖企业年检初审】2018年，审核完成2017年度拍卖企业年审初审工作。新批准设立1家拍卖企业。

（杨　楠）

【办理典当企业年检审核】2018年，完成

2017年度典当企业年审和审计工作，为1家典当企业出具迁址函。

（杨 楠）

【办理加油站年检审核】2018年，完成门头沟区成品油经营企业台账统计，定期对加油站进行日常检查；完成2017年度12家成品油经营企业年检审核工作。

（杨 楠）

安全生产

【扎实做好行业安全工作】2018年，根据市区两级安全生产工作部署，全面推进安全生产标准化建设、安责险试点推广等工作。全年共出动执法人员700余人次，检查企业292家次，发现各类安全隐患153处，已督促企业全部整改完毕，企业未发生各类安全生产事故。安全生产行政处罚2起，累计罚款金额1万元。

（李 亮）

【加强商务执法检查工作】2018年，为贯彻商务部、北京市商务委商务综合行政执法试点改革工作要求，加强对门头沟区商务领域行政执法工作力度，全年共做出行政处罚64起，其中安全生产一般行政处罚2起，罚款金额共计1万元。美容美发领域执法做出简易处罚案件53起，家电维修服务业执法检查做出简易行政处罚案件7起，粮食综合执法检查做出简易行政处罚案件2起。

（李 亮）

【做好宣传培训工作】2018年，以全国安全生产月、全市安全生产培训日、“12·4法治宣传日”围绕商务行业“两个安全生产规定”，结合全年各阶段安全生产活动，通过上街宣传、悬挂横幅、下发通知等形式，营造了浓厚的安全生产氛围。结合商务行业安全生产事故特点，设计印制了安全生产宣传册、宣传品1000份，并在各项宣传活动中发放。1月17日上午，面向门头沟区商务行业单位500余名从业人员开展了消防安全大培训。

（李 亮）

粮食供应

【退耕还林补助粮食发放工作】2018年，门头沟区商务委及时为退耕户发放补助粮食。退耕还林验收合格面积22529.860亩，累计涉及8个镇183个村5110户村民，共计发放特一粉292.73吨，特等大米460.403吨。

（韩凤红）

外资外贸

【总部经济中介组织实现零突破】2018年，门头沟区4家中介组织首次入选《北京市总部经济中介组织库》，实现总部经济中介组织零的突破。

（陈 玥）

【76家外资企业参与年报工作】2018年，门头沟区76家外商投资企业开展2018年度外商投资企业年度投资经营信息联合报告工作，申报率为100%。

（陈 玥）

【外资企业备案情况良好】2018年8月，开展外商投资企业备案监督检查工作，按照“双随机、一公开”原则，以3%的抽查比例抽取4家外商投资企业开展备案监督检查。经检查，备案情况良好，未发现违反《外商投资企业设立及变更备案管理暂行办法（修订）》行为。

（陈 玥）

【受理外资企业备案73件】2018年，受理外商投资企业设立及变更备案申请73件，出具设立备案回执15件，变更备案回执58件。

（陈 玥）

【建立外商投资重大项目清单制度】2018年，建立“门头沟区外商投资重大项目清单制度”报送制度，推动重大外资项目顺利落地。

（陈　玥）

【外资企业营商环境逐步提升】2018年，围绕“关注外资企业全生命周期，做好落地外资企业服务工作”主题开展外资企业营商环境提升及创建工作。

（陈　玥）

【门头沟区分团参加2018年北京国际服务贸易交易会】5月28日至6月1日，门头沟区参加2018年北京国际服务贸易交易会。门头沟区外资企业缤果可为（北京）科技有限公司、外贸企业捷赛厨电（北京）科技有限公司分别在京交会的电子商务展区和综合展区精彩亮相。

（马　洁）

【门头沟区分团参加首届中国国际进口博览会】11月5日至11日，门头沟区政府领导带队门头沟分团赴上海参加首届中国国际进口博览会。门头沟区共有30家企业、119人参与，现场签署意向采购协议4000多万美元。

（马　洁）

【外贸企业备案工作】2018年，门头沟区办理对外贸易经营者备案116件，其中新增64件，变更52件。

（马　洁）

【机构设置工作】11月16日，举行门头沟区贸促支会揭牌仪式。

（马　洁）

名　录

单位名称：北京市门头沟区商务局
党组书记、局长：王立宇
地　　址：北京市门头沟区双峪路39-1号
邮　　编：102300
电　　话：010-69842571
传　　真：010-69842571

（王　倩）

房山区

概　况

2018年，房山区商务委员会紧紧围绕“一区一城”新房山建设和“三区一节点”功能定位，贯彻“六为”发展理念，坚持优化营商环境，持续改进作风，狠抓任务落实，圆满完成了年初确定的各项任务目标。全年实现社会消费品零售额252.8亿元，同比增长5.9%，增速并列全市第三；实现外贸进出口总额8.56亿美元，同比增长17%；完成实际利用外资4258万美元。全区商务工作总体保持稳中有进的良好发展态势。

（胡光宇）

商业流通

【房山区社会消费品零售额保持较快增长】2018年，房山区实现社会消费品零售额252.8亿元，同比增长5.9%，增速并列全市第三位，高于全市3.2个百分点。

（胡光宇）

【房山区大型商业设施数量达到35家】截至2018年，房山区5000平方米以上大型商业设施建筑面积与营业面积分别达到97.9万平方米和61.7万平方米。按业态划分，35家大型商业设施中，购物中心11家，百货店12家，家居建材11家，专业专卖店1家。

（胡光宇）

【房山区市场疏解与提升工作深入推进】2018年，房山区完成14家商品交易市场疏解与提升工作；其中，疏解市场3家，改造提升11家，共涉及8个乡镇，建筑面积16.5万平方米。完成7家农村集贸市场规范整治工作；其中，规范整治早晚市场5家，传统大集2家。

（胡光宇）

【房山区生活性服务业品质大幅改善】2018年，房山区建设提升基本便民商业网点114个。全区154个社区中，132个社区实现了基本便民商业服务功能全覆盖，比去年同期增加44个社区，覆盖率达到85.7%，同比提高25个百分点。

（胡光宇）

【房山区商务行业安全保障工作圆满完成】2018年，房山区商务委员会在安全生产、食品安全、零售促销、成品油、生活服务业等领域开展了执法检查工作。全年共出动执法人员4888人次，检查各类经营单位1600家次，指导企业整改各类安全生产隐患2473处，办理各类行政处罚案件165件。

（胡光宇）

【房山区退耕还林补助粮供应工作顺利结束】7月，房山区2018年退耕还林补助粮供应工作全部完成。本项工作于5月中旬启动，共涉及15个乡镇437个自然村的22786户农户，完成退耕面积74560.5亩，累计供应面粉2609.6吨。

（胡光宇）

【《房山区生活性服务业设施规划》于11月正式发布】《规划》以推动生活性服务业品质提升，满足人民日益增长的美好生活需求为目标，力争到2020年，解决街区商业设施在供给、需求、质量方面存在的突出矛盾和问题，实现城市社区基本便民商业设施全覆盖，乡镇区域基本便民商业网点密度进一步提升。

（胡光宇）

【房山区商务委员会被市粮食和物资储备局确定为北京市放心主食示范试点单位】11月，房山区商务委员会被市粮食和物资储备局确定为北京市放心主食示范试点单位，是3个试点单位中的唯一一个郊区试点单位。

（胡光宇）

【龙湖房山天街正式开业】9月21日，龙湖房山天街正式开业，商城位于房山区拱辰街道政通路，占地面积2.5万平方米，总建筑面积13.6万平方米，分为地上六层与地下三层，共有商业品牌250个，店铺总数295个。

（胡光宇）

对外经贸

【首届进博会房山分团组织工作圆满完成】11月5日至10日，首届中国国际进口博览会在国家会展中心（上海）举行，房山区46家单位赴现场采购洽谈，签约采购意向合同金额1.6亿美元。

（胡光宇）

【房山区外贸进出口稳步增长】2018年，房山区完成外贸进出口总额8.56亿美元，同比增长17%。其中，完成出口3.48亿美元，同比增长32.1%；实现进口额5.08亿美元，同比增长8.5%。

（胡光宇）

【房山区外商投资企业发展良好】2018年，房山区共办理各类外资审核备案80项，其中新设立企业33家，协议总金额1.93亿美元，合同外资1.15亿美元。外商投资企业联合申报工作顺利完成，103家企业通过年报审核。

（胡光宇）

名　录

单位名称：北京市房山区商务局

党组书记、局长：高海军

地　　址：北京市房山区长阳镇昊天北大街38号

邮　　编：102445

电　　话：81312935

传　　真：81312958

网　　址：http://www.bjfsh.gov.cn/zwgk/qsww/

（胡光宇）

通州区

概　况

2018年，通州区商务委员会按照区委区政府的工作要求和全区的统一部署，全面深入贯彻落实党的十九大会议精神，紧抓京津冀协同发展和北京城市副中心建设这一千载难逢的历史机遇，积极围绕北京城市副中心建设总体要求，突出“调结构、稳增长、惠民生”这一工作主线，主动适应和引领新常态。坚持内贸、外贸双轮驱动，以“优布局、补短板、疏低端、提品质”为抓手，以“强化商务功能，提升消费品质，优化市场环境，全力惠及民生”为目标，不断深化服务业扩大开放综合试点，有序推进市场疏解提升，稳步提高居民生活性服务业品质，积极优化营商环境和市场秩序，努力构建“高精尖”商务产业体系，圆满完成了各项工作任务，北京城市副中心商务事业在砥砺奋进中不断发展。

（畅绍丽）

【社会消费品零售额同比增长5%】2018年，通州区社会消费品零售总额实现439.8亿元，同比增长5%。增速高于全市2.3个百分点，在全市16区和经济技术开发区中位于第九，占全市的比重为3.74%。

（畅绍丽）

【积极推动总部经济发展】加大通州区发展环境和政策优势宣传推广力度，赵磊区长出席“2018总部经济国际高峰论坛”并进行专题演讲。有效利用媒体资源，有计划、有重点地宣传总部经济发展新进展、新成效，营造有利于总部经济发展的良好氛围。目前全区总部型企业69家。

（畅绍丽）

【获批成为北京市服务业扩大开放综合试点示范区】1月通州区正式获批成为北京市服务业扩大开放综合试点示范区，3月7日成立了北京市通州区服务业扩大开放事务中心，承担本区服务业扩大开放推进相关的事务性、服务性工作。

（畅绍丽）

【完成39家市场疏解提升工作】2018年，通州区完成39家市场疏解提升工作任务，涉及商户8246户，从业人员14510人。

（畅绍丽）

【新建和规范提升生活性服务业网点119个】2018年，通州区持续提升生活性服务业品质，累计新建和规范提升生活性服务业网点119个，其中蔬菜网点41个，连锁化率达到47.1%，覆盖率达到90.6%。

（畅绍丽）

【保障防汛应急生活必需品供应】组织应急保障企业做好汛期生活必需品储备，确保了全区生活必需品的供应和调拨。对企业防汛物资进货、运输保障和物资的质量、数量以及物资定期轮换等情况进行了实地检查，全力做好防汛应急生活必需品供应保障工作。

（畅绍丽）

【切实加强应急储备粮管理】与粮贸公司签订了2018年储备粮承储协议，积极办理储备粮津贴拨付，对区储备粮粮情状况进行了摸底检查工作，保证应急储备粮定期轮换保质保量。

（畅绍丽）

【加强粮食市场信息监测】完善粮油市场信息监测预警体系，定期对监测点进行抽查，适时发布粮食供求、价格等相关信息。

（畅绍丽）

【认真落实粮食安全区长责任制】切实提升全区粮食行业安全生产治理能力和管理水平，2018年，检查粮食收储库及粮食加工企业60家次。提高粮食执法人员素质，2018年组织区粮食储备服务中心在岗人员参加粮食执法资格考试，通过率99%。结合通州区食品安全周、世界粮食日组织开展多长粮食安全宣传活动。

（畅绍丽）

【持续开展针对性专项检查和整治】2018年，通州区商务委共出动行政执法1870人次，检查规模以上商业零售及餐饮经营单位935家次，查处安全隐患问题942项；检查食盐经营单位1083家次，查扣私盐103公斤；检查汽车销售企业80家次、检查美容美发企业41家次、洗染企业12家次、检查家电维修4家次、检查洗浴4家次；检查家庭服务业7家次；检查成品油企业39家次；检查再生资源回收企业4家次。

（畅绍丽）

【加强行业安全生产执法宣传工作】2018年，通州区商务委共组织联合执法13次；开展各类宣传教育培训45场次，其中大型培训活动8场次；召开行业安全会议13场次，下发红头文件26份；一般程序案件37起，罚款54000元；简易程序案件70起。接受国务院、市委、市政府各类安全生产督查5次。

（畅绍丽）

【加大行业安全巡查检查力度】2018年，通州区商务委建立了重要节日、重大活动、重大事件期间巡查、联合检查和委领导带队检查长效机制，对城区重点商业街区、大型商场、超市、餐饮企业各项安保工作落实情况进行重点巡查。同时，对全区粮食行业、外资外贸企业等主管行业企业加大安全监管力度，确保行业安全。

（畅绍丽）

【对企业安全管理工作进行全面指导】强化宣传教育培训，督促企业落实主体责任。2018年组织40余家新增备案企业集中约谈培训会2次，对新增备案及安全管理水平薄弱企业点对点约谈培训15次，对企业安全管理工作进行全面指导。共组织烟花爆竹禁限放、国际民防日、“3·15”消费者权益保护日、安全生产月等7次上街宣传活动，发放宣传品5000余份，参与群众达到3500余人。

（畅绍丽）

【深入推进“双打”工作】不断强化通州区“双打”领导小组的协调作用，明确了2018年打击侵权假冒工作要点，加大宣传力度，强化联合执法，加强各成员单位有效沟通，鼓励开展跨部门、跨区域的联合执法行动，同时做好两法衔接工作。8月份在全区范围内组织开展了打击假冒伪劣商品专项行动，区工商分局等8部门共立案侵权假冒案件17件，罚款10万余元，查扣物品23.9万件。

（畅绍丽）

对外贸易

【外商投资企业情况】2018年，通州区新设立外商投资企业49家，增资企业17家。投资总额合计316838.35万美元，注册资金合计123566.88万美元，合同利用外资91034.53万美元。

（畅绍丽）

【实际利用外资】2018年，通州区实际利用外资共46笔入资，共计61213.62万美元。

（畅绍丽）

【境外投资备案】截至2018年底，通州区共有境外投资备案企业138家。2018年，通州区20家主体企业进行境外投资，其中美国6家，中国香港3家，德国2家，瑞士、蒙古、法国、日本、尼泊尔、博茨瓦纳、摩纳哥、尼日利亚、孟加拉国各1家。

（畅绍丽）

【服务外包合同备案登记】2018年，通州区新审核合同数26个，累计合同金额2716.2741万美元，执行合同金额累计714.859万美元。

（畅绍丽）

【对外贸易经营者备案登记】2018年，通州区对外贸易经营者备案登记及变更的企业共559家，其中新备案对外贸易企业290家，变更企业269家。

（畅绍丽）

【加工贸易生产能力证明】2018年，通州区商务委共为18家企业进行实地验厂，并出具《加工贸易企业生产能力证明》。

（畅绍丽）

【116家外贸企业办理出口信用保险】6月，通州区商务委安排中国出口信用保险公司进行现场办公，集中为外贸企业讲解配套政策、办理出口信用保险。在原有61家企业进行续保的基础上，新增保单确认函55张，投保企业数量达到116家，小微企业信保统保补贴政策覆盖率近30%。

（畅绍丽）

【建立服务贸易样本企业监测体系及考核评价体系】1月，北京市服务贸易重点企业监测系统正式上线。通州区商务委组织了本区范围的专场培训，选取24家样本企业开展监测工作。

（畅绍丽）

【开展外商投资企业联合年报工作】2018年外商投资企业联合年报工作从4月1日到6月30日进行，通州区应参报企业550余家，参检企业470余家，注册资本104.7亿美元，投资总额26.8亿美元。

（畅绍丽）

名　录

单位名称：北京市通州区商务局
党组书记、局长：苏礼华
地　　址：北京市通州区新华东街254号
邮　　编：101199
电　　话：69543319
传　　真：69521735

（畅绍丽）

顺义区

概　况

2018年，在区委、区政府坚强领导下，区商务委坚持以习近平新时代中国特色社会主义思想为指导，充分发挥党组总览全局、协调统筹的领导核心作用，坚持党建引领，强化“四个意识”，落实全面从严治党主体责任，紧密围绕抓好“三件大事”、打好“三大攻坚战”，紧抓服务业扩大开放机遇，精准发力，推动全区商务工作平稳健康发展。

全年实现社会消费品零售额478.7亿元，同比增长5.2%，高于全市增速2.5个百分点，总量居全市第六位。实现商务主管行业一般公共预算收入29.84亿元，同比增长16.5%，占全部主管部门一般公共预算收入总量的47.8%，成为区级财政的有力支撑点。完成进出口额163.2亿美元。实际利用外资完成16.5亿美元，同比增长78.2%。累计吸引合同外资10.8亿美元，同比增长306.4%。

（王凌燕）

商业流通

【强化规划引领商业发展】编制完成《顺义区商业设施专项规划》，鲁能美丽汇商业购物中心、国门一号二期等重点商业项目投入运营；沃尔玛山姆会员店、金宝天阶商业一期等重点项目预计2019年投入运营，着力构建“四圈三层级”的商业空间发展格局。编制《顺义区物流专项规划》，对全区物流企业发展重点区域进行摸排，将京北（大孙各庄）智慧物流园区纳入北京物流专项规划，成为全市智慧物流体系建设的重要组成部分，提出构建“三区一网”物流服务体系。编制完成《顺义区生活性服务业设施规划》，推进生活性服务业规范化、连锁化、便利化、品牌化、特色化、智能化发展。编制完成《顺义区促进河东地区商务发展补短板三年行动计划》，将电商培训、引进项目、资金扶持等向河东倾斜，助力河西河东均衡发展。

（郭媛媛、谷芸芸）

【“街巷吹哨、部门报道”工作取得明显成效】深入镇、街，主动服务，配合属地加快推进京北智慧物流园建设，盒马鲜生、菜鸟网络、京东“亚洲一号”、顺丰物联相继落户园区。参加石园街道关于原武警一师训练基地停偿的街乡吹哨，通过设置蔬菜直通车的方式，满足附近居民买菜需求；仁和镇关于太平、前进回迁工作的街乡吹哨，在企业提出申请新建小区配套设施确认函后，立即对项目进行核查，在一个工作日内便将配套设施确认函递交到建设企业的手里，为太平、前进回迁百姓早日入住新家打下坚实基础；推进板桥地区蔬菜网点建设，积极与各部门沟通加快新建小区配套菜市场移交手续，板桥新苑小区鑫绿都便民超市已投入运营，为满足周边社区居民多层次、高品质的消费新需求，超市搭载了便民早餐、理发等服务功能，努力让百姓在“街乡吹哨、部门报到”工作中享受到实惠。

（郭媛媛、谷芸芸）

【纵深推进“疏整促”专项行动】提前完成后沙峪裕喜发双裕市场、马坡向前木材场、南法信众合汽配市场、杨镇一街等4家市级商品交易市场疏解任务，建筑面积近3万平方米，清退摊位525个。

（郭媛媛）

【蔬菜零售网点增添新模式】为及时填补疏解后便民网点，切实解决百姓买菜难问题，经过与相关部门及属地沟通协调，在天竺镇天裕昕园、金宝、中晟家园、鲁能润园等小区设置了蔬菜直通车，年底前在全市率先完成了每个社区两个蔬菜网点的任务。同时按照《顺义区居住小区公共服务设施建设和管理工作规定（暂行）》（顺政发〔2011〕35号）相关要求，做好新建小区配套菜市场移交工作，目前投运营14个，居民消费便利度进一步提升。

（郭媛媛）

【完成商务领域电子地图工作】完成19个镇、6个街道办事处采集人员集中培训，以蔬菜零售（菜市场、社区菜店、直通车）、便利店（社区超市）、早餐、家政服务、洗染、美容美发、快递、便民维修、粮油店、仓储物流、加油站、500平方米以上大型餐饮、大型商超、市场等多业态采集为蓝本，摸排我区生活性服务业设施底数，共计4000余家，完成数据采集和平台管理研发工作，绘制出顺义区首张生活性服务业电子地图。

（郭媛媛）

【持续提升生活性服务业品质】制定《顺义区进一步提升生活性服务业品质工作方案》，明确工作任务完成时限和责任部门；设立专项发展资金，为生活性服务业发展提供组织保障、资金保障和运行保障；发挥国有企业作用，培育鑫绿都、供销益家等连锁品牌，引进盒马鲜生、全家、便利蜂等品牌连锁企业入驻。截至2018年底，全区共有盒马鲜生1家、邮政惠民驿站1家、全家便利店9家、便利蜂9家、苏宁小店23家、小麦厢式便利店8家、鑫绿都便民连锁菜店14家、供销益家超市9家。2018年，全区新建或规范提升103个便民商业网点，其中蔬菜零售网点8个，便民商业网点连锁化率由2017年底的29.1%提高到32.9%，基本便民服务社区覆盖率达到80.3%。打造高端特色小镇，中粮祥云小镇被评为全市首个生活性服务业示范街区。

（李　颖）

【推进肉菜可追溯体系建设，保障居民食品安全】发挥主管部门督促引导作用，不断增加可追溯体系覆盖面，强化对追溯经营企业在信息报送、追溯制度建立等方面的监督检查，推动大型连锁超市和团体消费单位等优先采购可追溯产品，增强消费者主动选购可追溯产品的意识，营造有利于可追溯产品消费的市场环境。全区共有66家企业纳入市级肉菜可追溯体系，涵盖生猪屠宰企业、批发市场、餐饮企业和连锁超市等。与食药监局共同召开顺义区餐饮行业可追溯体系建设动员培训会；牵头组织工商、食药、质监等部门完成有机蔬菜专项检查，每日编写简报及各类信息。

（李　颖）

【对口帮扶农产品进京】加强与对口帮扶受援地区商务部门的联系，主要领导亲自带队赴沽源县进行对接，畅通受帮扶地区特色农产品进京销售渠道，全方位推动当地商贸流通业发展。结合实际制定《2018年顺义区商务委开展对口帮扶工作方案》，通过组织农超对接活动、鼓励特色地区农产品专柜建设等措施，带动受援地区贫困人口增产增收，助力脱贫。与河北省张家口市沽源县政府签订《对口帮扶合作协议》，指导顺鑫石门市场建立沽源农产品展销中心；指导顺商集团、区供销社等企业设立13个受援地特色农产品销售专柜，累计销售额近

160余万元；区供销社组织“共同助力、合作共赢”2019年特色农产品推介会，在14个网点进行展卖，既丰富了我区百姓餐桌、也带动5个受援地区特色农产品进京。

（李　颖）

【与阿里巴巴集团签订战略合作备忘录】 12月27日，顺义区人民政府与阿里巴巴集团在顺义区签订战略合作备忘录，为下一步双方在政务服务、社会治理、智慧物流、传统商业转型升级等多个领域开展深入合作奠定基础。

（李　颖）

【与京东集团签订战略合作框架协议】 12月29日，顺义区与京东集团签订战略合作框架协议。根据框架协议，京东将在顺义投资建设“亚洲一号”绿色智能电商运营结算中心、智能网联产业基地等多个项目，促进全市物流设施、智能网联、旅游产业智能化、优质化发展。同时，双方还将在跨境电商、医疗健康等领域开展合作。

（谷芸芸）

【加快推进新国展二三期项目规划建设】 立足首都发展战略，对标国际一流水平，高标准完成《顺义区新国展二三期项目功能定位及产业规划研究》，助力国际交往中心建设；加强国内知名会展项目考察学习，由区领导带队两次赴北辰集团，深入沟通场馆规划和运营模式等重大问题，为实现新国展与全市“两会一展”统一布局、错位补位发展提供决策支持。

（谷芸芸）

【加强会展业发展情况调研分析】 圆满完成新国展33场展会服务保障工作，展览面积超过210万平方米。对新国展周边属地及10余家部门开展深入调研，全面梳理新国展一期及周边区域配套设施情况，深入分析新国展对顺义区乃至北京市经济影响，形成《新国展一期周边配套及关联产业带动情况的报告》，为会展业科学发展提供依据。

（谷芸芸）

【全力保障第十五届北京国际车展顺利召开】 牵头制定全区车展保障工作方案，创新设立临时党支部和党员先锋岗，协调相关部门全面做好治安安全、市场安全、交通秩序、环境整洁等现场保障工作，协调增设顺义产业展台、顺义宣传墙，本届车展展览总面积22万平方米，接待参展人数81.7万人次，展会期间市级媒体报道新闻达700余条，实现了“提供一流服务保障，助推产业转型升级，树立顺义美好形象”的目标。

（谷芸芸）

【深化全区机动车污染源治理】 制定《顺义区城市轻型物流配送电动车发展实施方案》，建立《顺义区城市轻型物流配送电动车发展台账》，推广应用轻型物流配送电动车。2018年，区内顺丰速递、京鸿物流、世纪畅通等物流企业共置换新能源配送车1000辆，为打赢北京蓝天保卫战做出积极贡献。

（谷芸芸）

【粮食安全区长责任制落实到位】 全区总仓容量130余万吨，存储国家、市、区三级储备粮94余万吨。通过制定《顺义区2018年度粮食安全区长责任制监督考核工作实施方案》，层层压实各部门责任，将粮食安全区长责任制工作落细、落小、落实；2018年被评为“全国粮食流通执法督查创新示范单位”“北京市粮食行业先进集体”。在北京市粮食和物资储备工作会议上做典型发言。

（郝连文）

【圆满完成2018年度粮食供需平衡调查工作】 完成2018年度供需平衡调查报告撰写工作。进一步掌握区内粮食生产、消费、流通和库存情况，提高粮油市场保供稳价能力。共调查全区转化用粮企业6家，其中国有企业2家，非国有企业4家，餐饮企业和食堂40家，抽样调查记账城镇居民住户60户，乡村农民住户60户，发放台账708份。

（郝连文）

【深入开展粮食质量监管，保障粮食质量安全】开展收获季粮食质量安全监测工作，对本辖区上一年度小麦和玉米的种植面积及产量进行摸底调查，并完成小麦1份、玉米2份的抽样送检工作；对全区12家收储库398个仓房开展库存检查，并指导企业建立质量监管档案373份，确保流通环节的质量安全；将米、面、食用油和豆类作为重点抽检项目，共抽检粮食样本39个，对有害物质进行了检测，所检粮食样本的检测项目均合格；督促企业加强对粮食收购、储存、运输等各个环节的质量检验工作，杜绝不符合食品安全标准的粮食流入口粮市场。全年累计开展执法检查180次，开具现场处罚决定书30份。

（郝连文）

【加强区级储备粮管理】组织召开储备粮管理暨防汛工作会，安排部署储备粮管理、存费结算及夏季粮食安全等重点工作，多次深入重点承储企业开展储备粮安全和防汛检查，着重清理安全隐患，确保储备粮安全度汛和紧急状态下高效调用。

（郝连文）

【组织开展社会组织公益行活动】积极协调行业协会组织开展社会组织公益行活动30场。其中，为近800名老人拍摄生活肖像、生日幸福照，为30户空巢老人家庭开展保洁服务，为200余名社区居民义务理发，为200名社区居民传授生活技巧，切实提升广大社区居民的幸福感获得感。

（庞海雄）

【参加北京市第八届商业服务业技能大赛】大赛共设家政服务员、育婴员、摄影师、中式烹调师四个项目，共计151名优秀选手报名参赛，家政服务员、育婴员、摄影师、中式烹调师四个竞赛项目均获得各项赛事委员会颁发的优秀组织奖，3人获得北京市商业服务业技能大赛优胜选手称号，1人取得高级职业资格证书。

（庞海雄）

【做好大气环保有关工作】制定工作方案，建立规模以上餐饮经营单位油烟清理整治台账，积极开展检查，确保在账企业全部安装餐饮油烟净化设备并全部按时使用，减少餐饮行业挥发性有机污染物排放。按时报送督查检查工作情况，及时更新台账。全年累计检查餐饮油烟企业386家次，向市商务委、区大气办、区环保等部门报送各类报表共计130余份。

（王学军）

【牵头做好“双打”工作】召开专项任务动员部署会、形势分析会、阶段工作进展汇报会，按照市双打办文件要求，及时报送工作信息，累计报送信息28篇。利用农村和社区宣传点、宣传橱窗、广播、发放宣传材料、张贴宣传挂图、户外电子屏等方式广泛宣传打击侵权假冒相关知识，提高广大人民群众的防范意识。

（王学军）

【组织开展商务法规宣传教育活动】利用法制宣传教育经费，采取户外电子显示屏、展板、条幅等方式，对商务法规进行广泛宣传；组织全区规模以上商业、餐饮企业开展“用电安全”“消防疏散演练”“有限空间”等安全知识培训；组织开展以安全生产月、119消防日、12·4法制宣传日等为主题的法制宣传进社区、进企业活动；牵头属地政府集中开展商务行业企业安全培训；组织企业参加应急逃生应急演练 9 次；通过微信公众号、微信群发送各类法规知识及安全提示性信息 400 余条。

（王学军）

【商务服务保障有序推进】完成燕京啤酒节分会场服务保障工作；主动履行安全监管职责，扎实开展反恐工作，健全完善商务各行业企业台账，持续开展专项执法检查行动，2018 年共计检查餐饮、商业零售、食盐、家庭服务、家电维修、成品油经营、美容美发、汽车销售等企业 699 家次，出动人员 1398 人次，开具简易处罚 189 件，做出一般行政处罚 6 件，罚款 5 万元。开展商务行业企业安全培训 30 场，培训 5600 余人。受理 12345 热线投诉 55 件，办结率与满意率 100%，人民诉求得到真正解决。

（郝连文、王学军）

对外经贸

【外向型经济稳中向好】全年实现进出口额 163.2 亿美元，其中出口 45.8 亿美元、进口 117.5 亿美元。完成实际利用外资 16.5 亿美元，同比增长 78.2%，全市排名第三；其中第三产业 14.3 亿美元，第二产业 2.5 亿美元。增资企业实际入资 3.2 亿美元，新批项目入资 13.6 亿美元。累计吸引合同外资 10.8 亿美元，同比增长 306.4%，其中新设立企业吸引合同外资 6 亿美元，服务业占比 99.97%。

（蔡兴培、李月明）

【服务业扩大开放综合试点取得显著成效】5 月提前完成新一轮 36 项试点任务，示范园区、示范项目数量全市排名第一，形成一批在全市乃至全国范围可复制推广的典型经验；在推进“放管服”改革，提升贸易便利化水平，催生新兴业态等方面成效显现；天竺综保区获批开展区内企业增值税一般纳税人资格试点和全国首批国家文化出口基地；跨境电商体验中心启动运营，德国、意大利、澳大利亚等 13 个国家进口商品体验馆相继开业；全国率先推出关税保证保险，实现企业“先通关后缴税”；国家指定五类口岸“两场三点”建设顺利通过验收；充分利用示范区出入境新政，出台《顺义区“梧桐工程”外籍高层次人才认定工作办法（试行）》，顺义区外国人服务大厅受理永久居留权、出入境签证、外籍人士缴税等各类业务 5000 余例；联合 9 部门印发《深化服务业开放改革促进北京天竺综合保税区文化贸易发展支持措施》，助力全国文化中心建设。示范区建设适应了服务业和服务贸易开放发展的新形势，对推动我区经济提质增效起到重要的“引擎”作用。加大宣传、扩大影响，完成顺义区服务业扩大开放两周年宣传片《开放顺义》制作及《顺义区建设北京市服务业扩大开放综合试点示范区两周年成果汇编》编写工作。圆满完成第五届京交会参展工作。2018 年我区服务业产值达到 1176.6 亿元，较 2015 年同比增长 39.8%，服务业占 GDP 比重由 2015 年的 58.4% 提高到 63%。

（宁艳霞）

【调结构促转型，进军“进博会”】首届“进博会”是全球第一个以进口为主题的博览会，也是一场见证中国推进新一轮高水平对外开放的“接力赛”。为推动我区企业扩大贸易层面、资本层面、技术层面的广泛合作，顺义区建立 8 个“进博会”交易组，区商务委牵头组织协调，分工负责邀请企业参会，及时发布展会信息和了解企业采购需求，进行现场服务保障。全区共有 52 家企业、146 代表到会，通过面对面的考察，促进企业了解国外企业，尤其是欧美发达国家企业，学习如何做好产品生产、品牌打造、质量提升以及社会服务等经验，助推我区企业提升核心竞争力及转型升级。

（蔡兴培）

【深入开展外贸稳增长工作】积极应对中美贸易摩擦，为49家企业申请市级资金695万元；根据重点企业走访计划，先后对36家企业进行走访，了解企业进出口情况及协调相关部门解决企业遇到的问题，并在天竺综保区管委会、临空经济核心区管委会、马坡镇等地方召开5场优化营商环境、促进跨境贸易便利等政策宣讲会和培训；协调北京海关顺义办事处实地验厂，针对企业的生产运营情况，为3家企业申请减免风险保证金，减轻企业资金负担；推荐国内外30余场展会，与中国出口信用保险公司合作，在顺义外贸群发布外贸风险提示5期，避免企业出口、收汇产生风险；开展中美贸易摩擦调查，了解掌握辖区内企业受损情况，先后对154家进出口500万美元以上企业进行了3次摸排，针对受影响较大企业进行走访，了解企业受影响情况，采取多途径减小影响范围，对企业提出的问题及时进行解答。

（蔡兴培）

【外商投资企业联合年报】从9月初至10月中旬，对全区747家外商投资企业2018年年报进行催报和审核，上报率达95%以上。

（蔡兴培）

【开展营商环境评价工作】发挥营商环境评价作用，全面落实高朋书记提出的百家企业评价要求，开展我区优化营商环境第三方评价工作，对标“世行十项”、国家发改委、北京市评价指标，现场访查办事事项120项次、面向企业走访和座谈80余家次，向2750家企业发放调查问卷，全面评价并提出进一步优化我区营商环境的针对性建议。

（李月明）

【大力促进总部经济发展】审核申请新一版总部企业名单，从2018年开始未列入名单的企业将无法申请总部奖励补助资金，积极与各镇及经济功能区进行沟通，筛选出未在名单中但符合条件的50家企业，积极向总部处反馈，在新版总部企业名单中，我区总部企业增至164家。

（李月明）

【做好总部奖励资金、总部中介组织初审工作】做好北京市总部企业奖励补助延续性项目申报初审工作，有3家企业的4个项目获得奖励补助资金470.95万元。对北京市总部经济中介组织进行初审，初审上报的3家企业全部通过市商务委审核，列入北京市中介组织名录。配合区总部企业和临空经济高端人才服务中心做好顺义区第二届总部企业·高层次人才健步走活动，共组织50家总部、外资、外贸、商业企业参加健步走活动。

（李月明）

【做好事中服务、事后监管】加大对外资企业的服务力度，变事先审批为事中事后监管，2018年工商商务联动系统共向我委推送341条外资企业设立、变更信息，利用电话、走访等方式全部进行备案提示，企业备案率达到90%以上。对海纳川等7家外资企业设立及变更备案情况进行监督检查，促进我区外资企业发展环境更加优化。

（李月明）

【全面优化政务服务水平】45项政务服务事项全部实现一门、一窗、一网办理。2018年服务窗口受理并办结新备案对外贸易经营者备案登记291家、变更273家，境外企业设立备案25家，实地勘察加工贸易企业2家；备案外商投资企业385家，其中新设立项目62家，增资45家，股权转让29家，经营范围变更69家，其他变更180家。

（蔡兴培、李月明）

名　录

单位名称：北京市顺义区商务局

党组书记、局长：杨登科

地　　址：北京市顺义区复兴东街3号政务服务中心北楼5层

邮　　编：101300

电　　话：010-69443513

传　　真：010-69446407

（王凌燕）

大兴区

概　况

2018年，大兴区商务工作重点围绕疏解整治促提升、生活性服务业品质提升及服务业扩大开放三项重点工作，在消费增长、外资外贸、总部经济、商务安全监管、粮食安全等方面，取得了良好的成绩。

截至2018年12月，大兴区市场总消费累计实现760.2亿元，同比增长8.9%，社会消费品零售额实现437.8亿元，同比增长6%，增幅位列全市并列第二，高于全市3.5个百分点。全年实际利用外资8259万美元，同比增长33.8%；完成新机场综合保税区申报；组织95家企业参加首届进口博览会，累计达成交易4600万美元；完成涉粮企业诚信评价及粮食安全区长责任制考核牵头63项任务；完成蓝天保卫战行动计划各项任务，专项、联合检查成品油零售、餐饮企业共计480家次。

2018年，大兴区共发展提升生活性服务业网点178个。制定《关于进一步提升生活性服务业品质的工作方案》《关于利用地下空间补充完善便民商业服务设施的指导意见》《关于居住配套商业服务设施规划建设使用管理办法（试行）》等，持续加强政策引导，支持生活性服务业发展。编制《大兴区生活性服务业发展规划》，明确发展方向。编制网点电子地图，将蔬菜零售、早餐、便利店（超市）等基本便民业态在图上标注，并已在大兴区商务委微信公众号试运行。

制定了商品市场和物流企业疏解工作方案，疏解提升市场24家，涉及建筑面积33.76万平方米、商户2178户、人口3818人，完成全年任务的240%。完成疏解物流企业3家任务，实际共疏解54家，占地面积148.91万平方米、人员3001人，大幅超额完成全年任务。

（孙慧媛）

【实际利用外资情况】2018年，大兴区新设外资企业32家，其中合资企业9家，独资企业23家，投资总额45656万美元，注册资本24037万美元，合同外资19869万美元，实际利用外资8259万美元。

（刘　丹）

【境外投资情况】2018年，大兴区企业以新设、增资，并购的形式总计在境外投资10.4亿人民币，同比增长54.8%，其中“一带一路”沿线投资增长显著。

（刘　丹）

【制定产业政策】研究制定了《大兴区提升外贸企业国际化经营能力和促进总部经济、商务服务业发展暂行办法》并以区政府名义下发全区。

（刘　丹）

【区商务委联合开发区海关、区税务局调研“小笨鸟”跨境电商平台】9月13日，区商务委联合开发区海关、大兴区税务局到我区重点出口企业——“小笨鸟”跨境电商平台进行调研。详细了解了“小笨鸟”跨境电商平台目前面临的困难和问题以及发展中的瓶颈，并现场办公，集中解答企业面临的问题。

（王军祥）

【圆满完成首届进口博览会企业注册参展工作】首届中国国际进口博览会共完成了107家企业的报名工作，最终95家企业265人审核通过。大兴区区长王有国、副区长杜志勇率大兴交易团成员参加首届中国国际进口博览会“开放北京，商机无限——共享北京高端市场发展机遇”主题活动，与商务部及市领导一起见证了京东集团与戴尔公司等国外合作企业的签约仪式。杜志勇副区长在北京日主题活动中对北京大兴国际机场及临空经济区进行主题推介。

（王军祥）

【按时完成综保区申报工作】大兴区7次召开各相关成员单位专题工作会、3次与廊坊召开工作对接会，最终于2018年11月底前将所有综保区申报材料递交给市商务局，并于12月6日以区政府名义联合市商务局、市政府上报了关于向国务院申报设立北京大兴国际机场综合保税区的请示，按期完成了综保区申报工作。

（王军祥）

【市场疏解工作超额完成年度工作任务】2018年，完成账内疏解提升10家市场的任务，涉及建筑面积11.32万平方米、商户820个、人员1476人，完成市级任务100%。另外，完成账外市场疏解14家（其中提前完成2019年、2020年任务7家），涉及建筑面积22.44万平方米、商户1358个、人员2342人。共计完成疏解提升市场24家，涉及建筑面积33.76万平方米、商户2178户、人口3818人。

（狄　萧）

【大兴区顺利完成2018年零售额任务指标】2018年，大兴区社会消费品零售额累计完成437.8亿元，同比增长6%，增幅位列全市并列第二，高于全市3.5个百分点，顺利完成社会消费品零售额的任务指标。

（狄　萧）

【大兴区抓好监测研判，积极落实促消费政策】一是加强节日期间销售监测。经过对区内30余家重点零售企业节假日期间的销售情况统计，元旦、春节、“五一”、端午、中秋、国庆期间共实现销售额11.1亿元，同比增长11.5%；二是研究制定《2017年大兴区促消费保增长奖励办法》，对2017年零售额贡献突出的15家企业给予奖励，金额共计77万元，提高了企业促消费积极性；三是组织开展2018年大兴惠民消费季系列活动，通过开展线上线下活动，为区内企业搭建促销宣传平台，促进销售增长。

（狄　萧）

【服务企业做好市级项目申报工作】根据市级部门《关于申报2018年度第一批商务发展项目的通知》文件要求，结合区商务委工作实际，完成本年度商务发展项目的申报工作。经区商务委初审、市商务委复审，获得资金支持的项目11个，累计获得资金支持2256.36万元。

（狄　萧）

【凯德MALL天宫院项目顺利开业】经项目主体、天宫院街道办事处及相关政府职能部门共同努力，凯德MALL天宫院项目于2018年12月30日顺利开业，顺利完成区政府第49项中重点工作任务。据初步统计，凯德MALL天宫院购物中心元旦三天累计实现销售约3900万元，累计客流达39万人次。其中开业首日客流量突破15万人次，日销售约1500万元。在各方服务保障下，项目内超市、餐饮、品牌店等消费秩序安全有序。

（狄　萧）

【大兴首家24小时人工智能超市落户嘉悦广场】5月21日，位于西红门嘉悦广场的大兴区首家24小时人工智能超市“搜菇购”正式落户，通过扫脸开门、自助挑选、刷脸支付开启大兴区零售新模式。据了解“搜菇购”公司为大兴区注册企业，计划2018年底前在大兴区内开设以优质农产品、便民生活用品，以及早、中餐热食供应等商品为主的门店3～5家，推进新零售、新领域等便民商业模式。

（狄　萧）

【大兴区典当业务发展情况】 截至2018年底，大兴区区现有典当企业28家，含外省分支机构2家。参加2017年度典当年审的企业共计28家，年审结果A类企业27家，B类企业1家。同时在2018年9月底前委托事务所对大兴区22家典当企业进行现场检查，对检查中存在的问题现场通报企业，并要求及时整改。

（狄　萧）

【大兴区拍卖业务发展情况】 截至2018年底，大兴区现有拍卖企业30家，参加2017年度核查初审工作的企业共计18家。2018年新设立拍卖企业6家。

（狄　萧）

【规模以下商业零售、餐饮经营单位安全生产管理工作意见签发】 2018年区商务委制定以区安委会名义下发了《关于加强大兴区规模以下商业零售、餐饮经营单位安全生产管理工作意见》。

（马艳霞）

【大兴区商业联合会注销】 2018年6月1日大兴区商业联合会召开理事会同意注销大兴区商业联合会，资产清算完成。

（吴　承）

名　录

单位名称：北京市大兴区商务局

党组书记、局长：马士刚

地　　址：北京市大兴区桐城行政办公楼甲14号

邮　　编：102600

电　　话：81298206

网　　址：http://www.dxsw.cn

（郭秀英）

昌平区

概　况

2018年，全区实现市场总消费930.8亿元，比上年增长8.9%，其中实现社会消费品零售额465.7亿元，比上年增长3.0%。

社会消费品零售额按行业划分，批发业实现零售额35.0亿元，比上年增长6.0%，占零售额总量的7.5%；零售业实现零售额381.7亿元，比上年增长2.2%，占零售额总量的82%；住宿业实现零售额8.8亿元，比上年增长2.3%，占零售额总量的1.9%；餐饮业实现零售额40.2亿元，比上年增长9.1%，占零售额总量的8.6%。

2018年，全区新设外商投资企业44家，比上年增加16家，同比增长57.1%。其中，服务业37家，占新设外商投资企业总数的84.1%。实际利用外资累计实现8.5亿美元，比上年增长6.3%。

2018年，全区累计实现进出口总额234.8亿元，比上年增长16.0%。其中，进口完成139.1亿元，比上年增长11.2%，出口完成95.7亿元，比上年增长23.9%。

（陈前进）

商务管理

【概况】年内，区商务委在区委、区政府的正确领导和市商务委的有力指导下，以“两学一做”学习教育常态化制度化为有力推手，深入学习贯彻党的十九大和市委第十二次党代会和区委五届五次、六次全会精神，立足于科学发展，加快转变经济发展方式，努力推动商务领域各项事业的发展。市场总消费实现930.8亿元，比上年增长8.9%；实际利用外资累计实现8.5亿美元，比上年增长6.3%；进出口总额累计实现234.8亿元，比上年增长16.0%。其中，进口完成139.1亿元，比上年增长11.2%，出口完成95.7亿元，比上年增长23.9%。

（陈前进）

【区域性市场和物流中心腾退工作】制定了《2018—2020年疏解区域性专业市场专项任务方案》《市场疏解整治责任台账》。完成9家市场和12家物流中心的疏解工作。疏解的9家市场共腾退面积24.9万平方米，个体经营户1114户，从业人员2854人；疏解的12家物流中心共腾退面积9.1万平方米，从业人员312人。

（焦　健）

【生活性服务业品质提升工作】新增生活性服务业便民网点112家，其中蔬菜零售网点51个，早餐网点7个，便利店40家，其他便民网点14个。全区基本便民网点功能覆盖率达93.6%，连锁化率35.5%，蔬菜零售网点基本实现全覆盖。天回地区新增生活性服务业便民网点58家，其中蔬菜零售网点25家。

（沈洪宇）

【对口帮扶精准脱贫工作】为对口帮扶单位的农副产品进入北京市大型超市、批发市场，建立了产品直销点。组织企业线上线下销售对口帮扶地区蔬菜1363.8吨、牛羊肉2.36吨；委托北京工商管理专修学院组织两期扶贫协作对口支援地区电商、微商培训，为帮扶地区开展电商服务提供人才支持。

（沈洪宇）

【双创工作】年内，认定永旺商城和北店时代广场两家商业综合体双创商贸集聚区企业，认定面积23.9万平方米。

（尚　斌）

【汽车流通市场监管工作】加强了对二手车市场监管。2018年内，亚运村二手车交易市场二手车交易量为75132辆，交易额88.941亿元。协调南口解体厂做好老旧机动车鉴定评估、补贴，南口解体厂收车数量7307辆，交易额5006万元。

（尚　斌）

【促消费工作】引导重点零售商业做好春节、“十一”等七个传统节日的供应保障及促消费活动，106家次零售餐饮企业累计实现收入6.78亿元，同比增长9.7%；以镇街和主力门店为基础宣传推广节能补贴产品。年内，节能补贴产品累计销售量19807台，销售金额8324万元，补贴金额978万元。

（陈前进、尚　斌）

【行业安全管理和商务执法工作】年内，认真开展行业安全生产执法检查工作，共开展15项专项行动，组织8次联合执法，1次联合约谈，全年共出动执法人员1085人次，检查单位339家次，行政处罚5家，共处罚款人民币2.9万元。加强商务领域综合执法检查，包括美容美发、预付卡、成品油、粮食、汽车销售、家店修理、外资、家庭服务、食盐专项检查等内容，共出动执法人员829人次，检查经营单位334家次，完成267起处罚量。

（张程光）

【粮食流通工作】年内，完成了全区社会粮食供需平衡调查工作；加大了粮食安全及监督检查力度，累计检查粮食企业66次，荣获全国粮食流通执法督查创新示范单位；积极做好了退耕还林补助粮发放、军供应的监管工作；完善了粮油价格监测，完成了辖区内国家级和市级粮油价格监测点的建设工作。

（刘　畅）

外经外贸

【外商投资企业发展工作】年内，新设外商投资企业44家，比上年增加16家，同比增长57.1%。其中，服务业37家，占新设外商投资企业总数的84.1%。

（赖金坚）

【利用外资工作】年内，实际利用外资指标累计实现85000万美元，比上年增长6.3%。

（赖金坚）

【对外贸易工作】做好加工贸易审批管理工作，加工贸易实地验厂8次；对外贸易经营者备案360个，其中变更111个；审批服务外包接包合同49个，审批接包执行160个，执行金额1.37亿美元；审核中小企业国际市场开拓资金资助项目206个，受益企业70家，审核拨付资金671.6万元。

（闫　勋）

名　录

单位名称：北京市昌平区商务局

党组书记、局长：黄先锋

地　　址：北京市昌平区南环路55号

电　　话：69746220

邮　　编：102200

（陈前进）

平谷区

概　况

平谷区商务委员会（平谷区粮食局）（以下简称区商务委）主要负责本区内外贸易、对外经济合作和粮食流通的区政府工作部门。年内，全区完成社会消费品零售总额113.5亿元，同比增长5.9%。其中限额以上单位65.3亿元，同比增长3.1%；限额以下单位48.2亿元，同比增长9.9%。全区零售业零售额81.3亿元，同比增长4%；住宿业零售额0.9亿元，同比增长4.5%；餐饮业零售额11.2亿元，同比增长7.9%。

（张麓阳）

【便民服务】年内，实施《平谷区生活性服务业品质提升扶持资金管理办法》，扶持、引导企业规范化、连锁化发展，促进生活性服务业转型升级。新建或改造提升便民商业网点44个（完成市级任务110%）；基本便民服务社区覆盖率达到97%；连锁化率达到14.6%。加大招商引资力度，引进物美超市、菜百、中国黄金、海底捞、便宜坊等企业进驻平谷。

（张麓阳）

【电子商务】年内，全区电子商务交易额18.6亿元，同比增长30%。制定《平谷区“互联网+农产品”三年行动计划》和《平谷区2018年“互联网+农产品”产业扶持政策》；修订《平谷区促进电子商务发展暂行办法》，电商产业扶持政策得到进一步完善。

（张麓阳）

【互联网+大桃】年内，推动“互联网+大桃”工程，全区电商销售大桃3000万斤，同比增长45.6%，实现销售额3亿元，促进农民增收1.2亿元。其中自电商销售大桃1410万斤，占全区电商销售总量的47%。与顺丰、京东、EMS等物流企业对接，设立41个大桃公共揽收点和70个田间地头揽收点；开展“电商培训进乡村活动”，对全区13个大桃主产乡镇共开展初级班培训153场4600人次；开展“情定桃花·大桃认购”活动，创新大桃销售模式，共认购大桃9158单，合计25万斤，促进农民直接增收50万元；对接沃尔玛集团，我区大桃采取产地直采的方式进驻沃尔玛超市，共销售平谷大桃19万斤，平均价格为每斤8元。

（张麓阳）

【粮食安全】落实粮食安全区长责任制考核工作，完成区级储备原粮小麦轮入轮出计划，维护全区粮食流通正常秩序。做好生活必需品储备，随时保证应急状态下重要生活必需品储得实、调得动、用得上。

（张麓阳）

【商务执法】加强商务行业安全生产工作。坚持对全区商业零售和餐饮经营企业安全生产不间断检查，完成市委、市政府第十五督察组“回头看”整改工作，严格要求企业落实主体责任，建立企业台账，开展日常监管、联合检查和专项行动。严格落实领导带队执法检查机制，全年共出动执法检查1764人次，检查554家次，共发现各类安全隐患问题507项，整改率达100%。大力保障商务领域流通秩序。加强粮食流通监督管理、盐政、家政服务、家电维修、洗浴、美容美发、汽车销售等商务行业执法监管力度。制作案件123个，罚款金额

7200元。

（张麓阳）

对外经贸

【概况】全年进出口总额6.7亿美元，同比下降0.1%；其中出口总额1.6亿美元，同比增长52%，进口总额5.1亿美元，同比减少9.7%。全年实际利用外资5135万美元，同比下降15.03%。

（张麓阳）

【行政审批】积极优化营商环境，简化企业办理流程，一个窗口、填一张表格、一次性完成，由企业跑路转为政府部门之间数据跑路。2018年窗口按时办结率为100%，差错率为零，投诉为零。

（张麓阳）

【对外交流合作】推动服务业扩大开放，梳理产权归属，使口岸监管区土地、监管设施及运营主体统一，更好地为企业提供服务。组织参加第五届京交会，旅游、乐谷、通航、物流等部门借助京交会平台进行交流对接。顺利组织首届进口博览会北京市交易团平谷分团企业赴上海参展采购，促进企业成交。

（张麓阳）

【贸易便利化】配合海关积极引导企业做好世界银行组织口岸营商环境调研工作，认真分析问卷，客观、公正、准确做好问卷调查。主动拓宽服务渠道，邀请专业企业长期为我区出口企业提供免费政策咨询，帮助出口企业开拓国际市场，增强风险防范及风险抵御能力。召开了平谷区优化营商环境提升贸易便利化政策宣讲会，对贸易便利化新政、防范出口收汇风险及配套政策、国际贸易风险分析与防范等方面进行了解读。

（张麓阳）

名　录

单位名称：北京市平谷区商务局
党组书记、局长：杨河清
地　　址：北京市平谷区府前西街17号
邮　　编：101200
电　　话：69962955

（张麓阳）

怀柔区

概　况

2018年是贯彻党的十九大精神的开局之年，怀柔区商务工作坚持稳中求进总基调，坚定不移贯彻新发展理念，突出抓好稳增长、疏功能、调结构、惠民生、保安全等重点工作。消费市场更加均衡健康，商业集聚效应加速显现，全年社零额实现126.2亿元，同比增长5.4%；便民商业网点体系逐步完善，行业规范进一步健全，已新建提升基本便民商业网点34个，社区覆盖率达91.4%；会展产业融合发展势头良好，高端会展活动生态圈初具规模，实现会展综合收入10亿元，同比增长33%，其中会展直接收入3.5亿元、共接待会议5312，与去年基本持平；接待会议人次65余万人次，同比增长12.8%；外贸回稳向好基础更加坚实，双向投资水平提升，全年实现进出口总额13.1亿美元，同比增长50.3%。

（张　蕊）

【召开“京东怀柔馆建设方案”座谈会】1月12日，区商务委组织宝山寻宝、红螺食品、红星酒厂、红肖梨协会和三三老栗树5家特色企业与倍利龙凤行电子商务公司就“京东怀柔馆建设方案”召开座谈会，以推动我区特色产品通过互联网平台拓宽销售渠道。

（张　蕊）

【召开2018年商务行业安全生产工作会】2月8日下午，区商务委组织召开怀柔区商务行业2018年安全生产工作会。区安监局、区消防支队、区质监局、工商分局等相关职能部门，商业零售、餐饮、粮食企业、物流企业等百余家商业企业参会。

（张　蕊）

【举办单用途商业预付卡培训讲座】2月8日，区商务委组织召开了单用途商业预付卡培训会。区内5家备案在册企业共15人参加了此次培训。

（张　蕊）

【召开怀柔区2019年度生活性服务业品质提升工作动员部署会】3月8日，区商务委组织召开怀柔区2019年度生活性服务业品质提升工作动员部署会，区内具有代表性的生活性服务行业20余家企业负责人参会。

（张　蕊）

【召开落实安全生产主体责任工作会】3月14日，区商务委组织辖区内14家重点规模以上商业零售及餐饮经营单位召开了落实安全生产主体责任工作会。会上，下发了《北京市怀柔区商务委员会关于商务行业重点经营单位落实安全生产主体责任情况检查评估工作方案》，细化责任及标准，强化安全意识，提高商务行业安全管理水平，督导企业进一步树立以安全促生产、以生产促发展的经营理念，营造良好的安全生产氛围。

（张　蕊）

【开展“3·15”消费者权益日宣传活动】3月15日，怀柔区打击侵权假冒工作领导小组办公室、怀柔区市场监督管理局、怀柔区消费者协会等部门在京北大世界广场西侧，组织开展了怀柔区“信用让消费更放心”主题宣传活动。区各相关单位负责人、怀柔区“诚信承诺服务”企业等代表参加活动。

（张　蕊）

【举办的“2018年会展（会奖）特训班”】3月28日，区商务委与区旅游委共同举办的“2018年会展（会奖）特训班”成功举办，我区会议场馆、会议酒店、高端民宿和特色景区42家企业的中高层管理人员近70人参加此次培训。

（张　蕊）

【携手丰宁商务委召开对口帮扶座谈会】4月12日，区商务委与丰宁县商务局联合组织了商务领域对口帮扶工作座谈会，两地商务领域龙头企业代表参加了会议。

（张　蕊）

【开展“放心农资进乡村　打假护农保春耕”主题宣传活动】4月15日，区“双打”办联合区农业局、汤河口镇政府在汤河口镇共同组织开展了“放心农资进乡村　打假护农保春耕”主题宣传活动。向广大农民及消费者发放法律法规汇编、农资真假鉴别等宣传册、宣传画报、宣传折页等资料2000多份，接受现场咨询50余人次。

（张　蕊）

【我区组织美容美发行业培训】5月7日，区商务委联合区美容美发行业协会，邀请知名美发教师，为我区20余家美发企业的60余位美发师进行了现场授课。培训课上，三位老师针对美发行业如何提升整体服务水平、服务品质以及相关潮牌文化等方面进行讲解，对技艺手法进行亲身示范。进一步提升生活性服务业品质，增强行业软实力，为我区居民提供更优质的消费体验。

（张　蕊）

【举办怀柔双创空间厨艺大赛】6月26日，怀柔区饮食服务行业协会以“精神文明创建”“食品安全创建”两项重点工作为大赛主题，举办了“怀柔双创空间厨艺大赛”。此次厨艺大赛共有20支企业团队和10名个人代表参加厨艺比拼，来自100余家餐饮企业的300余名餐饮从业者参加了活动。

（张　蕊）

【召开生活性服务业专项检查工作部署会】7月4日，区商务委召开了《生活性服务业专项执法检查工作部署会》，美容美发、洗染、家政等50余家企业代表参会。会上，重点解读了生活性服务业的相关法规及检查要点，观看并发放生活性服务业标准规范和《怀柔区生活性服务业专项执法检查方案》，并对此次生活性服务业专项执法检查工作进行了具体部署。

（张　蕊）

【开展“品牌商业企业走进怀柔科学城”对接活动】7月5日，区商务委、长城伟业公司联合开展了“品牌商业企业走进怀柔科学城”对接活动。7-11、百胜、汉堡王、凑凑餐饮、兴华美食、萃华楼等品牌商业企业相关负责人参加了此次活动。

（张　蕊）

【京东·怀柔特产馆正式上线】9月1日，京东商城怀柔地方特产馆正式开馆上线。目前，三三老栗树、红螺食品、好亿家3家企业已进驻特产馆，经营产品包括怀柔板栗、老北京小吃等怀柔特色产品40余种。

（张　蕊）

【我区会展企业参展第十三届北京国际商务及会奖旅游展览会】9月12日至13日，怀柔区商务委携区内北京雁栖湖国际会展中心、益田影人花园酒店、凯宾斯基酒店、中建雁栖湖景酒店以及国奥乡居等10家会展场馆、酒店和高端民宿亮相2018年第十三届北京国际商务及会奖旅游展览会（IBTM China）。

（张　蕊）

【开展爱粮节粮宣传活动】9月12日，区商务委在京客隆怀柔店开展了以“节粮减损我们在行动”为主题的宣传活动，向社区居民普及爱粮节粮、健康消费等知识，引导居民养成讲健康、讲节约的粮食消费习惯。之后向居民发放爱粮节粮宣传单、小方巾、手提袋等宣传品400余份。

（张　蕊）

【召开2018年世界粮食日宣传部署会】10月10日，区商务委组织召开了2018年世界粮食日和粮食安全系列宣传活动部署会，区农委、教委、科委及妇联参加了此次会议。会上，下发了《世界粮食日和粮食安全系列宣传活动方案》，共同筹划了我区主会场宣传活动及粮食安全大走访大调研活动。

（张　蕊）

【举办“怀柔区2018年会展会奖业人才特训班”】10月15—16日，区商务委联合区旅游委在北京中影大酒店举办“怀柔区2018年会展会奖业人才特训班”，雁栖湖国际会展中心、日出东方凯宾斯基酒店、中建雁栖湖景酒店、宽沟会议中心、慕田峪长城、红螺寺、村里故事、渔唐等区内49家重点会展企业、酒店、景区、民宿共100余人次参加了此次培训。

（张　蕊）

【举办怀柔区“倡导诚信经营　促进放心消费”主题培训会】11月6日，区商务委、区社工委和区工商分局联合组织开展诚信兴商宣传月活动，主题为“倡导诚信经营　促进放心消费”。培训会以消费知识、识假辨假知识以及《消保法》相关知识培训为主要内容，培训对象为区内主要商场、市场、超市等经营单位以及龙山、泉河两个街道办事处下辖的社区居委会干部。

（张　蕊）

【举办第十一届中国会议产业大会】12月6—8日，怀柔区商务委员会与《会议》杂志社共同举办第十一届中国会议产业大会，我区获得2018中国最具竞争力会奖强区奖项。区商务委携19家区内特色区会展场馆、会议型酒店、景区、高端民宿、特色产品企业齐聚中国会议产业大会。借助大会优质的产业对接平台，加强与业内各方的沟通与合作，共同为怀柔会议会展产业发展培育新项目、打造新亮点。

（张　蕊）

【青春万达广场正式运营】2018年1月全月，青春万达广场客流量95.9万人次，实现销售额4655.9万元。

（张　蕊）

【启动服务贸易重点企业统计监测工作】我区所涉及12家服务贸易重点企业按照市商务委要求填报2015—2017年报数据，审核通过率100%，在规定时间内高效优质地完成了此项统计监测工作。

（张　蕊）

【完成2017年最后一次中小企业开拓国际市场资金初审工作】年内，区商务委圆满完成2017年最后一次中小企业开拓国际市场资金初审工作，共有17家区内企业对44个项目进行了逐个申报，初审资金总计160.6万元。2017年全年怀柔区共有32家企业对80个项目通过初审，累计资金达297.4万元。

（张　蕊）

【生活性服务业品质提升工作】年内，建设提升基本便民商业网点34个，完成全年任务量的113%；基本便民商业网点连锁化率达到23.7%，基本便民服务在社区覆盖率达到91.4%。

（张　蕊）

【疏解整治促提升工作】年内，完成禹河兴贸、瑞特沃斯2家市场升级改造工作，完成“疏解整治促提升”专项行动全年工作任务。

（张　蕊）

【对外经贸工作】年内，新设外商投资企业31家，投资总额43.5亿美元，注册资本24.4亿美元，合同外资12.6亿美元，实际利用外资6943万美元；进出口总额完成13.1亿美元，同比增长50.3%。

（张　蕊）

【评优】3月，区商务委被评为“首都文明单位”。11月，区商务委被评为“北京市粮食行业先进集体”。

（张　蕊）

名　录

单位名称：北京市怀柔区商务局
党组书记、局长：张学君
地　　址：北京市怀柔区迎宾中路21号
邮　　编：101400
电　　话：69645258
传　　真：69647234

（张　蕊）

密云区

概　况

2018年，密云区消费品市场规模进一步扩大，新兴业态和新商业模式快速发展，消费继续发挥经济增长主要驱动力的作用。全区实现社会消费品零售总额148.1亿元，同比增长6.6%。投入3320万元，完成北京华远农副产品市场市级提升改造任务。引导和扶持大星发、东方家家、檀州农业三家蔬菜龙头配送企业在密云新城及周边共发展布局蔬菜网点59家，基本实现密云新城及周边“5分钟蔬菜便民服务圈”全覆盖。完成进出口总额60.6亿元，同比增长5.7%，圆满完成全年指标任务。

（张　振）

商贸管理

【消费市场稳步增长】2018年，密云区实现社会消费品零售总额148.1亿元，同比增长6.6%。在五个生态涵养区中，密云区总量居首位，增速排名位列全市第1位。从消费市场运行商看，传统零售业仍为拉动市场增长主力，计算机类消费、家电类消费和成品油销售稳步提升，餐饮市场健康发展，新兴业态发展势头良好，消费品市场继续稳步增长。

（张　振）

【新城蔬菜零售网络建设全覆盖】在密云新城及周边共发展布局蔬菜网点59家。密云新城及周边“5分钟蔬菜便民服务圈”基本实现全覆盖，新城蔬菜零售网络建设受到了广大居民的一致好评。

（张　振）

【生活性服务业网点建设如期完成】围绕建设绿色国际休闲之都发展定位，进一步优化产业结构，培育生活性服务业载体，生活性服务业网点建设如期完成。全年累计完成新建和规范基本便民商业网点100家，其中便民蔬菜网点59家，便利店（超市）10家，早餐店11家，美容美发店10家，家政服务1家，末端配送1家，洗染店8家。

（张　振）

【“疏解整治促提升”工作】对密云区域内重点农副产品综合市场进行改造提升，优化提升市场档次。投入3320万元，完成北京华远农副产品市场市级提升改造任务。同时对北京康达富民农副产品交易市场、北京丰富农贸市场进行一期改造升级，超额完成全年改造任务。

在全区范围内开展“六小门店”疏解整治提升工作，制定工作方案和行业标准规范，全年共对531家门店的建设进行改造提升，较年初计划的350家门店超额完成51.7%。

（张　振）

【生态原产地示范区显现成效】积极推进密云区生态原产地示范区工作，以打造密云特色农产品，提升农副产品附加值，切实为农民增收为目标，推进生态原产地示范区建设。继高岭镇“花彤牌荆花蜂蜜”之后，太师屯镇京纯养蜂专业合作社的密云“京密蜂蜜”通过专家组的审核评定，成功获得国家质量监督检验检疫总局颁发的生态原产地产品保护证书。在北京市机构改革完成后，密云甘栗、新城子苹果、高岭镇樱桃、高岭金地达源专业合作社有机杏、冯家峪益窝蜂蜂蜜等特色农产品也将相继进行生态原产地产品保护证书申报。

（张 振）

【严厉打击侵犯知识产权行为】全年密云区打击侵权假冒工作取得积极成果。以商业聚集区、城乡接合部、农村地区为重点区域，以商场、超市、有形市场等为重点场所，加大对与人民群众身体健康和日常生活息息相关的重点商品的监管，定期开展专项检查。年内对侵权假冒行为共立案133件，办结案121件，涉案金额105.288万元。

（张 振）

【总部经济成效显著】密云区总部企业33家，在5个生态涵养区中排名第二，33家总部企业（2017年）纳税总额12.38亿元，其中万都汽车底系统有限公司、北京康辰药业有限公司、北京城建六建设集团有限公司三家企业纳税超亿元。

（张 振）

【出台促进电子商务发展相关政策】出台《密云区促进电子商务发展办法》，大力推进密云区电商企业健康、可持续发展，有效带动全区社会消费品零售额的增长。全年，限上商业企业通过公共网络实现零售额24.3亿元，同比增长15.8%，其中区重点监测企业14家，实现网络零售额5.8亿元，同比增长14.1%。

（张 振）

对外经济

【进出口总额平稳增长】密云区完成进出口总额60.6亿元人民币，同比增长5.7%。其中进口45.63亿元人民币，同比增长30.4%。

（张 振）

【新设立外商投资企业】年内，新设立外商投资企业14家，较上年度增加1家；实际利用外资1058.47万美元，同比增加47%。投资领域涉及商务服务、科技推广和应用服务、软件和信息技术服务、专业设备制造、文化娱乐等行业，其中商务服务业、科技推广和应用服务业、软件和信息技术服务业为投资热点，成为拉动密云区实际利用外资的额度的主动力。北京康辰药业股份公司完成商务备案，成为密云区第一家外资上市企业。全年外商投资主要来源于港澳台地区和韩国。

（张 振）

【招商引资聚焦高端】按照密云区域发展定位的要求，密云区商务委引进涉及文化创意、电子商务、科技开发、餐饮行业等企业，累计22家。其中北京盛世国匠电子商务有限公司作为密云区第一家文化创意类高科技企业，将为密云区招商引资工作起到良好的示范引领作用。

（张 振）

名 录

单位名称：北京市密云区商务局
党组书记、局长：郑小君
地 址：北京市密云区檀西路21号
邮 编：101500
电 话：89089310
传 真：89089320

（张 振）

延庆区

概　　况

北京市延庆区商务委员会，挂北京市延庆区粮食局牌子，是负责延庆区内外贸易、对外经济合作和粮食流通工作的区政府工作部门。内设办公室、政工科、流通发展科、服务交易科、外经外贸科、安全监管科6个行政科室，辖商务执法监察队、粮食管理中心、会展促进中心3个事业单位。公务员编制20人，事业单位编制28人。

2018年，延庆区商务委以“服务保障冬奥世园”为重点，以“疏功能、稳增长、惠民生、保安全”为主线，商务运行态势总体平稳，稳中提质，顺利完成了年度各项任务。

（王清波）

商业流通

【总消费及社会消费品零售额完成情况】2018年，延庆区总消费完成171亿元，同比增长8.7%；社会消费品零售额完成98.3亿元，同比增长8.7%。

（王清波）

【世园、冬奥餐饮服务保障】制定《延庆地区2019年北京世界园艺博览会和北京2022年冬奥会商务服务保障工作方案》；引进潇湘甲鱼村、金百万等品牌连锁企业入驻延庆；摸排全区配餐能力；开展“大培训、大比武、大练兵”培训3957人次；冬奥40项任务已完成37项，其余3项持续推进至赛时。

（王清波）

【生活性服务业品质提升】编制《延庆区生活性服务业设施规划（2018—2022）》，完成86个便民网点的新建和规范提升，补建网点15个，引入“厢式柜”新模式服务社区居民。推进服务总公司与首农集团便民综合体试点项目建设。

（王清波）

【市场疏解】关停康庄兴隆、永宁永博翰市场，升级改造八达岭青龙集贸市场。

（王清波）

【特色商业街建设】编制《井庄镇特色街提升方案》和《八达岭商业街建设提升方案》，结合“阳光餐饮”工作打造康庄镇“食品安全一条街”。

（王清波）

【粮食安全区长责任制】制定《2018年度延庆区粮食流通工作要点》和《2017年度粮食安全区长责任制考核整改方案》。完成全区2018年粮食安全区长责任制自查、考核工作。

（王清波）

【商务行业安全执法工作】2018年，出动执法检查人员719人次，检查行业内各类经营单位359家次，做出行政处罚决定103起，立销案程序2起，罚款79000元。开展商务领域安全生产培训14次，培训800人次。

（王清波）

对外经贸

【对外贸易情况】2018年，延庆区外贸进出口总额完成8.9亿元，同比增长15.9%；其中，出口额6.1亿元，同比下降1.2%；进口额

2.8 亿元（人民币），同比增长 84.5%。

（王清波）

【利用外资情况】2018 年，延庆区合同外资 13604 万美元，同比增长 217%；其中增资 11132 万美元，实际利用外资 922 万美元，同比增长 81.14%。

（王清波）

【外资外贸企业备案】2018 年，办理对外贸易经营者备案登记 40 件，新设、变更备案 38 件，全部完成网上办理，并在综合管理系统发布备案结果。不断加强事中事后监督体系，对备案事项进行监督检查，年内检查企业 3 家，现场查验 1 家，书面检查 2 家，均顺利通过检查。完成 2017 年度外商投资企业联合年报工作，53 家企业顺利完成填报。

（王清波）

【营商环境优化】落实 2018 年版《外商投资准入特别管理措施（负面清单）》和服务业扩大开放，推进产业对外开放，缩减服务业负面清单；承接外资企业设立及变更备案权限，强化属地备案、属地管理；开展全区营商环境考核评价工作。

（王清波）

名　录

单位名称：北京市延庆区商务局
党组书记、局长：辛文军
地　　址：北京市延庆区新城街 2 号
邮　　编：102100
电　　话：69101551
传　　真：69144243

（王清波）

第六部分

统　计　资　料

一、商业流通

表 1 - 1　社会消费品零售额

项　　目	2018 年（亿元）	同比增长（%）
社会消费品零售总额	11747.7	2.7
其中：限上批零业网上零售额	2632.9	10.3
按商品用途分		
吃类商品	2586.3	6.2
穿类商品	793.3	2.7
用类商品	7806.3	1.3
烧类商品	561.8	6.4
按行业分		
批发业	1538.1	7.1
零售业	9107.8	1.4
住宿业	162.2	2.8
餐饮业	939.5	8.2
按地区分		
城镇	11450.5	2.6
乡村	297.2	6.2
按消费形态分		
餐饮收入	1101.8	7.3
商品零售	10645.9	2.2

数据来源：北京市统计局

（王　璇）

表 1 - 2　社会消费品零售额（按功能区组分）

项　　目	2018 年（亿元）	同比增长（%）
全　　市	11747.7	2.7
东城区	1052.9	3.1
西城区	1043.2	3
朝阳区	2797.6	1.4
丰台区	1170.8	3.2

（续）

项　　目	2018年（亿元）	同比增长（%）
石景山区	312.4	3
海淀区	2340.1	1.4
门头沟区	69.4	5.4
房山区	252.8	5.9
通州区	439.8	5
顺义区	478.7	5.2
昌平区	465.7	3
大兴区	437.8	6
怀柔区	126.2	5.4
平谷区	113.5	5.9
密云区	148.1	6.6
延庆区	98.3	5.7
北京经济技术开发区	400.3	0.2

数据来源：北京市统计局

（王　璇）

表1－3　社会消费品零售额进度表

2018年	社会消费品零售额（亿元）	同比增长（%）
1—2月	1742.3	5.8
1—3月	2651.7	4.7
1—4月	3510.9	4.3
1—5月	4370.1	3.8
1—6月	5397.9	4.4
1—7月	6364.0	4.2
1—8月	7355.5	4.4
1—9月	8387.6	4.1
1—10月	9470.9	3.7
1—11月	10652.6	3.0
1—12月	11747.7	2.7

数据来源：北京市统计局

（王璇）

表1－4　批发和零售业商品购进、销售、库存额

项　　目	2018年（万元）	同比增长（%）
一、商品购进额	639 826 128	1.8
二、商品销售额	694 670 758	1.9
1. 批发额	588 211 680	1.8
2. 零售额	106 459 078	2.2
三、期末商品库存额	78 517 485	-1.6

数据来源：北京市统计局

（王璇）

二、对外贸易

表2-1 海关进出口商品类别及构成

表2-1-1 北京地区海关出口商品类别及构成

金额单位：万美元

类 别	2018年		2017年		增（减）%
	金 额	比重（%）	金 额	比重（%）	
总 值	**7 417 432**	**100.0**	**5 850 305**	**100.0**	—
初级产品	3 005 795	40.5	1 722 204	29.4	11.1
工业制成品	4 411 636	59.5	4 128 101	70.6	-11.1
机电产品	3 221 206	43.4	2 841 008	48.6	-5.2
高新技术产品	1 521 597	47.2	1 128 360	19.3	27.9

注：数据摘自北京海关统计月报

（汪云云）

表2-1-2 北京地区海关进口商品类别及构成

金额单位：万美元

类 别	2018年		2017年		增（减）%
	金 额	比重（%）	金 额	比重（%）	
总 值	**33 838 200**	**100.0**	**26 521 753**	**100.0**	—
初级产品	21 564 788	63.7	15 452 705	58.3	5.4
工业制成品	12 273 412	36.3	11 068 606	41.7	-5.4
机电产品	6 911 027	20.4	6 594 045	24.9	-4.5
高新技术产品	2 782 953	8.2	2 649 248	10.0	-1.8

注：数据摘自北京海关统计月报

（汪云云）

表 2 - 2　海关进出口商品分类金额

表 2 - 2 - 1　海关出口商品分类金额

金额单位：万美元

商品名称	2018 年	2017 年	同比（±%）
总　　值	**7 417 432**	**5 850 305**	**26.6**
第 1 章　活动物	2 235	1 707	30.9
第 2 章　肉及食用杂碎	23	18	26.7
第 3 章　鱼及其他水生无脊椎动物	120	200	-40.4
第 4 章　乳；蛋；蜂蜜；其他食用动物产品	972	1 053	-7.7
第 5 章　其他动物产品	3 066	4 213	-27.2
第 6 章　活植物；茎、根；插花、簇叶	145	547	-73.4
第 7 章　食用蔬菜、根及块茎	5 708	3 634	57.1
第 8 章　食用水果及坚果；甜瓜等水果的果皮	1 206	680	77.5
第 9 章　咖啡、茶、马黛茶及调味香料	2 499	2 681	-6.8
第 10 章　谷物	76 400	47 638	60.4
第 11 章　制粉工业产品；麦芽；淀粉等；面筋	319	259	23.4
第 12 章　油籽；子仁；工业或药用植物；饲料	9 939	10 938	-9.2
第 13 章　虫胶；树胶、树脂及其他植物液、汁	4 666	4 828	-3.3
第 14 章　编结用植物材料；其他植物产品	36	67	-45.5
第 15 章　动、植物油、脂、蜡；精制食用油脂	919	1 706	-46.1
第 16 章　肉、鱼及其他水生无脊椎动物的制品	5 368	6 287	-14.6
第 17 章　糖及糖食	78	249	-68.6
第 18 章　可可及可可制品	4 427	6 382	-30.6
第 19 章　谷物粉、淀粉等或乳的制品；糕饼	5 289	5 901	-10.0
第 20 章　蔬菜、水果等或植物其他部分的制品	18 250	18 619	-2.0
第 21 章　杂项食品	3 059	2 626	16.6
第 22 章　饮料、酒及醋	3 878	2 992	29.6
第 23 章　食品工业的残渣及废料；配制的饲料	776	1 343	-42.2
第 24 章　烟草、烟草及烟草代用品的制品	—	23	—
第 25 章　盐；硫磺；土及石料；石灰及水泥等	8 400	12 605	-33.4
第 26 章　矿砂、矿渣及矿灰	1 196	862	38.8
第 27 章　矿物燃料、矿物油及其产品；沥青等	2 834 271	1 579 669	78.7
第 28 章　无机化学品；贵金属等的化合物	76 974	57 251	34.5
第 29 章　有机化学品	127 454	112 960	12.8
第 30 章　药品	34 132	28 496	19.8
第 31 章　肥料	38 045	46 268	-17.8
第 32 章　鞣料；着色料；涂料；油灰；墨水等	8 267	7 876	5.0

（续）

商品名称	2018 年	2017 年	同比（±%）
第 33 章　精油及香膏；芳香料制品化妆盥洗品	3 097	3 827	-19.1
第 34 章　洗涤剂、润滑剂、人造蜡、塑型膏等	5 902	6 663	-11.6
第 35 章　蛋白类物质；改性淀粉；胶；酶	4 350	3 973	9.5
第 36 章　炸药；烟火；引火品；易燃材料制品	5 043	3 648	38.3
第 37 章　照相及电影用品	1 550	1 265	22.1
第 38 章　杂项化学产品	49 292	42 437	16.1
第 39 章　塑料及其制品	68 199	79 453	-14.2
第 40 章　橡胶及其制品	24 324	26 232	-7.3
第 41 章　生皮（毛皮除外）及皮革	312	132	135.8
第 42 章　皮革制品；旅行箱包；动物肠线制品	9 522	20 704	-54.0
第 43 章　毛皮、人造毛皮及其制品	860	1 584	-45.7
第 44 章　木及木制品；木炭	6 913	10 453	-33.9
第 45 章　软木及软木制品	4	4	-8.8
第 46 章　编结材料制品；篮筐及柳条编结品	2 286	2 400	-4.7
第 47 章　木浆等纤维状纤维素浆；废纸及纸板	788	715	10.2
第 48 章　纸及纸板；纸浆、纸或纸板制品	7 606	12 968	-41.4
第 49 章　印刷品；手稿、打字稿及设计图纸	7 844	6 740	16.4
第 50 章　蚕丝	887	765	15.9
第 51 章　羊毛等动物毛；马毛纱线及其机织物	3 811	5 338	-28.6
第 52 章　棉花	6 318	7 775	-18.8
第 53 章　其他植物纤维；纸纱线及其机织物	355	327	8.6
第 54 章　化学纤维长丝	9 448	9 800	-3.6
第 55 章　化学纤维短纤	7 842	8 644	-9.2
第 56 章　絮胎、毡呢及无纺织物；线绳制品等	12 920	11 252	14.8
第 57 章　地毯及纺织材料的其他铺地制品	9 953	9 210	8.1
第 58 章　特种机织物；簇绒织物；刺绣品等	1 334	2 122	-37.1
第 59 章　特种机织物；簇绒织物；刺绣品等	3 618	4 761	-24.0
第 60 章　针织物及钩编织物	2 124	4 511	-52.9
第 61 章　针织或钩编的服装及衣着附件	44 622	76 072	-41.3
第 62 章　非针织或非钩编的服装及衣着附件	65 905	95 971	-31.3
第 63 章　其他纺织制品；成套物品；旧纺织品	22 118	27 629	-19.5
第 64 章　鞋靴、护腿和类似品及其零件	15 945	29 350	-45.7
第 65 章　帽类及其零件	4 386	9 327	-53.0
第 66 章　伞、手杖、鞭子、马鞭及其零件	459	1 533	-70.0

（续）

商品名称	2018 年	2017 年	同比（±%）
第 67 章　加工羽毛及制品；人造花；人发制品	1 336	5 423	-75.4
第 68 章　矿物材料的制品	15 555	29 679	-47.6
第 69 章　陶瓷产品	27 709	36 653	-24.3
第 70 章　玻璃及其制品	20 995	26 798	-21.7
第 71 章　珠宝、贵金属及制品；仿首饰；硬币	11 441	7 535	50.2
第 72 章　钢铁	177 403	178 992	-0.9
第 73 章　钢铁制品	255 131	270 942	-5.8
第 74 章　铜及其制品	7 530	5 954	26.4
第 75 章　镍及其制品	714	866	-17.6
第 76 章　铝及其制品	58 287	51 173	13.9
第 78 章　铅及其制品	146	101	45.1
第 79 章　锌及其制品	343	278	23.0
第 80 章　锡及其制品	98	156	-37.1
第 81 章　其他贱金属、金属陶瓷及其制品	6 738	9 749	-30.9
第 82 章　贱金属器具、利口器、餐具及零件	11 899	15 351	-22.5
第 83 章　贱金属杂项制品	11 419	18 010	-36.7
第 84 章　核反应堆、锅炉、机械器具及零件	788 436	705 557	11.7
第 85 章　电机、电气、音像设备及其零附件	1 235 693	1 030 710	19.9
第 86 章　铁道车辆；轨道装置；信号设备	63 371	97 999	-35.3
第 87 章　车辆及其零附件，但铁道车辆除外	251 543	231 104	8.9
第 88 章　航空器、航天器及其零件	174 586	55 307	216.8
第 89 章　船舶及浮动结构体	138 810	133 400	4.1
第 90 章　光学、照相、医疗等设备及零附件	300 203	254 293	18.0
第 91 章　钟表及其零件	4 332	2 575	68.2
第 92 章　乐器及其零件、附件	5 021	5 751	-12.7
第 93 章　武器、弹药及其零件、附件	508	306	65.9
第 94 章　家具；寝具等；灯具；活动房	64 180	70 411	-8.9
第 95 章　玩具、游戏或运动用品及其零附件	17 624	26 569	-33.6
第 96 章　杂项制品	13 918	17 013	-18.2
第 97 章　艺术品、收藏品及古物	2 914	1 352	115.3
第 98 章　特殊交易品及未分类商品	61 490	62 135	-1.0

注：数据摘自北京海关统计月报

表 2-2-2 海关进口商品分类金额

金额单位：万美元

商品名称	2018 年	2017 年	同比（±%）
合　计	**33 838 295**	**26 521 616**	**27.4**
第 1 章 活动物	20 986	23 793	-11.8
第 2 章 肉及食用杂碎	81 912	72 836	12.5
第 3 章 鱼及其他水生无脊椎动物	152 723	73 074	109.0
第 4 章 乳；蛋；蜂蜜；其他食用动物产品	53 717	56 998	-5.8
第 5 章 其他动物产品	3 863	2 940	31.4
第 6 章 活植物；茎、根；插花、簇叶	3 583	2 548	40.6
第 7 章 食用蔬菜、根及块茎	10 555	5 931	78.0
第 8 章 食用水果及坚果；甜瓜等水果的果皮	34 643	14 347	141.5
第 9 章 咖啡、茶、马黛茶及调味香料	2 244	3 814	-41.1
第 10 章 谷物	102 705	117 592	-12.7
第 11 章 制粉工业产品；麦芽；淀粉等；面筋	10 675	6 525	63.6
第 12 章 油籽；子仁；工业或药用植物；饲料	602 523	597 171	0.9
第 13 章 虫胶；树胶、树脂及其他植物液、汁	2 888	2 760	4.6
第 14 章 编结用植物材料；其他植物产品	282	1 362	-79.3
第 15 章 动、植物油、脂、蜡；精制食用油脂	135 445	111 759	21.2
第 16 章 肉、鱼及其他水生无脊椎动物的制品	3 184	791	302.7
第 17 章 糖及糖食	36 257	43 336	-16.3
第 18 章 可可及可可制品	9 607	11 393	-15.7
第 19 章 谷物粉、淀粉等或乳的制品；糕饼	11 262	10 504	7.2
第 20 章 蔬菜、水果等或植物其他部分的制品	11 859	10 441	13.6
第 21 章 杂项食品	14 869	12 527	18.7
第 22 章 饮料、酒及醋	49 553	43 723	13.4
第 23 章 食品工业的残渣及废料；配制的饲料	56 878	55 090	3.2
第 24 章 烟草、烟草及烟草代用品的制品	141 695	150 873	-6.1
第 25 章 盐；硫磺；土及石料；石灰及水泥等	55 947	44 652	25.3
第 26 章 矿砂、矿渣及矿灰	1 213 812	1 243 357	-2.7
第 27 章 矿物燃料、矿物油及其产品；沥青等	18 331 621	12 385 601	47.9
第 28 章 无机化学品；贵金属等的化合物	206 423	198 266	3.6
第 29 章 有机化学品	306 029	213 117	43.6
第 30 章 药品	663 713	582 876	13.8
第 31 章 肥料	201 773	171 535	17.6
第 32 章 鞣料；着色料；涂料；油灰；墨水等	15 379	17 075	-9.9

（续）

商品名称	2018 年	2017 年	同比（±%）
第 33 章　精油及香膏；芳香料制品化妆盥洗品	89 777	66 159	35.7
第 34 章　洗涤剂、润滑剂、人造蜡、塑型膏等	13 848	14 018	-1.2
第 35 章　蛋白类物质；改性淀粉；胶；酶	22 389	16 231	37.9
第 36 章　炸药；烟火；引火品；易燃材料制品	258	134	93.6
第 37 章　照相及电影用品	11 290	11 414	-1.1
第 38 章　杂项化学产品	165 156	150 333	9.9
第 39 章　塑料及其制品	239 759	211 405	13.4
第 40 章　橡胶及其制品	76 909	60 653	26.8
第 41 章　生皮（毛皮除外）及皮革	2 677	2 988	-10.4
第 42 章　皮革制品；旅行箱包；动物肠线制品	18 870	18 659	1.1
第 43 章　毛皮、人造毛皮及其制品	23 285	29 037	-19.8
第 44 章　木及木制品；木炭	174 736	140 705	24.2
第 45 章　软木及软木制品	482	557	-13.5
第 46 章　编结材料制品；篮筐及柳条编结品	25	13	86.2
第 47 章　木浆等纤维状纤维素浆；废纸及纸板	110 773	67 616	63.8
第 48 章　纸及纸板；纸浆、纸或纸板制品	38 400	32 237	19.1
第 49 章　印刷品；手稿、打字稿及设计图纸	79 027	59 335	33.2
第 50 章　蚕丝	187	206	-12.1
第 51 章　羊毛等动物毛；马毛纱线及其机织物	54 250	39 553	37.2
第 52 章　棉花	88 665	66 368	33.6
第 53 章　其他植物纤维；纸纱线及其机织物	8 575	11 793	-27.3
第 54 章　化学纤维长丝	8 115	6 526	24.3
第 55 章　化学纤维短纤	15 312	19 657	-22.1
第 56 章　絮胎、毡呢及无纺织物；线绳制品等	6 517	6 621	-1.6
第 57 章　地毯及纺织材料的其他铺地制品	1 415	1 195	18.3
第 58 章　特种机织物；簇绒织物；刺绣品等	981	755	27.9
第 59 章　特种机织物；簇绒织物；刺绣品等	4 433	4 468	-0.8
第 60 章　针织物及钩编织物	680	676	0.5
第 61 章　针织或钩编的服装及衣着附件	17 618	12 739	38.3
第 62 章　非针织或非钩编的服装及衣着附件	27 053	21 769	24.3
第 63 章　其他纺织制品；成套物品；旧纺织品	3 303	3 073	7.5
第 64 章　鞋靴、护腿和类似品及其零件	15 783	15 073	4.7
第 65 章　帽类及其零件	1 008	679	48.4
第 66 章　伞、手杖、鞭子、马鞭及其零件	179	181	-1.6

（续）

商品名称	2018年	2017年	同比（±%）
第67章 加工羽毛及制品；人造花；人发制品	37	168	-77.9
第68章 矿物材料的制品	6 737	6 951	-3.1
第69章 陶瓷产品	10 844	8 722	24.3
第70章 玻璃及其制品	26 947	33 971	-20.6
第71章 珠宝、贵金属及制品；仿首饰；硬币	2 326 221	1 855 313	25.1
第72章 钢铁	63 234	57 399	10.6
第73章 钢铁制品	79 283	77 902	1.8
第74章 铜及其制品	449 865	407 038	10.1
第75章 镍及其制品	21 938	30 378	-27.8
第76章 铝及其制品	18 568	23 329	-20.4
第78章 铅及其制品	3 804	140	2 624.3
第79章 锌及其制品	36 644	22 508	62.8
第80章 锡及其制品	176	2 233	-92.1
第81章 其他贱金属、金属陶瓷及其制品	7 868	5 903	31.5
第82章 贱金属器具、利口器、餐具及零件	15 708	14 361	9.4
第83章 贱金属杂项制品	24 051	21 788	11.4
第84章 核反应堆、锅炉、机械器具及零件	1 320 227	1 281 939	3.0
第85章 电机、电气、音像设备及其零附件	1 261 268	1 172 114	7.6
第86章 铁道车辆；轨道装置；信号设备	11 851	13 903	-14.8
第87章 车辆及其零附件，但铁道车辆除外	2 890 267	2 795 021	3.4
第88章 航空器、航天器及其零件	160 223	181 880	-11.9
第89章 船舶及浮动结构体	39 571	39 535	0.2
第90章 光学、照相、医疗等设备及零附件	1 075 470	976 725	10.1
第91章 钟表及其零件	9 511	6 854	38.7
第92章 乐器及其零件、附件	2 870	2 406	19.3
第93章 武器、弹药及其零件、附件	709	518	36.8
第94章 家具；寝具等；灯具；活动房	43 587	44 527	-2.1
第95章 玩具、游戏或运动用品及其零附件	19 831	16 732	18.6
第96章 杂项制品	4 871	4 222	14.0
第97章 艺术品、收藏品及古物	6 039	2 538	137.9
第98章 特殊交易品及未分类商品	29 736	33 164	-10.3

注：数据摘自北京海关统计月报

表2－3　按洲别（地区）分海关进出口贸易额

表2－3－1　北京出口到各洲情况一览表

金额单位：万美元

	出　口	同比（±%）	占总出口比重（%）
亚洲	4 578 246	28.0	61.7
非洲	576 303	10.8	7.8
欧洲	890 735	28.6	12.0
拉丁美洲	540 799	39.5	7.3
北美洲	565 140	6.6	7.6
大洋洲	265 803	79.4	3.6

注：摘自北京海关统计月报

（汪云云）

表2－3－2　北京从各洲进口情况一览表

金额单位：万美元

	进　口	同比（±%）	占总进口比重（%）
亚洲	14 131 455	32.2	41.8
非洲	3 701 158	44.6	10.9
欧洲	7 314 347	18.8	21.6
拉丁美洲	2 766 875	21.2	8.2
北美洲	3 628 734	22.6	10.7
大洋洲	2 282 825	20.4	6.7

注：摘自北京海关统计月报

（汪云云）

表2－4　按国别（地区）分海关进出口贸易额

金额单位：万美元

国别（地区）	进出口	出　口	进　口
合　计	**41 242 624**	**7 417 024**	**33 825 600**
美国	3 423 570	525 938	2 897 633
德国	2 453 570	103 097	2 350 473
澳大利亚	2 276 537	214 677	2 061 860
伊拉克	1 998 433	39 078	1 959 355
沙特阿拉伯	1 954 006	26 723	1 927 283
俄罗斯联邦	1 766 225	160 847	1 605 378
安哥拉	1 728 906	19 282	1 709 624

（续）

国别（地区）	进出口	出　口	进　口
日本	1 622 352	305 911	1 316 441
巴西	1 351 113	75 194	1 275 919
伊朗	1 312 400	145 465	1 166 935
新加坡	1 250 039	914 521	335 518
阿曼	1 122 922	25 241	1 097 681
瑞士	1 106 050	10 845	1 095 205
科威特	1 052 272	6 873	1 045 399
韩国	899 000	308 298	590 702
土库曼斯坦	812 237	10 648	801 589
马来西亚	805 302	177 910	627 392
中国香港	787 720	763 466	24 254
加拿大	768 566	39 124	729 442
英国	636 720	73 430	563 290
委内瑞拉	609 913	34 690	575 222
印度尼西亚	551 280	136 991	414 289
哈萨克斯坦	510 833	76 625	434 208
阿联酋	492 611	93 319	399 292
越南	485 644	242 322	243 321
印度	356 057	139 098	216 959
法国	353 760	71 850	281 910
菲律宾	346 341	233 944	112 397
哥伦比亚	343 304	14 578	328 726
刚果（布）	341 557	5 097	336 460
中国台湾	337 165	106 124	231 041
利比亚	316 984	747	316 236
南非	292 496	30 707	261 789
意大利	284 873	56 503	228 369
墨西哥	274 625	148 417	126 207
泰国	269 618	83 970	185 648
卡塔尔	257 364	13 089	244 275
中华人民共和国	254 310	0	254 310
巴基斯坦	228 734	200 535	28 198

（续）

国别（地区）	进出口	出 口	进 口
乌兹别克斯坦	205 308	39 548	165 761
孟加拉国	202 400	192 815	9 585
加纳	198 431	8 236	190 195
埃及	188 393	68 696	119 697
荷兰	187 766	79 961	107 804
阿尔及利亚	157 925	97 846	60 078
南苏丹共和国	145 174	3 452	141 722
巴布亚新几内亚	137 435	13 036	124 399
匈牙利	131 164	7 760	123 403
加蓬	131 044	472	130 571
秘鲁	124 935	28 176	96 758
西班牙	122 139	42 271	79 867
赤道几内亚	118 100	4 811	113 289
阿根廷	117 853	27 254	90 599
厄瓜多尔	113 377	22 655	90 722
比利时	108 984	34 211	74 773
波兰	106 869	28 910	77 959
奥地利	104 973	10 862	94 110
缅甸	103 186	51 124	52 063
爱尔兰	100 084	1 893	98 191
瑞典	98 546	19 560	78 987
智利	95 986	29 063	66 923
新西兰	91 789	13 333	78 456
乌克兰	90 273	36 629	53 643
挪威	89 855	5 189	84 666
以色列	79 225	21 965	57 260
土耳其	74 687	39 678	35 010
巴拿马	69 764	68 338	1 427
喀麦隆	66 198	10 086	56 112
尼日利亚	65 587	20 296	45 292
乌拉圭	59 002	4 081	54 921
芬兰	58 467	8 540	49 927

(续)

国别（地区）	进出口	出　口	进　口
老挝	58 162	27 366	30 796
古巴	57 669	32 880	24 788
捷克	57 326	12 469	44 857
蒙古	56 163	15 486	40 676
丹麦	55 656	13 904	41 751
津巴布韦	54 960	2 463	52 497
刚果（金）	54 062	31 389	22 673
也门	51 043	901	50 142
保加利亚	50 429	4 271	46 158
中国澳门	43 283	42 366	918
柬埔寨	43 277	24 401	18 876
纳米比亚	40 111	629	39 482
科特迪瓦	36 119	28 824	7 295
肯尼亚	34 831	33 144	1 688
白俄罗斯	34 076	11 251	22 824
苏丹	32 839	6 405	26 434
埃塞俄比亚	32 372	27 270	5 102
利比里亚	32 240	29 637	2 603
希腊	31 900	17 903	13 997
赞比亚	30 798	22 948	7 850
斯里兰卡	29 675	28 119	1 555
罗马尼亚	29 282	5 818	23 464
莫桑比克	24 842	20 972	3 870
玻利维亚	22 284	20 117	2 167
阿塞拜疆	20 658	3 156	17 501
葡萄牙	20 092	9 781	10 311
马绍尔群岛	19 792	19 792	0
马耳他	18 948	18 626	322
乌干达	18 276	17 713	564
所罗门群岛	17 967	236	17 731
毛里塔尼亚	16 701	2 268	14 433
特立尼达和多巴哥	15 679	243	15 436

（续）

国别（地区）	进出口	出　口	进　口
哥斯达黎加	15 205	3 430	11 774
斯洛文尼亚	15 127	2 704	12 423
斯洛伐克	13 775	3 615	10 160
几内亚	13 635	13 634	0
摩洛哥	12 692	5 743	6 949
巴拉圭	12 362	12 262	100
约旦	11 136	2 218	8 918
多哥	10 889	8 547	2 342
坦桑尼亚	10 881	7 813	3 068
塞内加尔	10 172	8 070	2 102
塞尔维亚	10 042	4 212	5 830
卢森堡	9 848	8 583	1 265
贝宁	8 076	5 641	2 435
马达加斯加	7 571	3 322	4 249
文莱	6 991	6 990	0
爱沙尼亚	6 698	2 125	4 574
塞浦路斯	5 973	4 590	1 384
突尼斯	5 767	4 156	1 611
尼泊尔	5 755	5 392	363
克罗地亚	5 635	4 766	869
尼日尔	5 554	2 010	3 544
乍得	5 540	5 539	1
马里	5 374	3 007	2 366
多米尼加共和国	4 896	3 079	1 818
塞拉利昂	4 262	2 614	1 648
马尔代夫	3 994	3 993	1
巴哈马	3 956	3 956	0
吉尔吉斯斯坦	3 881	3 877	4
东帝汶	3 810	3 810	0
立陶宛	3 727	1 724	2 002
塔吉克斯坦	3 661	3 660	1

(续)

国别（地区）	进出口	出　口	进　口
亚美尼亚	3 624	3 572	52
拉脱维亚	3 557	2 007	1 551
马拉维	3 501	1 173	2 328
吉布提	3 331	3 331	0
萨尔瓦多	3 237	1 221	2 016
巴林	3 052	1 589	1 463
阿尔巴尼亚	2 961	1 883	1 078
波多黎各	2 949	2 491	458
法罗群岛	2 845	1	2 844
叙利亚	2 807	2 806	1
黎巴嫩	2 781	2 623	157
朝鲜	2 149	2 149	1
黑山	2 029	1 990	39
斐济	2 020	1 982	38
格陵兰	1 668	8	1 660
危地马拉	1 665	1 604	61
格鲁吉亚	1 635	1 213	422
冰岛	1 486	715	770
卢旺达	1 446	1 432	14
牙买加	1 304	1 286	19
安提瓜和巴布达	1 276	1 276	0
波黑	1 251	858	393
斯威士兰	1 204	4	1 200
佛得角	1 171	1 171	0
瓦努阿图	1 164	1 164	0
洪都拉斯	1 157	1 077	80
毛里求斯	1 093	837	255
布隆迪	1 078	1 041	37
中非	1 044	163	881
几内亚比绍	1 022	1 022	0
尼加拉瓜	900	323	577

（续）

国别（地区）	进出口	出　口	进　口
前南马其顿	889	685	204
圭亚那	794	786	8
博茨瓦纳	722	721	1
新喀里多尼亚	714	397	316
阿富汗	567	535	32
列支敦士登	525	194	330
布基纳法索	511	400	111
摩尔多瓦	497	200	297
索马里	497	329	168
莱索托	454	164	290
多米尼克	414	414	0
海地	321	310	11
荷属安的列斯群岛	315	315	0
库腊索岛	305	305	0
厄立特里亚	288	288	0
冈比亚	260	259	1
苏里南	254	123	130
基里巴斯	252	252	0
格林纳达	210	210	0
科摩罗	209	209	0
国别（地区）不详	207	0	207
帕劳	196	196	0
密克罗尼西亚联邦	185	185	0
萨摩亚	166	158	8
阿鲁巴	158	158	0
图瓦卢	155	155	0
伯利兹	149	149	0
巴巴多斯	144	139	5
直布罗陀	139	139	0
塞舌尔	116	115	0
开曼群岛	101	101	0

（续）

国别（地区）	进出口	出　口	进　口
法属波利尼西亚	100	99	2
留尼汪	78	78	0
圣马力诺	72	2	70
百慕大	61	61	0
库克群岛	58	58	0
巴勒斯坦	54	54	0
汤加	50	42	8
大洋洲其他国家（地区）	41	37	4
不丹	40	40	0
圣多美和普林西比	40	40	0
圣基茨和尼维斯	31	30	0
摩纳哥	26	1	25
加那利群岛	16	16	1
马约特	16	16	0
瓜德罗普	15	15	0
马提尼克	12	12	0
英属维尔京群岛	11	11	0
圣卢西亚	11	11	0
北美洲其他国家（地区）	9	9	0
非洲其他国家（地区）	7	7	0
安道尔	6	5	1
欧洲其他国家（地区）	6	0	6
圣文森特和格林纳丁斯	6	6	0
法属圭亚那	5	5	0
圣马丁岛	3	3	0
盖比群岛	3	0	3
拉丁美洲其他国家（地区）	3	3	0
特克斯和凯科斯群岛	2	2	0
社会群岛	2	2	0
瑙鲁	1	1	0

注：摘自北京海关统计月报，按进出口额排序

（汪云云）

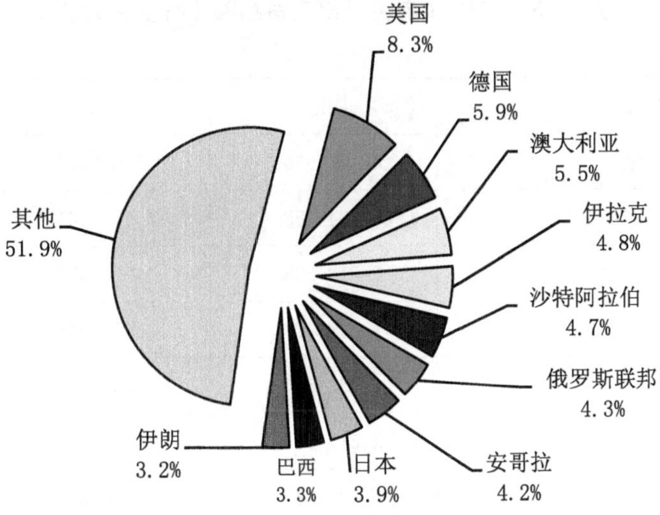

图 2-1　2018 年北京企业前十位贸易伙伴

（汪云云）

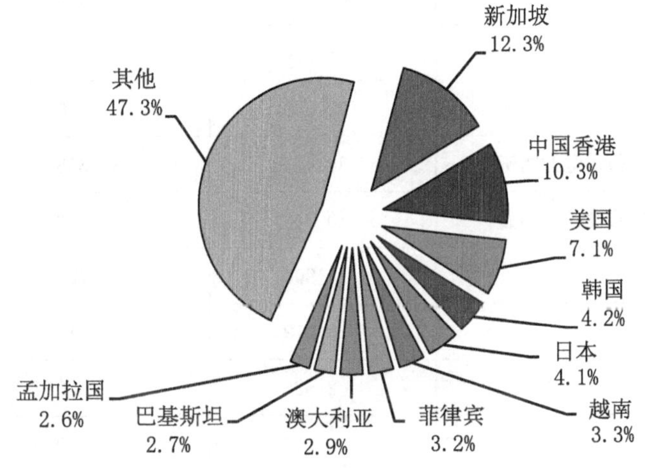

图 2-2　2018 年北京企业前十位出口市场

（汪云云）

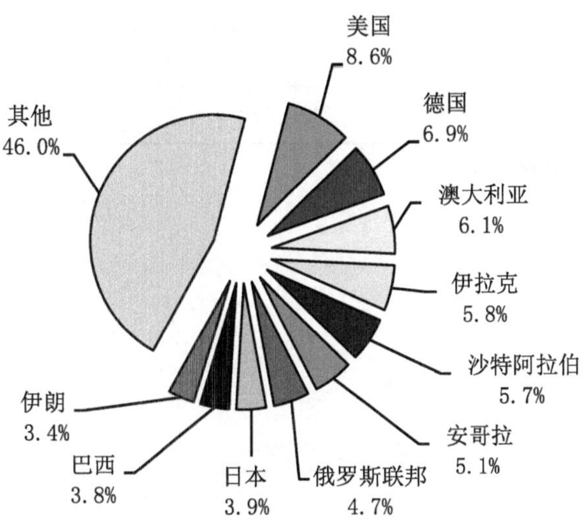

图 2-3　2018 年北京企业前十位进口市场

（汪云云）

表2－5 2018年海关进出口贸易额（分贸易方式）

金额单位：万美元

贸易方式	进出口	出口	进口
合　计	**41 242 626**	**7 417 025**	**33 825 601**
一般贸易	35 394 188	5 571 101	29 823 086
加工贸易	2 318 285	609 573	1 708 712
来料加工装配贸易	1 578 771	101 847	1 476 924
进料加工贸易	739 514	507 726	231 788
海关特殊监管方式	2 517 504	426 266	2 091 239
保税监管场所进出境货物	1 871 683	388 342	1 483 340
海关特殊监管区域物流货物	644 400	37 923	606 477
对外承包工程出口货物	704 058	704 058	0
租赁贸易	23 630	1 187	22 443
免税品	103 000	0	103 000
国家间、国际组织无偿援助和赠送的物资	38 472	38 355	117
外商投资企业作为投资进口的设备、物品	10 348	0	10 348
出料加工贸易	2 904	1 728	1 177
其他捐赠物资	5 319	218	5 102
免税外汇商品	2 524	0	2 524
加工贸易进口设备	47	0	47
补偿贸易	4	4	0
寄售、代销贸易	26	26	0
边境小额贸易	27	0	27
其他贸易	122 291	64 510	57 781

注：数据摘自北京海关统计月报

（汪云云）

表 2－6　2018 年北京各区进出口情况表

金额单位：亿美元

序号	区（功能区）	进出口			出口			进口		
		总额	同比（%）	占比（%）	总额	同比（%）	占比（%）	总额	同比（%）	占比（%）
	总　计	**4124.3**	**27.3**	**100.0**	**741.7**	**26.6**	**100.0**	**3382.6**	**27.4**	**100.0**
1	朝阳区	1928.7	33.3	46.8	181.2	28.6	24.4	1747.5	33.8	51.7
2	西城区	960.1	33.1	23.3	177.3	71.2	23.9	782.7	26.7	23.1
3	海淀区	383.0	22.8	9.3	142.9	33.5	19.3	240.1	17.2	7.1
4	大兴区	215.5	9.5	5.2	72.1	12.8	9.7	143.4	7.9	4.2
	其中：北京经济技术开发区	194.7	12.1	4.7	64.9	17.2	8.8	129.8	9.8	3.8
5	顺义区	163.2	-0.7	4.0	45.8	-30.8	6.2	117.5	19.5	3.5
	其中：北京天竺综合保税区	71.1	23.3	1.7	7.4	5.2	1.0	63.7	25.8	1.9
6	东城区	157.3	5.3	3.8	31.1	4.8	4.2	126.2	5.4	3.7
7	丰台区	200.3	30.3	4.9	47.7	27.4	6.4	152.5	31.2	4.5
8	昌平区	35.8	19.7	0.9	14.5	27.3	2.0	21.3	15.0	0.6
9	通州区	27.5	17.3	0.7	9.2	0.0	1.2	18.3	28.5	0.5
10	密云区	9.2	7.9	0.2	2.3	-31.3	0.3	6.9	32.9	0.2
11	怀柔区	13.1	50.3	0.3	3.2	-7.5	0.4	10.0	87.5	0.3
12	平谷区	6.7	-0.1	0.2	1.6	52.0	0.2	5.1	-9.7	0.2
13	石景山区	9.7	64.5	0.2	6.0	95.6	0.8	3.8	31.2	0.1
14	房山区	8.6	17.0	0.2	3.5	32.1	0.5	5.1	8.5	0.2
15	门头沟区	4.3	20.3	0.1	2.3	28.3	0.3	1.9	11.9	0.1
16	延庆区	1.4	19.2	0.03	0.9	1.8	0.1	0.4	88.9	0.01
17	其他	0.03	14.2	0.001	0.02	47.2	0.002	0.01	-20.8	0.0003

注： 1. 各区外贸统计口径按企业实际注册地（税务登记地）统计；

2. 顺义区数值含北京天竺综合保税区；东城区和西城区均指各自合并后的新区；大兴区数值含北京经济技术开发区；其他中含归属地不清及海关数据调整因素；

3. 进出口额是出口额与进口额之和；排序以进出口额为准；

4. 同比是指本年与上年相比的增长（下降）率，即：（本年值－上年值）×100/上年值；

5. 占比是指各区值占总计值（全市值）的比重，用百分数表示。

（汪云云）

表 2 - 7 2018 年北京进出口进度表

金额单位：亿美元

时 间	北京			
	当月进出口		累计进出口	
	金额	同比（±%）	金额	同比（±%）
1月	325.6	28.7	325.6	28.7
2月	267.4	22.2	593.1	25.7
3月	348.9	20.8	942.8	24.0
4月	353.5	47.2	1 296.9	29.6
5月	372.7	36.7	1 670.2	31.2
6月	345.6	22.9	2 017.6	29.8
7月	374.4	42.4	2 393.5	31.7
8月	357.7	35.4	2 751.9	32.2
9月	350.8	28.0	3 103.9	31.7
10月	329.7	24.9	3 437.2	31.2
11月	361.6	20.7	3 794.3	30.0
12月	331.7	3.4	4 124.3	27.3

注：数据摘自北京海关统计月报

（汪云云）

表 2 - 8 全国各省市进出口贸易总额

（按经营单位所在地分）

金额单位：亿美元

地 区	进出口额	出口额	进口额	同比（%）		
				进出口	出 口	进 口
总 值	**46 230.4**	**24 874.0**	**21 356.4**	**12.6**	**9.9**	**15.8**
广东	10 847.1	6 466.8	4 380.3	7.8	3.8	14.1
江苏	6 640.4	4 040.4	2 600.0	12.4	11.3	14.2
上海	5 156.4	2 071.7	3 084.7	8.3	7.0	9.2
浙江	4 324.8	3 211.5	1 113.2	14.4	12.0	22.2
北京	4 124.3	741.7	3 382.6	27.3	26.6	27.4
山东	2 923.9	1 601.4	1 322.5	10.5	8.9	12.5
福建	1 875.4	1 155.6	719.7	9.7	10.1	8.9
天津	1 225.4	488.1	737.2	8.5	12.1	6.3

（续）

地　区	进出口额	出口额	进口额	同比（%）		
				进出口	出　口	进　口
辽宁	1 144.3	488.0	656.3	14.9	8.8	19.9
四川	899.4	504.0	395.4	32.1	34.2	29.4
河南	828.3	537.8	290.5	6.7	14.4	-5.1
重庆	790.4	513.8	276.6	18.7	20.6	15.2
安徽	629.7	362.1	267.7	16.6	18.3	14.3
广西	623.4	328.0	295.4	7.7	16.8	-0.8
河北	538.8	339.9	198.9	8.1	8.4	7.5
陕西	533.1	316.0	217.2	32.6	28.7	38.7
湖北	528.0	340.9	187.1	14.0	11.8	18.1
江西	482.4	339.6	142.8	8.8	4.5	20.5
湖南	465.3	305.7	159.6	29.1	32.0	24.0
云南	298.9	128.1	170.8	27.5	11.7	42.5
黑龙江	264.1	44.5	219.6	39.4	-14.6	59.8
山西	207.7	122.7	85.0	20.9	20.3	21.7
吉林	206.7	49.4	157.3	11.5	11.9	11.4
新疆	200.1	164.2	35.9	-2.7	-6.9	22.4
内蒙古	156.9	57.5	99.3	13.1	17.9	10.4
海南	127.4	44.9	82.6	22.9	2.8	37.4
贵州	76.0	51.2	24.8	-6.9	-11.6	4.7
甘肃	60.0	22.1	37.9	24.3	29.3	21.6
宁夏	37.8	27.4	10.4	-25.0	-25.0	-24.9
西藏	7.2	4.3	2.9	-16.2	-1.1	-31.5
青海	7.0	4.7	2.3	6.1	10.8	-2.5

数据来源：商务部

（汪云云）

表2-9 历年进出口总额一览表

（1993—2018年）

单位：万美元

年　度	进出口总额	出口额	进口额
1993	2 826 683	672 105	2 154 578
1994	2 927 427	834 206	2 093 221
1995	3 703 513	1 024 977	2 678 536
"九五"时期	**17 417 315**	**5 010 231**	**12 407 084**
1996	2 931 833	811 975	2 119 858
1997	3 038 852	961 103	2 077 749
1998	3 050 609	1 051 293	1 999 316
1999	3 433 844	989 059	2 444 785
2000	4 962 177	1 196 801	3 765 376
"十五"时期	**39 273 900**	**9 269 879**	**30 004 021**
2001	5 154 131	1 178 687	3 975 444
2002	5 250 870	1 261 464	3 989 406
2003	6 846 262	1 685 173	5 161 089
2004	9 465 509	2 057 493	7 408 016
2005	12 557 128	3 087 062	9 470 066
"十一五"时期	**113 900 296**	**24 818 619**	**89 081 677**
2006	15 817 225	3 797 921	12 019 304
2007	19 294 630	4 892 328	14 402 302
2008	27 171 187	5 745 424	21 425 763
2009	21 476 276	4 836 261	16 640 014
2010	30 140 978	5 546 685	24 594 293
"十二五"时期	**196 175 679**	**29 893 938**	**166 281 740**
2011	38 949 480	5 902 502	33 046 978
2012	40 791 626	5 965 038	34 826 588
2013	42 910 333	6 324 622	36 585 711
2014	41 565 180	6 234 540	35 330 640
2015	31 959 059	5 467 235	26 491 824
"十二五"时期	**101 814 243**	**18 451 108**	**83 363 135**
2016	28 199 559	5 183 778	23 015 781
2017	32 372 058	5 850 305	26 521 753
2018	41 242 626	7 417 025	33 825 601

（汪云云）

表 2 - 10　1995—2018 年北京进出口额在全国各地区的排名

年份	进口排名	出口排名
1995	2	3
1996	2	7
1997	2	7
1998	2	5
1999	2	7
2000	2	7
2001	2	7
2002	3	7
2003	4	7
2004	4	8
2005	4	7
2006	3	7
2007	3	7
2008	2	6
2009	2	7
2010	2	7
2011	2	7
2012	2	7
2013	2	8
2014	2	8
2015	2	8
2016	3	7
2017	3	7
2018	2	7

（汪云云）

三、服务外包与技术贸易

表3－1 2018年北京地区服务贸易分项数据

单位：亿元人民币

	出口额	进口额	进出口总额
总　　计	**3 724.30**	**6 904.60**	**10 628.90**
运输	356.02	2 089.11	2 445.13
旅行	178.01	2 781.95	2 959.96
建筑	786.81	233.59	1 020.40
保险服务	224.33	502.26	726.59
金融服务	131.69	42.35	174.04
电信、计算机和信息服务	809.31	298.44	1 107.75
知识产权使用费	18.53	318.30	336.83
个人、文化和娱乐服务	37.72	110.51	148.23
维护和维修服务	58.89	35.07	93.97
加工服务	56.50	0.30	56.80
其他商业服务	1 066.72	493.00	1 559.72

（李　倩）

表3－2 北京地区历年服务贸易进出口情况统计表

单位：亿美元

年　度	出　口	进　口	进出口额	顺（逆）差
2003	82.45	79.78	162.24	2.67
2004	121.12	114.58	235.70	6.54
2005	165.81	134.92	300.74	30.89
2006	198.54	194.68	393.23	3.86
2007	252.81	250.25	503.06	2.55
2008	341.69	350.23	691.92	-8.53
2009	331.60	332.50	644.10	-20.90
2010	388.22	410.10	798.32	-21.88
2011	414.99	480.38	895.37	-65.39
2012	445.11	555.09	1000.20	-109.98
2013	426.89	596.44	1023.33	-169.55
2014	435.05	671.09	1106.14	-236.04

（续）

年　度	出　口	进　口	进出口额	顺（逆）差
2015	490.67	812.11	1302.78	-321.44
2016	532.13	976.47	1508.60	-444.35
2017	437.2 （2 953.2亿元人民币）	997.1 （6 734.8亿元人民币）	1 434.3 （9 688亿元人民币）	-559.9 （-3 781.60亿元人民币）
2018	562.75 （3 724.3亿元人民币）	1 043.43 （6 904.6亿元人民币）	1 606.19 （10 628.9亿元人民币）	-480.68 （3 180.32亿元人民币）

注：自2017年起商务部系统以人民币为计价单位进行统计。

（李　倩）

表3-3　北京市2018年服务外包（离岸）外包类别情况

外包类别	2017年执行金额（万美元）	2018年执行金额（万美元）	同比增幅（%）
服务外包（离岸）合计	456 555.49	487 200.86	6.7
其中：			
信息技术外包	317 956.41	331 746.24	4.3
业务流程外包	62 344.52	71 258.88	14.3
知识流程外包	76 254.56	84 195.74	10.4
其他服务产品	—	—	—

（许　鑫）

表3-4　北京市历年服务外包（离岸）情况

年　度	合同数（份）	执行金额（万美元）	同比增幅（%）
总　计	**43 276**	**3 758 980.12**	
2009	5 264	104 841.0	93.5
2010	5 565	153 755.9	46.7
2011	5 884	244 880.9	59.3
2012	5 887	355 953.30	45.4
2013	4 586	482 575.57	35.6
2014	3 950	532 693.40	10.4
2015	3 450	449 931.48	-15.5
2016	2 842	490 592.22	9
2017	3 025	456 555.49	-6.9
2018	2 823	487 200.86	6.7

（许　鑫）

表 3－5　2018 年技术进出口合同登记情况

表 3－5－1　技术出口合同登记情况

一、按合同类型分

出口方式（合同类别）	合同数（个）	合同金额（万美元）	技术费（万美元）
合　　计	**689**	**473 203.58**	**321 934.21**
A：专利技术的许可或转让（包括专利申请权的转让）	37	778.20	778.20
B：专有技术的许可或转让	16	15 980.53	15 980.53
C：技术咨询、技术服务	616	384 821.29	233 551.92
D：计算机软件的出口	20	71 623.56	71 623.56

（郑　勇）

二、按企业性质分

企业性质	合同份数（个）	合同金额（万美元）	技术费（万美元）
合　　计	**689**	**473 203.58**	**321 934.21**
国有企业	50	167 873.45	23 776.88
集体企业	1	9.94	9.94
外商投资企业	401	240 623.23	240 183.31
民营企业	220	62 600.38	55 867.50
其他	17	2 096.58	2 096.58

（郑　勇）

三、按国民经济行业分

行　　业	合同份数（个）	合同金额（万美元）	技术费（万美元）
合　　计	**689**	**473 203.58**	**321 934.21**
其他行业	6	4 633.02	4 633.02
农、林、牧、渔业	3	8.39	8.39
采矿业	69	18 006.93	12 147.65
制造业	92	99 565.79	95 006.19
电力、燃气及水的生产和供应业	2	25 588.17	1 076.58
建筑业	5	3 024.32	3 024.32
交通运输、仓储和邮政业	2	5 916.63	2 912.37
信息传输、计算机服务和软件业	326	121 770.60	121 519.62
租赁和商务服务业	21	13 974.14	2 305.14
科学研究、技术服务和地质勘查业	151	66 171.83	65 982.29
水利、环境和公共设施管理业	2	48 600.00	9 165.00
居民服务和其他服务业	10	65 943.76	4 153.64

（郑　勇）

四、按国别（地区）分

国别地区	合同数（个）	合同金额	技术费
合　　计	**689**	**473 203.58**	**321 934.21**
美国	119	84 846.26	84 846.25
伊朗	1	64 728.41	3 797.92
中国香港	111	51 204.55	51 204.55
安哥拉	2	48 600.00	9 165.00
孟加拉国	4	43 697.29	4 512.44
芬兰	2	43 618.90	43 618.90
德国	22	30 182.20	30 180.03
新加坡	26	22 281.92	22 281.92
日本	164	14 520.52	14 520.23
韩国	19	11 354.11	11 353.80
法国	8	9 750.82	9 750.81
阿拉伯酋长国	8	6 610.73	6 610.73
开曼群岛	22	6 064.75	5 877.98
伊拉克	1	5 948.10	354.87
玻利维亚	1	5 551.00	1 864.40
瑞士	6	4 383.48	4 383.48
印度尼西亚	5	3 048.08	3 048.08
哈萨克	6	2 975.15	2 975.15
英属维尔京	18	1 762.44	1 762.44
泰国	6	1 488.37	628.74
英国	13	1 352.58	1 352.58
澳大利亚	4	1 218.60	1 218.60
丹麦	2	1 069.10	1 069.10
越南	6	990.30	117.30
阿尔及利亚	2	752.91	752.91
苏丹	4	678.55	678.55
西班牙	2	654.86	654.86
马来西亚	13	591.92	591.92
埃塞俄比亚	2	401.90	135.85
尼泊尔	2	382.11	131.15
内蒙古	1	380.64	380.64
刚果	8	341.56	341.56

（续）

国别地区	合同数（个）	合同金额	技术费
爱尔兰	0	316.78	316.78
菲律宾	2	183.89	183.89
智利	1	176.12	176.12
哥伦比亚	2	116.96	116.96
中国台湾	10	108.98	108.98
巴基斯坦	4	108.46	108.46
委内瑞拉	3	97.10	97.10
赞比亚	7	96.08	96.08
乌克兰	1	91.42	91.42
塞舌尔	3	70.20	70.20
中国澳门	5	57.92	57.92
加拿大	2	55.56	55.56
土耳其	4	51.30	51.30
阿尔巴尼亚	2	29.88	29.88
缅甸	5	28.70	28.70
津巴布韦	1	25.55	25.55
新西兰	1	22.34	22.34
奥地利	1	21.66	21.66
意大利	9	16.94	16.94
厄瓜多尔	1	15.95	15.95
坦桑尼亚	1	15.50	15.50
印度	2	13.50	13.50
乍得	1	10.15	10.15
加纳	1	9.98	9.98
吉尔吉斯	1	8.59	8.59
荷兰	3	6.67	6.67
塔吉克	1	4.76	4.76
南非	1	3.50	3.50
塞浦路斯	1	3.00	3.00
斯里兰卡	1	2.83	2.83
墨西哥	2	1.20	1.20

（郑　勇）

表 3-5-2　技术进口合同登记情况

一、按合同类型分

引进方式（合同类别）	合同份数（个）	合同金额（万美元）	技术费（万美元）
合　　计	**510**	**269 117.70**	**243 572.29**
专利技术	25	57 979.43	53 013.24
专有技术	103	118 289.59	115 644.71
技术咨询、技术服务	353	59 778.69	49 017.59
计算机软件	14	24 352.26	24 351.46
商标许可	1	358.25	358.25
合资生产、合作生产	0	34.38	34.38
成套设备、关键设备、生产线	10	8 072.98	900.54
其他方式	4	252.12	252.12

（郑　勇）

二、按企业性质分

企业性质	合同份数（个）	合同金额（万美元）	技术费（万美元）
合　　计	**510**	**269 117.70**	**243 572.29**
国有企业	145	61 643.15	40 109.76
集体企业	0	0	0
外商投资企业	262	154 466.47	152 017.91
民营企业	77	33 078.68	31 515.90
其他	26	19 929.40	19 928.72

（郑　勇）

三、按国民经济行业分

行　　业	合同份数（个）	合同金额（万美元）	技术费（万美元）
合　　计	**510**	**269 117.70**	**243 572.29**
其他行业	10	390.11	390.11
农、林、牧、渔业	0	34.12	34.12
采矿业	6	700.54	682.17
制造业	206	180 391.40	163 311.03
电力、燃气及水的生产和供应业	11	18 494.40	12 817.98
建筑业	4	106.98	106.98
交通运输、仓储和邮政业	2	5 701.16	5 701.16
信息传输、计算机服务和软件业	164	41 585.64	39 202.16
批发和零售业	2	1 123.44	1 123.44

（续）

行　　业	合同份数（个）	合同金额（万美元）	技术费　（万美元）
住宿和餐饮业	1	954.97	954.97
金融业	11	4 811.63	4 811.63
租赁和商务服务业	1	4.29	4.29
科学研究、技术服务和地质勘查业	84	10 989.32	10 602.55
水利、环境和公共设施管理业	2	148.62	148.62
居民服务和其他服务业	6	3 672.08	3 672.08
文化、体育和娱乐业	0	9.00	9.00

（郑　勇）

四、按国别（地区）分

国别地区	合同数（个）	合同金额	技术费
合　　计	**510**	**269 117.70**	**243 572.29**
美国	75	100 766.20	98 274.16
德国	80	51 953.17	45 482.72
韩国	159	34 849.89	34 409.83
瑞士	3	19 911.55	19 911.55
俄罗斯	5	16 842.49	11 825.26
日本	42	13 398.02	9 800.46
爱尔兰	8	7 875.10	5 496.10
中国香港	12	3 055.56	3 055.56
法国	5	2 731.66	1 342.98
意大利	9	2 665.02	1 637.83
奥地利	13	2 138.29	466.22
英国	19	1 610.84	1 581.32
荷兰	3	1 585.27	1 585.27
丹麦	0	1 560.25	1 560.25
比利时	2	1 323.79	664.16
巴西	0	1 093.16	1 093.16
英属维尔京	2	1 040.77	1 040.77
澳大利亚	6	761.01	408.17
西班牙	7	578.12	578.12
开曼群岛	4	554.81	554.81
卢森堡	1	541.50	541.50
中国台湾	25	470.44	465.37
芬兰	3	445.78	431.94

（续）

国别地区	合同数（个）	合同金额	技术费
瑞典	0	409.80	409.80
百慕大	0	358.38	358.38
加拿大	17	287.74	287.74
新加坡	5	206.36	206.36
以色列	2	83.94	83.94
波兰	1	10.00	10.00
匈牙利	1	6.15	6.15
南非	1	2.64	2.41

（郑　勇）

四、利用外资

表4-1 2018年1—12月外商投资分方式结构表

金额单位：万美元

投资方式	实际外资
总　计	**1 731 089**
中外合资企业	312 084
中外合作企业	11 375
外资企业	1 136 891
外商投资股份制	270 739

（巨振乐）

表4-2 2018年1—12月外商投资分产业结构表

金额单位：万美元

产业名称	实际外资
总　计	**1 731 089**
第一产业	6 725
第二产业	238 435
第三产业	1 485 929

（巨振乐）

表4-3 2018年1—12月外商投资分行业结构表

金额单位：万美元

行业名称	实际外资
总　计	**1 731 089**
农、林、牧、渔业	6 725
采矿业	0
制造业	102 868
电力、热力、燃气及水生产和供应业	135 550
建筑业	15
批发和零售业	77 612

（续）

行业名称	实际外资
交通运输、仓储和邮政业	112 852
住宿和餐饮业	30 180
信息传输、软件和信息技术服务业	452 240
金融业	92 141
房地产业	194 690
租赁和商务服务业	271 400
科学研究和技术服务业	240 499
水利、环境和公共设施管理业	6 032
居民服务、修理和其他服务业	2 146
教育	0
卫生和社会工作	412
文化、体育和娱乐业	5 727

（巨振乐）

表 4－4　2018 年 1—12 月外商投资主要国别和地区结构表

金额单位：万美元

国别（地区）	实际外资
香港	1 249 888
百慕大	131 362
开曼群岛	59 455
韩国	57 825
美国	34 892
英属维尔京群岛	29 389
德国	28 587
日本	20 291
新加坡	10 744
爱尔兰	8 005

（巨振乐）

五、对外经济

表5-1 1979—2018年对外投资一览表

金额单位：万美元

年度	企业数（个）	中方协议投资额	中方实际投资额
1979	1	22	
1980	4	181.8	
1981	2	25.8	
1982	3	20.8	
1983	2	166.5	
1984	3	210.07	
1985	5	190.3	
1986	4	56.6	
1987	6	213.72	
1988	12	720.7	
1989	6	671	
1990	11	396.9	
1991	23	3 623.18	
1992	34	819.45	
1993	47	12 562.49	
1994	30	486.68	
1995	25	2 510.86	
1996	22	1 656.7	
1997	20	715.46	
1998	21	550.73	
1999	13	394.58	
2000	20	2 502.29	
2001	20	912.3	
2002	25	5 086.04	
2003	38	63 249.61	
2004	52	20 371.08	15 739
2005	52	24 216.24	11 306
2006	76	31 654.53	5 612
2007	87	36 642.53	15 295
2008	103	42 491.15	47 299
2009	140	49 958.39	45 185
2010	266	177 084.38	76 614
2011	237	209 700.08	117 503
2012	277	202 133.22	168 855
2013	393	—	413 010
2014	375	—	727 353
2015	—	—	1 228 033
2016	—	—	1 557 362
2017	—	—	665 126
2018	—	—	647 042

表 5－2　2018 年 1—12 月我国对外承包工程、劳务合作和境外就业业务分国家（地区）统计表

单位：份，万美元，人

国家（地区）名称	对外承包工程					对外劳务合作					累计派出各类劳务人员数量	月末在外各类劳务人员数量	雇用项目所在国人员数量
	新签合同份数	新签合同额	完成营业额	派出人数	月末在外人数	新签合同份数	新签劳务人员合同工资总额	劳务人员实际收入总额	派出人数	月末在外人数			
甲	(1)	(2)	(3)	(4)	(5)	(6)	(7)	(8)	(9)	(10)	(11)	(12)	(13)
合　计	**230**	**730 314**	**399 820**	**7 185**	**12 383**		**10 400**	**19 380**	**12 059**	**18 744**	**19 244**	**31 127**	**41 537**
亚洲	55	410 126	176 548	3 375	4 312	0	9 985	14 447	8 228	13 940	11 603	18 252	11 202
卡塔尔	0	0	795	0	50	0	6	405	62	335	62	385	140
阿拉伯联合酋长国	0	0	0	0	981	0	1	262	5	202	5	1 183	2 588
印度尼西亚	0	0	655	0	70	0	0	0	0	0	0	70	15
土耳其	0	0	0	0	0	0	0	5	0	8	0	8	159
新加坡	1	7 765	6 765	3	3	0	69	4 025	2 317	3 439	2 320	3 442	88
吉尔吉斯斯坦	0	0	0	0	0	0	0	0	0	0	0	0	22
斯里兰卡	1	1 839	7 112	85	115	0	0	0	0	0	85	115	513
蒙古	2	2 341	2 499	0	10	0	0	0	0	0	0	10	222
越南	0	1 771	3 661	2	65	0	0	0	0	0	2	65	250
阿曼	0	0	0	0	4	0	0	0	0	0	0	4	0
塞浦路斯	0	0	0	0	0	0	5	387	373	286	373	286	0
菲律宾	1	191	29	0	6	0	0	73	26	46	26	52	10
伊朗	0	0	999	5	34	0	0	0	0	0	5	34	19
印度	0	0	1 450	27	6	0	0	0	0	0	27	6	2

（续）

国家（地区）名称	对外承包工程					对外劳务合作					累计派出各类劳务人员数量	月末在外各类劳务人员数量	雇用项目所在国人员数量
	新签合同份数	新签合同额	完成营业额	派出人数	月末在外人数	新签合同份数	新签劳务人员合同工资总额	劳务人员实际收入总额	派出人数	月末在外人数			
甲	（1）	（2）	（3）	（4）	（5）	（6）	（7）	（8）	（9）	（10）	（11）	（12）	（13）
日本	0	0	0	0	0	0	1 220	482	673	1 535	673	1 535	5
巴林	0	0	180	0	0	0	0	0	0	0	0	0	0
塔吉克斯坦	0	20 634	0	0	0	0	0	0	0	0	0	0	0
马来西亚	7	19 646	39 005	109	440	0	0	399	241	222	350	662	2 405
沙特阿拉伯	2	1 225	6 737	105	491	0	0	0	0	48	105	539	285
孟加拉国	4	27 603	7 919	119	143	0	0	0	0	0	119	143	609
阿富汗	0	0	9	0	0	0	0	0	0	0	0	0	2
马尔代夫	5	6 880	15 721	260	440	0	0	0	0	0	260	440	380
老挝	2	17 450	2 103	0	11	0	0	0	0	0	0	11	230
缅甸	0	1 123	1 217	4	35	0	0	0	0	0	4	35	29
叙利亚	0	773	766	0	0	0	0	0	0	0	0	0	0
中国澳门	0	0	0	0	166	0	8 593	4 888	2 795	4 923	2 795	5 089	1
巴基斯坦	4	1 110	26 475	264	109	0	0	0	0	4	264	113	565
泰国	4	6 026	21 509	2	1	0	0	3	0	8	2	9	1 371
柬埔寨	2	3 817	5 822	11	72	0	0	0	0	5	11	77	302
伊拉克	16	70 814	9 439	337	393	0	0	0	0	0	337	393	375
乌兹别克斯坦	0	0	218	0	0	0	0	0	0	0	0	0	0
韩国	0	0	0	0	0	0	0	1	0	0	0	0	0
以色列	1	3 367	735	61	61	0	0	217	130	235	191	296	0

（续）

国家（地区）名称	对外承包工程					对外劳务合作					累计派出各类劳务人员数量	月末在外各类劳务人员数量	雇用项目所在国人员数量
	新签合同份数	新签合同额	完成营业额	派出人数	月末在外人数	新签合同份数	新签劳务人员合同工资总额	劳务人员实际收入总额	派出人数	月末在外人数			
甲	（1）	（2）	（3）	（4）	（5）	（6）	（7）	（8）	（9）	（10）	（11）	（12）	（13）
中国香港	0	0	0	0	13	0	90	2 672	1 235	2 209	1 235	2 222	0
哈萨克斯坦	3	215 752	11 304	1 981	425	0	0	0	0	0	1 981	425	390
中国台湾	0	0	0	0	0	0	0	628	371	435	371	435	0
黎巴嫩	0	0	0	0	0	0	0	0	0	0	0	0	6
科威特	0	0	3 426	0	165	0	0	0	0	0	0	165	219
尼泊尔	0	0	0	0	3	0	0	0	0	0	0	3	0
非洲	150	240 756	181 231	3 513	7 003	0	7	55	58	231	3 571	7 234	29 534
埃及	1	145	0	0	0	0	0	0	0	0	0	0	11
乍得	0	41	1 008	0	70	0	0	0	0	0	0	70	1 134
突尼斯	0	505	999	0	0	0	0	0	0	0	0	0	0
布基纳法索	0	0	549	0	3	0	0	0	0	0	0	3	0
利比亚	0	0	0	0	0	0	0	0	0	0	0	0	32
马达加斯加	0	0	97	0	3	0	0	0	0	0	0	3	18
佛得角	0	0	838	0	2	0	0	0	0	0	0	2	0
赤道几内亚	1	213	437	6	28	0	0	0	0	0	6	28	86
阿尔及利亚	9	4 362	13 740	712	1 414	0	0	0	0	0	712	1 414	999
加蓬	0	0	0	0	0	0	0	0	0	0	0	0	2
卢旺达	1	173	3 431	4	44	0	0	0	0	0	4	44	160

(续)

国家（地区）名称	对外承包工程					对外劳务合作					累计派出各类劳务人员数量	月末在外各类劳务人员数量	雇用项目所在国人员数量
	新签合同份数	新签合同额	完成营业额	派出人数	月末在外人数	新签合同份数	新签劳务人员合同工资总额	劳务人员实际收入总额	派出人数	月末在外人数			
甲	（1）	（2）	（3）	（4）	（5）	（6）	（7）	（8）	（9）	（10）	（11）	（12）	（13）
刚果（金）	20	1 303	2 160	127	146	0	0	0	0	0	127	146	758
吉布提	4	629	859	3	21	0	0	0	0	0	3	21	26
肯尼亚	0	859	870	25	236	0	0	0	0	0	25	236	871
苏丹	1	1 667	1 444	43	40	0	0	0	0	0	43	40	105
冈比亚	2	234	105	10	10	0	0	0	0	0	10	10	10
毛里求斯	2	380	2 538	29	119	0	0	0	0	0	29	119	179
纳米比亚	0	0	0	0	0	0	0	0	0	0	0	0	26
坦桑尼亚	3	13 300	1 888	33	171	0	0	0	0	0	33	171	835
莫桑比克	1	15 620	11 958	22	85	0	0	0	0	0	22	85	188
塞内加尔	1	14	9 096	42	97	0	0	0	0	0	42	97	313
毛里塔尼亚	1	11 600	4	0	5	0	0	0	0	0	0	5	5
科特迪瓦	0	0	3 629	170	306	0	0	0	0	0	170	306	1 268
几内亚	6	4 375	111	0	20	0	0	0	0	0	0	20	48
喀麦隆	3	330	794	35	84	0	0	0	0	0	35	84	435
赞比亚	31	74 160	27 568	1 024	673	0	0	0	0	0	1 024	673	6 240
加纳	2	12	0	0	25	0	0	0	0	0	0	25	67
尼日尔	0	0	3 856	3	51	0	0	0	0	0	3	51	88

（续）

国家（地区）名称	对外承包工程					对外劳务合作					累计派出各类劳务人员数量	月末在外各类劳务人员数量	雇用项目所在国人员数量
	新签合同份数	新签合同额	完成营业额	派出人数	月末在外人数	新签合同份数	新签劳务人员合同工资总额	劳务人员实际收入总额	派出人数	月末在外人数			
甲	（1）	（2）	（3）	（4）	（5）	（6）	（7）	（8）	（9）	（10）	（11）	（12）	（13）
刚果（布）	2	2 887	11 498	2	104	0	0	0	0	0	2	104	309
南苏丹	8	1 410	944	0	5	0	0	0	0	0	0	5	158
多哥	0	0	48	0	7	0	0	0	0	1	0	8	4
马拉维	0	0	0	0	6	0	0	0	0	0	0	6	0
中非共和国	0	0	19	0	10	0	0	0	0	0	0	10	19
尼日利亚	36	91 855	28 369	269	1 414	0	0	0	0	0	269	1 414	8 503
乌干达	8	3 640	2 294	43	130	0	0	0	0	0	43	130	1 139
利比里亚	0	0	0	0	0	0	7	55	58	128	58	128	0
埃塞俄比亚	4	9 904	31 355	483	780	0	0	0	0	94	483	874	2 073
贝宁	0	0	1 665	27	45	0	0	0	0	0	27	45	69
津巴布韦	0	0	288	0	8	0	0	0	0	0	0	8	2
安哥拉	1	289	6 145	130	783	0	0	0	0	0	130	783	2 166
南非	0	600	9 773	271	23	0	0	0	0	0	271	23	1 031
布隆迪	0	0	31	0	13	0	0	0	0	0	0	13	49
塞拉利昂	2	249	823	0	22	0	0	0	0	8	0	30	108
欧洲	11	68 482	17 179	35	708	0	146	2 835	2 013	1 856	2 048	2 564	424
意大利	0	0	0	0	0	0	0	120	33	5	33	5	20
挪威	0	0	0	0	0	0	0	301	215	156	215	156	0

（续）

国家（地区）名称	对外承包工程					对外劳务合作					累计派出各类劳务人员数量	月末在外各类劳务人员数量	雇用项目所在国人员数量
	新签合同份数	新签合同额	完成营业额	派出人数	月末在外人数	新签合同份数	新签劳务人员合同工资总额	劳务人员实际收入总额	派出人数	月末在外人数			
甲	（1）	（2）	（3）	（4）	（5）	（6）	（7）	（8）	（9）	（10）	（11）	（12）	（13）
马其顿共和国	0	0	0	0	0	0	0	0	0	0	0	0	25
阿塞拜疆	0	0	0	0	0	0	0	0	0	0	0	0	7
罗马尼亚	0	0	0	0	10	0	0	0	0	0	0	10	3
马耳他	0	0	0	0	10	0	3	19	24	57	24	67	10
乌克兰	0	1 788	743	0	0	0	0	0	0	0	0	0	0
塞尔维亚	0	0	0	0	1	0	0	0	0	0	0	1	0
白俄罗斯	0	6 753	3 108	0	618	0	0	0	0	0	0	618	68
瑞士	0	0	0	0	0	0	0	482	372	378	372	378	0
德国	0	0	0	0	0	0	139	1 199	656	807	656	807	0
英国	8	21 295	3 435	0	0	0	4	676	711	438	711	438	161
俄罗斯联邦	0	38 030	9 282	26	56	0	0	0	0	0	26	56	58
阿尔巴尼亚	3	104	104	9	9	0	0	0	0	0	9	9	3
瑞典	0	0	0	0	4	0	0	0	0	0	0	4	0
西班牙	0	0	0	0	0	0	0	7	1	8	1	8	0
丹麦	0	0	0	0	0	0	0	31	1	7	1	7	6
捷克	0	0	0	0	0	0	0	0	0	0	0	0	6
法国	0	0	0	0	0	0	0	0	0	0	0	0	57

（续）

国家（地区）名称	对外承包工程					对外劳务合作					累计派出各类劳务人员数量	月末在外各类劳务人员数量	雇用项目所在国人员数量
	新签合同份数	新签合同额	完成营业额	派出人数	月末在外人数	新签合同份数	新签劳务人员合同工资总额	劳务人员实际收入总额	派出人数	月末在外人数			
甲	（1）	（2）	（3）	（4）	（5）	（6）	（7）	（8）	（9）	（10）	（11）	（12）	（13）
波黑	0	512	507	0	0	0	0	0	0	0	0	0	0
拉丁美洲	6	7 529	20 622	254	347	0	245	950	681	1 627	935	1 974	231
多米尼加共和国	0	0	0	0	0	0	0	1	1	1	1	1	0
厄瓜多尔	0	0	912	5	64	0	0	0	0	0	5	64	84
英属维尔京群岛	0	0	0	0	0	0	0	42	21	25	21	25	0
巴拿马	0	800	9	0	0	0	44	340	222	646	222	646	0
阿根廷	0	1 162	573	0	0	0	0	0	0	0	0	0	0
古巴	0	0	2 974	10	29	0	0	0	0	0	10	29	13
墨西哥	0	0	778	0	0	0	0	0	0	0	0	0	12
洪都拉斯	0	0	24	0	0	0	0	0	0	0	0	0	0
秘鲁	0	0	11 432	39	10	0	0	0	0	0	39	10	0
哥伦比亚	0	0	0	0	1	0	0	0	0	0	0	1	0
玻利维亚	0	0	453	0	0	0	0	0	0	0	0	0	0
巴巴多斯	0	0	1 861	82	82	0	0	0	0	0	82	82	75
委内瑞拉	1	4	2	0	0	0	0	0	0	0	0	0	0
格林纳达	1	5 054	1 474	116	131	0	0	0	0	0	116	131	41
开曼群岛	0	0	0	0	0	0	0	32	17	20	17	20	0
特立尼达和多巴哥	0	0	0	0	4	0	0	0	0	0	0	4	0
巴西	1	265	30	0	0	0	0	0	0	0	0	0	0
安提瓜和巴布达	0	0	0	0	0	0	0	0	0	0	0	0	5

(续)

国家（地区）名称	对外承包工程					对外劳务合作					累计派出各类劳务人员数量	月末在外各类劳务人员数量	雇用项目所在国人员数量
	新签合同份数	新签合同额	完成营业额	派出人数	月末在外人数	新签合同份数	新签劳务人员合同工资总额	劳务人员实际收入总额	派出人数	月末在外人数			
甲	（1）	（2）	（3）	（4）	（5）	（6）	（7）	（8）	（9）	（10）	（11）	（12）	（13）
伯利兹	0	0	0	0	0	0	0	0	0	1	0	1	0
巴哈马	0	0	0	0	20	0	35	204	368	754	368	774	0
牙买加	3	244	101	2	6	0	166	332	52	180	54	186	1
北美洲	2	1 345	2 299	0	0	0	0	941	935	666	935	666	95
百慕大群岛	0	0	0	0	0	0	0	1	2	2	2	2	0
加拿大	1	1 345	713	0	0	0	0	170	159	111	159	111	50
美国	1	0	1 586	0	0	0	0	770	774	553	774	553	45
大洋洲	6	2 077	1 941	8	13	0	10	103	82	279	90	292	51
库克群岛	0	0	0	0	0	0	0	4	1	6	1	6	0
巴布亚新几内亚	1	1 035	1 075	3	3	0	0	0	0	0	3	3	21
所罗门群岛	0	0	0	0	3	0	0	0	0	0	0	3	0
新西兰	0	0	52	0	6	0	0	0	0	0	0	6	0
马绍尔群岛共和国	0	0	0	0	0	0	10	97	81	267	81	267	0
澳大利亚	4	337	282	0	0	0	0	0	0	0	0	0	30
帕劳共和国	0	0	0	0	0	0	0	1	0	0	0	0	0
斐济	1	704	533	5	1	0	0	0	0	0	5	1	0
基里巴斯	0	0	0	0	0	0	0	2	0	6	0	6	0
其他国家（地区）	0	0	0	0	0	0	7	50	62	145	62	145	0

（袁　渤、李　恩）

六、口岸通关

表6－1　2018年北京口岸运营情况一览表

项　　目	本年累计	去年同期	同比增长（±%）
北京首都机场口岸			
旅客吞吐量（人次）	100 810 443	95 786 060	5.25
其中：进港（人次）	50 374 303	47 801 780	5.38
出港（人次）	50 436 140	47 984 280	5.11
出入境人员（人次）	26 850 046	24 700 290	8.70
其中：入境（人次）	13 499 871	12 427 641	8.63
出境（人次）	13 350 175	12 272 649	8.78
其中：出入境外籍人员（人次）	7 151 171	6 789 454	5.33
其中：出入境港澳台同胞（人次）	1 307 575	1 224 777	6.76
其中：出入境内地居民（人次）	18 391 300	16 686 059	10.22
其中：旅客过境（人次）	1 262 416	1 236 130	2.13
其中：144小时过境免签旅客（人次）	37 697	27 678	36.20
飞机起降（架次）	613 118	597 246	2.66
其中：进港（架次）	306 493	298 622	2.64
出港（架次）	306 625	298 624	2.68
出入境飞机起降（架次）	150 539	145 266	3.63
货邮运量（吨）	2 053 555.1	2 021 228.0	1.60
其中：国际货邮（吨）	1 053 904.8	1 032 754.3	2.05
国内货邮（吨）	999 650.3	988 473.7	1.13
海关监管货物总量（吨）	87 194 772	74 410 082	17.18
其中：监管进口货物（吨）	85 750 921	72 985 062	17.49
监管出口货物（吨）	1 443 851	1 425 020	1.32
其中：跨关区通关货物（吨）	85 514 582	72 765 409	17.52
其中：进口货物（吨）	85 498 009	72 756 879	17.51
出口货物（吨）	16 573	8 530	94.29
北京西站铁路口岸			
出入境人员（人次）	44 864	47 666	-5.88
其中：入境（人次）	22 617	24 349	-7.11

（续）

项　　目	本年累计	去年同期	同比增长（±%）
出境（人次）	22 247	23 317	-4.59
其中：出入境外籍人员（人次）	2 817	3 262	-13.64
其中：出入境港澳台同胞（人次）	14 070	16 488	-14.67
其中：出入境内地居民（人次）	27 977	27 916	0.22
北京丰台货运口岸			
海关监管货物（吨）	18 273	18 761	-2.60
其中：监管进口货物（吨）	16 481	15 453	6.65
监管出口货物（吨）	1 792	3 308	-45.83
北京朝阳口岸			
海关监管货物（吨）	1 249 014	1 147 200	8.88
其中：监管进口货物（吨）	1 144 789	1 086 287	5.39
监管出口货物（吨）	104 225	60 913	71.10
北京平谷国际陆港			
海关监管货物（吨）	101 140	123 977	-18.42
其中：监管进口货物（吨）	98 204	120 670	-18.62
监管出口货物（吨）	2 936	3 307	-11.22
北京天竺综合保税区			
实际进出口货物（吨）	77 264	74 247	4.06
北京口岸合计			
出入境人员合计（人次）	26 894 910	24 747 956	8.68
其中：入境（人次）	13 522 488	12 451 990	8.60
出境（人次）	13 372 422	12 295 966	8.75
其中：出入境外籍人员（人次）	7 153 988	6 792 716	5.32
其中：出入境港澳台同胞（人次）	1 321 645	1 241 265	6.48
其中：出入境内地居民（人次）	18 419 277	16 713 975	10.20
海关监管货物合计（吨）	88 563 199	75 700 020	16.99
监管进口货物（吨）	87 010 395	74 207 472	17.25
监管出口货物（吨）	1 552 804	1 492 548	4.04
海关征收税款净入库税额（亿元）	678.47	693.52	-2.17

注：海关征收税款净入库税额是北京海关征收的税款合计，包含进出口关税和进口环节税。
海关监管货物合计不包含北京天竺综合保税区。

（徐耀光、董星君）

第七部分

大 事 记

大 事 记

一季度

1月16日，市政府召开2018年全市商务工作会议，程红副市长出席会议并讲话。

1月26日，顺义区外国人服务大厅发出第一张外国高校学生来华实习签证。

2月9日至10日，由海关总署和世界海关组织举办的首届“世界海关组织全球电商大会”在京举行，此次会议是世界海关组织跨境电商领域首次高级别、战略性会议。

二季度

5月28日至6月1日，由商务部、北京市政府共同主办的第五届中国（北京）国际服务贸易交易会在北京国家会议中心举办，期间举办了136场论坛会议和洽谈交易活动，展览展示总面积5万平方米，吸引了122个国家和地区的10万人次客商参展参会，共达成意向签约项目311个，意向签约额1025.6亿美元，创历届京交会新高。

6月，国务院批复同意北京为深化服务贸易创新发展试点，深化试点期限为2年，自2018年7月1日起至2020年6月30日止。为做好创新发展试点工作，市商务局牵头，会同相关委办局及各区制订《北京市服务贸易创新发展试点工作实施方案》。

党的十九届三中全会明确“将国家质量监督检验检疫总局的出入境检验检疫管理职责和队伍划入海关总署”，4月20日，北京海关、原北京出入境检验检疫局统一以海关名义对外开展工作。

三季度

7月2日，市商务委印发了关于《建立北京市外商投资重大项目清单制度的通知》，初步建立了“横向倒边、纵向到底”的市区两级外商投资重大项目清单制度。

7月13日，北京市获批成为全国跨境电子商务综合试验区。

7月30日，中共北京市商务委员会直属机关第三次代表大会召开，选举产生了中共北京市商务委员会第三届直属机关委员会和第三届直属机关纪律检查委员会委员。

9月12日至12月13日，市商务委和北京市人民广播电台共同主办“餐桌上四十年”庆祝改革开放四十年主题征文活动。

四季度

10月25日，按照《中共北京市委北京市人民政府关于印发〈北京市机构改革实施方案〉的通知》（京发〔2018〕31号），北京市商务委员会更名为北京市商务局，仍作为市政府组成部门，加挂市政府口岸办公室牌子。

10月31日，世界银行发布《2019年营商环境报告》，中国跨境贸易得分从去年的69.91提高到82.59，排名从去年第97位跃升至今年第65位，上升32位，是营商环境改善最为显著的经济体之一。

11月5日至10日，市商务局组织本市4000余家企业和机构参加首届中国国际进口博览会，在会上签约金额达175亿美元。

11月11日，“双11促销节”电商消费市场再创新高。本市京东、小米等重点电商企业累计实现销售额近1800亿元，同比增长30%。

11月20日，经市政府同意，市商务局印发《北京市物流业三年提升行动计划（2018—2020年）》。

12月13日至18日，由市商务局和北京电视台联合制作的庆祝改革开放四十年系列纪录片《为民而商》和《开放北京与世界同行》，在北京电视台首播。

12月14日，我国首支知识产权证券化标准化产品“第一创业一文科租赁一期资产支持专项计划”在深圳证券交易所成功获批。

12月28日，首都机场年旅客吞吐量突破1亿人次，成为我国第一个年旅客吞吐量过亿人次的机场，也是继美国亚特兰大机场后，全球第二个年旅客吞吐量过亿的机场。

12月28日，京津冀144小时过境免签政策实施一周年，北京口岸共为37732人次外籍人士办理了京津冀144小时过境免签手续，同比原北京72小时过境免签人数增幅超三成（约36%）。

12月31日，北京单一窗口全年累计业务量670.8万票，平台用户大幅增加，覆盖到外贸企业3万多家。

12月中下旬，我局完成了整体搬迁城市副中心工作，局机关主体搬迁35个处室（含口岸办），1个事业单位（信息中心）及局领导，共计280人。

12月，北京大兴国际机场边检综合业务用房、海关综合业务用房和口岸疾控中心项目实现主体混凝土结构封顶。

第八部分

附　　录

北京市商务局组织序列

（截至 2018 年 12 月 31 日）

序　号	市商务局处室
1	办公室
2	综合处（研究室）
3	法制与公平贸易处（世贸组织事务处）
4	规划建设处（京津冀商务发展协同处）
5	流通发展处
6	流通秩序处
7	市场秩序协调处
8	服务交易处
9	储备调控处（北京市盐务管理办公室）
10	消费促进处（批发业发展处）
11	物流发展处
12	商务服务业发展协调处
13	总部经济发展处
14	电子商务处
15	外贸运行处（北京市机电产品进出口办公室）
16	贸易发展处
17	北京市服务业扩大开放综合试点工作领导小组办公室规划政策处
18	北京市服务业扩大开放综合试点工作领导小组办公室协调推进处
19	服务贸易处
20	对外经济合作处
21	外资发展处
22	外资管理处（对港澳台经济合作处）
23	安全监管处
24	财务处
25	人事处
26	机关党委
27	机关公会
28	离退休干部处

（续）

序　号	市政府口岸办处室
1	秘书处
2	综合业务处
3	航空港处
4	陆港管理处（北京市人民政府口岸办公室丰台货运口岸管理处、北京市人民政府口岸办公室朝阳口岸管理处）
5	北京西站铁路口岸处
序　号	**市粮食和物资储备局（部门管理机构）**
1	办公室
2	调控处
3	政策法规处
4	储备处
5	监督检查处
6	流通管理处
7	财务处
8	人事处
序　号	**直属单位**
1	市国际服务贸易事务中心
2	市商务执法监察大队
3	市商务委行政事务服务中心
4	市商务委机关后勤服务中心
5	市商务委离退休干部活动中心
6	市商务举报投诉中心
7	市商务委应急储备保障中心
8	市商务委信息中心
9	市流通经济研究中心（北京商业信息咨询中心）
10	世界贸易网点联盟北京中心
11	市商务委员会教育中心（市对外贸易学校）
12	市政府口岸办综合管理服务中心
13	首都联合职工大学
14	外贸建外办公大楼管理处
15	市进出口协调发展中心

北京市商务局领导成员

（截至 2018 年 12 月 31 日）

闫立刚　党组书记、主任（2018 年 11 月免职）、局长（2018 年 11 月任职）
闫小彦　巡视员、机关工会主席（2018 年 1 月任职、2018 年 6 月免职）
许　康　机关工会主席（2018 年 1 月免职退休）、机关党委书记（2018 年 4 月免职退休）
倪跃刚　党组成员、副主任（2018 年 11 月免职）、副局长（2018 年 11 月任职）
李广禄　党组成员
申金升　副主任（2018 年 10 月免职调出）
武玉民　党组成员、纪检组组长（2018 年 5 月免职退休）
孙　尧　党组成员、副主任（2018 年 11 月免职）、副局长（2018 年 11 月任职）
　　　　机关党委书记（2018 年 4 月任职）、机关工会主席（2018 年 6 月任职）
柯永果　党组成员、副主任（2018 年 11 月免职）、副局长（2018 年 11 月任职）
王黎生　副主任　（2018 年 6 月结束挂职）
邓洪波　副巡视员（2018 年 11 月免职退休）
王洪存　副巡视员
丁剑华　副巡视员
赵卫东　副巡视员（2018 年 4 月因援疆免职）
赵立宗　副巡视员

北京市人民政府口岸办公室领导成员

（截至 2018 年 12 月 31 日）

朱　雷　党组成员、副主任
薛海涛　党组成员、副主任
张沙宁　党组成员、副主任
杨保京　党组成员、副主任（挂职）
吴伯棠　党组成员、驻市商务委纪检组正处级纪检监察员（2018 年 2 月免职退休）

北京市粮食和物资储备局领导成员

（截至2018年12月31日）

李广禄　　党组书记、局长
张　强　　党组副书记、副局长（2018年11月免职退休）
阎维洪　　党组成员、副局长
任昌坤　　党组成员、副局长
王德奇　　党组成员、副局长

北京市商务领域社团名录

序号	单位名称	会长	秘书长	联系电话	传真	单位地址	邮编
1	北京国际商会	熊九玲	林　彬	88070442/0303	68061030	西城区南礼士路头条3号	100045
2	北京国际会议展览业协会	刘　洋	张学山	88070431/0324	68061030	西城区南礼士路头条3号	100045
3	北京国际经济贸易学会	张　钢		88070425	68014008	西城区南礼士路头条3号	100045
4	北京市国际货运代理行业协会	李建华	王泰山	64621398/99	64615507	朝阳区亮马桥路44号海昌大厦209室	100016
5	北京国际经济技术合作协会	马铁山	王晓兰	63927887	63927830	西城区广莲路1号建工大厦1201室	100055
6	北京国际经济贸易发展协会	王大路	谭成海	87211326	87211326	丰台区芳星园三区16~17号楼207室	100078
7	北京国际经贸标准化促进会	王忠敏	黄俊	85322254	85322254	北京市朝阳区光华路7号汉威大厦21B8-1	100176
8	北京市对外经济贸易会计学会	徐小溪	赵京娥	65280245	65280245	丰台区芳群园四区21号楼450室	100078
9	北京服务贸易协会	李露霞	杨丽君	88070414	88070414	西城南礼士路头条3号南楼325室	100045
10	北京国际贸易与投资促进会	汪国武	孙　飞	53668630	53668630	朝阳区建国路89号3号楼509室	
11	北京中外企人力资源协会	谢克海	贾庆森	57041996	57041998	朝阳区西大望路15号外企大厦B座1906室	100022
12	北京国际生态经济协会	郝吉明	李军洋	64046170-61	64026180	东城区建国门内大街18号恒基中心第3办公楼913室	100005
13	北京市商务服务业联合会	刘建华	曹　磊	52656250		石景山区石景山路22号万商大厦1916	
14	北京市商业企业管理协会	孟卫东	施燕青	64070692	64010352	东城区魏家胡同20号	100007
15	北京焙烤食品糖制品协会	黄　利	刘俊欣	63265499	63265499	西城区广安门外广华轩6号楼	100052
16	北京市茶业协会	白文祥	付光丽	68337903 68339188	68337903	西城区北礼士路甲98号阜成大厦A座4层421号	100037

（续）

序号	单位名称	会长	秘书长	联系电话	传真	单位地址	邮编
17	北京典当行业协会	杨　永	翟林苹	84544366	84544368	东城区安德路甲61号2号楼5层B1-528室	100050
18	北京电子商务协会	丁同欣	石志红	63435415	51814650	西城区莲花池东路丙1号312室	100045
19	北京市豆制品协会	季　凯	陈克仁	63521149	63521149	丰台区桥南马场138号	100071
20	北京蜂产品协会	杨寒冰	赵增莲	67869258	67869021	北京经济技术开发区同济中路7号兴盛工业园3栋	100176
21	北京市供销合作经济组织协会	任　军	刘甫强	63520898	63520898	朝阳区小营北路11号和泰大厦7层710室	100101
22	北京市化工商业协会	肖　钢	刘志刚	87612660 67603818	87612660	丰台区永外宋家庄顺八条1号	100078
23	北京家政服务协会	庞大春	徐化愚	63432818/5414	63432818	西城区莲花池东路丙1号	100006
24	北京老字号协会	刘小虹	仵文贞	66023478 62370448	62002277	西城区西绒线胡同51号北门四川饭店内	100029
25	北京市连锁经营协会	李燕川	刘雁红	82111213	82125291	海淀区昆明湖南路11号院1号楼等3幢3号2层0009号	100951
26	北京美发美容行业协会	陈桂钦	杨京云	63188435	63188437	西城区珠市口西大街120号太丰惠中大厦1137室	100050
27	北京农业生产资料协会	崔长青	李　涛	83828509	83828769	丰台区西四环南路30号院8-1供销农资大厦12层	100161
28	北京品牌协会	孟卫东	夏　明	58260938	58260938	朝阳公园西里南区6号楼副楼503室	100125
29	北京拍卖行业协会	甘学军	姚光锋	68334469	68337868	西城区北礼士路甲98号阜成大厦B座305室	100083
30	北京肉类食品协会	司京成	刘金英	63266413/26	63324813/ 26	西城区广安门外广华轩6号楼	100055
31	北京市商业联合会	于学忠	丁淑芬	63435418/22/29	51814665 63435416	西城区莲花池东路丙1号	100045
32	北京市商业服装行业协会	陈普照	朱名华	65136644 63032991	65123749	东城区东交民巷28号	100051
33	北京市石油流通行业协会	陈立国	王顺增	85835928	85836509	朝阳区十里堡1号恒泰大厦七层7002-7006室	100054
34	北京市摄影行业协会	朱秀英	向　诚	66039982	66039982	西城区大酱坊胡同甲26号	100032

（续）

序号	单位名称	会长	秘书长	联系电话	传真	单位地址	邮编
35	北京市调味品协会	杜吉信	陈尤太	63863799	63863799	西城区北礼士路8号	100044
36	北京文化用品行业协会	张　军	田秀丽	67226062	87297093	崇文区永外东革新里42号	100077
37	北京物流协会	王国丰	林友来	63435426/9	63435428	西城区莲花池东路丙1号	100045
38	北京市洗染行业协会	潘福增	高云丽	63972756	63972756	丰台区莲花池西里20号宝辰洗衣厂四楼	100073
39	北京市眼镜行业协会	邢荣栋	赵宏序	67059782	67059782	东城区天坛路57号院内东楼4层401	100062
40	北京市印章行业协会	王汉平	文　节	62072107	62072107	西城区新明胡同2号楼	100088
41	北京孕婴童用品行业协会	邓正学	范培宏	84602486	84440576	朝阳区曙光西里甲6号院8号楼时间国际708室	100028
42	北京市租赁行业协会	张巨光	王　梅	67150700	67150700	东城区法华南里26号404室	100061
43	北京商业经济学会	王成荣	韩凝春	85932083	65128343	东城区礼士胡同41号	100010
44	北京市商业文化研究会	张连登	王成荣	85932083	89532213	东城区礼士胡同41号	100010
45	北京京商流通战略研究院	赖　阳		65230718	65594609	东城区礼士胡同41号	100010

（刘　伟）